法律用語一問一答

～資格試験も
法学部も
まずはここから～

はしがき

この本は、全くの初学者や法学が苦手な人が、法学を最初に学んだり、苦手を克服するにあたり役立つようにと思って書きました。

法学を大学生になる前に正面から勉強した経験のある人は、ほとんどいないでしょう。公民や現代社会で法律用語や裁判の仕組みを学んだ……という程度なら、何も勉強をしていないのと同じです。たとえば、国民主権、基本的人権の尊重、平和主義のなかで中核となる概念はどれかとか、民法は裁判になるまでは守らなくていい法律だとか、刑法の大切な機能は自由を守ることである、などということ。どれも各法を学ぶうちの最も基本的な事柄なのですが、この程度のことすら高校までは学ぶ機会はないと思います。

となると、法学を本格的に学ぶのは大学に行ってからとなりますが、大学ではいきなり大学レベルの事柄を扱います。たとえると、小学校から高校レベルの基本的なことを学ぶ機会のない人がほとんどだということになります。

大学の法学では思考が重視されます。しかし、思考の前に最低限度の概念や法律のルールを知らなければ、思考のしようがありません。アルファベットを知らずに英語を学ぼうとするようなものか、もっと事態は深刻ともいえます。この隙間を埋める教育プログラムがかなり貧弱であることが、法学が苦手な人を作り出してしまう原因だと私は考えています。

法は、単に試験に受かるためだけのものではなく、争いを素早く解決し、住みよい世の中を作るため、なくてはならない大切なものです。大学で単位をとるとか資格試験を受験するというだけでなく、日常生活で重要なものですら本来誰もが理解できるし、しなければならないものです。にもかかわらず、法学を誰もが無理なく学べる状況がないというのは、私は憂慮すべきことだと感じます。

そこでこの本。この本は、大学レベルや、資格試験を突破するためきちんと法学を学ぶ前提としての最低限かつ厳選した知識を、七つの法律科目にわたって効果的に身につけるためのものです。まず、一問一答という大学受験でも皆さんにとって馴染みがあるクイズ形式にしました。しかも、単なる用語の暗記にならないよう、問題文や答えの内容も、法学の基本的な事柄の理解が深まるように工夫をしました。たぶん、こういう高校生までの全くの初学者が最初に法律の知識と考え方を学べる本はこの本しかありません。私が受験生のときの「あるといいな」、を生み出したつもりです。

はしがきを読んだ皆さん、ぜひこの本を利用して、法学の世界へ深く踏み込むための基礎体力を身につけるのに役立ててください。

2024 年 3 月吉日

柴田 孝之

本書の使い方

用途

ずばり試験対策です。大学の試験のほか、資格試験でも。知識を覚え、理解を深めておくことが役に立たないわけがありません。予備校の入門講座の予習・復習にも役立ちます。

まず読む。

答えを隠して問題に答える……のは、何も知らない段階では無理ですし、本書以外にどこかでその知識を学ぶ機会もありません。

問題の形式になっているのは、単純な文章で説明をするよりも皆さんの頭を働かせて、知識を覚えやすくしたり、理解を深めたりしやすくするためです。

ですので、初めて本書に触れる人は、答えを隠すのではなく、問題と答えを一読してみることです。

検索エンジンを活用する。

現代は、Web 上での検索で、受験レベルの内容なら大抵のことを親切に説明している記事があります。法学も例外ではありません。分からないことは、AI や Web での検索を活用してすぐに調べるようにしてください。

しおりを用意する。

よければ、しおりなどで答えを隠してどの程度答えが分かるか。行政書士や予備試験、司法試験なら記述・論述試験がありますから、漢字で用語の記載ができるか。大学の試験でも紙にペンか鉛筆で答えを書くことも多いでしょう。受験する試験により、必要に応じて用語の暗記に活用してください。

目次

民法

第6部　契約各論　86

第7部　契約によらない債権関係が生ずる場合　106

第8部　家族法　118

第9部　補足事項　123

商　法

第1部　総則・商行為　130

第2部　会社法　137

第3部　手形小切手法　169

民事訴訟法

第1部　民事訴訟と民事訴訟法　200

第2部　裁判主体の決定　202

第3部　当事者をめぐる諸問題　204

第4部　訴え提起・審判対象の特定　210

第5部　訴訟要件　216

第6部　第一審の審理　222

第7部　請求の複数・当事者の複数　255

第8部 裁判に対する不服申立手続 265

憲 法

第1部 憲法総論 268

第2部 基本的人権 273

第3部 統治機構 292

行政法

第1部 行政法総論 306

第2部 行政作用法 313

第3部 行政救済法 358

刑　法

第1部 刑法の基礎理論 398

第2部 犯罪論 403

第3部 刑法各論 429

刑事訴訟法

民　法

第1部　民法序論

第1章　民法の意義

Question	Answer
□①ア　私的生活を規律する法のことを何というか。	①ア　私法
イ　地域・人・物・事項に限定されない、一般的な関係を規律している法を何というか。	イ　一般法
ウ　イに対して、特殊な事項ないし特殊な人について規定している法を何というか。	ウ　特別法
エ　イとウの法の関係を述べよ。	エ　特別法は一般法に優先して適用される
オ　私法の一般法を何というか。	オ　民法
□②　民法の内容について、大きく2つに分類せよ。	②　財産法・家族法

第2章　民法の指導原則

Question	Answer
□①ア　民法は、自由・平等な個人間の関係を規律する法であるとされる。このような原則を何というか。	①ア　私的自治の原則
イ　アの原則を物権の面から捉えた原則を何というか。	イ　所有権絶対の原則
ウ　同様に、債権の面から捉えた原則を何というか。	ウ　契約自由の原則、過失責任の原則
エ　アからウの原則は、民法の明文で修正される。その現れとなる民法の総則的条文を答えよ。	エ　1条1項（私権は公共の福祉に適合しなければならない）
オ　同様に、特別法によって原則が修正される。その特別法の例を挙げよ。	オ　労働基準法、借地借家法、利息制限法など
□②　民法の解釈の仕方として	②
ア　文言に忠実に解釈する解釈手法を答えよ。	ア　文理解釈
イ　条文の文言に拘泥せず、条文がおかれた目的に適合するように解釈する解釈手法を何というか。	イ　目的論的解釈
ウ　類似した2つの事実について、一方のみに規定がある場合、もう一方には反対の結果を認める解釈手法を何というか。	ウ　反対解釈
エ　類似した2つの事実について、一方のみに規定がある場合、もう1つの事実にも当該規定の適用を認める解釈手法を何というか。	エ　類推解釈
オ　条文上の文言を、本来の意味内容より拡大して考える解釈手法を何というか。	オ　拡張解釈
カ　逆に、条文上の文言を本来の意味よりも縮小して考える解釈手法を何というか。	カ　縮小解釈

第2部 民法総則

第1章　民法総則の内容

1.　民法総則の内容

Question	Answer
□①ア　私的取引関係では、相互に相手方の信頼を裏切らないように行動するべきであるとの原則のことを何というか。	①ア　信義誠実の原則（1条2項）
イ　アを略して何というか。	イ　信義則
□②ア　外形上権利の行使に見えるが、権利の社会性に反する場合を何というか。	②ア　権利の濫用（1条3項）
イ　アの場合にあたる外形上の権利行使はどのように取り扱われるか。	イ　権利行使が認められない（無効となる）
□③ア　私人個人の力による権利の内容の実現を禁ずるとの法理を何というか。	③ア　自力救済の禁止
イ　アの原則の根拠を述べよ。	イ　社会の秩序維持
□④　総則の役割について答えよ。	④　特に財産法についての総則（家族法での適用はあるが、限定される）
□⑤　総則の内容について	⑤
ア　権利主体について設けられた章を答えよ。	ア　第2章：人 第3章：法人
イ　権利の客体について設けられた章を答えよ。	イ　第4章：物
ウ　意思による権利変動の原因について設けられた章を答えよ。	ウ　第5章：法律行為

第2章　人

1.　序説

Question	Answer
□①ア　権利義務の主体は何か。	①ア　人
イ　アには２種類ある。その内容を答えよ。	イ　自然人、法人

2.　権利能力

Question	Answer
□①ア　権利義務の主体たる能力を何というか。	①ア　権利能力
イ　権利能力の享有主体を答えよ。	イ　自然人、法人

3.　意思能力と行為能力

Question	Answer
□①ア　物事を判断し、それに基づいて意思を決定できる能力を何というか。	①ア　意思能力
イ　意思無能力者がした法律行為の効力はどうなるか。	イ　無効（３条の２）
ウ　イのような取扱いがなされる趣旨を答えよ。	ウ　意思無能力者の保護
エ　意思無能力の判断方法を答えよ。	エ　個々の行為ごとに判断される
□②ア　意思無能力の制度だけでは、制限能力者を保護するには十分でない。なぜか。	②ア　意思無能力者であることの立証は困難であるから
イ　アのような事情から設けられた制度を、答えよ。	イ　制限行為能力の制度
ウ　イの制度では、一般的・恒常的に能力不十分と見られる者が定型化され、それぞれ保護者がつけられる。さらに、このような扱いがされた者の行為はいかなる扱いを受けるか。	ウ　取り消しうるものとされる
□③　制限能力者の種類について	③
ア　満18歳に達しないものを何というか。	ア　未成年者

イ　アの保護者を答えよ。	イ　親権者、未成年後見人
ウ　イの権限を挙げよ。	ウ　追認・取消権、代理権、同意権 ※追認と取消しはセット
エ　未成年者に成年後見の制度の適用はありえるか。	エ　ありえる
□④　未成年者が、単独で完全な行為ができる場合について	④
ア　受贈に代表される行為を、5条1項但書は何と定めているか。	ア　単に権利を得、又は義務を免れる行為
イ　小遣いに代表される行為は、5条でどのように規定されているか。	イ　法定代理人が処分を許した財産の処分
ウ　アイのほか、6条が認めた、未成年者が完全な能力が認められる場合がもう1つある。それを答えよ。	ウ　営業を許された未成年者が営業に関してした法律行為(6条1項)
□⑤ア　制限行為能力者の類型のうち、恒常的に事理弁識能力を欠く状態にある者のことを何というか。	⑤ア　成年被後見人
イ　アの保護者を答えよ。	イ　成年後見人
ウ　イの権限を答えよ。	ウ　代理権、追認・取消権
エ　成年被後見人の法定代理人に同意権が認められないことは何を意味するか。	エ　成年被後見人が単独でできる行為は存在しない
オ　エの例外となる行為を答えよ。	オ　日常生活に関する行為（9条但書）
□⑥ア　制限行為能力者の類型のうち、事理弁識能力が著しく不十分とされる者のことを何というか。	⑥ア　被保佐人
イ　アの保護者を答えよ。	イ　保佐人
ウ　イの権限を答えよ。	ウ　同意権、追認・取消権、家庭裁判所が定めた代理権
エ　被保佐人は、原則として単独で法律行為ができるといえるか。	エ　できる
オ　アが単独ですることができない行為について規定した条文を挙げよ。	オ　13条

□⑦ア　制限行為能力者の類型のうち、事理弁識能力が不十分な者のことをを何というか。
イ　アの保護者を答えよ。
ウ　イの権限を答えよ。

⑦ア　被補助人
イ　補助人
ウ　家庭裁判所が定める特定の法律行為についての同意権、追認・取消権・代理権（同意・取消権の付与は13条所定行為の一部）

□⑧　制限能力者の相手方の保護として、
ア「問題となる行為を取り消すか否か」の確答を求める権利を何というか。
イ　アの権利行使にもかかわらず返事がなかった場合、催告の相手が能力者・法定代理人の場合、制限能力者の行為はどう取り扱われるか。
ウ　同様に、相手が被保佐人と被補助人の場合、いかに取り扱われるか。
エ　さらに、制限能力者が行為の際、自らが能力者であるような詐術を用いた場合、いかなる効果が発生するか。

⑧
ア　催告権（20条）
イ　追認があったものとされる
ウ　取り消されたものとみなされる
エ　取消権を失う（21条）

第3章　法　人

1.　序説

Question	Answer
□①　一定の組織を有する人の集団・財産であるが、権利・義務の主体たりうるものを何というか。	①　法人
□②ア　理論的面から法人制度存在の理由を説明せよ。	②ア　団体に実体がある場合、団体そのものに帰属する利益があると考えるべき
イ　同様に、法人制度が用意された実益について説明せよ。	イ　目的達成のために便宜である

2.　法人の種類

Question	Answer
□①ア　法人の中で、人の集団を何というか。	①ア　社団法人
イ　法人の中で、慈善団体・育英団体など、営利を目的としないものを何というか。	イ　公益法人
ウ　同様に、営利を目的とするものを何というか。	ウ　営利法人
エ　法人の中で、財産の集まりを何というか。	エ　財団法人
□②ア　社団としての実体はあるが、法律上、権利義務の帰属主体たりえないものを何というか。	②ア　権利能力なき社団
イ　社団としての実体の有無は、どのような点をもって判断するのか。	イ　組織の有無、代表の方法、総会の運営、財産管理についての定めがあるか
ウ　アの社団の所有形態は、どうなっているのか。	ウ　総社員の総有
エ　アの団体は、財産の登記ができるか。	エ　できない

3. 法人の能力

Question	Answer
□① 法人は、財産権・人格的諸権利について権利能力を有するが、一定の限界がある。それについて、	①
ア 性質による制限について説明せよ。	ア 性別、年齢、親族関係に関わる権利・義務は享有しない
イ 目的による制限について説明せよ。	イ 目的の範囲外の行為はできない（34条）
ウ イのような制約が課せられる実質的理由を答えよ。	ウ 出資者の保護
エ 同様に法律的・形式的理由を答えよ。	エ 目的達成のために特に権利能力を与えられたものだから
オ 法人に不法行為能力はあるか。	オ ある（一般法人法78条参照）
カ 法人が、不法行為に基づく賠償責任を負う要件を答えよ。	カ
・法人の（a）の行為であること。	a 代表機関
・（b）を行うにつき他人に損害を加えたこと。	b 職務
・理事の行為が（c）（709条）の要件を満たすこと。	c 一般不法行為
キ 法人が責任を負う場合、法人の代表機関である理事は、個人として責任を負うか。	キ 負う

第4章　物

1.　物の意義と分類

Question	Answer
□①　物権の客体である物について	①
ア　土地および定着物を何というか。	ア　不動産（86条1項）
イ　土地の数え方を答えよ。	イ　1筆、2筆
ウ　土地の定着物を挙げよ。	ウ　建物・立木
エ　建物とそれ以外の定着物の違いを答えよ。	エ　建物は土地と独立した不動産と扱われる
□②　不動産以外のすべての物を何と呼ぶか。	②　動産
□③　有体物（固体・液体・気体）以外で物と扱われるものは何か。	③　無記名債権
□④　支払手段としての価値そのものを、何というか。	④　金銭

2.　主物・従物

Question	Answer
□①ア　2個の独立の物が、互いに経済的効用を補っている関係にある場合、それぞれの物を何と呼ぶか。	①ア　主物・従物
イ　独立の物は独立に処分できるのが原則であるが、アの関係にある場合、例外的取扱いがなされる。どのように取り扱われるか。	イ　法律的運命をともにする（87条2項）
ウ　従物に該当する要件を答えよ。	ウ
・継続的に主物の（a）こと。	a　効用を助ける
・主物に付属すると認められる程度の（b）にあること。	b　場所的関係
・主物と（c）に属すること。	c　同一の所有者
・（d）を有すること。	d　独立性

3. 元物と果実

Question	Answer
□①ア　物から生ずる経済的収益を何というか。	①ア　果実
イ　アを生み出す元となる物を何というか。	イ　元物（げんぶつ）
ウ　アの中で、経済的用途に従って有機的あるいは無機的に産出されるものを何というか。	ウ　天然果実（88条1項）
エ　物の使用の対価として受ける金銭その他の物を何というか。	エ　法定果実（88条2項） ※賃料、利息などがその例

第5章　法律行為

1.　序説

Question	Answer
□①ア　法律効果を発生させるための条件を何というか。 イ　アの１つで、人が法律効果を発生させようとする意思に基づく行為を何というか。	①ア　法律要件 イ　法律行為
□②　法律行為の中で、 ア　単一の意思表示により構成される法律行為を何というか。 イ　法律行為の原則形態であり、２つ以上の相対立する意思表示の合意により成立する法律行為を何というか。 ウ　意思表示が、同一目的に向けられている法律行為を何というか。	② ア　単独行為 イ　契約 ウ　合同行為
□③　法律行為制度の趣旨を説明せよ。 人の（　　）を法の助力によって実現すること。	③ 意思通りの効果
□④　人の一定の意思の通知であるが、意思に基づく効果が発生するわけではないものを何というか。	④　準法律行為 ※催告、債権譲渡の通知などが具体例

2.　法律行為と強行規定および公序良俗

Question	Answer
□①ア　民法の定めは、当事者の意思が不明確な場合に備えて、紛争解決の拠り所とするものとされている。このような性格の規定を何と呼ぶか。 イ　強行規定がなく、当事者の意思が不明確な場合、任意規定による前に紛争解決の拠り所となるとされる概念は何か。	①ア　任意規定 イ　慣習
□②ア　弱者保護、社会秩序維持等の目的のために、当事者の意思に左右されずに適用される規定を何というか。	②ア　強行規定

イ　アの例として、公の秩序または善良の風俗に反する事項を目的とする法律行為を無効とする民法上の規定を答えよ。

ウ　イの条文に反する行為が履行された場合、原状回復を許さないとする条文を答えよ。

イ　90条（公序良俗違反）

ウ　708条（不法原因給付）

第6章　意思表示

1.　序説

Question	Answer
□①ア　当事者が法律効果を欲し、かつそのことを発表する行為を何というか。	①ア　意思表示
イ　意思表示を構成する要素を挙げよ。	イ　効果意思と表示行為
ウ　表示行為の態様は明示のものに限られるか。	ウ　明示のみならず黙示でもよい
□②ア　効果意思が欠けていることを何というか。	②ア　意思の不存在
イ　アの例を答えよ。	イ　心裡留保、虚偽表示
ウ　意思を形成する動機の段階に、欠陥がある場合を何というか。	ウ　瑕疵ある意思表示
エ　ウの例を挙げよ。	エ　詐欺、強迫

2.　無効および取消

Question	Answer
□①ア　無効・取消しの主張は何を目的とするものか。	①ア　法律行為の効力の否定
イ　法律行為の効力を否定する制度の趣旨を答えよ。	イ　行為者の意思の尊重
□②ア　法律行為の効力が、初めから存在しないとする概念を何というか。	②ア　無効
イ　アでは、主張者・期間についての制限はあるか。	イ　ないのが原則
ウ　特にイのような原則通りの効果が認められる無効原因を挙げよ。	ウ　公序良俗違反
エ　表意者保護のための規定では無効な行為にも追認の余地を認めてよいと考えられる。その理由を答えよ。 （　　）が否定の効果を欲しないならば、無効にする必要はないから。	エ 表意者 ※意思無能力がその例
□③ア　法律行為の効力を否定する意思表示があって、初めて効力が否定されるものを何というか。	③ア　取消し

イ　アの主張ができる者について制限はあるか。	イ　ある。取消権者しか主張できない（120条）
ウ　主張について、期間制限はあるか。	ウ　ある。５年間の消滅時効などにかかる（126条）
エ　取り消しうる行為を、確定的にする法律行為を何というか。	エ　追認
オ　取消しの効果を説明せよ。	オ　遡及的無効（121条本文）
□④　給付がなされた後に法律行為が取り消された場合、いかなる手続が必要か。	④　給付の返還手続（121条の2）

3.　表示に対応する内心が欠けている場合

Question	Answer
□①ア　表意者が真意でないことを知りながら意思表示がなされることを何というか。	①ア　心裡留保（93条）
イ　アのような意思表示は、いかなる効果が認められるか。	イ　有効となる（93条1項本文）
ウ　イのような効果の例外が認められる場合を答えよ。	ウ　相手方が表意者の真意を知り、又は知ることができたとき（93条1項但書）
エ　ウの主張が制限される場合を挙げよ。	エ　善意の第三者には主張できない（93条2項）
□②ア　相手方と通じてなした虚偽の意思表示を何というか。	②ア　虚偽表示（94条）
イ　アのような意思表示の効果を述べよ。	イ　無効（94条1項）
ウ　イの例外が認められる場合を答えよ。 意思表示の内実について（　　）の者に対して、無効主張できない。	ウ 善意
□③　94条2項について	③
ア　善意の意味を答えよ。	ア　事情を知らないこと
イ　アの善意かどうかが判定される時点を答えよ。	イ　利害関係に立った当時（契約締結時等）

ウ　第三者とは、およそすべての第三者か、違うのならその内容を答えよ。

（a）の存在を前提として新たに（b）の利害関係に立った者。

ウ
a　虚偽表示による意思表示
b　独立

エ 「対抗することができない」とは、どういう意味か。

エ 「主張できない」ということ

□④ア　94条2項の趣旨を説明せよ。

④ア　外観への信頼の保護

イ　アの趣旨から、通謀がなくても外観への信頼は保護すべきである。この場合、どのような解釈手法が採られるか。

イ　類推適用

ウ　外観を信頼した人を保護するため、外観通りの効果を認める法理を何というか。

ウ　外観（表見）法理

エ　ウの法理の要件を答えよ。
・（a）の存在
・相手方の（b）
・本人の（c）

エ
a　外観
b　外観への信頼
c　外観作出の帰責性

オ　94条2項では、過失あって外観を信頼した場合も保護される。類推適用の場合はどうか。

オ　無過失が要求されることがある（判例）

□⑤ア　表示に対応する意思が欠け、しかも意思の欠缺につき、表意者の認識が欠けている（無意識である）ことを何というか。

⑤ア　錯誤

イ　錯誤による意思表示のうち、取消しができる場合は限られている。

95条1項柱書き所定の条件を答えよ。

その錯誤が法律行為の（a）及び（b）に照らして（c）なものであるとき

イ
a　目的
b　取引上の社会通念
c　重要

□⑥ア　効果意思の形成過程の動機に錯誤ある場合を何というか。

⑥ア　動機の錯誤（95条1項2号）

イ　10ドルと10円と同じ意味だと考え、取り違えて記載した場合のように、表示行為の意義に錯誤がある場合を何というか。

イ　内容の錯誤

ウ　言い違え、書き違いなど、表示行為自体を誤る錯誤を何というか。

ウ　表示の錯誤

エ　イまたはウについて民法に定めはあるか。

エ　ある（95条1項1号）

オa　95条1項に定める錯誤の効果を答えよ。
　b　アの場合、無条件に取消しはできるか。

カ　オの例外のうち95条3項の原則を答えよ。

キ　オの例外を答えよ。

□⑦ア　意思表示の要素のうち、表示を優先して効果を決定することを何というか。
イ　同じく、意思表示を優先することを何というか。

オa　取消しができる
　b　できない（動機の表示が必要）
カ　表意者に重過失がある場合、取消しができない
キ　相手方が悪意、重過失がある場合、または当事者が共通の錯誤に陥っていた場合
⑦ア　表示主義
イ　意思主義

4.　瑕疵ある意思表示

Question	Answer
□①ア　人を欺き錯誤に陥れることを何というか。 イ　アの結果、なされた意思表示の効果はどうなるか。 ウ　イの例外を答えよ。 事情に（　　）の第三者には取消しをもって対抗できない。	①ア　詐欺 イ　取り消すことができるものとなる（96条1項） ウ 善意
□②　詐欺と錯誤との関係において、95条にいう、重過失による主張制限の例外が認められる。その場合を説明せよ。	②　重過失あることにつき、相手方が悪意であるとき
□③ア　第三者が詐欺をしたため意思表示をした者は取消しが制限される。制限の内容を答えよ。 イ　かかる主張制限の趣旨を答えよ。 表意者に詐欺されたことについて（a）が認められる一方、（b）の相手方には落ち度は認められないから。	③ア　取消しは相手方が悪意または過失がある場合に限る（96条2項） イ a　落ち度（帰責性） b　善意

ウ　主張制限を受ける場合、詐欺された者はどのようにして保護されるか。	ウ　詐欺をなした者に不法行為責任を追及できる
□④ア　他人に害意を示し、恐怖の念を生ぜしめる行為を何というか。	④ア　強迫
イ　アの結果、なされた意思表示はどのような取扱いを受けるか。	イ　取り消すことができるものとされる（96条1項）
ウ　強迫においては、96条2項・3項のような規定はない。なぜか。	ウ　強迫された者を保護する必要性が高いから

5.　意思表示の到達と受領

Question	Answer
□①ア　意思表示は、到達した時に効力が発生するとの原則を何というか。	①ア　到達主義
イ　同じく、発信した時に効力が生じるとする原則を何というか。	イ　発信主義
ウ　民法は、意思表示の効力の発生時期の原則をどのように定めているか。	ウ　到達主義を原則とする（97条1項）
エ　例外はどのような場合に認めているか。	エ　承諾（526条）、無能力者への催告への返事（20条）

第7章　代　理

1.　序説

Question	Answer
□①ア　権限がある他人が本人に効果帰属させることを示した上で意思表示した場合、その効果が本人に及ぶとする制度を何というか。	①ア　代理
イ　アの制度の機能を説明せよ。	イ　私的自治の拡張、補充
□②　代理行為が本人に効果帰属する要件を答えよ。	②　有効な法律行為、代理権の存在、顕名がなされたこと
□③　代理制度には、民法上2つのものが設けられている。そのうち、	③
ア　本人の意思によるものは何というか。	ア　任意代理
イ　本人の意思によらないものを何というか。	イ　法定代理
□④　代理と類似する概念について	④
ア　本人の完成した意思決定を、そのまま伝える者を何というか。	ア　使者
イ　法人の代表機関のなす行為が、そのまま本人である法人の行為とされる制度を何というか。	イ　代表

2.　代理権

Question	Answer
□①　代理権の発生原因について	①
ア　法定代理権の発生原因は何か。	ア　法律の規定
イ　任意代理権は、いかにして発生するか。	イ　本人と代理人との間の代理権授与行為
□②　代理権の範囲について	②
ア　法定代理権の範囲は、何によって決定させるか。	ア　法律の規定
イ　任意代理権の範囲は、何によって決定されるか。	イ　授権行為の内容

ウ　任意代理において代理権の範囲が不明な場合、代理権の範囲はどのような範囲に定まるか。

ウ　保存行為を含む管理行為ができる。処分行為ができない（103条）

□③ア　当事者の一方が相手方の代理人になることを何というか。

イ　双方の代理人をかねることを何というか。

ウ　ア・イの行為は禁止される（108条本文）。その理由を答えよ。

③ア　自己契約

イ　双方代理

ウ　当事者の一方の利益が害されるおそれがあるから

□④　代理権の消滅原因について

ア　代理人側の事情を挙げよ。

イ　本人側の事情を挙げよ。

ウ　ア・イで述べたもの以外の、任意代理の消滅原因を挙げよ。

④

ア　死亡・破産手続の開始決定・後見開始の審判を受けたこと（111条1項2号）

イ　死亡(111条1項1号)

ウ　委任など代理権授与行為の基礎となる法律関係の消滅（111条2項）、授権行為のみの取消し

3. 代理行為

Question

□①ア　本人のためにすることを示すことを、何というか。

イ　「本人のためにする」（100条）とは、どういうことか。

ウ　代理行為として意思表示するには、アのような行為が必要であるとすることを何というか。

エ　ウの趣旨を答えよ。

オ　Aが本人、Bが代理人とした場合、アはどのようにしてなすか。

Answer

①ア　顕名

イ　法律行為の効果を本人に帰属させる意思であるということ

ウ　顕名主義

エ　法律行為について誰に効果帰属するかを明確にするため

オ　A代理人B

Question	Answer
カ　顕名ない代理人の行為はどのようにとり扱われるか。	カ　代理人自身のためにしたものとされる（100条本文）
□②ア　代理人の資格として能力による制限はあるか。	②ア　ない。制限行為能力者でも代理人になれる（102条本文）
イ　アの理由を答えよ。	イ　代理行為も効果は本人に帰属するので、代理人に不利益はないから
□③ア　代理行為の効果は本人に直接帰属するが、意思表示の瑕疵まで帰属するか。	③ア　する
イ　意思表示の瑕疵は原則として、誰の意思表示を基準として決するか。	イ　代理人（101条1項）

4.　無権代理

Question	Answer
□①　代理人として行為した者に代理権がない場合を何というか。	①　無権代理
□②ア　原則、無権代理行為の効果はどうなるか。	②ア　誰にも法律効果は帰属しない（無効）
イ　しかし、それでは代理権を信頼して、取引をなした者があまりに害される。そこで、民法がおいた相手方保護の制度のうち、無権限で代理行為をした者に責任を負わせることを規定した定めを挙げよ。	イ　117条
ウ　無権代理行為の効果を本人に及ぼす制度について、116条に定められたものを説明せよ。	ウ　本人の追認
エ　さらに、代理権があるかのような外観を信頼した者を保護するため、一定の場合に無権代理の効果を本人に及ぼす制度を何というか。	エ　表見代理
□③ア　無権代理人に対して、無権代理の相手方は、いかなる請求をなせるか。	③ア　履行か損害賠償かを選択して請求できる（117条1項）

イ　アの責任を追及するための要件を備えよ。
・本人の（a）がないこと
・相手方の（b）。ただし、故意の無権代理行為には（c）は不要。
・無権代理人が（d）であること

ウ　アの責任を追及するために、無権代理人に過失は必要か。

□④　表見代理の類型のうち、

ア　初めから全く権限がない場合は、何条に定めがあるか。

イ　代理権の範囲を超えている場合は、何条に定めがある。

ウ　代理権が消滅した場合は、何条に定めがあるか。

□⑤　表見代理によって、相手方が保護されるための要件を答えよ。

ア　代理権が存在するような（　　）

イ　代理権存在への（　　）

ウ　外観作出への本人の（　　）

イ
a　追認
b　善意・無過失
c　無過失
d　能力者

ウ　不要（無過失責任）

④
ア　109条
イ　110条
ウ　112条

⑤
ア　外観の存在
イ　信頼（善意·無過失）
ウ　帰責性

第8章　条件および期限

1.　序説

Question	Answer
□①　ある一定の事実の成否によって、法律行為の効力を発生させる旨の効果意思を何というか。	①　条件・期限
□②ア　①のうち、法律効果の発生を、将来の成否不確実な事実にかからせるものを何というか。	②ア　条件
イ　アについて、成就によって効力が発生するものを何というか。	イ　停止条件
ウ　同様に、成就によって効力が消滅するものを何というか。	ウ　解除条件
エ　条件が既に成就していた場合、条件付きの意思表示はどのように扱われるか。	エ　停止条件→無条件 解除条件→無効
オ　条件が成就しないことが確定した場合、条件付きの意思表示は、どのように扱われるか。	オ　停止条件→無効 解除条件→無条件 （エ、オとも131条）
カ　条件付きの意思表示に関わる当事者が、条件成就を妨害した場合、その相手方は条件付きの意思表示をどのように扱えるか。	カ　条件を成就したとみなすことができる（130条）
□③　①のうち、法律効果の発生を、将来の到来が確実な事実の発生にかからせるものを何というか。	③　期限

第9章　時　効

1.　序説

Question	Answer
□①　時効制度について	①
ア　一定期間の経過によって、権利が消滅する制度を何というか。	ア　消滅時効
イ　一定期間の経過によって、権利が取得される制度を何というか。	イ　取得時効
□②　時効制度の趣旨について	②
ア　権利行使の面から説明せよ。	ア　権利を行使しない者には法による助力を与えない
イ　訴訟上の観点から説明せよ。	イ　訴訟における証明の困難を防止する
ウ　さらに、他の時効制度の趣旨について説明せよ。	ウ　永続した事実状態は、保護の必要性がある
□③ア　一定期間の経過を、振出しに戻す行為を何というか。	③ア　時効の更新
イ　時効の更新事由について、本来の権利者の権利行使の結果といえるものの例を挙げよ。	イ　判決による権利の確定（147条２項）など
ウ　法律関係の存在が明らかになる結果、時効の完成猶予などを経ることなく、直ちに時効の更新がされる事由とされるものを指摘せよ。	ウ　承認（152条）
エ　時効期間の進行が止まり、時効の完成がいったん阻止されるものを何というか。	エ　時効の完成猶予
オ　裁判手続外で、時効の完成が猶予される場合として、いかなるものを挙げることができるか。	オ　催告、協議を行う旨の合意など
□④ア　時効の利益を受けることを主張することを何というか。	④ア　援用（145条）
イ　時効の効果について説明せよ。	イ　相対効（援用をした者にだけ効果が発生する）

ウ　なぜ、アのような手続が必要なのか。 　時効の利益を受ける者の（　　）の尊重	ウ 　意思
エ　時効の利益を受けることを否定する行為を何というか。	エ　放棄
オ　時効完成前に、エの行為を行うことはできるか。	オ　できない
カ　時効完成の効果を説明せよ。 　時効期間の（　　）に遡って効果が生ずる。	カ 　起算日（144条）
□⑤　時効制度に類似した制度として	⑤
ア　一定期間の経過によって権利が消滅するが、完成猶予・更新がなく、効果を主張する際に援用が不要なものを何というか。	ア　除斥期間
イ　権利の不行使によって、相手方がもはや権利の行使はないだろうと考える程度に至ったときに、そこで権利行使することが信義に反するとして、権利行使が認められないとする準則を何というか。	イ　権利失効の原則

2.　取得時効

Question	Answer
□①ア　取得時効の要件を説明せよ。 　一定の要件を備えた（a）が（b）すること。	①ア 　a　占有 　b　一定期間継続
イ　所有の意思を持った占有（162条）を何というか。	イ　自主占有
ウ　取得時効が認められるためには、占有の態様はいかなるものである必要があるか。	ウ　自主占有、平穏・公然
エ　自主占有、平穏・公然な占有であることは、占有者が裁判で証明する必要があるか。	エ　ない（186条1項）
オ　取得時効の完成に必要な占有の期間は、善意・無過失の場合、何年か。	オ　10年（162条2項）
カ　善意であることは裁判上証明する必要があるか。	カ　ない（186条1項）
キ　善意は、どの時点で要求されるか。	キ　占有の始期
ク　時効取得するには、占有が悪意・有過失の場合、何年継続する必要があるか。	ク　20年（162条1項）

ケ　占有の継続は、いかなる程度まで証明すれば、推定されるか。	ケ　前後2つの時点における占有が立証されれば推定される（186条2項）
□②ア　前主の権利に制限があっても、その制限に拘束されない権利の取得態様を何というか。	②ア　原始取得
イ　前主の権利を前提として、権利を譲り受ける権利の取得態様を何というか。	イ　承継取得
ウ　取得時効の効果を述べよ。	ウ　原始取得

3.　消滅時効

Question	Answer
□①ア　消滅時効の対象とならない財産権を挙げよ。	①ア　所有権
イ　消滅時効の要件を挙げよ。	イ　債権者の権利の不行使・一定期間の経過（166条）
ウ　消滅時効の起算点は、いつに求めるべきか。	ウ　履行を求めることができる時、または権利行使ができることを知った時から（166条1項）
エ　債権は権利行使ができることを知った時から何年で消滅時効にかかるか。	エ　5年 cf.客観的に権利を行使できる時から10年
オ　他の財産権は何年で、消滅時効にかかるか。	オ　20年（166条2項）

第3部 物 権

第1章 物権法総論

1. 序説

Question	Answer
□① 特定の物を直接支配して、利益を享受する排他的な権利を何というか。	① 物権
□② 物権の性質について	②
ア 物権を有する者と物との関係が直接のものであることを何というか。	ア 直接性
イ 権利者以外の者による目的物への干渉を排除できる性質を何というか。	イ 不可侵性
ウ 不可侵性を実現するために認められる請求権を何というか。	ウ 物権的請求権、損害賠償請求権
エ 1つの物の上に、複数の同じ内容の物権は成立しないという性質を何というか。	エ 排他性
□③ア 物権の客体たる要件について説明せよ。 ・特定の（a）であること。 ・（b）であること。	③ア a 独立した物 b 有体物
イ アの例外を説明せよ。	イ 権利質
□④ア 1個の物の一部・構成部分には物権は成立せず、数個の物の上に1つの物権は成立しないという物権の性質を表す言葉を述べよ。	④ア 一物一権主義（注：②エと③アaをあわせてこのようにいう）
イ アのような主義が認められる理由を説明せよ。	イ 原則に反する物権を認める必要性に乏しい、公示が困難
□⑤ア 新しい物権の種類を作ることを禁止し、しかも、物権の法定された内容を変更することは認められないとする準則を何というか。	⑤ア 物権法定主義
イ アの考え方の目的を答えよ。 ・土地に対する錯綜した重畳的権利関係の整理。 ・（　　）の確立。	イ 近代的所有権

ウ　アの機能を答えよ。 ・物権の（a）を可能にする。 ・（b）に資する。	ウ a　公示 b　取引の安全・迅速
□⑥　物権の種類について	⑥
ア　目的物を債権の担保に供することを目的とする物権を何というか。	ア　担保物権（質権・抵当権・先取特権・留置権）
イ　目的物の使用・収益を目的とする物権を何というか。	イ　用益物権（地上権・永小作権・地役権・入会権）
ウ　目的物の所持自体から、直接認められる物権を何というか。	ウ　占有権
エ　原則として、処分、所持すべてが認められる物権は何というか。	エ　所有権

2.　物権の効力

Question	Answer
□①ア　物権は排他性がある。そこで、1つの物に両立しない権利を主張する者が複数現れた場合、原則どのように優劣を決定するのか。	①ア　対抗要件の具備の順序
イ　例外的に法律の規定によって順序が定まる場合がある。そのようにして順位が定まる物権の例を述べよ。	イ　先取特権
ウ　物権と債権の効力関係を説明せよ。	ウ　物権は債権を破る（優先する）
□②ア　他人の不当な干渉によって物の自由な支配が妨害された場合、物の支配を完全に実現するための救済手段として認められる権利を何というか。	②ア　物権的請求権
イ　物権的請求権に明文規定はあるか。	イ　ない
□③　物権的請求権の種類として、	③
ア　無権原者が物を占有している場合に、目的物の引渡しを求める権利を何というか。	ア　返還請求権
イ　アの権利が認められない物権は、いかなる特徴を備えているか。	イ　占有を内容としない

ウ　物権の内容の実現が、目的物の占有侵奪以外の方法で妨げられたとき、妨害者に対して妨害を排除することを請求する権利を何というか。	ウ　妨害排除請求権
エ　物権の内容の実現が妨げられる危険が迫っている場合に、その予防を請求する権利を何というか。	エ　妨害予防請求権

3.　物権の変動

Question	Answer
□①　物権変動の種類を答えよ。	①　発生・変更・消滅
□②ア　物権取得の方法を2つ挙げよ。	②ア　原始取得、承継取得
イ　物権喪失の原因について、例を挙げよ。	イ　消失、売却
ウ　物権変動の原因について、法律行為によらない場合の例を挙げよ。	ウ　時の経過（時効）、物の自然な発生、埋蔵物発見など
□③ア　物権変動には公示が要求されている。なぜか。 物権には（ａ）な効力があるので、物権変動については適当な公示がなされなければ、（ｂ）を害するおそれがある。	③ア ａ　排他的・直接的 ｂ　取引の安全
イ　不動産物権変動の公示方法を答えよ。	イ　登記（177条）
ウ　同様に動産物権変動の公示方法を答えよ。	ウ　引渡し（178条）
エ　解釈で認められた、立木、稲立毛などに施される公示方法を説明せよ。	エ　明認方法
□④ア　動産取引では、引渡しという不完全な公示方法が採られている。その理由を答えよ。 ・動産は（ａ）ので、手続が煩雑になる。 ・（ｂ）ので公示方法を施すのは不経済である。	④ア ａ　種類が多い ｂ　価値が低い
イ　自動車や船舶などで採られる公示方法を述べよ。	イ　登録
□⑤ア　物権変動の際に、外からわかるような公示を要求する原則を何というか。	⑤ア　公示の原則
イ　民法は、消極的に登記を備えることを奨励している。どのように扱うことで、対抗要件を具備させているか。	イ　登記を備えた者に対抗力を備えさせる
□⑥ア　不実の登記を信用した者に一定の保護を与えるとする原則を何というか。	⑥ア　公信の原則

イ　公示の原則と公信の原則の共通点を述べよ。	イ　いずれも取引の安全を守るための原則である
ウ　相違点を述べよ。 　公示の原則は物権変動の際に（ａ）にとどまるが、公信の原則は（ｂ）を保護する制度である。	ウ ａ　公示を要求する ｂ　真実に反する公示にも、その公示に対する信頼
エ　登記には公信力はあるか。	エ　ない
オ　不実の登記という外観を信頼した者を保護する方法はあるか。	オ　ある。94条２項類推など
□⑦ア　物権変動が発生する時期を説明せよ。	⑦ア　当事者の意思表示があった時（176条）
イ　第三者に自己の権利を主張するための要件を何というか。	イ　対抗要件
ウ　物権が変動するには物権変動のための意思表示が必要なのか。それとも契約だけでいいのか。	ウ　契約だけでよい（判例）
□⑧　177条について	⑧
ア　不動産に関するすべての物権の得喪、および変更の際に登記が要求されるのか。	ア　される（判例）
イ　177条の「第三者」の意義を答えよ。 　登記の欠缺を主張する（　　）を有する第三者（判例）	イ 　正当な利益
ウ　背信的悪意者とは、いかなる者か。	ウ　悪意を超えた害意がある者
エ　177条の「第三者」にあたる例を挙げよ。	エ　二重譲渡の当事者（悪意でもよい）
オ　あたらない例を挙げよ。	オ　不法占拠者、背信的悪意者、承継取得の場合（注：不動産登記法４条、５条参照）

◆ 法律行為の取消し

Question

□① 法律行為の取消しについて、Aが詐欺されてBに土地を売り、BはSに土地を転売した。登記はBの下にあり、その後、Aが売買を取り消したという事例で、

ア Aまたは S が権利を主張するには、登記は必要か。

イ アの理由を述べよ。

ウ それでは、Aの取消しがBの転売前である場合は、AまたはSの優劣をいかに決するか。

エ その理由を考えよ。

Answer

①
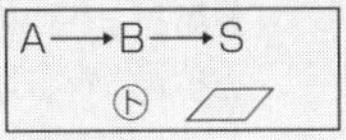

ア 不要

イ 対抗問題ではないから

ウ 登記の具備の前後による

エ A Sは二重譲渡類似の関係に立つから

◆ 取得時効と登記

Question

□① 取得時効と登記について、Aの土地をBが占有、AがCに土地を転売した後、Bが時効取得したという事例において、

ア このとき、BがCに権利を主張するのに登記は必要か。

イ アの結論の理由を述べよ。

ウ Bが時効取得した後に、AがCに転売した場合、Bの権利主張に登記は必要か。

エ ウの理由を述べよ。

Answer

①
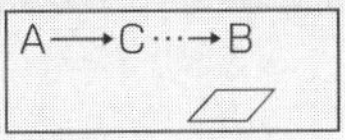

ア 不要

イ 承継取得と同視できるから

ウ 必要

エ 二重譲渡類似の関係にあるから

◆ 登記の手続

Question

□①ア 登記手続は誰が行うのか。

イ 登記権利者が、義務者に対して登記に協力するように要求する権利を何というか。

Answer

①ア 登記権利者と登記義務者が共同で登記を申請する

イ 登記請求権

ウ　登記請求権は、どのような場合に発生するか。
・（a）があった場合
・登記が（b）と一致しない場合
・当事者に登記する旨の（c）がある場合

ウ
a　権利変動
b　実体的な権利関係
c　合意

□②ア　実際に登記を裏付ける事実がない場合、原則、登記の効力はどうなるか。
イ　実体と食い違う登記は、すべて無効とされるのか。されないとすれば、その例として代表的なものを述べよ。

②ア　無効
イ　されない　例：中間省略登記

□③ア　仮登記に対抗力はあるか。
イ　仮登記の効力を説明せよ。

③ア　ない
イ　本登記に定めた際、順位だけが遡及する（通説）

4.　動産物権変動における公示

Question	Answer
□①　動産物権変動の対抗要件を挙げよ。	①　引渡し（178条）
□②　引渡しの方法として、	②
ア　実際に、物の所持を移転させる方法を何というか。	ア　現実の引渡し（182条1項）
イ　既に、引渡しの相手方に物の所持があるとき、観念的に占有を移転する引渡方式を何というか。	イ　簡易の引渡し（182条2項）
ウ　物の所持を引渡人の下においたまま、観念的に引渡しをなす方法を何というか。	ウ　占有改定（183条）
エ　物の所持が第三者の下にあるとき、引渡人の第三者への指示と、相手方の承諾によって成立引渡方法を述べよ。	エ　指図による占有移転（184条）
□③ア　動産取引の安全を守るために、占有の事実に対して公信力を認めた制度を何というか。	③ア　即時取得（192条）
イ　かかる強力な制度がおかれた理由を述べよ。（　　）として、引渡しは不完全であるから。	イ　対抗要件

民法

Question	Answer
□④ア　即時取得の要件を挙げよ。 ・（a）であること。 ・（b）による取得であること。 ・相手方に（c）がないこと。 ・占有が（d）に取得されたこと。	④ア a　動産 b　取引 c　処分権限 d　平穏・公然・善意・無過失
イ　登録方法が整備された動産について、即時取得の制度は適用されるか。	イ　されない（判例）
ウ　取引の相手方が、制限能力者であった場合、もしくは無権代理人であった場合、即時取得の制度は適用されるか。	ウ　されない（制限能力者、本人に所有権はあるから）
□⑤ア　盗品または遺失物については、特則が認められ本人保護が厚い。理由を述べよ。 盗品・遺失物は（　　）によって、占有を離れたものでないから。	⑤ア 権利者の意思
イ　保護の内容を述べよ。 即時取得の要件を満たした者に対して、（　　）以内なら回復請求できる。	イ 2年

5.　明認方法

Question	Answer
□①　明認方法は、慣習によって認められた対抗要件である。いかなる物がその対象となるか。	①　立木、稲立毛（いなたちげ）など
□②ア　明認方法が対抗力を持つには、第三者が利害関係を持った時点で存在している必要があるか。	②ア　ある
イ　立木と土地が一括譲渡された場合、明認方法を施すだけで立木所有権を第三者に対抗できるか。	イ　できない

6.　混同

Question	Answer
□①　2つの法律上の地位が同一人に帰した場合、当該地位の保有の実益がなくなれば、双方もしくは一方が消滅するとの制度を何というか。	①　混同（179条、520条）

□② 次の各問に答えよ。

ア 地上権に抵当権が付いており、その地上権を所有権者が取得した場合、地上権は消滅するか。

イ 土地に一番・二番抵当権がついていて、一番抵当権者が当該土地の所有権を得た場合、一番抵当権は消滅するか。

ウ イの事例で、土地所有権を手に入れたのが二番抵当権者であった場合、二番抵当権は混同により消滅するか。

②

ア しない（抵当権者保護のため）

イ しない（一番抵当権者保護のため）

ウ する（二番抵当権は一番抵当権に優先される）

第2章　占有権

1.　占有の意義

Question	Answer
□①ア　自己のためにする意思をもった物の所持という、事実支配状態そのものに認められる権利を何というか。	①ア　占有権
イ　占有権が認められる根拠として、挙げられる社会秩序維持のための原則を答えよ。	イ　自力救済の禁止
ウ　占有権が認められる根拠として、訴訟に関するものを述べよ。	ウ　所有権その他の本権についての証明の負担を軽減すること

2.　占有の態様

Question	Answer
□①　占有の態様について	①
アａ　占有代理人が所持する場合の占有態様を何というか。	アａ　代理占有
ｂ　占有者が自ら所持する場合の占有態様を何というか。	ｂ　自己占有
ｃ　本人の占有のための事実的道具、ないし機関に過ぎない者を何というか	ｃ　占有補助者
イａ　所有の意思をもってする占有態様を何というか。	イａ　自主占有
ｂ　所有の意思をもたない占有を何というか。	ｂ　他主占有

3.　占有権の承継

Question	Answer
□①　相続によって当然に占有移転するか。	①　する
□②ア　占有を承継し、その効力を主張する場合、前主の占有態様について主張することができるか。	②ア　できる

イ　アの場合、自己の占有のみを主張することはできるか。	イ　できる

4. 占有権の効力

Question	Answer
□①ア　占有者は、所有の意思をもって、善意で、平穏に、かつ、公然と占有をするものと推定されるが（186条）、これはどういうことか。	①ア　占有に瑕疵がないとの推定がなされるということ
イ　占有者は、善意・平穏・公然な占有取得を推定される。無過失は推定されるか。	イ　されない
□②ア　善意占有者は、占有物から得られる果実について、いかなる権利を有するか。	②ア　果実収取権（189条）
イ　物の保存と管理に必要な費用を何というか。	イ　必要費
ウ　占有物の改良のために、費やした費用を何というか。	ウ　有益費
エ　物の占有者は本権者に対して必要費・有益費の償還を請求できる。悪意者でも請求できるのか。	エ　できる（196条）
オ　では、物の悪意の占有者は、果実を収取できるか。	オ　できない（190条参照）
□③ア　占有者が占有を妨害され、または妨害されるおそれがある場合に、妨害者に対して妨害の排除を請求する権利を何というか。	③ア　占有訴権（197条以下）
イ　占有を妨害をされた場合の、妨害排除請求権をなす訴えを何というか。	イ　占有保持の訴え（198条）
ウ　占有者による、妨害予防の請求をなす訴えを何というか。	ウ　占有保全の訴え（199条）
エ　占有を侵奪された場合の、返還請求を何というか。	エ　占有回収の訴え（200条）
オ　占有回収の訴えにおいて、本権を回収拒否の理由にできるか。	オ　できない（202条）

第3章　所有権

1.　所有権の意義

Question	Answer
□①　特定の物を法令の制限内において、どのようにでも自由に使用、収益および処分できる権利を何というか。	①　所有権（206条）

2.　所有権の取得

Question	Answer
□①ア　所有者を異にする2個以上の物が、結合して1個の物ができることを何というか。	①ア　添付
イ　アのような場合、民法は分離復旧を認めず、償金請求で公平を図ることにしている。なぜか。	イ　無理に引き離すことは社会経済上の損失であるから
□②ア　物が結合することは何というか。	②ア　付合
イ　不動産に建物以外の物が付合した場合、付合物の所有権は誰に属するか。	イ　不動産の所有者（242条本文）
ウ　イの例外を述べよ。	ウ　権原に基づいて物を付属させた場合（242条但書）
エ　動産が互いに結合した場合、誰が所有権を取得するか。	エ　主たる動産の所有者（243条）
オ　主従の区別がつかない場合は、どのように処理するのか。	オ　共有（244条）
□③　固形物の混合、流動物の融合を総称して何というか。	③　混和（245条）
□④ア　物に工作を加え、新たな物件とする場合を何というか。	④ア　加工
イ　アの場合、どのように処理されるか。	イ　物は原則、原料の所有者のものになる（246条）

3. 共有

Question	Answer
□①ア　数人が持分を有して、1つの物を所有することを何というか。	①ア　共有
イ　アの場合、持分について処分の自由はあるか。	イ　ある
ウ　分割請求の自由はあるか。	ウ　ある
エ　持分は存在するが、持分処分の自由、分割請求の自由が否定される共同所有形態を何というか。	エ　合有
オ　持分が潜在的にも存在せず、目的物に対しても利用・収益権があるだけの共同所有形態を何というか。	オ　総有
□②　持分権の性質を述べよ。	②　処分が自由、物権的請求権その他の請求ができる
□③ア　共有物の使用・収益方法について、原則を述べよ。	③ア　共有物全部の使用ができる
イ　利用方法の調整はどう行うのか。共有者間の協議で調整、持分の（　　）で決せられる（252条1項）。	イ　過半数
ウ　共有物の変更をなすには、どのような手続が必要か。	ウ　他の共有者の同意が必要
□④ア　利用・改良行為などの総称を何というか。	④ア　管理行為
イ　原則、管理の方法は、いかにして定めるか。	イ　過半数で決する（252条1項）
ウ　現状を維持する行為（保存行為）は、いかにして行うのか。	ウ　各共有者がなしうる（252条5項）

第4章　用益物権

1.　地上権

Question	Answer
□①ア　植林および工作物所有を目的として、他人の土地を利用する用益物権を何というか。	①ア　地上権
イ　地上および地下の一切の建造物を何というか。	イ　工作物
ウ　地下および空間における地上権を何というか。	ウ　区分地上権
□②　地上権の内容として	②
ア　地上権だけの処分はできるか。	ア　できる
イ　土地の占有を要素とするか。	イ　要素とする
ウ　物権的請求権も認められるか。	ウ　認められる
エ　期間の存続制限はあるか。	エ　ない
□③　地上権は取得時効によって取得できる。その要件を答えよ。	③
ア　土地の（　　）という、外形的事実の存在	ア　継続的使用
イ　地上権行使の意思に基づくことの（　　）	イ　客観的表現

2.　地役権

Question	Answer
□①ア　ある土地の便益のために、他人の土地を利用する権利を何というか。	①ア　地役権
イ　地役権によって便益を図られる土地を何というか。	イ　要役地
ウ　地役権によって利用される土地を何というか。	ウ　承役地
□②　地役権の性質として	②
ア　要役地の処分に、地役権の処分も従うという性質を何というか。	ア　随伴性（281条1項）
イ　地役権の時効取得の要件を、民法は何と表現しているか。	イ　継続的に行使かつ外形上認識できる（283条）
ウ　要役地が共有されている場合、共有者全員のために地役権を取得するには、どうすればよいか。	ウ　1人について時効取得すればよい（284条1項）

エ　共有者に対して、取得時効の更新をなすには、どのようにしなければならないか。

エ　共有者全員に対してしなければならない（284条2項）

第5章　担保物権総論

1.　担保物権の意義

Question	Answer
□①　履行確保のため、債権者が目的物から優先的に権利を行使することが認められる権利を何というか。	①　担保物権

2.　担保物権の種類

Question	Answer
□①ア　一定の立法政策に基づく法律上当然に生ずる担保物権を何というか。	①ア　法定担保物権
イ　アの例を挙げよ。	イ　留置権・先取特権
ウ　当事者の設定行為によって、初めて生ずる担保物権を何というか。	ウ　約定担保物権
エ　ウの例を挙げよ。	エ　質権・抵当権
□②ア　物権として財産の上に成立し、その財産に権利行使される担保を何というか。	②ア　物的担保
イ　物的担保の特徴を挙げよ。 弁済が（a）。（b）でしか責任を負わない。	イ a　確実 b　財産の限度
ウ　債権として成立し、特定の第三者が弁済する担保方法を何というか。	ウ　人的担保
エ　ウの例を挙げよ。	エ　保証・連帯債務など
オ　ウの特徴を2つ挙げよ。 ・弁済から得られるか否かが（a）である。 ・債務者は（b）を負う。	オ a　不確実 b　無限の責任

3.　担保物権の性質

Question	Answer
□①　担保物権の通有性について ア　債権があるところにしか担保物権は存在しないという性質を何というか。	① ア　付従性

イ　債権が移転すれば、担保物権もそれに伴って移転するとの性質を何というか。	イ　随伴性
ウ　債権全部の弁済を受けるまで、目的物の権利を行使できるとする性質を何というか。	ウ　不可分性
エ　目的物が金銭に変化した場合、その金銭に対して権利行使できるとする性質を何というか。	エ　物上代位性

4.　担保物権の効力

Question	Answer
□①　担保物権の効力について	①
ア　他の債権者に先んじて、弁済を受けられる効力を何というか。	ア　優先弁済的効力
イ　債権担保のため目的物を債権者の手元に留置し、心理的圧迫を加えることで弁済を促す効力を何というか。	イ　留置的効力
ウ　物権であることから認められる、目的物が譲渡されても、その目的物に対して権利行使できる効力を何というか。	ウ　追及効

5.　担保物権の消滅

Question	Answer
□①　担保物権の代表的消滅原因を挙げよ。	①　被担保債権の消滅

第6章　留置権

1.　序説

Question	Answer
□①　他人の物を占有する者がその物に関して生じた債権を有する場合、その弁済を受けるまでその物を留置することによって、債権者の弁済を間接的に強制できる権利を何というか。	①　留置権（295条）
□②　留置権の制度趣旨を説明せよ。	②　債権者・債務者間の公平
□③　留置権の性質を答えよ。	③
ア　{法定・約定} 担保物権である。	ア　法定
イ　付従性が {ある・ない}。	イ　ある
ウ　随伴性が {ある・ない}。	ウ　ある
エ　不可分性が {ある・ない}。	エ　ある（296条）
オ　物上代位性が {ある・ない}。	オ　ない

2.　留置権の成立要件

Question	Answer
□①　留置権の成立要件（295条）について	①
ア　目的物に関して生じた債権を有することが挙げられるが、これを何というか。	ア　牽連関係があること
イ　債権が弁済期にあることは必要か。	イ　必要
ウ　留置権の成立要件として他人の物を占有していることが挙げられるが、留置権成立後占有を失った場合、留置権はどうなるか。	ウ　当然に消滅する
エ　さらに、不法占拠者には留置権は成立するか。	エ　成立しない

3.　留置権の効力

Question	Answer
□①ア　留置的効力はあるか。	①ア　ある（295条1項）

イ　優先弁済的効力はあるか。	イ　ない。ただし、目的物の留置によって事実上優先弁済を受けうる
ウ　留置権者は誰に対して主張できるか。	ウ　すべての人に対して主張できる
エ　留置権者には果実収取権があるが、果実はどのような用途に用いられるか。	エ　被担保債権に優先的に充当される（297条1項）
オ　留置権者は目的物に対して、いかなる義務を負わされるか。	オ　善管注意義務（298条1項）
カ　追及効が｛ある・ない｝。	カ　ある（目的物の所有権が誰に譲渡されても、留置権は失わない。ただし、占有を失った場合は別）

4.　留置権の消滅

Question	Answer
□①　留置権の消滅原因を３つ挙げよ。	①
ア　留置権者の（　　）違反に伴う消滅請求。	ア　義務（298条３項）
イ　債務者による（　　）供与。	イ　代担保（301条）
ウ　（　　）の喪失。	ウ　占有（302条本文）

第7章　先取特権

1.　序説

Question	Answer
□①ア　法律の定める特殊な債権を有する者が債務者の財産から優先弁済を受ける権利を何というか。	①ア　先取特権（303条）
イ　アの制度が法律で定められる趣旨を述べよ。	イ　社会政策的配慮、当事者間の公平など
□②　先取特権の性質として、正しいものを選べ。	②
ア　{法定・約定} 担保物権である。	ア　法定
イ　付従性が {ある・ない}。	イ　ある
ウ　随伴性が {ある・ない}。	ウ　ある
エ　不可分性が {ある・ない}。	エ　ある（305条、296条）
オ　物上代位性が {ある・ない}。	オ　ある（304条）

2.　先取特権の種類

Question	Answer
□①ア　債務者の総財産を目的とする先取特権（306条）を何というか。	①ア　一般先取特権
イ　一般先取特権の例を挙げよ。	イ　共益費用·雇用関係·葬式費用・日用品供給
ウ　動産を目的とする先取特権を３つ挙げよ。	ウ　不動産賃貸、動産保存、動産売買の先取特権など
エ　動産を目的とする先取特権に追及効はあるか。	エ　ない（333条）
オ　不動産を目的とする先取特権を３つ挙げよ。	オ　不動産保存、不動産工事、不動産売買の先取特権
カ　不動産を目的とする先取特権の効力要件を答えよ。	カ　登記（337条、338条、340条）

3. 先取特権の順位

Question	Answer
□①ア　第一順位（他の担保物権の何よりも優先）の先取特権は何か。 イ　特別の先取特権と一般先取特権ではいずれが優先するか。	①ア　共益費用（329条2項但書） イ　特別の先取特権（329条2項本文）
□②　不動産への担保権の順位について ア　抵当権と、不動産工事・保存の先取特権はいずれが優先するか。 イ　動産質権と先取特権の順位はどういう関係にあるか。	② ア　不動産工事・保存の先取特権 イ　第一順位の先取特権と質権が同順位（334条）

4. 先取特権の効力

Question	Answer
□①ア　先取特権は、目的物の占有を要件とせず、総担保債権に対して弁済が行われない場合に権利を実行して優先弁済を受ける権利である。このように、目的物を処分しうる権能しかない点を、通常どのように表現するか。 イ　この場合、担保権者は物上代位できるか。 ウ　一般先取特権を、一般の債権者に主張するために対抗要件は必要か。	①ア　目的物の交換価値を把握する イ　できる ウ　不要（336条）

第8章　質　権

1.　総説

Question	Answer
□①　担保の目的物の占有を債権者に移転し、債権者は、弁済があるまでこの目的物を留置して間接的に弁済を強制するとともに、弁済がない場合には、この目的物につき、他の債権者に優先して弁済を受ける権利を何というか。	①　質権（342条）
□②　質権の性質について正しいものを選べ。	②
ア　{法定・約定} 担保物権である。	ア　約定
イ　付従性が {ある・ない}。	イ　ある
ウ　随伴性が {ある・ない}。	ウ　ある
エ　不可分性が {ある・ない}。	エ　ある（350条、296条）
オ　物上代位性が {ある・ない}。	オ　ある（350条、304条）
□③　質権の種類を３つ挙げよ。	③　動産質、不動産質、権利質

2.　動産質

Question	Answer
□①ア　債権者が質権者になるが、質権設定者になりうるのは何者か。	①ア　債務者、第三者
イ　他人の債務を担保するために、自己の財産に物権を設定させる者を何というか。	イ　物上保証人
ウ　動産質設定の要件として、当事者間の意思の合致以外に要求される要件を挙げよ。	ウ　物の引渡し（344条）
エ　ウのような行為が、契約成立の成立要件とされている契約を何というか。	エ　要物契約
オ　物の引渡しは、占有改定の方法で足りるか。	オ　足りない（345条）
カ　動産質権の対抗要件は何か。	カ　目的物の占有（352条）

□② 動産質権の効力について	②
ア 不可分性はあるか。	ア ある
イ 果実収取権はあるか。	イ ある（350条、297条）
ウ 留置的効力はあるか。	ウ ある
エ 優先弁済的効力はあるか。	エ ある
オ 債権の弁済ができない場合、目的物の所有権が当然に債権者に移転する、もしくは質権者が売却できるとする契約を何というか。	オ 流質契約
カ オのような契約は民法上許されるか。	カ 許されない
□③ 質権者は転質できるが、	③
ア 質権設定者の承諾をもってなされる、元の質権とは別個の新たな質権設定の性質を有する転質を何というか。	ア 承諾転質
イ 質権設定者の承諾なしでなされる転質で、損害は不可抗力によるものでも賠償しなければならないとするものを何というか。	イ 責任転質（348条）
□④ア 質権を根拠とする返還請求権は認められるか。	④ア 認められない
イ 質権者は、占有を失ったときに全く返還請求はなせないのか。	イ 占有侵奪の場合のみ、占有回収の訴えを提起できる（353条）
□⑤ 質権者は、目的物の保管について、いかなる義務を負うか。	⑤ 善管注意義務（350条、298条）
□⑥ 質権に特有の消滅原因を挙げよ。	⑥
・（ア）のない目的物の使用・賃貸が行われたとき（350条・298条）。	ア 承諾
・（イ）を失ったとき（争いあり）。	イ 占有（判例は対抗力が消滅するとしている）

3. 不動産質

Question	Answer
□① 不動産質の対抗要件を答えよ。	① 登記
□②ア 不動産質は、動産質とは異なる内容を有する。それは何か。	②ア 目的物を使用・収益できる（356条）

Question	Answer
イ　アの権限の引き替えに、債務者に主張できない権利は何か。	イ　利息債権（358条）

4.　権利質

Question	Answer
□①　債権証書がある場合、債権質の成立要件として当事者の合意のほか、何が必要とされるか。	①　何も必要ない（旧363条参照）。諾成契約である

第9章　抵当権

1.　序説

Question	Answer
□①ア　抵当権の特徴として、占有の移転を要件としない点を挙げられるが、そのようにするメリットを答えよ。 抵当権設定者が目的物を（a）し、（b）を挙げることで自己の（c）を容易にできる点。	①ア a　使用・収益 b　経済的価値 c　債務の返済
イ　アのような先取特権と同様の性質を何と表現することが多いか。	イ　交換価値を把握する
□②　抵当権の性質について、正しいものを選べ。	②
ア　{法定・約定} 担保物権である。	ア　約定
イ　付従性が {ある・ない}。	イ　ある
ウ　随伴性が {ある・ない}。	ウ　ある
エ　不可分性が {ある・ない}。	エ　ある（372条、296条）
オ　物上代位性が {ある・ない}。	オ　ある（372条、304条）

2.　抵当権の設定

Question	Answer
□①ア　抵当権設定契約の法的性質を答えよ。	①ア　諾成契約
イ　抵当権設定者のうち、債務者以外の者を何というか。	イ　物上保証人
ウ　抵当権の目的となる財産は何か。	ウ　不動産、地上権、永小作権（369条）
エ　抵当権の対抗要件を挙げよ。	エ　登記

3. 抵当権の効力

Question	Answer
□①ア　370条について、抵当権の効力の及ぶ範囲とされている「付加」「一体」物に不動産の構成部分はあたるか。	①ア　あたる
イ　付合物は付加一体物にあたるか。	イ　あたる
ウ　従物は含むのか。	ウ　含む（実務）
エ　従たる権利に抵当権の効力は及ぶか。	エ　及ぶ
オ　従たる権利の例を挙げよ。	オ　建物に対する土地賃借権
カ　付合物の例を挙げよ。	カ　雨戸・石畳
キ　従物の例を挙げよ。	キ　畳・障子・石灯籠・庭石
ク　抵当権が設定された不動産の一部が分離され、動産となった後も抵当権の効力はその動産に及ぶか。	ク　及ぶ
□②　371条の「果実」に法定果実は含まれるか。	②　含まれる
□③ア　抵当権は交換価値を把握する権利であるが、交換価値が競売等によらずに具体化したときでも、その価値代表物に抵当権の効力を及ぼせるという制度を何というか。	③ア　物上代位
イ　価値代表物とは、交換価値が具体化した物のことである。その内容を説明せよ。 目的物の（a）、（b）、（c）または毀損によって債務者が受け取る金銭その他の物（304条）	イ a　売却 b　賃貸 c　滅失
□④ア　物上代位権行使の要件として、払渡しまたは引渡し前に差押えすることが必要であるとされている(304条)。ここで言う差押えはなぜ必要なのか。	④ア　第三債務者保護。支払い先を明確にするため（判例）
イ　アを前提とすると、物上代位のための差押えは抵当権者が行わなければならないのか。	イ　自らする必要がある（判例）
□⑤　競売手続をもって目的物を売却し、売却代金から、優先弁済を受けることを何というか。	⑤　抵当権の実行
□⑥ア　抵当権設定当時、同一人に属する建物・土地が、抵当権の実行によって別々の所有に属するに至った場合、建物所有者のため法律上当然に認められる地上権を何というか。	⑥ア　法定地上権（388条）

イ　アの制度の趣旨を説明せよ。
　土地・建物の（a）結果となると、建物は存在できないが、それは（b）であるから。

ウ　法定地上権を認めないでイのような不都合を回避するには、どのような手法が考えられるか。
・土地と建物を（a）。
・（b）を設定することを認める。

エ　法定地上権を認めるための要件を述べよ。
・（a）に建物が存在していること。
・抵当権設定当時、（b）を所有していること。
・抵当権の実行の結果、土地と建物の所有者が（c）になったこと。

> イ
> a　所有者が異なる
> b　社会経済上の損失
> ウ
> a　1つの不動産として区別しない
> b　自己借地権
> エ
> a　抵当権設定当時
> b　同一人が土地と建物
> c　別々

□⑦ア　395条では、抵当権設定後に発生した建物賃貸借を保護している。その趣旨を述べよ。

> ⑦ア　設定時に抵当目的物の使用・収益を十分にさせるため

イ　具体的な保護の内容を述べよ。

> イ　明渡しが6ヶ月猶予される

ウ　その他抵当権との関係で土地賃借権を確保するための制度を答えよ。

> ウ　抵当権者の同意による対抗力付与の制度（387条）

□⑧ア　抵当権は物権なので、物権的請求権を行使できる。しかし、物権的な返還請求権を行使するには制約がある。なぜか。

> ⑧ア　抵当権は占有を要素としないから

イ　どのような制約があるのか。

> イ　返還請求では抵当権設定者のもとへの返還しか請求できない

ウ　イの制約からくる問題点を述べよ。

> ウ　執行妨害のための不法占拠者を自ら退去させることができない可能性がある

エ　賃借権の悪用への自衛手段を挙げよ。
・債権者が抵当目的物を（a）。
・（b）を根拠に貸主の明渡請求権の行使を認める。

> エ
> a　自分で借りる（ただし、判例は対抗力を否定）
> b　債権者代位権

・（c）による明渡請求を直接的に認める。	c　抵当権
オ　例えば、抵当目的物となる山林の立木を伐採しようとする者に、更なる伐採の禁止を求めることができるか。	オ　できる（妨害排除請求権による）
カ　オの事例で、抵当権者は不法行為に基づく損害賠償を請求することはできるか。	カ　困難である
キ　カの理由を説明せよ。	キ　損害の発生が認められない可能性が高い。算定は弁済期後（判例）

4.　抵当権の消滅

Question	Answer
□①ア　消滅時効について、抵当権は、債権と独立に時効にかかって消滅するか。	①ア　する（396条反対解釈）
イ　限定はないのか。	イ　ある。抵当権者と設定者との間では、債務と独立に抵当権は消滅しない（396条）

第10章　非典型担保

1.　序説

Question	Answer
□①ア　非典型担保とは、取引界の慣習によって創設された明文にない担保権である。物権法のどのような原則の例外か。	①ア　物権法定主義
イ　アの理由を述べよ。 （a）で満たせない需要を満たす物権を認める必要性がある。（b）を確立させれば取引の安全も害しない。	イ a　典型担保 b　公示方法

2.　譲渡担保

Question	Answer
□①ア　債務の担保として法律上形式的に所有権を移転することで、信用授受の目的を達する制度を何というか。	①ア　譲渡担保
イ　譲渡担保が設定されたが、被担保債権につき満額弁済があった場合、その後、どのような処理がされるか。	イ　目的物の所有権が返還される
ウ　同様に、期日までに返済できない場合どのように処理されるか。 目的物の所有権が（a）に債権者に移転し、（b）が支払われる（帰属清算型）。もしくは目的物が（c）され、得られた金銭によって債権者は満足を得る（処分清算型）。	ウ a　完全 b　清算金 c　処分
エ　譲渡担保のメリットを説明せよ。 ・（a）の実現。 ・（b）の担保化。 ・担保権実行手続の（c）。	エ a　動産抵当 b　集合物 c　簡易化

オ　譲渡担保設定契約は、所有権の移転を装う虚偽表示ではないのか。	オ　虚偽表示ではない。真意をもってする譲渡であるというべきである
カ　脱法手段ではないか。	カ　そうではない。社会的に有用である
□②　譲渡担保の設定にあたり、対抗要件について説明せよ。	②　動産は引渡し、不動産は登記
□③ア　債権者が債権の弁済期到来前に目的物を第三者に処分した場合、処分の効力は認められるか。	③ア　認められる
イ　アの理由を説明せよ。	イ　債権者は形式的には所有権者だから

3.　所有権留保

Question	Answer
□①　売買の際に、代金完済まで所有権を売主に留め置くことで代金債権の担保を図る制度を何というか。	①　所有権留保

第4部 債 権

序 章

1. 債権の意義および特質

Question	Answer
□①ア 特定人が特定人に対して、一定の財産上の行為を請求することを内容とする権利を何というか。	①ア 債権
イ アの権利は、物権が直接性を有することに対し、どのような性質を有するか。	イ 他人の行為がなされなければ、権利の内容は実現されない
ウ 物権が排他性を持つことに対するアの権利が持つ特徴について説明せよ。	ウ 同一人が同一で矛盾する債務を負うことができる 例：二重譲渡
エ 債権に不可侵性はあるか。	エ ある

2. 債権の発生

Question	Answer
□① 債権の発生原因の例を挙げよ。	① 契約、事務管理、不当利得、不法行為

第1章　債権の目的

1.　序説

Question	Answer
□①ア　債務者がなすべき行為を何というか。 イ　アの種類を答えよ。	①ア　給付 イ　なす債務、与える債務

2.　特定物債権

Question	Answer
□①ア　当事者が物の個性に着目して、取引の客体とした物を何というか。	①ア　特定物
イ　アに対して、個性を持たず、商品としての規格・銘柄を指示するだけで取引できる物を何というか。	イ　不特定物（種類物）
ウ　特定物の引渡しを内容とする債権のことを何というか。	ウ　特定物債権
エ　ア・イの分類方法に対し、客観的に代わりがきくかきかないか物の性質に着眼した物の分類を、それぞれ何というか。	エ　非代替物、代替物
□②　特定物債権の内容について	②
ア　債務者は、契約締結から物の引渡しまでいかなる程度の保管義務を負うか。	ア　善良な管理者の注意義務（400条）
イ　物が滅失・毀損した場合、アの注意義務を負う者が責任を免れるにはいかなる主観的要件を要求されるか。	イ　無過失
ウ　債務者は引き渡すべき物の状態が契約等から定まらない場合、物をどのような状態で引き渡せば足りるか。	ウ　引渡し時の状態（483条）
エ　アの注意義務に対して、民法はもう1つの注意義務の程度を予定している。それを何というか。	エ　自己のためにするのと同一の注意義務（827条など）
オ　エの注意義務の場合、義務者が免責されるには、どのような要件が要求されるか。	オ　無重過失

3. 種類債権

Question	Answer
□①ア　種類物（不特定物）の給付を目的とする債権を何というか。	①ア　種類債権（種類物債権、不特定物債権）
イ　アの債権の内容として、特定物債権と比べた場合、最も異なる点を答えよ。	イ　（物が市場で調達できる限り）履行不能にならない
ウ　イの性質から、種類債権の債務者はどのような義務を負うことになるか。	ウ　無限の追完義務（完全履行義務）
エ　ウの義務を無限に負わせるのは酷である。そこで、一定の要件が満たされた場合、ウの義務から債務者を免れさせるとの制度を何というか。	エ　種類債権の特定（集中）
オ　種類債権にて履行の目的物を確定させることを何というか。	オ　特定（集中）
カ　特定の時期について、民法では当事者の合意のほか、どのように定められているか。	カ　債務者が物の給付に必要な行為を完了したとき（401条2項）
キ　債権者の住所にて給付することを内容とする債務を何というか。	キ　持参債務
ク　キで種類債権を特定させる（カの要件を充たす）には、具体的にどのようなことをする必要があるか。	ク　現実に目的物を提供すること
ケ　履行の場所が債務者の住所とされる債務を何というか。	ケ　取立債務
コ　ケの債務において種類債権の特定がされるには、どのような要件が充たされれば足りるか。	コ　給付の準備・分離をし、給付ができることを通知する ※現実の提供をしてもよい
サ　特定の中心的な効果を説明せよ。	サ　履行の目的物が決定し、その物を給付すれば足りることになる

Question	Answer
シ　サの効果から、さらにどのような効果が導かれるか。 ・（a）の移転 ・（b）の移転 ・債務者は物を（c）する義務を負う。	シ a　危険 b　所有権 c　保管
□② 種類物を給付する範囲に、一定の制限が設けられている場合、その債権を何というか。	② 制限種類債権

4. 金銭債権

Question	Answer
□① 金銭は強制通用力を持たせる等の特性から、個性が全くないものとされる。そのことを象徴的にどのように表現されるか。	① 価値そのもの
□②ア 金銭に履行不能はあるか。	②ア あり得ない
イ 金銭債務では、不可抗力による場合の不履行も損害賠償責任を負わされるか。	イ 負う（419条3項）
ウ イの重い責任の代わりに、損害賠償の額が限定されている。その範囲を説明せよ。	ウ 法定利息（419条1項）

5. 利息債権

Question	Answer
□① 特約がない場合に法律上定まる利率を何と呼ぶか。	① 法定利率（当面の間、年3分）
□② 法外な高利から、消費者を保護するために制定された法律を何というか。	② 利息制限法

第2章　債権の効力

1.　総説

Question	Answer
□①　債権の中心的効力を説明せよ。 債務者が債権の目的たる行為、つまり（ア）をしないとき（イ）を借りて履行を強制できる。	① ア　給付 イ　国家の力
□②　債権者が受けた給付は（当然ながら）不当な利得にはならない。このような債権の効力を何というか。	②　給付保持力
□③　国家の力を借りないで履行を強制することが禁止されることを何というか。	③　自力救済の禁止
□④　強制的実現の方法を欠き、給付保持力しかない債務を何というか。	④　自然債務
□⑤ア　債権に対応する義務を何というか。 イ　強制執行等の不利益を負う立場にあることを何というか。	⑤ア　債務 イ　責任
□⑥ア　債権を侵害した者に対して不法行為責任の追及ができないとの見解がある。問題の所在を答えよ。 イ　一般に、アの論点の結論はどう考えられているか。	⑥ア　債権には相対的効力しか認められない（第三者効はない） イ　請求できる（不可侵性があるから）

2.　現実的履行の強制

Question	Answer
□①　近代法では自力救済を禁止し、強制的な給付の実現は国家機関がするものとされる。この強制の手段として、 ア　国家の執行機関によって、直接に債権内容を実現させるものを何というか。 イ　直接強制の利点を挙げよ。 ウ　同様に限界について説明せよ。	① ア　直接強制 イ　債務者の人格尊重に反しない ウ　与える債務でしか行えない

□②ア　第三者の手によって債務者に代わって債権の内容を実現する強制執行の方法を何というか。	②ア　代替執行
イ　どのような債権で、アの執行方法をとれるか。	イ　なす債務のうち、第三者が代わって行える債務
ウ　債務者を心理的に圧迫することで、債権内容を実現させる形式の執行方法を何というか。	ウ　間接強制
エ　ウの執行方法を採用するにあたり、特別な制限はあるか。	エ　ない。事案に応じて有効な手法が選択できる
オ　以上の強制執行の方法のうち、最も強制の度合いが高いものを挙げよ。	オ　どれともいえない
□③ア　債権があることを確定させるものを何というか。	③ア　債務名義
イ　アの例を挙げよ。	イ　確定判決、公正証書によるもの

3.　債務不履行

Question	Answer
□①　正当な理由がないのに、債務者が債務の本旨に従った債務の履行をしないことを何というか。	①　債務不履行（415条）
□②　債務不履行の態様として、	②
ア　履行期にあり履行ができるのに、履行がなされない場合を何というか。	ア　履行遅滞
イ　形式的な履行はあるが、その履行が債務の本旨に従ったものとはいえない場合を何というか。	イ　不完全履行
ウ　履行が社会通念上不可能になった場合を何というか。	ウ　履行不能
エ　債務の不履行があった場合、債権者は債務者に何を請求できるか。	エ　強制履行、損害賠償 cf.契約の解除は帰責性不要
□③　履行遅滞について	③
ア　履行遅滞の要件を答えよ。	ア
・債務の履行期に履行が（ａ）なこと。	ａ　可能
・履行期を（ｂ）したこと。	ｂ　徒過
・履行遅滞が債務者の（ｃ）に基づくこと。	ｃ　責めに帰すべき事
・履行しないことが（ｄ）であること。	ｄ　違法

イ　415条本文では、履行遅滞責任の要件として債務者の責めに帰すべき事由を必要とせず、但書に記載がある。この理由を説明せよ。

債務があるのに履行がない場合には、(a)に(b)があることが通常だから。

ウ　「責めに帰すべき事由」の判断は何を基礎としてすべきか。2つあげよ。

エ　履行しないことが違法ではない場合の例を挙げよ。

オ　損害の賠償を請求できる範囲を画する概念を答えよ。

カ　オのような限定があるのはなぜか。

債務不履行を原因として生ずる損害は（a）になる可能性があるから。責任を（b）範囲に限定するため。

キ　相当因果関係の理論について規定している条文を挙げよ。

ク　キの条文は、具体的にどのようなものが相当因果関係の範囲にあるとしているか。

・(a）生ずるであろう損害。基礎事情も（b）に限る。

※基礎事情：賠償額算定の根拠となる事実

・(c）の特別の事情から生じる損害

ケ　特別事情の予見可能性があることの、証明責任は誰が負うか。

コ　債権者の過失を斟酌して、債務者の責任を軽減する制度を何と呼ぶか。

サ　賠償額の算定にあたって、コは必ず行われるか。

イ

a　債務者

b　帰責性

ウ　債務の発生原因（契約)、社会通念

エ　留置権、同時履行の抗弁権がある場合など

オ　相当因果関係

カ

a　意外な範囲

b　通常予想される

キ　416条1項

ク

a　通常

b　通常予想できるもの

c　債務者が予見できる範囲

ケ　債権者

コ　過失相殺

サ　必ず行われる（必要的に斟酌される。418条）

□④　履行不能について

ア　履行不能に基づく損害賠償を請求する要件を答えよ。

・履行が（a）なこと。

・（b）事由によって不能になったこと。なお、（b）事由が認められない場合は危険負担の問題になる。

・履行不能が（c）なものであること。

□⑤　不完全履行について

ア　責任追及のための要件を答えよ。

・（a）な履行のあること。

・債務者の（b）に基づくこと。

・不完全な履行がなされたことが（c）であること。

イ　不完全履行の効果を説明せよ。

④

ア

a　不能

b　債務者の責めに帰すべき

c　違法

⑤

ア

a　不完全

b　責めに帰すべき事由

c　違法

イ　損害賠償請求、可能な限り完全履行の請求

4.　受領遅滞

Question

□①ア　債権者が履行の協力をしないため、債務者が履行遅延している状態を何というか。

イ　アの状態にあるとき、債務者保護のため、一定の効果が発生する。その趣旨を説明せよ。

債権者が（a）をしない場合、義務を果たそうとしている債務者が責任を免れないのは（b）である。

□②　①イの効果が発生するための要件を答えよ。

・（ア）に従った履行の提供があること

・債権者が（イ）、または受領することができないこと。

□③ア　①アの効果について、413条は何と規定しているか。

・債務者は保管の（a）が軽減される。

・（b）を債権者に請求できる。

Answer

①ア　受領遅滞（413条）

イ

a　履行に必要な協力

b　不公平

②

ア　債務の本旨

イ　受領を拒み

③ア

a　注意義務（自己の物に対すると同一の注意で足りる）

b　増加した費用

イ　弁済の提供があると、アのほか債務者の責任はどうなるか。	イ　債務不履行責任を免れる
ウ　双務契約で弁済提供がなされた場合、特にどのような効果が発生するか。	ウ　相手方の同時履行の抗弁権を奪う（その結果、相手方を履行遅滞に追い込める）

5.　責任財産の保全

Question	Answer
□①ア　債権内容の実現を保証するものという観点からの、債務者の財産を何と呼ぶか。	①ア　責任財産
イ　アの保全はなぜ必要なのか。	イ　責任財産は債権の実質的価値を担保するものだから
ウ　イの手段として、債権者が利用できるものとして民法上定められているものを挙げよ。	ウ　債権者代位権、債権者取消権（詐害行為取消権）
□②ア　債権者が債権を保全するため、債務者がその財産権を行使しない場合に、債務者に代わってその権利を行使して債務者の責任財産の維持・充実を図る制度を何というか。	②ア　債権者代位権（423条）
イ　アの制度行使の条件として、債権者が自己の債権の保全をする必要性があること（423条1項本文）が挙げられる。これは、具体的にどのようなことを指しているのか。	イ　債務者の無資力
ウ　イのように解釈される理由を答えよ。	ウ　債権者代位権が責任財産保全の制度だから
エ　しかし、責任財産保全の目的以外にも債権者代位権が転用されるようになると、イの要件はどのように解釈されるようになったのか。	エ　特定債権保全の必要があれば足り、無資力要件は必須ではない
オ　無資力要件が不要とされる例を挙げよ。	オ　登記の移転請求権、目的物の引渡請求権の代位行使の場合
カ　さらに、債権者代位権を行使するには、自己の保全すべき債権がどのような状態になっていなければならないか。	カ　弁済期にあること（423条2項本文）

キ　例外はあるか。	キ　保存行為の代位（423条2項但書）
ク　他の債権者代位権の要件を挙げよ。	ク　債権者が自らその権利を行使しないこと
ケ　代位行使ができない債権を挙げよ。	ケ　一身専属権（423条1項但書）、差押えできない権利（同条項）
コ　行使が権利者個人の意思のみに委ねられる債権を何というか。	コ　一身専属権　例：慰謝料請求権
サ　債権者代位権は裁判外で行使できるか。	サ　できる
□③ア　債権者代位権の効果として、債務者は当該権利の行使にいかなる制限を受けるか。	③ア　制限はない（代位訴訟では訴訟告知を受ける）
イ　給付物は代位した債権者が受け取ることができるか。	イ　できる
ウ　イの結果、代位権を行使した債権者はどのような恩恵を受けられるか。	ウ　金銭を受領すれば、事実上優先弁済が受けられる
エ　ウの方法を述べよ。	エ　債務者への引渡債務と自己の債権とを相殺する
□④ア　債務者が債権者を害することを知ってした行為の取消しを、債権者が裁判所に請求することを何というか。	④ア　債権者取消権（詐害行為取消権）（424条）
イ　詐害行為の相手方を何というか。	イ　受益者、転得者
ウ　債権者取消権の法的性質を述べよ。	ウ　取消権＋請求権
□⑤ア　債権者取消権行使の客観的要件を答えよ。	⑤ア　詐害行為があること
イ　詐害行為とは何か。	イ
・（a）が減少して、債権者が（b）を受けられなくなるような行為。	a　債務者の総財産 b　十分な弁済
・相当の対価を得てした財産の処分、弁済その他の債務消滅行為は原則として詐害行為｛c である・ではない｝。	c　ではない
・過大な代物弁済は｛d すべて・超過部分を｝取り消せる。	d　超過部分を

ウ　成立していない債権に対して、詐害行為をなすことは考えられないことから要求される要件を述べよ。	ウ　被保全債権の発生原因が詐害行為の前に生じたものであること
エ　債権者取消権において、債権者代位権のような転用は認められるか。	エ　認められない
オ　債権者取消権行使のための主観的要件を述べよ。	オ　債務者の詐害意思・受益者の悪意（424条）
カ　債権者取消権行使の手続上の要件を答えよ。	カ　裁判上でなすことを要する（424条）
□⑥　詐害行為取消権の効果として	⑥
ア　詐害行為取消請求を認容する確定判決の効力が及ぶ範囲を答えよ。	ア　総債権者、債務者
イa　詐害行為取消しの目的物が現物の場合、債権者は現物の返還請求権を取得するか。	イa　する
b　可分給付を取り消すことについての制限はないか。	b　ある（被保全債権の額が限度）
ウ　債権者取消権は、何年間で行使できなくなるか。	ウ　債権者が取消原因を知ってから2年間、詐害行為の時から10年で消滅する

第3章　債権譲渡および債務引受

1.　序説

Question	Answer
□①　債権には財貨的価値がある。その財貨的価値の処分のために定められた民法上の制度を答えよ。	①　債権譲渡

2.　債権の譲渡

Question	Answer
□①ア　債権譲渡によって債務者に生じる不利益を説明せよ。	①ア　債権者不確知、二重払いの危険
イ　そこで、当事者の合意によって債権には譲渡制限が設けられることがある。かかる譲渡制限を何というか。	イ　譲渡制限の特約（466条2項、3項）
ウ　この特約に反した譲渡の効力を答えよ。	ウ　有効（466条2項）
エ　イの特約がある場合の、債務者保護の制度を答えよ。	エ
・特約に（a）の者には、（b）を拒め、かつ譲渡人への弁済による債務消滅などの抗弁を主張できる。	a　悪意・重過失 b　支払い
・（a）かが不明な場合でも（c）をすることができる。	c　供託
オ　債務者保護のため、債権の譲受を主張するには、債務者への対抗要件を備えなければならない。どのような手段によるか。	オ　債務者への通知または債務者の承諾
カ　あらかじめの通知または承諾は有効か。	カ　通知は無効、承諾は有効（判例）
キ　通知の効力を説明せよ。	キ　通知までに譲渡人に対抗できたすべての事由を譲受人に対抗できる（468条1項）
ク　キの効力の趣旨を答えよ。	ク　譲渡によって債務者の地位が不利になってはならない

Question	Answer
□②ア　第三者に対する対抗要件を備えるにはどうすればよいか。	②ア　確定日付ある通知または承諾による（467条2項）
イ　確定日付があるとされる証書の例を挙げよ。	イ　公正証書や内容証明郵便による
ウ　確定日付ある通知・承諾が求められる趣旨を述べよ。	ウ　債務者を通じて誰が債権者なのかを公示するため
□③　債権が二重に譲渡されたときの処理として、 ア　確定日付がない通知が二重になされた場合、債権の譲受人は履行を求めることができるか。	③ ア　両者とも請求ができる
イ　一方のみ確定日付がある通知を備えている場合はどうか。	イ　確定日付がある方が優先する
□④ア　確定日付がある通知または承諾の効力を答えよ。	④ア　第三者にも譲受けを「対抗することができる」
イ　対抗要件で優劣を決する「第三者」の範囲を答えよ。	イ　通知の欠缺を主張するに正当な利益を有する者
ウ　優劣が決した場合、その結論に債務者も拘束される。劣後する債権者への支払いはどうなるか。	ウ　無効（ただし、478条による保護の余地がある）

3.　債務引受

Question	Answer
□①ア　債権が同一性を失わないで引受人に移転し、元の債務者は債務を免れる形態の債務引受を何というか。	①ア　免責的債務引受
イ　アは、債務者と引受人の合意のみですることができるか。	イ　債権者の承諾を要する
□②ア　債務引受のうち、引受人が従来の債務者と並存する同一内容の債務を負担することになる形態を何というか。	②ア　併存的債務引受
イ　アは債権者と引受人との合意のみですることができるか。	イ　できる

ウ　アを債務者と引受人との契約でした場合は有効か。

□③　債務引受のうち、引受人が債務者に対して債務を履行すべき義務を負うのみで、債権者は引受人に対して債権を取得しない形態を何というか。

ウ　第三者のための契約として有効

③　履行引受

第4章　債権の消滅

1.　序説

Question	Answer
□①　債権の消滅原因として	①
ア　給付の内容が実現されれば、目的を達成し、消滅する。そのような場合の例を挙げよ。	ア　弁済・代物弁済・供託
イ　給付の実現が不可能となって債務が消滅する場合を説明せよ。	イ　債務者の責めによらない履行不能（責めがある→賠償責任として債務は存続）
ウ　給付の実現が不必要になることによって債務が消滅する場合を挙げよ。	ウ　相殺・更改・免除・混同

2.　弁済

Question	Answer
□①ア　債務の内容である給付を実現して、利益を充足させる行為を何というか。	①ア　弁済
イ　弁済を債務者の行為として捉えると何というか。	イ　履行
ウ　アの法的性質を述べよ。	ウ　準法律行為
□②ア　債務者が債務の本旨に従った履行をなすことを何というか。	②ア　弁済の提供
イ　弁済提供をした債務者の責任を免れさせる効果を債権者の側から表現した制度は何か。	イ　受領遅滞（413条）
ウa　弁済を提供したといえるには、原則として現実の提供が必要である（493条本文）。例外的にその負担が軽減される場合はどのような場合か。	ウa　あらかじめ受領を拒んでいる場合、債務の実現に債権者の行為が必要とされる場合（493条但書）
b　aはどの程度の行為で足りることになるか。	b　口頭の提供（準備と通知のみで足りる）

Question	Answer
エ　さらに、受領拒絶の意思が明白である場合には、どのように処理されるか。	エ　準備のみでよい。通知は不要となる
□③　第三者が弁済した場合、第三者は債務者への求償権を取得するが、それにとどまらないで債権者が有していた担保権などの権利まで、取得するとの制度を何というか。	③　弁済による代位（499条以下）
□④ア　取引通念上債権者または受領権限があるとの外観を有する者を何というか。	④ア　債権の準占有者
イ　アのような者に対する善意・無過失の弁済の効力はどうなるか。	イ　有効となる（478条）
ウ　478条の適用に、真の債権者の帰責性は必要とされていない。その趣旨を答えよ。	ウ　弁済を強制された地位にいる債務者の保護

3.　代物弁済

Question	Answer
□①　本来の給付と異なる他の給付を現実になすことによって、本来の債権を消滅させる債務者と債権者との契約を何というか。	①　代物弁済（482条）
□②　代物弁済の効果を説明せよ。	②　債務の消滅（現実の給付が必要。契約だけでは足りない）

4.　供託

Question	Answer
□①　債権者が受領遅滞にあるか、債権者が誰か確知しえない等の場合に、債務者が債務を免れるための制度を何というか。	①　（弁済）供託（494条以下）
□②　供託の効果を述べよ。	②　債務の消滅（494条）

5. 相殺

Question	Answer
□①ア　債権者と債務者とが相互に同種の債権・債務を有する場合に、その債権と債務を対当額において消滅させる一方的意思表示を何というか。	①ア　相殺
イ　アの意思表示は契約か、単独行為か。	イ　単独行為（506条参照）
ウ　相殺にあたり、相殺に供された債権を何というか。	ウ　自働債権
エ　相殺にあたり、相殺の対象となる相殺の意思表示をした者の債務を何というか。	エ　受働債権
オ　相殺の制度趣旨を2つ説明せよ。	オ　実際の便宜、当事者間の公平
カ　相殺の営む重要な機能を挙げよ。	カ　担保的機能
□②　相殺の要件について	②
ア　相殺適状に達しているというための要件（506条）を答えよ。	ア
・債権の（a）。	a　対立
・債権が（b）を有する債権であること。	b　同種の目的
・（c）が同種であること。	c　給付内容
・双方の債権が（d）にあること。	d　弁済期
・双方の債権が（e）に存在すること。	e　有効
イ　両方の債権が有効に存在していること、という要件の例外を説明せよ。	イ
自働債権が相殺適状に達してから（　　）によって消滅した場合でも相殺できる（508条）	時効
ウ　相殺を許さない債務を挙げよ。	ウ
（　　）が自働債権である場合など。	保証債務、同時履行の抗弁権が付着した債権（505条1項但書）
エ　相殺が法律上禁止される債権について、受働債権が不法行為によって生じたとき（509条）が挙げられる。その理由を説明せよ。	エ　不法行為の誘発を防ぐ、現実の弁済によって被害者を救済する
オ　その他、相殺が禁止される債権を挙げよ。	オ
・受働債権が（a）債権であるとき（510条）。	a　差押禁止
・受働債権が（b）を受けた場合（511条）。	b　支払の差止

Question	Answer
□③　相殺の方法・効果について	③
ア　相殺の意思表示に条件・期限をつけることはできるか。	ア　できない
イ　相殺の効果として、債権が消滅するが、いつの時点から消滅したことになるか。	イ　相殺適状時（遡及効がある）（506条2項）

6. 更改

Question	Answer
□①　債権の要素を変更することによって、新債権を成立させるとともに、旧債権を消滅させる契約を何というか。	①　更改（513条以下）
□②　更改といえるためには、いかなる条件が必要か。	②
ア　債権の（　　）が変更されること。	ア　重要部分の同一性
イ　当事者に（　　）があること。	イ　更改の意思

7. 免除

Question	Answer
□①　債権を無償で消滅させる、債権者の債務者への一方的意思表示を何というか。	①　免除（519条）
□②　契約か、単独行為か。	②　単独行為

第5章　多数当事者の債権関係

1.　序説

Question	Answer
□①　債権者が複数になる債権関係を挙げよ。	①　分割債権、不可分債権
□②　債務者が複数になる債権関係を挙げよ。	②　分割債務、不可分債務、連帯債務、保証債務

2.　分割債権・債務関係

Question	Answer
□①　１個の可分給付を目的とする債権または債務を有する場合で、一方当事者複数の場合、特段の定めがない場合いかなる債権関係とされるか。	①　分割債権・債務となる（427条）
□②　分割債権・債務の効力として、	②
ア　分割された債権債務を有する当事者はどのようにして債権を行使し、債務を履行するのか。	ア　債権は単独で行使できる。債務は自分の債務だけを弁済すればよい（427条）
イ　分割債権・債務関係において、１人に対して生じた事由は他の複数債権者、もしくは債務者に影響を及ぼすか。	イ　及ぼさない
ウ　このような効力を何というか。	ウ　相対効

3.　不可分債権

Question	Answer
□①　多人数が１個の不可分な給付を目的とする債権・債務を有する場合、どのような法律関係にあるとされるか。	①　不可分債権関係
□②　金銭債権でも、不可分給付とされる場合があるか、あるならば例を挙げよ。	②　共同賃借人の賃料債務など

□③　不可分債権関係について

ア　１人が全員のために行為をなすことができることから、分割債権関係とは異なった効力が認められる。説明せよ。

イ　アのような効力を何というか。

ウ　イのような効力は債権者複数の場合、どのような行為に認められるか（428条）。

エ　絶対的な効力が認められない行為に、認められる効力を何というか。

オ　イのような効力は債務者複数の場合、どのような事項に認められるか（430条）。

③

ア　１人の行為が他の者に影響を及ぼす場合がある

イ　絶対効

ウ　履行（弁済）、履行に準ずるもの（供託）、請求（それに関するものとして消滅時効の完成猶予）

エ　相対的効力

オ　履行（弁済）、履行に準ずるもの（供託）

4.　連帯債務

Question

□①ア　数人の債務者の各自が債務の履行について、その全部を行う義務を負い、しかも誰かが履行すれば全員の債務が消滅するという関係を何というか。

イ　かかる連帯責任が負わされる根拠は、どこに求められるか。

□②　かかる連帯債務関係は、いかなる機能を果たすか。

□③　連帯債務関係にある者には②のような関連共同性があるから、様々な事由に絶対効が認められている（438条以下）。

ア　弁済に関係するものをすべて挙げよ。

イ　その他の債権の消滅原因と関係あるものを挙げよ。

ウ　請求の絶対効は認められるか。

□④　連帯債務者相互の関係として、弁済した者は、他の債務者に対してどのような請求がなせるか。

Answer

①ア　連帯債務（436条以下）

イ　数人で協力して弁済するような主観的な共同関係があること

②　債権の担保・効力強化

③

ア　弁済・代物弁済・供託

イ　相殺・混同・更改・免除・消滅時効の完成

ウ　認められない

④　他の者の負担部分について求償権をもつ

□⑤ア　給付が可分であるが、債務者が複数の債権者の誰からの請求にも全部の履行義務を負う場合を何というか。	⑤ア　連帯債権
イ　履行の請求について、絶対効は認められるか。	イ　認められる

5. 保証債務

Question	Answer
□①ア　主債務者が債務を履行しない場合に、その債務を主債務者に代わって履行する責任を負う債務を何というか。	①ア　保証債務（446条以下）
イ　保証債務の目的を述べよ。	イ　債権の担保
ウ　アに対して担保される債務を何というか。	ウ　主債務
□②　保証債務の法的性質について	②
ア　主債務と保証債務はどのような関係にあるか。	ア　別個の債務
イ　保証債務の債権者は誰か。	イ　主債務の債権者
ウ　主債務が消滅すると、保証債務も消滅し、保証債務は主債務よりも重くてはならないとされる保証債務の性質を何というか。	ウ　付従性（448条）
エ　主債務の譲渡に伴って、保証債務もまた移転するという性質を何というか。	エ　随伴性
オ　保証人は、主たる債務が履行されないときに、初めて履行すればよいという関係を何というか。	オ　補充性
カ　オの性質の現れとして、主たる債務者に請求するように主張することで保証債務の履行を拒めるものを何というか。	カ　催告の抗弁（452条）
キ　主たる債務者に資力があることと執行が容易であることを証明することで、主たる債務に対して執行せよと主張して保証債務の履行を拒めることを何というか。	キ　検索の抗弁（453条）
□③ア　保証債務が担保する主債務の範囲を説明せよ。	③ア　主債務および主債務に従たる債務すべて（447条1項）
イ　保証人は、主債務に関する抗弁を債権者に主張できるか。	イ　すべて主張できる
ウ　主債務者について生じた事由の効力は、保証人に影響を及ぼすか。	ウ　原則として保証人に及ぶ（457条など）

エ　逆に保証人に生じた事由の効力は、主債務者に影響を及ぼすか。	エ　主債務を消滅させる行為のほかは影響はない
オ　保証債務を履行した保証人は、主債務者にいかなる権利を取得するか。	オ　求償権（459条以下）
カ　事前求償権が認められる条件を説明せよ。	カ　委託を受けた保証人であること
□④ア　補充性がない保証債務を何というか。	④ア　連帯保証（458条）
イ　アの形態の保証では、連帯債務の規定が準用される。しかし、準用の意味があるのはいかなる事由か。	イ　混同のみ
□⑤　保証人相互間で全額弁済の特約があり、分別の利益がないが補充性がある場合を何というか。	⑤　保証連帯（465条1項参照）

第5部 契約総論

序 章

1. 契約とは

Question	Answer
□① 契約の成立に必ず必要な要素は何か。	① 意思の合致

2. 契約自由の原則とその機能

Question	Answer
□① 私人が自由意思に基づいて、自由に契約を締結し、その生活関係を処理できるとする原理を何というか。	① 契約自由の原則
□② ①の原則の趣旨を答えよ。 私生活には（ア）が干渉すべきではなく、（イ）を尊重して、その自治に任せるべきであること。	② ア 国 イ 個人の意思
□③ ①の原則の内容を答えよ。	③ 契約の締結・相手・内容・方式が自由とされる

3. 契約と信義誠実の原則

Question	Answer
□① 契約関係では、信義誠実の原則が重要となる。なぜか。 契約は（　　）によって成り立つから。	① 当事者相互の信頼
□②ア ①の現れとして、使用者が労働者の生命・身体を保護するよう配慮すべき義務を何というか。	②ア 安全配慮義務
イ 契約締結の際、当事者には無効な契約を結んで相手の信頼を裏切らない義務があり、義務違反によって生じた損害を違反者は賠償すべきであるという法理を何というか。	イ 契約締結上の過失

ウ　イの法理によって、損害賠償請求をなすための要件を答えよ。	ウ
a　締結された契約の内容が（　　）であること。	a　客観的に不能
b　給付をなす者が不能を（　　）こと。	b　過失によって知らなかった
c　相手方が（　　）であること。	c　善意
エ　イの法理によって請求できる損害賠償の範囲を説明せよ。	エ　信頼利益
オ　契約を有効と信じたことによって失われた利益を何というか。	オ　信頼利益
カ　オに対して、契約が履行されたならば得られたであろう利益を何というか。	カ　履行利益
□③　契約が結ばれた後、社会経済事情に当事者の予想しなかったような急激な変動があった場合に、契約の変更・修正、解約が認められるとする原則を何というか。	③　事情変更の原則
□④　特に信頼関係が強調される、賃貸借に代表される契約類型を何というか。	④　継続的契約

4.　契約の種類

Question	Answer
□①ア　民法に明文がある契約を何というか。	①ア　典型契約
イ　明文がない契約を何というか。	イ　非典型契約（無名契約）
ウ　有名契約は何種類あるか。	ウ　13種類
エ　契約当事者が、互いに対価的な意味を有する債務を負担する契約を何というか。	エ　双務契約
オ　一方当事者のみが債務を負うか、双方の債務が互いに対価たる意義を有しないものを何というか。	オ　片務契約
カ　契約の両当事者が出捐をする義務を負う契約類型を何というか。	カ　有償契約
キ　両当事者が出捐をなすわけではない契約種類を何というか。	キ　無償契約

第1章　契約の成立

1.　序説

Question	Answer
□①ア　契約はどのような意思表示がなされた場合に成立するか。	①ア　相対立する意思表示が合致した場合
イ　契約書の作成は、契約成立の要件か。	イ　要件ではない
ウ　互いに同内容の申込みが、偶然行われた場合には契約は成立するか。	ウ　成立する(交叉申込)
エ　申込みに対する承諾なくして、契約が成立する場合はあるか。あれば具体例を挙げよ。	エ　ある。継続的な物品の供給がされている場合に、従前の例に従って物品を送付した場合
オ　目的物の交付が、契約成立の要件とされている契約を何というか。	オ　要物契約

2.　申込と承諾

Question	Answer
□①ア　契約を成立させることを意図してなされる、一方的かつ確定的な意思表示を何というか。	①ア　申込み
イ　アの効力は、いかなる時点で発生するのか。	イ　相手方に到達した時(97条1項)
□②ア　申込みに応諾して、契約を成立せしめるためになす意思表示を何というか。	②ア　承諾
イ　アの効力の発生時期を答えよ。	イ　承諾の通知が到達した時
ウ　契約の効力の発生時期をどう考えるべきか。	ウ　承諾の通知が到達し、効力が発生した時

第2章　契約の効力

1. 序説

Question	Answer
□① 契約の効力発生要件を挙げよ。 ・（ア）であること。 ・（イ）できるもの。 ・（ウ）かつ社会的な妥当性が認められるもの（民法90条）。	① ア　実現可能 イ　確定 ウ　適法

2. 双務契約の特殊の効力

Question	Answer
□① 双務契約の当事者は、互いに出捐を義務づける関係にある。この関係を何というか。	① 対価的相互依存による牽連関係
□② 双務契約における牽連関係のうち、	②
ア　一方の債務が成立しない場合、他方も成立しないという関係を何というか。	ア　成立上の牽連関係
イ　双務契約の履行上の牽連関係を反映する制度を挙げよ。	イ　同時履行の抗弁権
ウ　存続上の牽連関係に関係し、債務者の責任がなく一方の債務が消滅すれば、他方はどうなるのかという問題を何というか。	ウ　危険負担の問題
□③ 相対立する債務に、履行上の牽連関係を持たせる制度を何というか。	③ 同時履行の抗弁権
□④ 同時履行の抗弁権と留置権との相違点について	④
ア　共通する点を指摘せよ。	ア　債務の履行を拒める点
イ　異なる点について、留置権が物権であることから認められる性質を挙げよ。	イ
・主張できる相手について制限｛a がある・はない｝。	a　はない
・（b）に関する債務にしか適用できない。	b　物の引渡し
・（c）がある。	c　不可分性
・（d）を前提としない。	d　双務契約

□⑤ア　同時履行の抗弁の制度の趣旨を述べよ。	⑤ア　当事者間の公平
イ　同時履行の抗弁権を行使するための要件として、両債務が双務契約から生ずるものであることが挙げられる。さらに、一方の債務者が先履行義務を負う場合に抗弁の行使は認められるか。	イ　認められない。双方の債務がともに弁済期にあることを要する
ウ　さらに、抗弁権であることから導かれる要件を答えよ。	ウ　相手方の請求があること
□⑥ア　両債務が完全に履行される前に、一方の債務が債務者の責に帰すべからざる理由によって履行不能となり消滅した場合、他方の債務はいかなる影響を受けるか、という問題を何というか。	⑥ア　危険負担
イ　不能となった給付の債務者が、危険を負担するという考え方を何というか。	イ　債務者主義
ウ　不能となった給付の債権者が、危険を負担するという考え方を何というか。	ウ　債権者主義
エ　危険負担について、民法の原則的態度を説明せよ。	エ　債務者主義（536条1項）
オ　債務者主義を採った場合の効果について説明せよ。 債務者は（a）範囲で給付をなせば足り、債権者は（b）範囲で責任を負えば足りる。	オ a　履行が可能な b　それに対応した
カ　民法では例外として、債権者主義が採用されている。どのような場合か。	カ　履行不能において債権者に帰責性がある場合、受領遅滞にある場合など
キ　債権者主義では、債務者はどのような態度をとればよいのか。 債務者は、目的物を（a）引き渡せばよく、目的物が消滅した場合は（b）する	キ a　そのまま b　債務は消滅
ク　同様に、債権者はどのような責任を負うのか。 反対給付の（　　）を履行する義務を免れない。	ク 全部

第3章　契約の解除

1.　序説

Question	Answer
□①　契約が締結された後に、その一方の当事者の意思表示によって、その契約が初めから存在しなかったのと同様の状態に戻す効果を生じさせる制度を何というか。	①（契約の）解除
□②　解除と取消しについて、発生原因についてどのような差異があるか。	②　契約成立自体の瑕疵か、契約成立後の事由によるのか
□③　終局的な法律効果が生じてない法律行為の効力をそのまま阻止することで、無能力・意思表示の瑕疵を原因としないものを何というか。	③　撤回
□④　法定解除権の機能について説明せよ。 双務契約において（ア）が得られない場合に、契約上の債務から一方当事者を（イ）させる制度。	④ ア　給付 イ　解放
□⑤ア　当事者の契約によって、解除権を定めておいた場合における解除権の行使を何というか。	⑤ア　約定解除（注：手付による解除もこれの一種）
イ　契約による解除を何というか。	イ　合意解除

2.　法定解除権

Question	Answer
□①ア　法定解除権の取得に合意は必要か。	①ア　不要。法定の要件のみで足りる
イ　解除権の発生に、債務者の帰責性は必要か。	イ　不要
□②ア　履行遅滞による解除権発生の要件として、履行がない場合に債権者は何をする必要があるか。	②ア　履行の催告（541条）
イ　アの要件の趣旨を答えよ。	イ　債務者に最後の履行の機会を与えること

ウ　同時履行の抗弁権を失わせるための履行の提供と催告は別々にする必要はあるか。	ウ　ない。履行の提供と同時に催告をすれば足りる
□③　履行遅滞による解除と異なり、履行不能による解除で不要となる要件は何か。	③　催告
□④ア　一定の目的または一定の期間内に履行をなすのでなければ、契約の目的を達することのできない契約類型を何というか。	④ア　定期行為
イ　アの契約では、解除にあたり催告は必要か。	イ　不要
ウ　イの理由を説明せよ。	ウ　契約の目的を達成できない以上、催告は無意味であるから
□⑤ア　法定解除権の行使の際には、裁判上でなす必要があるか。	⑤ア　不要
イ　解除を取り消したり、撤回したりすることはできるか。	イ　できない
ウ　条件を付けることは許されるか。	ウ　許されない
エ　当事者複数の場合、解除の意思表示は、全員から全員に対してなさねばならない（544条１項）原則を何というか。	エ　解除不可分の原則
□⑥　解除の効果として、	⑥
ア　解除に遡及効を認めた明文はあるか。	ア　ない
イ　アの結果、未履行の債務はどう処理されるか。	イ　履行する必要がなくなる
ウ　履行されたものについては、どう処理されるか。	ウ　原状回復義務が発生し、互いに返還することになる（545条１項本文）
エ　ウのような義務が両者にある場合、双方の義務はいかなる関係にあるのか。	エ　同時履行の関係にたつ（546条）
□⑦　ＡＢ間で建物が売買され、ＢがＣに転売したところ、代金の支払が受けられなかったＡが契約を解除したという設例で、	⑦
ア　解除に遡及効があるとすれば、所有権の帰属についてどう考えることになるか。	ア　Ａに建物の所有権が帰属する

イ　しかし、アの結論は修正が加えられる。どのように修正が加えられるか。	イ　解除の遡及効を制限し、Cが所有権を取得する場合がある
ウ　このようにして、保護される545条１項但書の「第三者」とは、すべての第三者か。違うなら、どのような第三者か。	ウ　解除の意思表示の前に利害関係を有するに至った第三者
エ　解除後の第三者については、どのように処理されるか。	エ　対抗要件の有無の問題となる
オ　解除前の第三者として、保護されるか否かについて、第三者は善意である必要があるか。	オ　必要ない
カ　不動産の取引において、解除前の第三者として保護されるには、登記は必要か。	カ　必要
キ　カのような対抗関係にない者に要求される登記を何というか。	キ　権利保護要件の登記（ただし、判例はこの場合も対抗要件の一種とする。）

第6部 契約各論

第1章 売 買

1. 序説

Question	Answer
□① 当事者の一方が、ある財産権を相手方に移転することを約束し、これに対して買主がその代金を支払うことを約束する契約を何というか。	① 売買（555条以下）
□② 売買の法的性質について ア ｛無償・有償｝契約である。 イ ｛双務・片務｝契約である。 ウ ｛諾成・要物｝契約である。	② ア 有償 イ 双務 ウ 諾成
□③ 売買の規定が準用される契約類型は何か。	③ 有償契約（559条）

2. 売買契約の成立

Question	Answer
□①ア 売買契約の成立の要件を答えよ。 イ 移転が約束された財産権が他人のものであった場合、契約は有効か。	①ア 財産権の移転、代金の支払（555条） イ 有効（561条参照）
□② 売買契約締結の際に、当事者の一方から他方に対して支払われる一定額の金銭を何というか。	② 手付（557条）
□③ ②のような金銭は目的によって様々な種類がある。その中で、 ア 手付に常に認められる性質で、ある契約の締結があった証拠として機能することを何というか。 イ 相手方の債務不履行がなくても手付の金銭だけの損失で、契約を解除できるとする趣旨の手付を何というか。	③ ア 証約手付 イ 解約手付

ウ　イの手付による解約は、どの時点までになす必要があるか。	ウ　相手方の履行が着手されるまで
エ　違約罰としての手付、および損害賠償額の予定としての手付を総称して何というか。	エ　違約手付
オ　手付の交付にあたって当事者の意思が明らかでない場合、以上のいずれの手付と推定されるか。	オ　解約手付（557条1項）

3.　売買の効力

Question	Answer
□①　売主の主要な義務として何があるか。	①　目的物の権利を移転し、引き渡し、対抗要件を備えさせる
□②ア　売主に果実収取権が帰属するのはいつまでか。	②ア　物の引渡し前
イ　物の引渡しを受けた買主は契約で定められた額の代金を支払うほか、どのような義務を負うか。	イ　代金から発生する利息を支払う義務（ただし、代金の支払時期到来前はこの限りでない）
□③ア　売買の目的が契約上求められる性質を備えていなかった場合に、買主が完全履行、代金減額等ができるとの売主の責任を何というか。	③ア　契約不適合責任（担保）責任
イ　担保責任の趣旨を説明せよ。	イ　有償・双務の契約の対価的均衡を保つこと
ウ　過失がない場合、担保責任を売主は免れるか。	ウ　免れない（無過失責任）
エ　担保責任の規定を特約で排除できるか。	エ　できる
□④　目的物に契約との不適合が認められた場合について	④
ア　どのような請求をすることが考えられるか。	ア　追完請求、代金減額請求、解除、損害賠償請求
イ　目的物の契約との不適合のみを理由としてできる請求は何か。	イ　追完請求

ウ　追完請求にあたり、請求内容は誰が決するのか。その例外はあるか。

ウ　買主が決める。ただ、買主に不相当な負担を課するものでない限り、売主は異なる方法により追完をすることができる

□⑤ア　代金減額請求について、契約との不適合のほか、どのような要件が必要か。

⑤ア　追完請求（をして追完がされないこと）と相当期間の経過

イ　契約の解除には、契約の不適合のほか、不適合の程度・内容につき、どのような要件が必要か。

イ　履行がされた部分のみでは契約の目的が達成できないこと

ウ　解除にあたり期間制限はあるか。あるなら、その内容を答えよ。

ウ　期間制限は通常の時効に従う

エ　ウ以外に解除にはどのような条件が求められるか。

エ　ただし、契約不適合の事実を知った時から１年以内に通知をする必要はある

□⑥　損害賠償請求について

ア　売主の帰責性は必要か。買主の帰責性はどう影響するか。

イ　賠償請求以外（追完、代金減額、解除）では売主の帰責性は必要か。

ウ　イの請求の可否に買主の側の事情は影響するか。

⑥

ア　必要（415条参照）。買主の帰責性は過失相殺の対象になる

イ　不要

ウ　する。契約の不適合が買主に帰責性がある場合、いずれの請求も不可

□⑦　権利の契約不適合と目的物の種類または品質についての契約不適合とで、

ア　請求ができる内容に違いはあるか。

イ　通知の要否に違いはあるか。

⑦

ア　ない

イ　ない（不適合の事実を１年以内に通知する必要）

ウ　責任追及ができる条件で異なる場合はないか。	ウ　ある。強制競売の場合（品質または種類に契約不適合の場合の責任は発生しない）

◆ 担保責任と錯誤の関係

Question	Answer
□① 契約不適合につき善意の買主には錯誤も認められる。この結果、担保責任と錯誤による取消し双方の要件を満たすことがある。そこで、両者の違いについて錯誤の主張では、	①
ア　錯誤を脱してから１年以内での通知の必要はあるか。	ア　ない
イ　契約の効力の否定の方法を答えよ。	イ　取消しの主張
ウ　415条に基づく損害賠償の請求はできるか。	ウ　できない
□② 担保責任では、	②
ア　期間制限があるか。	ア　通常の時効期間に服する cf.取消しは独自の期間制限がある
イ　契約の効力の否定の方法を答えよ。	イ　解除による
ウ　415条による損害賠償請求できるか。	ウ　できる

第2章　消費貸借

1.　序説

Question	Answer
□①　金銭その他の代替物を借りて、後にこれと同種・同等・同量の物を返還する契約を何というか。	①　消費貸借（587条）
□②　消費貸借契約は、	②
ア　原則として｛無償・有償｝の契約である。	ア　無償 ※利息付消費貸借は有償契約
イ　｛双務・片務｝契約である。	イ　片務
ウ　｛諾成・要物｝契約である。	ウ　要物

2.　消費貸借の成立

Question	Answer
□①ア　消費貸借の成立要件を答えよ。	①ア
・目的物、すなわち金銭・米・醤油など（a）の受領	a　代替物
・同種・同量・同等の物について、（b）の合意	b　返還
イ　物の受領を伴わない諾成的消費貸借の成立要件は、返還合意に加え、何が必要か。	イ　合意書面の作成（要式契約）

3.　消費貸借の効力

Question	Answer
□①　借主の義務について、元本の返還義務のほか、民法上の利息の支払義務はあるか。	①　ない（利息の発生は特約による。商事は法定利息の定めがある）

4. 消費貸借の終了

Question	Answer
□① 返還義務の定めがない場合、債務者の返還義務が発生するのはいつか。	① 催告をした後、相当期間後（591条1項）
□② 返還義務の定めがある場合、債務者の返還義務が発生するのはいつか。	② 期限の到来時

5. 準消費貸借

Question	Answer
□① 消費貸借によらないで、金銭その他の物を給付する義務を負っている者と債権者が、その給付を消費貸借の目的とすることを契約した場合、どのような効果が認められるか。	① 消費貸借が成立したとみなされる（588条）

第3章　賃貸借

1.　序説

Question	Answer
□①　賃貸人が賃借人にある物を使用・収益させ、これに対して後者が使用・収益の対価を支払う契約を何というか。	①　賃貸借（601条）
□②　賃貸借の法的性質について ア　｛無償・有償｝契約である。 イ　｛双務・片務｝契約である。 ウ　｛諾成・要物｝契約である。	② ア　有償 イ　双務 ウ　諾成
□③　民法の賃貸借における対抗要件・解約等に関する規定を建物保護・賃借人保護の観点から修正した特別法を何というか。	③　借地借家法

2.　賃貸借の成立

Question	Answer
□①　賃貸借契約の成立には、何についての合意が必要か。 賃貸人が目的物を（ア）させ、賃借人が（イ）を支払うことを約束すること	① ア　使用・収益 イ　賃料
□②　賃借人の債務を担保する目的で、賃借人から賃貸人に差し入れられる金銭を何というか。	②　敷金（622条の２第１項柱書かっこ書など）

3.　賃貸借の存続期間

Question	Answer
□①ア　民法上、賃貸借の存続期間の上限は何年と定められているか。	①ア　50年（604条１項）
イ　アの期間は特別法によって修正されている。建物所有のための借地権の存続期間は何年とされているか。	イ　30年以上（借地借家法３条） ※上限はない

ウ　借家権は何年とされているか。	ウ　1年以上（それ以下は期間の定めがないことになる）（法29条1項）

4.　賃貸借の効力

Question	Answer
□①ア　賃貸人の義務について、使用・収益をさせる義務に付随すると同時に、権利でもある義務は何というか。	①ア　修繕義務（606条1項）
イ　賃借人は必要費を支出した場合、この償還を請求できるのはいつか。	イ　直ちに償還請求できる（608条1項）
ウ　賃借人が有益費を支出した場合、償還請求できる時期を答えよ。	ウ　契約終了時（608条2項）
□②ア　賃料支払義務について、目的物の一部滅失の場合は、どのように処理されるか（611条）。 ・賃料の（ａ）請求ができる。 ・契約の（ｂ）ができないときは解除できる。	②ア ａ　減額 ｂ　目的を達成すること
イ　賃借人は無断で譲渡・転貸をしない義務（612条）を負う。この義務に反した場合、賃貸人はどのような手段を行使できるか。	イ　契約を解除できる
ウ　賃借権の譲渡につき貸主の承諾があった場合、賃借人の地位はどうなるか。	ウ　譲受人に移転する
エ　同様に、転貸借の場合はどうなるか。	エ　転借人は原貸主に直接の義務を負う
□③　不動産賃貸借と第三者との関係について	③
アａ　不動産の所有権の取得者に賃借人が賃借権を主張できる場合はどのような場合か。	アａ　対抗要件を備えているとき、又は賃貸借の継続につき、取得者と譲渡人間で合意があるとき
ｂ　目的物の所有権の移転に伴い賃貸人の地位の移転にあたり、賃借人の合意は必要か。	ｂ　不要
ｃ　賃貸人の地位が移転した場合、費用償還や、敷金返還の宛先はどうなるか。	ｃ　移転後の賃貸人に承継される

イ　賃借人は無断で譲渡・転貸をしない義務（612条）を負う。この義務に反した場合、賃貸人はどのような手段を行使できるか。	イ　契約を解除できる
ウ　賃借権の譲渡につき貸主の承諾があった場合、賃借人の地位はどうなるか。	ウ　譲受人に移転する
エ　同様に、転貸借の場合はどうなるか。	エ　転借人は原貸主に直接の義務を負う
□④　不動産賃借権の効力について	④
ア　不法占拠者等への妨害排除請求はできるか。条件はあるか。	ア　対抗要件の具備を条件としてできる
イ　賃借権は取得時効の対象になるか。	イ　なる
ウ　二重賃貸借の優劣はどのようにして決するか。	ウ　対抗要件の具備で決する。

5.　賃貸借の終了

Question	Answer
□①　賃貸借の期間満了時に賃貸借は終了する。それでも、賃借人が目的物の使用・収益を継続し、そのことを知りながら賃貸人が異議を述べない場合、賃貸借契約はどのように取り扱われるか。	①　契約更新があったとされる（619条）
□②ア　期間の定めがないときは何を原因に賃貸借は終了するか。	②ア　解約申入れ
イ　アの場合、いつ賃貸借契約は終了するか。	イ　申入れ後、一定期間の経過の後に終了する（617条）
ウ　賃貸人が契約を解除できるのは、どのような事由があったときか。	ウ　無断転貸・譲渡、賃料延滞、保管義務違反など

6. 建物所有のための土地の賃貸借に関する特別法

Question	Answer
□① 借地借家法について	①
ア 賃借権の譲渡・転貸について賃貸人が承諾しない場合、賃借人がとることができる手段を答えよ。	ア 承諾に代わる裁判所による許可を請求できる（法19条、20条）
イ 借地権の存続期間が終了したとき、貸主が異議を述べて契約を終了させるための条件を答えよ。	イ 異議に正当な事由があることを要する（法6条）
ウ 契約の更新がないとき、借地人が貸主に対し、土地に付属させた物を時価で買い取ることを請求できる権利を何というか。	ウ 建物買取請求権（法13条1項）
エ ウの権利を行使した借主は、土地の明渡しについて、代金の支払があるまで、どのような抗弁を行使できるか。	エ 留置権・同時履行の抗弁権
オ 本来、賃借権の対抗要件は登記であるが、借地借家法では、その他の対抗要件を認めている。それは何か。	オ 登記された建物の所有（法10条1項）

7. 建物の賃貸借に関する特別法

Question	Answer
□① 建物賃貸借について、存続期間の定めがあるとき、期間の経過とともに賃貸借はどのように扱われるか。	① 従前と同一の条件で更新したとみなされる（法26条）
□②ア 賃貸人が更新拒絶をする場合、および解約の申入れに共通して求められる要件は何か。	②ア 正当事由の存在
イ アに加え、更新拒絶の条件はあるか。	イ ある。期間満了の6ヶ月前までに通知をすること
□③ア 契約の更新がない場合、建物に付加した物（畳など）である造作について時価で買い取るように賃貸人に請求できる権利を何というか。	③ア 造作買取請求権（法33条1項）

イ　アの権利行使の結果、売買契約が成立したのと同様の効果が生じ、造作について留置権・同時履行の抗弁権を主張できる。その結果として建物についても、明渡しを拒否できるか。	イ　できない（判例）
□④　登記以外に認められた、借家における対抗要件を説明せよ。	④　建物の引渡し（法31条）

第4章　請　負

1.　序説

Question	Answer
□①　請負人がある仕事を完成することを約し、相手方がその仕事の結果に対して報酬を与えることを約する契約を何というか。	①　請負（632条）
□②　請負契約の目的を説明せよ。	②　仕事の完成（632条）
□③　請負契約の法的性質について ア　{無償・有償} 契約である。 イ　{双務・片務} 契約である。 ウ　{諾成・要物} 契約である。	③ ア　有償 イ　双務 ウ　諾成

2.　請負の成立

Question	Answer
□①　請負契約の成立には、いかなる点について合意する必要があるか。	①　仕事の完成・報酬の支払

3.　請負の効力

Question	Answer
□①　請負人には仕事完成義務があるが、その際に、下請負人や履行補助者を使用することはできるか。	①　できる
□②　請負人は目的物の引渡しを求められた場合に、代金債権確保のため主張できる抗弁としてどのようなものがあるか。	②　留置権、同時履行の抗弁権
□③ア　請負契約に、売買の契約不適合責任の適用はあるか。	③ア　ある
イ　契約不適合があっても追完請求ができない場合はどのような場合か。	イ　瑕疵が重要でなく、修補等に過分の費用を要する場合

ウ　瑕疵が重大で契約の目的を達することができないときは、注文者はいかなる権利を行使できるか。また、権利行使に制約はあるか。	ウ　解除ができる。
エａ　契約不適合の発生につき、注文者に責任があり、責任を問えない場合につき、民法は具体的にどのような定めをおいているか。	エａ　不適合が注文者が提供した材料や指示が不適当な場合
ｂ　ａの例外として契約不適合責任が問える場合とはどのような場合か。	ｂ　不適当なことを請負人が知りながら告げなかった場合
オ　契約不適合の事実を知りながら通知をせず１年経過した場合でも、契約不適合責任を問える場合はあるか。	オ　ある。請負人に契約不適合につき悪意または重過失がある場合
□④　注文者が建物の完成の中途で代金を請求された場合、これに応じる必要はあるか。	④　ある。注文者が利益を受ける割合に応じた金額の支払が必要

4.　特殊の解除権

Question	Answer
□①ア　注文者は無理由で解除できる。かかる解除権をいつまで行使できるか。	①ア　仕事未完成の間（641条）
イ　解除をする際の条件を答えよ。	イ　損害の賠償

第5章 委 任

1. 序説

Question	Answer
□①ア 当事者の一方が法律行為を相手方に委託し、相手方がそれを承諾することで成立する契約を何というか。	①ア 委任（643条以下）
イ 法律行為でない事務処理を委託する契約を何というか。	イ 準委任
□② 委任契約の法的性質について	②
ア ｛無償・有償｝契約である。	ア （原則）無償（648条1項）
イ ｛双務・片務｝契約である。	イ 片務
ウ ｛諾成・要物｝契約である。	ウ 諾成
エ 特約で報酬を支払うことにした場合、契約の性質はどのように変わるか。	エ 有償・双務

2. 委任の効力

Question	Answer
□①ア 受任者は事務を処理するにあたっての注意義務の内容を答えよ。	①ア 善管注意義務（644条）
イ 復委任などによって、他人に事務処理をさらに委任することはできるか。	イ 原則としてできない
ウ 受任者が負うべき義務を説明せよ。	ウ
・事務処理の（a）。	a 報告義務（645条）
・委任者名義で受け取った給付を委任者に（b）義務。	b 引き渡す（646条1項）
・受任者名義で取得した（c）を委任者に移転させる義務。	c 権利（646条2項）
□②ア 委任者に報酬支払義務ある場合で、受任者の責任がなく途中で履行が終了した場合、委任者はいかなる義務を負うか。	②ア 履行の割合、または委任者に帰属する利益に応じて報酬を支払う義務（648条3項）

Question	Answer
イ　委任者は事務に必要な費用を支払う義務があるが、受任者から前払いを要求された場合、応じる必要はあるか。	イ　ある（649条）

3.　委任の終了

Question	Answer
□①ア　委任契約の解除に履行がないことは必要か。	①ア　不要。無理由で解除できる（651条）
イ　さらに解除の効果についても説明せよ。	イ　将来効（652条、620条）
ウ　委任契約が当然に終了する事由を挙げよ。	ウ　死亡・破産・受任者が後見開始の審判を受けたとき（653条）

第6章　和　解

1.　和解の性質その他

Question	Answer
□①　当事者がお互いに譲歩して、その間の争いを終結させることを約束する契約を何というか。	①　和解（695条）
□②　和解契約の法的性質について ア　{無償・有償} 契約である。 イ　{双務・片務} 契約である。 ウ　{諾成・要物} 契約である。	② ア　有償 イ　双務 ウ　諾成
□③　和解契約成立の条件は、当事者間に解決すべき争いが存することと、もう１つは何か。	③　お互いに譲歩すること
□④　和解契約の目的は何か。	④　たとえ真実と違っても紛争を終結し、法律関係を確定すること
□⑤ア　和解契約で合意した事項自体に錯誤があるときに、錯誤の規定は適用されるか。	⑤ア　原則として適用されない
イ　ア以外の錯誤はどうか。	イ　事由により適用される（合意した以外で、錯誤が合意の要素にわたる場合）
ウ　和解契約の内容が、加害者が一定の金額の支払を約し、被害者がその余の請求を放棄するものであった場合、予期しない再手術・後遺症により損害が増大した部分についての損害賠償は請求できるか。	ウ　できる（判例）

第7章　その他の契約

1. 贈与

Question	Answer
□① 贈与者が受贈者に、無償で財産を与える契約を何というか。	① 贈与（549条）
□② 贈与の法的性質について ア ｛無償・有償｝契約である。 イ ｛双務・片務｝契約である。 ウ ｛諾成・要物｝契約である。	② ア 無償 イ 片務 ウ 諾成
□③ 贈与のうち無条件に解除ができるものはどのようなものか。	③ 書面によらない贈与（550条）
□④ア 贈与契約の一部として、受贈者に一定の給付義務を負担させる契約を何というか。	④ア 負担付贈与（553条参照）
イ 死亡によって効力を生ずる贈与契約を何というか。	イ 死因贈与（554条）
ウ イの契約と遺贈との違いを述べよ。	ウ 遺贈は単独行為、死因贈与は契約

2. 交換

Question	Answer
□① 当事者が互いに、金銭の所有権以外の財産権を移転する契約を何というか。	① 交換（586条）
□② 交換の法的性質について ア ｛無償・有償｝契約である。 イ ｛双務・片務｝契約である。 ウ ｛諾成・要物｝契約である。	② ア 有償 イ 双務 ウ 諾成

3. 使用貸借

Question	Answer
□① 貸主が相手方に無償で貸すことにして目的物を引き渡し、借主が使用・収益した後返還するという契約を何というか。	① 使用貸借（593条）
□② 使用貸借の法的性質について ア ｛無償・有償｝契約である。 イ ｛双務・片務｝契約である。 ウ ｛諾成・要物｝契約である。	② ア 無償 イ 片務 ウ 諾成（書面によらない契約は解除は引渡し前は解除ができる）
□③ア 貸主は目的物を使用収益させる義務のほか、費用の一部を支払う義務を負う。いかなる費用を支払う義務があるのか。	③ア 特別の必要費、有益費（595条2項）
イ 借主の義務として、目的物の使用中に負う義務を2つ答えよ。	イ 通常の必要費の負担（595条1項）、無断転貸の禁止（594条2項）
ウ 契約終了時に負う義務を2つ答えよ。	ウ 返還義務、原状回復義務（599条3項）
□④ア 使用貸借契約の終了原因について、通常の契約の終了原因、期間満了・解約以外にいかなる事由があるか。	④ア 借主の死亡（597条3項）
イ アのような事由が、契約の終了原因とされている理由を説明せよ。	イ 契約当事者間の特別の関係を前提とする契約だから

4. 雇用

Question	Answer
□① 労務者が労務に服することを約束し、相手方がこれに報酬を与えることを約束する契約を何というか。	① 雇用（623条）
□② 雇用契約の法的性質について ア ｛無償・有償｝契約である。 イ ｛双務・片務｝契約である。 ウ ｛諾成・要物｝契約である。	② ア 有償 イ 双務 ウ 諾成

Question	Answer
□③　雇用・請負・委任の違いについて	③
ア　共通点を述べよ。	ア　他人の労務の利用を目的とする契約類型であること
イ　労務の利用それ自体が目的である契約は３つの契約類型のうちどれか。	イ　雇用
ウ　同じく、仕事の完成が目的である契約類型はどれか。	ウ　請負
エ　一定の事務処理を委ねることを目的とする契約類型はどれか。	エ　委任
□④　使用者は被用者に報酬を支払う義務のほか、労働者の生命・身体を危険から保護するように配慮する義務を負う。これを何というか。	④　安全配慮義務
□⑤ア　契約に期間の定めがない場合、使用者は被用者を解雇するにあたって、民法上、何らかの制約を課されているか。	⑤ア　ない。いつでも解雇できる（627条）
イ　労働基準法で、かかる使用者の解雇権に制約が課されており、解雇には事前に予告する必要がある。何日前か。	イ　30日前（労働基準法20条１項）
ウ　すぐに解雇したい場合は、使用者はどうすればよいか。	ウ　30日分の平均賃金を支払う

5.　寄託

Question	Answer
□①　受寄者が寄託者のために保管することを約束し、ある物を受け取ることによって成立する契約を何というか。	①　寄託（657条）
□②　寄託契約の法的性質について	②
ア　｛無償・有償｝契約である。	ア　無償
イ　｛双務・片務｝契約である。	イ　片務
ウ　｛諾成・要物｝契約である。	ウ　諾成（ただし、書面によらない無償契約→引渡し前は受寄者から契約を解除できる）
エ　報酬支払の特約ある場合、契約の性質はどうなるか。	エ　有償・双務

Question	Answer
□③ア　受寄者の保管義務について、無償寄託の場合、いかなる注意義務を果たす必要があるか。	③ア　自己の物と同一の注意義務（659条）
イ　同じく有償寄託の場合はどうか。	イ　善管注意義務
ウ　受寄者は、目的物を無断で他人に保管させることは可能か。	ウ　できない
エ　受寄者は権利を主張する第三者が現れたとき、受寄者はいかなる義務を負うか。	エ　通知義務
□④　寄託期間の定めがあるものについて、寄託物の返還を請求できる時期はいつか。	④　いつでも返還請求できる（662条）。寄託者からは引渡し前の契約解除も自由

6. 組合

Question	Answer
□①　数人の当事者がそれぞれ出資をして、共同の事業を営むことを約束する契約を何というか。	①　組合（667条）
□②　組合の法的性質について	②
ア　{無償・有償} 契約である。	ア　有償
イ　{双務・片務} 契約である。	イ　双務
ウ　{諾成・要物} 契約である。	ウ　諾成

第7部 契約によらない債権関係が生ずる場合

序　章

Question	Answer
□①ア　一般的社会生活では、予測しない出来事で損失・利得することがある。このような場合を放置するとどうなるか。	①ア　不公平・不正義となることがある
イ　そこで、アのような事態を避けるため、民法はどのような手法を用意したか。 （ａ）上当然に特別な債権を発生させ、（ｂ）に利益・損失を分配する。	イ ａ　法律 ｂ　公平
ウ　イのような制度の名前を挙げよ。	ウ　事務管理、不当利得、不法行為

民法

第1章　事務管理

1.　序説

Question	Answer
□①ア　義務なくして、他人のためにその事務を管理することを何というか。	①ア　事務管理（697条）
イ　人は自己の事務を自由に処理すべきで、他人の事務へむやみに干渉するべきではないことが民法の基本的態度である。これを前提とすると他人の事務を無断で処理した場合、その行為はどのように評価されるおそれがあるか。	イ　違法とされ、損害が発生すれば不法行為責任が生じる
ウ　しかし、事情によっては他人の事務を処理する必要も考えられる。なぜか。	ウ　社会生活の維持のため相互扶助の精神を尊重する必要もあるから
エ　ウの結果、民法は他人のための管理行為をどのように法的に評価することにしたのか。	エ　一定の場合、適法とする
オ　管理者には権利と義務を認めた。どのような権利義務か。	オ　費用償還請求権（702条）、管理継続義務（700条）

2.　事務管理の成立要件

Question	Answer
□①　事務管理の成立要件（697条）について	①
ア　管理の対象となる事務は誰の事務か。	ア　他人の事務
イ　事務管理の成立には、他人のためにする意思があることが要求される。他人のためにする意思とはいかなる意思か。	イ　他人の利益を図る意思 ※自己のためにする意思と併存することは構わない
ウ　さらに、委任・雇用その他の契約と事務管理を区別するための要件を述べよ。	ウ　法律上の義務がないこと
エ　管理行為は本人の意思および利益に適合することが要求される。では、本人の意思が不適法な場合もその意思に適合する必要はあるか。	エ　必要はない

3. 事務管理の効果

Question	Answer
□① 事務管理の効果として、	①
ア 管理者の行為の法的評価はどうなるか。	ア 違法性の阻却
イ 管理者が負う義務を2つ挙げよ。	イ 管理継続の義務・善管注意義務
ウ 善管注意義務は、緊急事務管理の場合その程度が緩和される。どのように緩和されるか。	ウ 悪意・重大な過失についてのみ責任を負う（698条）
□②ア 管理者が支出した有益な費用を償還しなければならないという本人の義務を何というか。	②ア 費用償還義務
イ 管理者は報酬や損害の賠償の支払を請求できるか。	イ できない

4. 準事務管理

Question	Answer
□① 他人のためではなく、自己のために他人の事務を処理した場合を何というか。	① 準事務管理（ただ、否定する見解が一般）

第2章　不当利得

1.　序説

Question	Answer
□①　形式的・一般的には正常視される財産的価値の移動が、実質的・相対的には正当視できない場合に、公平の理念に従ってその矛盾の調整を試みる制度を何というか。	①　不当利得（703条以下）
□②　①の制度の存在理由を説明せよ。	②　正義・公平
□③　他の請求権と不当利得請求権の双方が成立する場合、その関係をどのように考えられているか。	③　他の救済手段との併存を認める

2.　不当利得の成立要件

Question	Answer
□①　不当利得の要件（703条）を挙げよ。 ・（ア）の存在。 ・その間の（イ）。 ・（ウ）がないこと。	① ア　利得・損失 イ　因果関係 ウ　法律上の原因
□②ア　①の要件の有無は何に従って判断されるか。	②ア　不当利得制度の趣旨に従って判断される
イ　具体的にはどのようにして判断するのか。 財産的価値の移動が｛a 社会観念上・直接｝、（b）との間で行われたと認められるかどうかを判断する	イ a　社会観念上 b　利得者と損失者
□③「法律上の原因がない」とは具体的にはどういうことか。 （ア）には正当なものと見られるが、実質的には（イ）に反し、正当なものということができないこと	③ ア　形式的・一般的 イ　公平

3. 不当利得の効果

Question	Answer
□①ア　不当利得が成立する場合、不当利得返還請求権が発生する。返還しなければならない利得の範囲を説明せよ。	①ア　現存利益の限度（703条）
イ　アの例外はあるか。	イ　ある。利得者が悪意の場合
ウ　イの場合、利得返還の範囲はどうなるか。	ウ　利得を返還し、損害賠償まで行わなければならない（704条）

4. 不当利得の特則

Question	Answer
□①ア　債務の弁済として給付したが、実は債務が存在しなかった場合を何というか。	①ア　非債弁済（705条）
イ　このような場合、給付の返還ができるが、これが制限される場合がある。どのような場合か。	イ　債務の不存在について悪意であること
□②　期限前の弁済といえども、弁済としては有効で、債務は有効に消滅する。ただし、期限前であることを知らないで弁済した場合、弁済者は何を請求できるか。	②　利息の返還請求（706条）
□③　自分の債務と誤認して他人の債務を弁済しても、本来は弁済の効果は生ぜず、給付を返還請求できるはずである。しかし、それが許されない場合がある。707条は同規定しているか。	③　債権者が担保・証書を毀滅した場合
□④ア　不法の原因のために給付した者が、給付した物の返還を請求することができないことを何というか。	④ア　不法原因給付（708条）
イ　アの制度の趣旨として、不法を行った者がそのことによって損失した場合、その損失を取り戻すのに法の助力は得られないということを何というか。	イ　クリーンハンズの原則
ウ　アの規定と同趣旨の規定を挙げよ。	ウ　90条
エ　708条の「不法」の意味を説明せよ。	エ　90条の不法＝公序良俗違反のこと

オ　借主の無知に乗じた暴利行為において、借主は不法の原因による給付として支払った利息の返還を請求できないのか。

オ　できる（708条但書）

第3章　不法行為

1.　序説

Question	Answer
□① 不法に他人の権利または利益を侵害し、これによって損害を与えた場合、加害者は、損害の賠償をしなければならないとする制度を何というか。	① 不法行為
□② 不法行為の制度趣旨を答えよ。	② 損害の公平な分担、被害者の救済
□③ 不法行為責任における原則について	③
ア 故意または過失に基づいて損失を与えた場合のみ責任を負うことを何というか。	ア 過失責任主義
イ アの例外であり、過失がなくとも責任を負うことを何というか。	イ 無過失責任
ウ 同じく、過失の立証責任が転換される場合を何というか。	ウ 中間責任
エ 人は自己の行為のみについてしか、責任を負わないことを何というか。	エ 自己責任の原則
オ エの例外として、他人の行為について責任を負う場合がある。このような責任を何というか。	オ 代位責任
カ オの例外が認められる根拠として、利益の存するところに損失もまた帰することから負う責任を何というか。	カ 報償責任
キ 自ら危険を作り出した者は、その結果について責任を負うべきであることから導かれる責任を何というか。	キ 危険責任
□④ 債務不履行と不法行為の比較について	④
ア 立証責任について、請求者が故意・過失を立証する負担を負うのはどちらか。	ア 不法行為
イ 消滅時効について、債務不履行に基づく賠償請求が一般原則に従うのに対し、不法行為に基づく損害賠償請求はどのような規律に従うか。短期について答えよ。	イ 3年（724条）。悪意の不法行為等は5年

ウ　イについて、消滅時効の起算点はいつか。	ウ　損害および加害者を被害者が知った時（724条）
エ　過失相殺が必要的なものとされる場合はいずれか。	エ　債務不履行
オ　不法行為責任の発生時期はいつからか。	オ　損害が発生した時（損害発生日から遅延損害金が発生する）

2.　一般不法行為の要件

Question	Answer
□①ア　一般不法行為の要件のうち過失責任の原則の現れといえるものを指摘せよ。	①ア　故意または過失
イ　失火の場合にはある条件を満たした場合、不法行為責任が免除されるとされる特則を定めた法律を何というか。	イ　失火責任法
ウ　イの法による特則の内容を答えよ。	ウ　主観的要件が重過失に限られる。
□②ア　不法行為の要件として、行為の違法性について法律上、どう定められているか。	②ア　権利または利益の侵害（709条）
イ　身体・生命・名誉の侵害も不法行為となる。民法上、かかる点について明らかにしている条文は何条か。	イ　710条
□③ア　不法行為の要件として、損害の発生と違法行為との間にどのような関係が必要とされるか。	③ア　因果関係
イ　アを自然法則によるとした場合、責任の範囲が無限に広がる可能性がある。そこで、責任発生の範囲を妥当な範囲に限定すべきであるとの理論を何というか。	イ　相当因果関係の理論
ウ　イの範囲を画する根拠条文を答えよ。	ウ　416条
□④ア　自己の行為が違法なものとして、法律上非難されるものであることを、弁識しうる能力を何というか。	④ア　責任能力
イ　責任能力があるとされる年齢はどれくらいか。	イ　12歳ぐらい（小学校卒業程度）

3. 特殊的不法行為

Question	Answer
□①ア　未成年者・精神障害者のうち、責任無能力とされる者が賠償責任を負わないとき、誰が責任を負うとされるか。	①ア　法定の監督者（親権者・後見人）
イ　アの責任の根拠を答えよ。	イ　監督者としての義務を怠ったこと
ウ　アの責任が発生する趣旨を答えよ。	ウ　被害者の救済
エ　アの責任の要件として、責任無能力者につき必要とされる要件を答えよ。	エ　責任無能力以外に不法行為の要件が備わっていること
オ　監督の義務を怠らなかった場合、監督者は免責される。この事実の証明責任は誰が負うのか。	オ　監督者
□②ア　被用者が使用者の事業を執行するにつき、他人に違法な損害を加えた場合、使用者に賠償責任を負わせる制度を何というか。	②ア　使用者責任（715条）
イ　かかるアのような責任の根拠を一言で説明せよ。	イ　報償責任
ウ　イの責任を詳しく説明せよ。 （a）することで利益を収める可能性が増大するから、それに伴う（b）も負担する。	ウ a　他人を使用 b　損害
エ　使用者責任の要件として、被用者の行為が一般不法行為の要件を備えていることが求められる。この点を伺わせる定めを指摘せよ。	エ　715条３項（使用者の求償権）
オ　715条は事業の執行のために他人を使用している場合に、雇用関係にある場合に限られるか。	オ　それに限られない。広く解される
カ　不法行為が事業の執行について行われたことという要件についての「事業」の範囲を答えよ。	カ　事業と密接不可分にある業務、付随的業務も含む
キ　カの事業の範囲にあるか否かの判断基準を説明せよ。	キ　客観的に行為の外形を標準として判断する（判例）
ク　キのようにして判断する理由を答えよ。	ク　相手方の信頼を保護するため
ケ　被用者が他の被用者に加害行為をした場合、使用者責任の発生はありえるか。	ケ　ありえる

コ　被用者の選任・監督に相当の注意をしたこと、相当の注意をしても損害が生じたことについて、立証責任は誰が負うか。	コ　使用者（715条1項但書）
サ　使用者責任が成立する場合、被用者の責任はどうなるか。また、使用者と被用者の責任はどのような関係に立つか。	サ　独立して責任を負う。不真正連帯債務関係となる
□③ア　土地の工作物の設置・保存に瑕疵がある場合、工作物の占有者、所有者が責任を負うとする制度を何というか。	③ア　工作物・竹木の瑕疵による責任（717条）
イ　アのような責任の根拠を示す単語を答えよ。	イ　危険責任
ウ　土地の工作物の意義を答えよ。	ウ　土地に接着して人工的に作り出されたあらゆる設備
エ　工作物の占有者の責任の性質は、過失責任に対して変容されている。責任の内容を述べよ。	エ　中間責任
オ　占有者の責任が、エのようなものであるとすると、占有者は免責される可能性がある。そのような場合、二次的に責任を負う者は誰か。	オ　所有者
□④ア　数人の者が共同の不法行為によって他人に損害を加えたとき、または誰が実際に損害を加えたのか分からないとき、さらに不法行為の教唆者、幇助者が負う不法行為責任を何というか。	④ア　共同不法行為（719条）
イ　アの者は、一般的不法行為とは異なる責任を負う。どのような責任を負うか。	イ　全員が、生じた損害全部に責任を負う
ウ　719条1項前段の共同不法行為について、各人の行為に対して要求される要件を答えよ。	ウ　全員が一般的不法行為の要件を備えていること
エ　ウの責任を問うためには、さらに行為者の間に、いかなる関係があることが必要か。	エ　共同関係
オ　エは、どのような関係が求められるか。	オ　客観的な関連共同で足りる（判例）
カ　719条1項後段の共同不法行為成立の要件は、前段とどのような違いがあるか。	カ　各々の行為者の行為と損害との因果関係が要求されないこと
キ　719条の共同行為者が負う債務の法的性質を答えよ。	キ　不真正連帯債務

□⑤ア　製造者から小売商を通じて販売された商品に欠陥があって、これによって消費者・利用者などが損害を被った場合、製造者に賠償責任を負わせることを何というか。	⑤ア　製造物責任
イ　製造物責任法では、民法の一般不法行為の規定を様々な形で修正している。要件の点で、どのような修正を施しているか。	イ　故意・過失の証明が不要
ウ　責任追及についての、消滅時効の規定についても修正されている。どのように修正されたか。	ウ　製造物を引き渡した時から10年、損害及び賠償義務者を知った時からは3年

4.　不法行為の効果

Question	Answer
□①ア　損害賠償は、どのようにして償われるか。	①ア　金銭による（722条1項、417条）
イ　名誉毀損の場合は、例外として他の方法をもって償うことができる。どのようにするのか。	イ　謝罪広告などの適当な処分（723条）
ウ　被害者本人以外では、誰が請求できるか。	ウ　父母·配偶者·子（胎児）・祖父母・孫・兄弟姉妹（711条参照）
□②ア　過失相殺（722条２項）における「過失」は709条のそれと同じか。	②ア　同じではない
イ　アを前提にして、被害者に何らかの能力は求められるか。	イ　責任能力は不要。事理弁識能力が必要（判例）
ウ　ア・イの解答の理由を述べよ。 過失相殺制度は、（ａ）を追及するための制度ではなく、損害の（ｂ）な分担を図るための制度だから。	ウ ａ　責任を追及 ｂ　公平
エ　不法行為責任では、過失相殺の斟酌は必要的か。	エ　そうでない。任意的である（722条２項）
オ　過失相殺における過失の有無の判断は、誰について判断するのか。	オ　被害者および、被害者と身分上生活関係上一体となすと見られるような者（判例）

□③　損害賠償請求権について

ア　相殺に供することはできるか。

イ　譲渡性や相続性は認められる。

□④　不法行為における損害の区別について、説明せよ。

大きく、（ア）・（イ）に分かれ、（ア）は（ウ）・（エ）に分かれる。

③

ア　加害者からの相殺が禁じられる（509条）

イ　ある

④

ア　財産的損害

イ　精神的損害

ウ　積極侵害

エ　消極侵害（逸失利益）

第8部　家族法

第1章　相　続

1.　相続の意義

Question	Answer
□①ア　人の死亡による、財産上の権利義務の包括的な承継を何というか。	①ア　相続（882条、896条）
イ　アのような包括承継を受け得る者を挙げよ。	イ　配偶者、血縁者（887条、890条）
ウ　血縁者の中での相続の順位を説明せよ。	ウ　子→親→兄弟姉妹

2.　相続の効力

Question	Answer
□①ア　相続は、被相続人の死亡によって開始されるが、相続の開始に他の要件は必要か。	①ア　不要。当然に開始される（882条）
イ　共同相続人は、被相続人の財産をどのような所有形態で所有するか。	イ　共有（898条）

3.　相続の放棄・限定承認

Question	Answer
□①ア　相続を拒否する方法を何というか。	①ア　放棄（938条以下）
イ　アの効力を説明せよ。	イ　遡及的に相続人でなかったことになる（939条）
ウ　イの効果を規定した条文に、第三者保護規定はあるか。	ウ　ない
□②　相続によって得た財産の限度で相続債務の責任を負うとする、相続人の相続承認方法を何というか。	②　限定承認（922条以下）

Question	Answer
□③　放棄・限定承認は、相続があったことを知ってから、どのような期間の間にする必要があるか。	③　3ヶ月

4.　遺産分割

Question	Answer
□①ア　相続後、具体的に各相続人に財産を分配することを何というか。	①ア　遺産分割（906条以下）
イ　遺産分割の効力を説明せよ。	イ　相続の開始時に遡及する（909条本文）
ウ　第三者保護規定はあるか。	ウ　ある（909条但書）
エ　第三者保護規定の第三者とは、どのような第三者か。 （a）に相続によって形成された法律関係に（b）の利害関係を有するに至った者。	エ a　遺産分割前 b　新たな独立

第2章　親族法

1.　親族

Question	Answer
□① 725条は親族の範囲をどのように定めているか。	①
ア（a）親等内の（b）。	アa　6 b　血族
イ（　）	イ　配偶者
ウ（a）親等内の（b）	ウa　3 b　姻族
□② 親等の数え方を説明せよ（726条参照）。	②
ア　自分と（a）がゼロで、そこから、（b）をたどっていけばよい。たどるごとに数字が増える。	アa　配偶者 b　系図
イ　親等を数えるには始祖にさかのぼる。系図を（　）にしかたどってはならない。例えば、兄弟の親等はまず親にさかのぼって数える。	イ 縦

2.　婚姻

Question	Answer
□① 婚姻成立の要件を答えよ。	①
ア（a）の合致→（b）しようとする意思のこと（判例）	アa　婚姻意思 b　真に婚姻
イ（　）の不存在（重婚・婚姻適齢・親権者の同意など）	イ　婚姻障害事由
ウ（　）の受理	ウ　婚姻届
□② 婚姻の無効・取消について	②
ア　無効原因となる場合を答えよ。 ①にいう、届出または（　）がないとき。	ア 婚姻意思の合致
イ　取消原因を説明せよ。 ①にいう、（　）の要件を満たさないとき（743条）。	イ 婚姻障害事由
□③ 婚姻の効果について説明せよ。	③
ア　共通の（　）を名乗ることになる。	ア　姓（750条）

Question	Answer
イ　死亡した場合、互いに（　　）が生じる。	イ　相続
ウ　互いに（　　）義務を負う。	ウ　同居・協力・扶助（752条）
エ　財産は夫婦で（　　）が原則。	エ　夫婦別産
□④　夫婦間特有の財産関係について	④
ア　夫婦間の契約は（　　）。	ア　いつでも取り消せる（754条本文）
イ　日常家事債務は（　　）となる。これは法定代理権を定めたものといわれている。	イ　連帯債務（761条）
□⑤　婚姻解消の原因を指摘せよ。	⑤　離婚または死亡
□⑥　離婚の要件を挙げよ。 離婚意思の合致→（ア）意思で足る（判例）。 （イ）をする。	⑥ ア　届出を出す イ　届出
□⑦　離婚の財産上の効果について説明せよ。	⑦
ア　配偶者の一方は一方に（　　）を請求できる。	ア　財産分与
イ　有責配偶者に（　　）の請求ができる。	イ　慰謝料
□⑧ア　婚姻意思があるが、届出がない場合を何というか。	⑧ア　内縁
イ　アの関係にある場合、何か特別の保護は当事者に与えられるか。 ・かっては、原則（a）。しかし、（b）関係として扱われるようになり、多くの場合（c）と同一の効果を認められるようになった。ただし、（d）できない。もっとも、（e）となり財産が与えられる可能性がある。 ・子が（f）とはなれない。	イ a　なんら法的保護は与えられなかった b　婚姻に準ずる c　法律上の婚姻 d　相続 e　特別縁故者 f　嫡出子

3.　親子

Question	Answer
□①ア　適法な婚姻によって生まれた子を何というか。	①ア　嫡出子
イ　嫡出推定（772条）の意味を答えよ。	イ　夫の子と推定される。母子関係は分娩の事実によって明らか

□②ア　婚姻中に懐胎、または婚姻成立から200日を経過後・婚姻解消等の後300日以内に生まれた子には、嫡出性についてどのような扱いがされるか。

イ　アの場合、父親が子供との親子関係を否定するには、いかなる訴えによるべきか。

ウ　推定されない嫡出子について、親子関係を否定するには、いかなる訴えの形態によるべきか。

□③ア　適法な婚姻によって生まれたのではない子を何というか。

イ　父子関係は（　　）によって生ずる。

ウ　非嫡出子は（　　）によって嫡出子になる（具体例は婚姻などである）。

②ア　嫡出性が推定される

イ　嫡出否認の訴え

ウ　親子関係不存在の訴え

③ア　非嫡出子

イ　認知

ウ　準正（789条）

第9部 補足事項

第1章 時効と除斥期間

Question	Answer
□① 時効と除斥期間は、いかにして区別されていたか。 もともとは（　　）と書いてあるか否かで区別されていた。	① 「時効によって」
□② 具体的な区別の仕方について説明せよ。	②
ア 形成権について定められた期間制限は（　　）とされる。権利行使と共に権利内容が実現されるからである。	ア 除斥期間
イ 比較的短期、かつ「時効によって」の文言がない場合は（　　）とされる。短期に法律関係を安定させる趣旨である。	イ 除斥期間
ウ 長期と短期の期間制限が定められている場合、短期が（a）、長期が（b）。	ウ a 時効 b 除斥期間

第2章　消滅時効の起算点

Question	Answer
□①　長期の消滅時効の起算点をいつに求めるべきか。	①　権利行使が客観的に可能な時
□②　長期の消滅時効の起算点について、次の場合を述べよ。	②
ア　期限・条件のある債権	ア　期限到来、条件成就の時
イ　期限の定めのない債務	イ　債権成立の時
ウ　不法行為	ウ　加害者および損害を知った時（724条）

第3章　割賦払債権の消滅時効の起算点

Question

□① 割賦払債権で、期限の利益喪失約款がついている場合、時効の起算点をどこにすべきかについて、

ア　即時進行説の内容と批判を説明せよ。

（a）時から消滅時効は進行する。そうすると、（b）を保護することになり妥当でない。

イ　債権者意思説の内容と批判を説明せよ。

（a）意思表示をしたときから時効は進行する。しかし、（b）ほど保護できないことになる。

Answer

①

ア

a　債務不履行

b　不誠実な債務者

イ

a　期限の利益を失わせる

b　債権の回収に勤勉な者

第4章　遅滞に陥る時期

Question	Answer
□① 履行遅滞に陥る時期について説明せよ。	①
ア 期限・条件の定めのある債権	ア 期限到来、条件成就を債務者が知った時
イ 期限の定めのない債権	イ 債権者が履行の請求をした時

第5章　細かい知識のまとめ

Question	Answer
□①　条文の読み方について	①
ア　条文の構造は何を指しているか。	ア　裁判における立証責任の分配
イ　１項・２項の関係を説明せよ。	イ　１項が原則
ウ　本文・但書の関係を説明せよ。	ウ　本文が原則
エ　推定する、という文言はいかなる意味を表しているか。	エ　立証責任の転換
オ　「みなす」という場合は、どういう意味か。	オ　反証を許さない
カ　「要する」という場合は、いかなる意味を表しているか。	カ　義務
キ　「できる」という文言は、いかなる意味を有するか。	キ　権利
□②　民法上、例外的に無過失責任とされる場合を挙げよ。	②　無権代理人の責任（117条）、担保責任（561条以下）・工作物の所有者の責任（717条）
□③　民法上、軽過失があるに留まる者が保護または免責される場合を挙げよ。	③
ア　（　　）債権の譲受人	ア　譲渡制限特約付
イ　（　　）事務管理	イ　緊急
ウ　（　　）の表意者	ウ　錯誤
エ　使用者責任・法人の不法行為責任の（　　）	エ　相手方
□④　財産法上の物の保管義務について、自己の物と同一の注意義務を払えば足りるとされる者を挙げよ。	④
ア　（　　）寄託	ア　無償
イ　（　　）の場合の債務者	イ　受領遅滞
□⑤　占有改定では足りないものを挙げよ。	⑤　質権（345条）・即時取得（争いあり）・不法原因給付（708条）

商　法

第1部　総則・商行為

第1章　商法の目的

Question	Answer
□①　商法は誰に適用されるか。	①　商行為をする者
□②ア　自己の名をもって商行為をすることを業とする者を何というか。	②ア　商人（商4条）
イ　業とするとは何のことか。同種の行為を（　　）すること。	イ　反復継続
□③　商行為の種類について	③
ア　501条所定の行為で、一回限りの行為でも商行為とされる行為を何というか。	ア　絶対的商行為
イ　アの行為の例を挙げよ。	イ　転売して利益を得る行為
ウ　502条所定の行為は、営業としてするとき商行為とされる。この行為を何というか。	ウ　営業的商行為
エ　ウの行為の例を挙げよ。	エ　レンタル業、旅館など
オ　「営業」としてするとは、営利の目的をもって（　　）することである。	オ　反復継続
カ　商人が営業のためにする行為で、商行為とされるものを何というか。	カ　附属的商行為（商503条1項）
□④　商人の種類について	④
ア　4条は何と規定しているか。	ア　商行為を行う者
イ　会社は何と規定されているか。	イ　会社がその事業としてする行為及びその事業のためにする行為は、商行為とする（会社5条）
ウ　その他の擬制商人を挙げよ。	ウ　店舗営業者、鉱業者

第2章　商法の特徴

Question	Answer
□①ア　商法は、民法に対してどのような位置づけにあるか。	①ア　特別法
イ　特別法である商法の意義（民法との違い）について、商法が民法とは独立されて規定された理由を述べよ。	イ　商取引における健全な営利追求の確保
ウ　商法は商人の法であるため、民法とは利益衡量の判断の重点の置き方が異なる。どのように異なるか。	ウ　取引の安全の重視、外観主義の強調
□②　会社法の規定について	②
ア　法律行為の一つで、会社の設立等でなされるものを何というか。	ア　合同行為
イ　会社法の社員たる地位である財産権を何と呼ぶか。これは物権か、債権か。	イ　社員権。どちらでもない。独自の財産権
□③　金銭決済の道具として用いられる有価証券の例を挙げよ。	③　手形、小切手など
□④　その他、商法上の特別について	④
ア　委任契約における民法の特則を答えよ。	ア　当然に報酬請求できる（商512条）
イ　消費貸借における特則を述べよ。	イ　原則として利息が発生する（商513条１項）
ウ　法定利息の利率は何%か。	ウ　年３%(民法と同じ)

第3章　商業使用人

Question	Answer
□①　企業経営のための補助者を何というか。	①　商業使用人
□②　①の種類について	②
ア　営業に関する一切の統括的代理権を有する商業使用人を何というか。	ア　支配人（商20条、会社10条）
イ　具体例を挙げよ。	イ　支店長など
ウ　アの権限を説明せよ。 (　　) の一切の権限を行使できる。	ウ 裁判上、裁判外
エ　支配人の代理権について加えた制限は第三者との関係でどのように扱われるか。	エ　善意の第三者に対抗できない（商21条3項、会社11条3項）
□③ア　支配人ではないのに、支配人としての名称を与えられた者を何というか。	③ア　表見支配人
イ　表見支配人は、善意の者との関係ではどのように扱われるか。	イ　支配人と同一の権限があることになる（商24条、会社13条）
□④　他に、商業使用人として商法上規定されているものにどのような者があるか。	④　ある種類又は特定の事業の委任を受けた使用人（商25条、会社14条）、店舗使用人（商26条、会社15条）

第4章　商　号

Question	Answer
□①　商人が営業上の活動において自己を表章する名称を何というか。	①　商号
□②　商号の2つの機能を説明せよ。 ・（ア）機能 ・（イ）が化体（けたい）される機能	② ア　自己の個別化 イ　信用・名声
□③ア　②（イ）の機能は法律上の権利まで高められている。権利の名前を答えよ。	③ア　商号権
イ　不正な目的をもって、他の商人であると誤認されるおそれのある名称又は商号を使用する者にどのような請求ができるか。	イ　侵害の停止又は予防請求できる（商12条2項、会社8条2項）
□④ア　商人はその氏、氏名その他の名称をもって自由に商号とすることができる。この原則を何というか。	④ア　商号自由の原則（商11条、会社6条）
イ　アの例外として、会社は自己の商号選定にいかなる制約が加えられるか。	イ　その種類に従った文字が必要（会社6条2項、3項）
ウ　商号選定において、会社でない者にはいかなる制約が加えられるか。	ウ　会社という文字を使ってはいけない（会社7条）
□⑤ア　ある者が他人に自己の称号を使用して営業又は事業を行うことを許諾することを何というか。	⑤ア　名板貸（商14条、会社9条）
イ　名板貸人は名称使用を許諾した者がなした取引にいかなる責任を負うか。	イ　取引をした者と連帯責任を負う

第5章　営　業

Question	Answer
□①ア　商人の営利活動を何というか。 イ　営利活動の為の包括的な財産組織を何というか。	①ア　主観的意義の営業 イ　客観的意義の営業
□②　客観的意義の営業、すなわち、組織化された有機的一体として機能する財産の譲渡を何というか。	②　営業譲渡（商15条）又は事業譲渡（会社21条以下、467条1項） ※会社の「事業」は、個人商人の「営業」に相当する。

第6章　商業登記

Question	Answer
□①ア　取引の相手方の重要な情報を簡易に得る等の要請に応えるものとして、公の機関が広く一般に情報を知らせることを何というか。	①ア　公示
イ　アの手段として用いられる法制度は何か。	イ　登記
□②　株式会社の登記事項について	②
ア　会社財産関係についての登記事項を挙げよ。	ア　発行可能株式総数、資本額など
イ　登記事項のうち経営者に関するものを述べよ。	イ　取締役及び監査役の氏名、代表取締役の氏名及び住所、共同代表の定め（以上、会社911条3項）
□③　登記の効力について	③
ア　一般的効力のうち消極的効力について説明せよ。 登記すべき事項は登記しなければ（　　）に対抗できない。	ア 善意の第三者
イ　登記の積極的効力について説明せよ。 登記後は、第三者が（　　）によって知らないとき以外は登記内容をもって第三者に対抗できる。	イ 正当事由（商9条1項、会社908条1項）
ウ　正当事由とは具体的にどのようなことを指すか。	ウ　天変地異など客観的事由
エ　イからすると、登記にはどのような効力があるのか。 登記していれば、相手が（　　）でも対抗できる（悪意擬制の規定）。	エ 善意
□④ア　逆に、不実の登記にはいかなる効力が認められるか。 （a）により不実の事項を登記した場合、（b）に不実であることを対抗できない。	④ア a　故意・過失 b　善意の第三者（商9条2項、会社908条2項）

商法

イ　アの（a）・（b）から、商法9条2項や会社法908条2項は、登記にどのような効力を認めた制度であるといえるか。	イ　公信力
□⑤　登記の特殊的効力について	⑤
ア　登記に創設的効力がある例を答えよ。 会社は（　　）の登記によって成立する（会社49条）。	ア 設立 ※設立時の株式の効力発生時期も同じ
イ　登記をすると、商号権の効力が強まるとの効力は何というか。	イ　強化的効力

第2部 会社法

第1章　会社法総論

1.　会社の意義

Question	Answer
□①　会社がその事業のためにする行為について	①
ア　その性質を答えよ。	ア　商行為（5条）
イ　どのように扱われるか。	イ　商法が適用される
□②　3条は会社の性質を何と定めているか。	②　法人
□③　以上①、②から商法上の会社の本質を一言で何と表現できるか。	③　営利社団法人
□④　営利性の意義を述べよ。 対外的活動によって（ア）の増大を図り、その利益を構成員に（イ）すること。	④ ア　経済的収益 イ　分配
□⑤　会社のもう一つの本質としての社団性とは何のことか。	⑤　人の結合体のこと
□⑥　会社の構成員のことを何というか。	⑥　社員

2.　法人

Question	Answer
□①ア　自然人以外で権利義務の帰属主体であることを認められたものを何というか。	①ア　法人
イ　アは訴訟の当事者ともなれるか。	イ　なれる（民訴28条）
□②ア　法人は独立した法人格であり、法人自身の財産が認められる。このことを、会社債権者の立場から見ると、どのように表現できるか。	②ア　責任財産が形成される
イ　アの結果、社員の債権者は会社の財産に執行できるか。	イ　できない
ウ　逆に、会社の債権者が株主固有の財産に執行できるか。	ウ　できない

エ　会社が持分会社である場合、ウの答えはどうなるか。	エ　できることがある ※直接無限責任社員の存在
□③ア　会社債権者が社員の財産にも執行できることを、社員がどんな責任を負うといえるか。	③ア　直接責任
イ　執行できない場合、社員はいかなる責任を負うというか。	イ　間接責任
□④ア　ある会社についてその形式を貫くことが、正義や公平の理念に反すると認められる場合、特定の事案について法人格の機能を否定して、会社とその背後にある実態を同一視する法理を何というか。	④ア　法人格否認の法理
イ　アの法理が認められる根拠を説明せよ。 社団に法人格が付与されるのは、権利主体と認めた方が（a）であり、社団として人格を与えるにふさわしい（b）があるからである。ならば、（c）されるとか、社団としての（d）がない場合は、法人格は否定してかまわない。	イ a　有用 b　実体 c　濫用（悪用） d　実体
ウ　本法理は、一般条項的性格を有する。ゆえに、解釈上いかなる注意をなすべきか。	ウ　むやみに使用することはできない

3. 各種の会社

Question	Answer
□①ア　社員と会社・社員相互間の関係が密接な会社を何というか。	①ア　人的会社
イ　社員と会社・社員相互間の関係が希薄な会社を何というか。	イ　物的会社
ウ　会社法が定める株式会社以外の会社をまとめて何と呼ぶか。	ウ　持分会社
□②ア　会社債権者に対して直接、連帯無限責任を負う社員のみからなる会社を何というか。	②ア　合名会社
イ　アの会社ではどのような会社組織が予定されているか。	イ　少人数の会社組織
ウ　アの会社の組織として、会社の業務を執行する権利・義務を持つのは誰か。	ウ　社員（590条）

エ　アの社員の地位の移転の要件を答えよ。	エ　他の社員全員の承諾等（585条1項）
オ　会社債務が会社財産で完済できない場合、社員は責任を負うか。負うとすれば、いかなる責任を負うか。	オ　連帯して弁済の責任を負う（580条1項）
カ　オのような社員の責任を一言で何というか。	カ　無限責任
キ　逆に、社員の債権者は、会社財産に執行できるか。	キ　社員の持分を差し押さえることができる（609条1項）
□③ア　基本的には合名会社と同様であるが、直接有限責任社員が存在する会社形態（576条3項）を何というか。	③ア　合資会社
イ　アの会社の有限責任社員には業務執行権があるか。	イ　ある（590条1項）
□④　持分会社のうち、有限責任社員のみからなる会社を何と呼ぶか。	④　合同会社
□⑤ア　物的会社の典型である会社を何というか。	⑤ア　株式会社（特に、公開会社）
イ　アでは、いかなる経営形態が予定されているか。	イ　大規模企業経営
ウ　原則として、社員たる地位を譲渡に制限はあるか。	ウ　ない（127条）
エ　アの会社では、株主総会以外にいかなる機関をおく必要があるか。	エ　取締役（326条1項）
オ　エは株式会社におけるいかなる原則を表明したものといえるか。	オ　所有と経営の分離
カ　株主（株式会社の社員）は出資額以上の責任を負うか。	カ　負わない（104条）
キ　カのような社員の責任を指して何というか。	キ　有限責任
ク　一方で、社員の債権者が社員の持分を差し押さえることはできるか。	ク　できる
ケ　社員の持分を何というか。また、その持分権を表章する有価証券を何というか。	ケ　株式、株券

第2章　株式会社総論

1.　株式会社の存在意義

Question	Answer
□①　株式会社の存在意義を2つ述べよ。	①　事業資金を集めるための手段、合理的経営の装置
□②ア　株式会社における、事業資金を集めるための手段は何か。	②ア　株式
イ　出資者にとって株式の魅力ともいえる、127条本文が定める株式の性質を答えよ。	イ　株式の自由譲渡性
ウ　イは、どのような点が魅力なのか。	ウ　投下資本の回収の途が開ける点
エ　株式の自由譲渡性を認める代わりに認められた、会社の事業運営者が株式会社によって資金を集める際のメリットとなる原則を述べよ。	エ　資金を返還する必要がない
オ　また、株主の出資を容易とする点として、104条の定める責任を一言で何というか。	オ　間接有限責任
カ　以上のように、出資が容易になることで、事業者にとって、どのような有利な点があるか。	カ　少額資本を集積することが容易となる
□③ア　株式会社は合理的経営の装置といわれるが、いかなる制度にこの点が現れているか。	③ア　所有と経営の分離
イ　株式会社の社員を何というか。	イ　株主
ウ　株式会社の経営者を何というか。	ウ　取締役

2.　社員権

Question	Answer
□①　社員による出資は会社財産を形成し、法形式上は社員のものではなくなる。そこで、出資者の実質的な会社持分を会社に対する権利として引き直したものを何というか。	①　社員権

□② 社員権と所有権の違いを述べよ。	② 会社に対する一定の権利にとどまり、財産を自由に処分することができない
□③ア 所有権が社員権に引き直された結果、所有権の内容である使用権はどのような権利に変容されることになったか。	③ア 共益権
イ 同様に所有権の収益権はいかなる権利に変容されるか。	イ 自益権
ウ 所有権の処分権は、いかなる形に変容されるか。	ウ 株式譲渡自由の原則（127条）

3. 間接有限責任

Question	Answer
□① 株主が、株式の引受価額しか責任を負わないことを内容とする責任を何というか。	① 間接有限責任（104条）
□② 株式会社において間接有限責任に反する定めをした場合、その効力はどうなるか。	② 無効
□③ 間接有限責任の趣旨を述べよ。 （ア）の限度が明確であり、（イ）ので、安心して投資ができる。	③ ア 責任 イ リスクが少ない

4. 資本

Question	Answer
□① 会社財産確保のための計算上の数額を何というか。	① 資本
□② ①のような数額を定め、会社財産を確保する理由を述べよ。 株主の責任は（ア）である。したがって、会社債権者の引当は（イ）だけである。そこで、（ウ）を保護するため、会社財産を確保する必要性がある。	② ア 間接有限責任 イ 会社財産 ウ 債権者
□③ 資本原則について ア 会社財産が、その数額だけ実際に満たされなければならないとする原則を何というか。	③ ア 資本充実の原則

イ　アの原則は、会社法上、どのような規定に現れているか。	イ　設立前における出資全額の履行（34条、63条）
ウ　いったん数額が充実したならば、会社財産を減少させてはならないとする原則を何というか。	ウ　資本維持の原則
エ　ウの原則は、商法上どのような規定に現れているか。	エ　剰余金の配当の規定（461条）
オ　以上の原則は、併せて述べられることが多い。何というか。	オ　資本充実・維持の原則
□④ア　資本の数額自体をみだりに減少させてはならないとする原則を何というか。	④ア　資本不変の原則
イ　資本額の増額はアの原則に反しないのか。	イ　反しない
ウ　アの原則は商法上どのような規定に現れているか。	ウ　資本減少には株主の特別決議が必要（447条、309条2項9号）
エ　定款所定の資本額にあたる株式全部の引受がなされねばならないとする原則を何というか。	エ　資本確定の原則
オ　本原則は、現行法上どのように現れているか。 出資される財産の価額の（ａ）を定めることが要求される（27条)。（ｂ）には出資額に着目することが合理的であるから。	オ ａ　最低額 ｂ　財産の確保

第3章　設　立

1.　株式会社設立の方法

Question	Answer
□①ア　株式会社設立にあたって、発起人が設立に際して発行するすべての株式を引き受ける方法を何というか。	①ア　発起設立（25条1項1号）
イ　発起人以外の者に株式を引き受ける者を募集する方法を何というか。	イ　募集設立（25条1項2号）

2.　会社設立の手順

Question	Answer
□①ア　会社設立の手順について、なすべきことについて説明せよ。	①ア
・（a）の作成・認証（26条、30条）	a　定款
・（b）の決定（32条）	b　株式発行事項
イ　会社の目的、内部組織、活動などを定めた根本原則を何と呼ぶか。	イ　定款
ウ　株式の発行事項とは、具体的にどのような事項か、例を挙げよ。	ウ　株式の種類及び数、株式の発行価額などを定める
□②　①で述べた事項の次になすべきことを説明せよ。	②
・（ア）の払込（34条）	ア　金額
・（イ）の履行（34条）	イ　現物出資
・（ウ）の選任（38条、40条）	ウ　代表取締役・取締役監査役
・設立の（エ）（911条）	エ　登記
□③ア　募集設立のみでなされる事項を述べよ。	③ア
・（a）募集	a　株主
・株式（b）（57条、59条）	b　申込み・割当
・（c）の払込（63条1項）	c　金額
・（d）（65条以下） （ここで、設立経過の調査・報告がなされる、93条、87条）。	d　創立総会

イ　ア（b）の事項について、会社の裁量は認められるか。	イ　認められる。割当は自由
□④　定款記載事項について	④
ア　記載がないと、定款が無効となる事項を説明せよ。	ア　必要的記載事項（27条）
イa　記載がないと、当該事項の効力が発生しない事項を説明せよ。	イa　変態設立事項（28条）
b　金銭以外の財産によってなされる出資を何というか。	b　現物出資
ウ　イの事項の効力が認められるためには、原則定款記載以外の手続をふむ必要がある。それを説明せよ。	ウ　検査役の調査などが必要（33条）

3.　設立中の会社

Question	Answer
□①　設立中の会社の概念を観念する理由を述べよ。 （ア）により会社が成立するが、そこまでなんら会社には（イ）がないわけではない。実質的には（イ）があるというべきである。ただし、いまだ（ウ）はないといわざるを得ない。 また、この観念は、会社設立中に（エ）がなした行為について、会社に（オ）させることができる範囲を確定するためのものである。	① ア　設立登記 イ　実体 ウ　法人格 エ　発起人 オ　効果帰属
□②　設立中の会社の法的性質を述べよ。	②　権利能力なき社団
□③　発起人がなしうる行為について	③
ア　まず、会社設立のために直接必要な行為がある。その例を挙げよ。	ア　定款の作成、株式の引受・払込
イ　設立事務所の賃貸料など、会社設立のために必要な行為によって発生した費用を何というか。	イ　設立費用（28条4号）
ウ　運送業におけるトラックの買入など、会社設立後の営業に備えて、財産を買い入れることを何というか。	ウ　財産引受（28条2号）

□④ 発起人がなしうるか否かについて争いある行為について	④
ア 設立事務所の賃借、株式募集の広告などを何というか。	ア 会社設立のために法律上・経済上必要な行為
イ アの行為に対する費用で変態設立事項とされているものは何か。	イ 設立費用
ウ 開業後の事業についての広告など、開業後の営業に備えた準備行為を何というか。	ウ 開業準備行為
エ ウの中で特に明文で認められたものは何か。	エ 財産引受

商法

4. 引受に対する責任

Question	Answer
□① 会社設立においては、引受に対して会社成立までに金額が払い込まれることが要求される。これは、会社におけるいかなる原則の現れか。	① 資本充実の原則
□② まず、出資の確保が必要である。その方法として、どのようなものがあるか。	②
・銀行など（ア）への払込（34条2項、63条1項）	ア 払込取扱機関
・募集設立の場合、銀行は、（イ）を発行する（64条）	イ 保管証明書
・定款における（ウ）の最低額の定め（27条4号）	ウ 出資
□③ さらに、払込責任を担保する制度を述べよ。	③
・発起人、取締役の（ア）（52条1項）	ア 現物出資等の不足目的額の填補責任
・発起人、取締役、監査役の（イ）（53条など）	イ 任務懈怠による損害賠償責任
□④ 払込において、問題となる行為について	④
ア 払込取扱銀行からの借入金をもって払込をなし、借入金返済までは払込金を引き出さない約束をすることを何というか。	ア 預合
イ このような払込の効果を述べよ。	イ 無効（学説）
ウ 預合は犯罪として処罰されるか。	ウ 預合罪により処罰される（965条）
エ 借入金をもって払込をなした後、すぐに借入金を引き出し、借入先に返済する行為を何というか。	エ 見せ金
オ このような払込の効果を述べよ。	オ 無効（判例）

カ　見せ金は犯罪か。	カ　犯罪ではない

5.　会社設立の瑕疵

Question	Answer
□①ア　設立が法の要求に合致せず、会社の設立行為の効果が認められない場合を何というか。	①ア　会社の設立無効
イ　無効原因を挙げよ。 ・定款の（a）の瑕疵（27条） ・（b）の無効（911条） ・設立時発行の株式総数への（c）がないこと（解釈）	イ a　絶対的記載事項 b　設立登記 c　引受・払込
□②ア　設立無効の主張方法を挙げよ。	②ア　訴えによる（828条1項）
イ　設立無効の訴えにおける判決の効力を述べよ。	イ　対世効
ウ　対世効（たいせいこう）とは何か。	ウ　当事者以外のすべての者まで判決の効力が及ぶこと
□③　設立手続が進行したが、設立登記に至らなかった場合を何というか。	③　会社の不成立

第4章　株　式

1.　株式の意義

Question	Answer
□① 株式の意義を答えよ。 （ア）で（イ）された（ウ）の形をとった株式会社における（エ）たる地位	① ア　均一 イ　細分化 ウ　割合的単位 エ　社員
□② 株式の特質として ア　均一とされている理由を述べよ。 イ　細分化されている理由を述べよ。	② ア　取扱いの便宜 イ　出資を容易にするため
□③ 株式が割合的単位とされていることから、 ア　株式の価値はどのようにして求めることができるか。 イ　とすると、株式の価値は一定か。	③ ア　会社財産を株式の数で割る イ　一定ではない。会社財産の増減によって左右される
□④ 株式が均一な割合的単位とされていることから、株主としての地位に個性はあるか。	④　ない。個性が喪失している

2.　株主平等原則

Question	Answer
□① 株主平等原則（109条1項）の意義を述べよ。 株主は（ア）法律関係について、（イ）平等な取扱いを受けるという原則	① ア　株主としての資格に基づく イ　株式の内容及び数に応じて
□② 「株主としての資格に基づく」とは、どのような意味か。	②　株主が会社に請求できる権利に関しての意味

□③　株主平等原則について 株式は（ア）であるから、その内容は種類が同じである限り均一である。このことを、（イ）としての地位から引き直した（捉え直した）ものが株主平等原則である。	③ ア（均一な）割合的単位 イ　株主
□④　株主平等原則が解釈上問題となる場合について ア　一定数の株式を有する株主に営業上の便益を与える制度を何というか。 イ　従業員に奨励金を与え、安価に株式を取得させる制度を何と呼ぶか。	④ ア　株主優待制度 イ　従業員持株制度
□⑤　株主平等原則の明文上の例外について ア　109条2項が定めたものを述べよ。 イ　取扱いの平等に関する例外として何があるか。例と共に挙げよ。	⑤ ア　定款による例外を設けることができる イ　少数株主権　例：株主提案権(総会招集権、297条など)
□⑥ア a　全部の株式について、法に定められたものと特別な内容を定めることができるか。その条件も答えよ。	⑥ア a　できる(107条)。定款の定めによる
b　定款の定めにより一部について異なる種類の株式を発行できるか。	b　できる（108条）
イ a　株主が会社に対してその株式の取得を請求する権利が認められる株式（2条18号）を何と呼ぶか。	イ a　取得請求権付株式
b　会社が一定の事由が生じたことを条件としてその株式を取得することができる株式（2条19号）を何というか。	b　取得条項付株式
c　議決権が一切ないものを含め、特定の事項について議決権がない株式を何と呼ぶか。	c　議決権制限株式
d　会社法による場合、償還株式、転換株式はどのようにして実現するか。	d　取得請求権付株式を利用する
ウ　種類株式発行会社におけるある種類の株式の株主（2条14号）を何と呼ぶか。	ウ　種類株主

3. 株券

Question

□① 株式を表章する有価証券を何というか。

□② 株式の成立時を答えよ。
・会社の設立時…（ア）（49条）
・新株発行…（イ）（209条）

□③ ②に対し、株券の効力発生時を判例はどのように考えているか。

□④ 株主の権利・義務について
ア 株主が会社から経済的な利益を受けることを目的とする権利を何と呼ぶか。
イ アの権利の例を挙げよ。
・（a）（454条3項）
・（b）（504条3項）
ウ 株主が会社の経営に参加することを目的とする権利を何というか。
エ ウの権利の例を挙げよ。
オ 株主の義務を述べよ。
カ 株式引受人の義務を述べよ。

Answer

① 株券

②
ア 設立登記の時
イ 払込期日

③ 株券の交付時

④
ア 自益権
イ
a 剰余金配当請求権
b 残余財産分配請求権
ウ 共益権
エ 議決権（308条1項本文）
オ 義務はなんら負わない
カ 出資義務

4. 株式の譲渡

Question

□① 株式の自由譲渡を認める理由について
ア 株式会社の社員の出資金は社員が望めば返還されるか。
イ アの結論の理由を述べよ。
（a）の下、（b）を保護する必要性があるから。
ウ 以上から、株式の自由譲渡を認める理由を説明せよ。

Answer

①
ア 返還されない
イ
a 間接有限責任
b 会社債権者
ウ 出資者に資本回収の途を認める必要があるから

エ　株主にとって株式の譲渡は何の手段というべきか。	エ　唯一の投下資本回収手段
□②ア　株式会社に対し、合名会社などの人的会社では、社員たる地位の譲渡の自由は認められているか。	②ア　認められない
イ　人的会社において社員が自己の会社における利益を守る方法として、どのような手段が認められているか。	イ　業務執行権があり、退社ができる
□③　株式会社において、株式の自由譲渡を認めることができる理由（許容性）について	③
ア　株式会社の公開会社では、会社と社員との関係は密か、希薄か。	ア　希薄
イ　アを踏まえ、株式の自由譲渡を認めてもよい理由を述べよ。	イ　会社にとって誰が社員でも構わない建前がある
□④　株式の自由譲渡の例外として、自己株式の取得が制限されている。	④
ア　会社が自己株式の取得をすることは禁止されているか。	ア　されていない
イ　自己株式の取得が制限されている理由は何か。	イ
・（a）に反する。	a　資本充実・維持
・取締役による（b）を可能にするおそれがある。	b　会社支配
・不正な（c）を許す可能性がある。	c　内部取引
・（d）原則違反（一部の株主にのみ退社を認めることになるから）。	d　株主平等
ウ　自己株式の取得の制限に違反した取引の効力をいかに解すべきか。	ウ　無効（ただし、無効を主張できるのは会社のみ）
エ　自己株式の取得における、実体要件と手続要件を説明せよ。	エ　実体要件：分配可能な剰余金の範囲によること 手続要件：株主総会の決議によること（155条、156条）
オ　自己株式に自益権、共益権は認められるか。	オ　認められない
□⑤ア　株式の自由な譲渡を、会社が特に制限することはできるか。また、制限はどのようにして実現するか。	⑤ア　できる。譲渡制限株式を発行する

Question	Answer
イ　制限の内容を説明せよ。	イ　取締役会の承認を要するなど
ウ　株式の譲渡制限を認める理由を述べよ。 株式会社の実体が(ａ)のような企業であるとき、株主が個性を持っているので、他人に株式が譲渡されると(ｂ)が株主になるおそれがある。そこで、(ｂ) の会社経営の参加を拒否する方法を認める必要があるから。	ウ ａ　個人商店（小規模閉鎖会社） ｂ　会社にとって好ましくない者
エ　株式の譲渡制限の定めがある会社の株主が、投下資本回収を行う手段としてどのようなものがあるか。	エ　譲渡人・譲受人による承認請求（136条、137条）
□⑥ア　会社成立前の株式引受人の地位を何というか。	⑥ア　権利株
イ　株式引受人は、その地位を譲渡することができない。株式引受人とは具体的にどのようなものか。	イ　権利株主、および株券発行会社では、株券発行前の株主（50条2項、128条2項）
ウ　譲渡制限の理由を述べよ。 会社として、（ａ）が難しくなり、（ｂ）が煩雑となる。	ウ ａ　誰が株主かの覚知 ｂ　事務処理
□⑦ア　⑤、⑥に違反した取引の効力をいかに解すべきか。	⑦ア　会社には対抗できないが当事者間では有効（判例）
イ　アの理由を述べよ。	イ　譲渡制限の理由が会社の利益保護にあるから
ウ　この場合、会社から制限違反の株式譲渡の効力を認めることができるか。	ウ　できる

5.　株主名簿と名義書換

Question	Answer
□①ア　株式および株券に関する事項を明らかにするための帳簿を何というか。	①ア　株主名簿（121条）

イ　アの帳簿の機能について	イ
a　会社は株主名簿をどのように利用するか。	a　株主名簿上に名前がある者を株主として扱えば、原則として免責される
b　株主名簿は、株主にとってどのような利益をもたらすか。 株主の権利は反復継続して行使されるが、株主は権利行使にあたり、いちいち（　　）を呈示する煩雑さを避けられる。	b 株券
c　会社にはどのような利益をもたらすか。 （　　）における煩雑さを避けることができる。	c 事務処理
□②ア　株主名簿上の名義の株券の呈示に基づいて書き換えることを何というか。	②ア　名義書換
イ　名義書換の効果を説明せよ。	イ　株券の所持と同じ効果が認められる
ウ　イの理由を説明せよ。 株主名簿の記載は（　　）の呈示に代えたものだから。	ウ 株券
エ　名簿上の記載には、具体的にいかなる効力があるか。 ・（a）（131条1項） 名簿に記載されていれば（b）と推定される。 ・（c） 会社が記載に従って権利行使を認めた場合、（d）がない限り免責される（手形40条3項類推） ・（e） 名義書換しない限り権利行使できない（130条1項）	エ a　資格授与的効力 b　権利者（株主） c　免責力 d　悪意・重過失 e　確定力

6.　株式の消却・併合・分割

Question	Answer
□①ア　特定の株式を絶対的に消滅させる会社側からの行為を何というか。	①ア　株式の消却
イ　消却の対象になる株式は何か。	イ　自己株式（に限る）

Question	Answer
□②ア　数個の株式を合わせてそれよりも少数の株式とすることを何というか。	②ア　株式の併合（180条）
イ　アの結果、一株の価値はどうなるか。	イ　上がる
ウ　併合はどのような目的があってなされるか。	ウ　株式の価値を上げるため、株式の単位を調整する目的
□③ア　既存の株式を細分化して従来よりも多数の株式とすることを何というか。	③ア　株式の分割（183条）
イａ　株式分割の結果、会社の財産にどのような影響が及ぶか。	イａ　影響はない
ｂ　ａの理由を答えよ。	ｂ　株式の出資単位を細分化するのみの行為だから
ウ　分割の目的を述べよ。 １株の価値を｛ａ 上げ・下げ｝、（ｂ）をしやすくするなど。	ウ ａ　下げ ｂ　出資

7.　単元株制度

Question	Answer
□①ア　株式の一定数をまとめたものを１単位として、単元未満の株式には共益権の一部を認めないとする制度を何というか。	①ア　単元株制度（188条１項）
イ　単元未満の株式にはいかなる権利行使が認められるか。	イ　自益権、一部の共益権（議決権の行使等ができない）
ウ　アの制度の制度趣旨を説明せよ。 株式の（ａ）によらずに（ｂ）を上げることで、株主の管理コストを適正化するなどの目的を達成するもの	ウ ａ　併合 ｂ　出資単位
エ　単元株未満株主に名義書換は認められるか。	エ　認められる
オ　さらに、単元株未満株主に認められる権利を述べよ。	オ　株式買取請求権（192条）、株式売渡請求権（194条）

商法

第5章　会社の機関

1.　総論

Question	Answer
□①　法人としての活動をする自然人を何というか。	①　機関
□②　株式会社の機関の特徴について	②
ア　会社所有者による意思決定機関を何というか。	ア　株主総会
イ　会社の業務執行についての基本的意思決定機関である、公開会社における必要的機関（327条）は何か。	イ　取締役会
ウ　取締役会がおかれる場合に任命される（362条3項）、会社の業務執行機関（349条）は何か。	ウ　代表取締役
エ　会社の業務執行及び会計を監査する機関は何か。	エ　監査役など
オ　会社の機関の特徴を説明せよ。 機関が（　　）ごとに分化している。	オ 役割
□③ア　株式会社に、必ず設置しなければならない機関は株主総会と何か。	③ア　取締役（326条1項）
イ　アの定めは、株式会社のどのような特徴の現れか。	イ　所有と経営の分離
ウ　株式会社がイの特徴を備えている理由を説明せよ。 会社の実質的所有者である（a）は、会社の（b）にあまり関心がないことがある。そこで、合理的経営のため、経営は専門家である（c）に委任される。	ウ a　株主 b　経営 c　取締役
エ　このように経営が他人に委任されるとしても、その他人の権限濫用を防ぎ、適正な経営を確保する必要がある。業務執行の適正を図るための機関としてどのようなものがあるか。	エ　取締役会、監査役など

2. 株主総会

Question	Answer
□① 株主総会の意義を述べよ。 （ア）によって構成される（イ）な（ウ）機関	① ア 全株主 イ 必要的 ウ 非常置
□②ア 株主総会の権限を述べよ。 （　）に限られる（業務執行はできない）	②ア 意思決定
イa 公開会社の株主総会は、どのような事項についての意思決定ができるか。	イa 法令又は定款に定められた事項
b 株主は実質的所有者であるから、すべての事項について決定できるはずである。にもかかわらず、権限が制限される理由を述べよ。	b 企業経営の合理化のため cf.公開されていない会社→株主総会は万能の機関
□③ア 共益権の一つで、株主が株主総会の決議に参加する権利を何というか。	③ア 議決権
イ 株主に与えられる議決権の割合はどのようなものか。	イ 原則として1株につき1議決権（308条1項本文）
ウ イの例外を挙げよ。 ・（a）（308条2項） ・株式が（b）されている場合（308条1項かっこ書） ・（c）株制度が定められている場合の（c）未満株（308条1項但書）	ウ a 自己株式 b 相互保有 c 単元
□④ 取締役会設置会社の株主総会が決定できる事項は何か。 （ア）に定められた事項。例えば、以下のとおり。 ・取締役の（a） ・（b） ・（c）譲渡 ・会社の（d） （イ）によって定められた事項。	④ ア 会社法 a 報酬 b 事後設立 c 事業 d 解散・合併 イ 定款
□⑤ア 意思決定の方法はどのようになすか。	⑤ア 資本多数決

イ　アの限界を説明せよ。

（a）に違反する決議、（b）原則に反する決議や（c）権を奪うなどの決議。

※注：多数者から少数者を守る目的がある制度を多数決で変えることはできない。

ウ　多数決も修正されている。その内容について説明せよ。

・反対株主の（a）（116条、469条、785条）事前の予告の上、（b）の株主が行使できる。

・（c）（342条）

（d）の取締役が選任されるとき、選出される取締役と（e）の票が１株に与えられる制度。このことで、（f）の代表が選出される可能性が生じる。

・取締役の（g）請求権（854条）

（g）の訴えを裁判所に請求できる。（h）の事実があるのに、取締役の（g）決議が否定された場合に行使される。

□⑥　株主総会における決議に瑕疵ある場合、是正のため採りうる手段について

ア　831条１項各号にあたる事由がある場合に提起できる訴えを何というか。

イ　かかる訴えの提訴期間を述べよ。

ウ　提訴権者を述べよ。

エ　訴えを提起できる瑕疵の内容を述べよ。

・（a）の法令又は定款違反（１号）

・決議の内容が（b）に反している場合（２号）

・（c）による議決権の行使によって、（d）な決議がなされたこと（３号）

□⑦ア　830条の定める訴え提起の方法を述べよ。

イ　アの訴えの提訴に期間制限はあるか。

イ

a　強行法規

b　株主平等

c　少数株主

ウ

a　株式買取請求権

b　重要事項に関する決議に反対

c　累積投票制度

d　複数

e　同数

f　少数派

g　解任

h　不正行為、法令・定款違反

⑥

ア　決議取消しの訴え

イ　決議の日から３月以内

ウ　株主、取締役、監査役等

エ

a　手続

b　定款

c　特別利害関係人

d　著しく不当

⑦ア　決議不存在確認の訴え、決議無効確認の訴え

イ　ない。いつでも提起できる

ウ　同様に提訴権者の制限はあるか。	ウ　ない。誰でも提起できる
エ　決議が無効といえるのはどのような場合か。	エ　決議の内容が法令に違反する場合
オ　エのほか、アの訴えを提起できる場合はどのような場合か。	オ　決議が存在しない場合

商法

3.　取締役会

Question	Answer
□①　取締役会の意義を述べよ。 （ア）をもって構成される会議体であって、（イ）の権限と（ウ）とを有する会社の機関	① ア　取締役全員 イ　業務執行に関する意思決定 ウ　取締役の業務執行の監督権限
□②ア　取締役会設置会社における取締役は会社の機関か。	②ア　違う
イ　違うとすれば、どのような地位に立つ者か。	イ　取締役会の構成員としての地位にあるに過ぎない
□③　取締役が会社に対して負う義務について ア　民法上の義務を答えよ。	③ ア　委任契約に基づく善管注意義務（330条、民法644条）
イ　355条の定める義務を述べよ。	イ　忠実義務
ウ　アの義務とイの義務は、どのような関係にあるか。	ウ　同質であるとされる
□④　取締役から会社を守る制度について ア　その必要性を述べよ。 取締役は会社の（a）に熟知し、権限が大きい。したがって、自己の利益を図るため（b）によって会社に損害を与える可能性が高いから。	④ ア a　内部事情 b　権限濫用
イ　356条１号所定の義務を述べよ。	イ　競業避止義務

ウ　イの競業避止義務について、その趣旨を述べよ。
　取締役は会社の（a）に詳しいから、（b）をされると、顧客を奪う、計画を先取りするなどの行為によって会社の利益を奪う可能性が高いから。

ウ
a　内部事情
b　競業

エ　義務違反行為の効果を述べよ。
・原則として（a）
・取締役への（b）の請求ができ、（c）事由となる。取締役または第三者が得た利益は会社が被った（d）と推定される（423条2項）

エ
a　有効
b　損害賠償
c　解任
d　損害額

オ　356条2号・3号所定の義務を述べよ。

オ　利益相反取引の禁止

カ　オの義務の趣旨を述べよ。
　会社との（a）を取締役に無条件に許すならば、自己に（b）な取引を締結し、会社に損害を与える可能性が高いから。

カ
a　取引
b　有利

キ　義務違反行為の効果はどのように考えるか。
　原則として（a）（会社と取締役の法律関係だから）。ただし、（b）の第三者に会社は（a）を主張できない。

キ
a　無効
b　善意

ク　取締役の報酬決定権は、会社のどの機関にあるか。

ク　株主総会（361条1項）

ケ　クの定めの趣旨を説明せよ。

ケ　お手盛りの防止

□⑤　事後的な取締役への責任追及の方法について

⑤

ア　取締役の解任を決定する機関を述べよ。

ア　株主総会

イ　アの機関において解任がなされない場合、株主はいかなる手段を採りうるか（854条）

イ　一定の場合、裁判所に解任請求ができる

ウ　取締役等役員が任務懈怠により損害賠償責任を負う（423条1項）。この特則として、
a　任務懈怠が推定される場合としてどのような場合があるか。
b　免責が許されない場合としてどのような場合があるか。
c　責任の一部免除を認めるにはどのような手段があるか。

ウ
a　違法な剰余金分配、株主への違法な利益供与、利益相反取引
b　株主に違法な利益供与をしたもの、自己取引をしたもの
c　株主総会決議（425条）、定款（426条）、契約（427条）

エ　一定の要件を備えた株主が一定の要件の下、会社に代わって取締役の責任追及をなしうる制度を何というか。	エ　株主代表訴訟（847条）
オ　エの制度の趣旨を説明せよ。 損害賠償請求は、（a）が取締役に責任追及する。とはいっても、会社と取締役は（b）になる可能性が高い。また、社長など（c）が義務違反した場合は責任追及しにくい。そこで、株主に（d）責任追及する制度を認める必要がある。	オ a　会社 b　馴れ合い c　上役 d　会社を代表して
カ　さらに、取締役の違法行為を一定の要件の下、事前に株主が差し止める請求を何というか。	カ　株主による違法行為差止請求（360条）
キ　エとカの制度について権利行使の要件について異なる点を指摘せよ。 違法行為差止請求では、（　　）を前置きする必要がない（360条参照）	キ 会社への請求
ク　株主による違法行為差止請求の要件として、会社にいかなる損害が発生することが要求されるか。	ク　著しい損害（ただし、360条３項も参照のこと）
□⑥　その他の取締役の責任について	⑥
ア　第三者が取締役に対して、損害賠償責任を追及できる。第何条に定められているか。	ア　429条
イ　第三者とは、例えばどのようなものか。	イ　会社債権者・株主
ウ　アの責任を追及するには、取締役にはどのような主観的要件が要求されているか。	ウ　任務懈怠についての悪意・重過失（判例）
エ　取締役に、損害の発生の予見可能性は要求されるか。	エ　不要（判例）
オ　第三者への取締役の責任の法的性質を述べよ。	オ　法定の特別責任とされる（判例）
カ　本来、第三者は取締役にいかなる手段を用いて損害賠償責任を追及すべきか。	カ　不法行為（民法709条）

4.　代表取締役

Question	Answer
□①ア　代表取締役（以下、代取）の意義を説明せよ。 取締役会設置会社では必要的な会社を（a）し（b）する法定の（c）機関。	①ア a　代表 b　業務執行 c　常置
イ　取締役会の設置がない会社で代表取締役を設置することは可能か。	イ　可能（349条3項）
□②　代表取締役の任免権は会社のどの機関にあるか。	②　取締役会（362条2項）
□③　代表取締役の権限を説明せよ。 対外的には（ア）、対内的には（イ）を有する。	③ ア　代表権 イ　業務執行権
□④ア　代表権に加えた制限は、対外的にはどのように扱われるか。	④ア　善意の第三者には対抗できない（349条5項）
イ　代表権が濫用された場合、いかなる条文で処理するのが判例か。	イ　民法93条但書
□⑤ア　代表権のない「取締役」に、あたかも代表権があるような名称を使わせる場合を何というか。	⑤ア　表見代表取締役
イ　あたかも代表権があるような名称の例を挙げよ。	イ　社長、副社長、専務取締役、常務取締役（354条）
ウ　代表権がない者の行為は本来どのように取り扱われるか。	ウ　無権代表として、会社に取引の効果は帰属しない
エ　相手方が善意の場合はどうか。	エ　会社が責任を負う
オ　善意には重過失ある場合も含まれるか。	オ　含まれない（判例）
カ　代表取締役の名称は登記事項（911条3項14号）である。908条1項の悪意擬制の規定によると、第三者が善意の場合はなくなるおそれがある。そのように考えるべきか。	カ　354条は908条1項の特則規定。354条が優先適用される（多数説）

5.　監査役、その他

Question	Answer
□①ア　監査役の意義を説明せよ。 （a）の職務の（b）にあたる株式会社の（c）機関	①ア a　取締役 b　監査 c　常置
イ　委員会等設置会社で業務執行の監査にあたる機関は何か。	イ　監査委員会
ウ　原則として監査役の設置が義務づけられる会社形態を答えよ。	ウ　取締役会設置会社、会計監査人設置会社
□②ア　監査役の職務を答えよ。	②ア　取締役の職務執行の監査、会計監査（381条）
イ　例外的に会計監査に限定できる場合を答えよ。	イ　非公開会社で、定款の定めをおいた場合
□③　監査役が複数おかれる場合であっても、それぞれの監査役が独自に監査をすることができるということを何というか。	③　監査役の独任制
□④　監査役の地位を保障する制度としてどのようなものがあるか。	④　報酬が定款、株主総会決議で定められる（387条）。任期が原則として4年（336条）、監査役と使用人・取締役との兼職禁止（335条2項）など

商法

第6章　会社の計算

1.　目的

Question	Answer
□①　会社において計算をなし、財産状態を明らかにする目的を述べよ。	①　会社財産の確保・配当可能利益の捻出のため
□②　株式会社における計算の特徴を述べよ。 株式会社では（ア）が会社債権者に対する唯一の担保である。すなわち、（イ）の要請が高いので、手続が（ウ）である。	② ア　会社財産 イ　財産確保 ウ　厳格

2.　手続

Question	Answer
□①　会社の計算の手続（435条、436条、438条）を説明せよ。 ア　（　　）が計算書類作成 イ　（　　）の承認を得る ウ　（　　）の報告書作成 エ　（　　）での承認・報告	① ア　代表取締役 イ　取締役会 ウ　監査役 エ　株主総会
□②ア　計算書類としてどのようなものがあるか。	②ア　貸借対照表、損益計算書、事業報告書、及びその附属明細書など
イ　株主総会の承認が不要で、報告のみで足りる計算書類は何か。	イ　事業報告書
ウ　貸借対照表、損益計算書についても報告で足りる場合を答えよ。	ウ　会計監査人設置会社

3.　資本と準備金

Question	Answer
□①ア　配当などで処分できる会社財産（剰余金）はどのように計算されるか。	①ア　446条に従う
イ　資産から負債を差し引いたものを何というか。	イ　純資産

□②ア　法が積立てを強制している準備金を何というか。	②ア　法定準備金
イ　アの種類について、株式の発行価格のうち、資本に組み入れなかったものを何というか。	イ　資本準備金（445条3項）
ウ　配当可能利益の11分の1以上の額（実際に配当する額の10分の1）を積み立てるものを何というか。	ウ　利益準備金（445条4項）
□③　準備金の積立てを強制する目的を説明せよ。	③
ア　（　　）の填補に当てる。	ア　資本の欠損
イ　資本を（　　）する場合に使用する（450条）	イ　増加
ウ　イの決議をなす権限は原則として会社のどの機関に属するか。	ウ　株主総会
□④ア　純資産が資本と法定準備金を足した数より小さい場合を何というか。	④ア　資本の欠損
イ　欠損が起こると会社はどうなるか。	イ　信用が失われる、上場が廃止される
□⑤ア　積立てをするか否かが任意に任される準備金を何というか。	⑤ア　任意準備金
イ　任意準備金はどのような目的で積み立てられるか。	イ　事業拡張・社債返還などの準備

4.　剰余金の配当

Question	Answer
□①ア　剰余金の算出の仕方を説明せよ（446条）。	①ア　純資産額から準備金＋資本金等の価値を差し引いた額など
イ　剰余金の配当の手続的要件を説明せよ。	イ　株主総会の承認決議（454条1項）
ウ　剰余金の分配が許される純資産の最低額を答えよ。	ウ　300万円
□②ア　違法配当とはどのような場合か。	②ア
・（a）を超えた場合	a　分配可能な剰余金
・（b）の承認決議がない場合、純資産額が300万円未満の場合	b　株主総会
イ　アの（a）の場合を特に何というか。	イ　蛸配当

ウ　違法配当の効果を説明せよ。 ・会社は株主に配当された剰余金の（ａ）請求ができる（462条）。（株主の善意・悪意に関わりない） ・（ｂ）に違法配当部分を返還請求できる（462条）。 →株主の肩代わり ・（ｃ）らに任務違反がある場合、会社は損害賠償請求できる（423条）	ウ ａ　返還 ｂ　取締役 ｃ　監査役
エ　取締役は違法配当を受けたすべての株主に金銭の支払請求ができるか。	エ　善意の株主には返還請求できない（463条1項）
オ　利益の資本金や準備金への組入れにはいかなる手続が必要か。	オ　株主総会の決議（450条、451条）

5.　その他

Question	Answer
□①　株主の計算書類の閲覧・調査権、会計帳簿の閲覧・謄写請求権、検査役による検査請求権などの権利を総称して何というか。	①　経理検査権

第７章　会社の資金調達の方法

商法

1.　会社の資金に関する用語

Question	Answer
□①　法定準備金など、会社の中に蓄えられた金銭を何というか。	①　内部資金
□②ア　会社の外部から調達する資金を何というか。	②ア　外部資金
イ　アの中で、返済の必要のない資金を何というか。	イ　自己資本
ウ　イの例を挙げよ。	ウ　株式の払込金
エ　同様に、返済の必要ある資金を何というか。その例を挙げよ。	エ　他人資本　例：借金

2.　会社成立後の資金調達の方法

Question	Answer
□①　他人資本の調達の方法を挙げよ。	①　通常の借入、社債の発行、手形の発行など
□②ア　自己資本の調達方法を挙げよ。	②ア　募集株式の発行
イ　アの法的性質を述べよ。	イ　組織法上の行為
ウ　設立と募集株式発行の手続において相違点が生じる理由を述べよ。	ウ　迅速な資金調達の必要性があるから
エ　結果、どのように変わるかを一言で述べよ。	エ　要件が緩和された
オ　具体的にどのような点が異なるか。	オ
・募集株式の発行は（ａ）ではない。しかし、募集株式発行の決定は（ｂ）が行う（設立は発起人が行う）	ａ　業務執行行為 ｂ　取締役会
・無効の訴えが原則として（ｃ）に制限（設立では２年）。	ｃ　６月
・従来からの（ｄ）保護の必要性 →会社の（ｅ）の変動を伴うから	ｄ　株主 ｅ　支配比率・株価
・現物出資において（ｆ）の調査が不要となる等要件が緩やか（207条９項、208条） cf.33条10項	ｆ　検査役

□③　新株発行に伴う旧株主保護の制度について ・時価よりも（ア）な金額で株式を発行する場合には株主総会の（イ）が必要（199条2項、309条2項5号） ・募集株式発行の（ウ）（210条） ・募集株式発行（エ）（828条1項2号・3号）	③ ア　特に有利 イ　特別決議 ウ　差止請求 エ　無効の訴え
□④　資本充実のために課せられる責任について説明せよ。 ・（　　）の責任（212条）	④ 引受人

3.　特殊の新株発行

Question	Answer
□①ア　株式の無償交付によって、異なる種類の株式への分割を可能とするものを何というか。 イ　この場合、1株式あたりの価値はどうなるか。 ウ　アを行うための条件を説明せよ。 交付後の株式数が（　　）総数の範囲であること	①ア　株式無償割当て（185条） イ　下がる ウ 発行可能株式
□②　会社を吸収し、これによって増加した財産を財源に新株を発行する場合を何というか。	②　吸収合併・吸収分割による新株発行
□③　その他、資金調達を目的とせず新株が発行される場合としてどのような場合があるか。	③　株式交換（767条）

4.　社債

Question	Answer
□①ア　会社を債務者とする金銭債権で、会社法の社債の定めに従って償還されるものを何と呼ぶか。 イ　社債による借入れは通常の借入れといかなる点が異なるか。 ・（a）により発生する。 ・（b）の資金を調達する方法	①ア　社債 イ a　会社が行う割当て b　多額かつ長期
□②ア　新株予約権が付与されていたり、または将来株式に転換させることができたりする社債を何というか。	②ア　新株予約権付社債

イ　新株予約権付社債の利点を説明せよ。 　社債は一定の（a）が得られるだけだが、株式は（b）的要素が強い。転換社債権者は以上の要素を（c）しうる。	イ a　利息 b　投機 c　使い分け
ウ　アにて社債権者の権利行使があるとどうなるか。	ウ　株式が発行される

5. 資本減少

Question	Answer
□① 資本減少の種類について	①
ア　会社の規模を縮小する際に行われ、会社資産を株主に返還する目的の資本減少を何というか。	ア　実質上の資本減少
イ　既に資本に欠損が生じている場合に、名義上の資本と純資産との齟齬を解消するために行われる資本減少を何というか。	イ　名義上の資本減少

第8章　その他

1.　定款変更

Question	Answer
□①　定款変更はいかなる手続が必要か。	①　株主総会の特別決議（466条、309条2項11号）

2.　解散・清算

Question	Answer
□①　持分会社では社員が1人になることは解散事由とされているか。	①　いない
□②　会社の清算時に、株主に対してなされる手続を述べよ。	②　残余財産の分配（504条以下）

3.　合併

Question	Answer
□①　2個以上の会社が契約により1個の会社に合同することを何というか。	①　合併
□②　合併の手続を説明せよ。 ア・（a）間での（b） ・（c）の決議 イ　（　　）の公示 ウ　株主総会の（　　） エ　（　　）の手続	② アa　代表取締役 b　契約 c　取締役会 イ　貸借対照表 ウ　特別決議 エ　債権者保護
□③　企業分割の方法を述べよ。	③　新設分割、吸収分割

第3部 手形小切手法

第1章　有価証券理論

1.　有価証券の定義

Question	Answer
□①ア　有価証券とは、証券に権利が化体（けたい）したものである。では、有価証券の法律的定義はどのようなものになるか。 権利の（a）の全部、（b）一部について、証券を必要とするもの（通説）。	①ア a　発生・移転・行使 b　または
イ　有価証券と金券（紙幣・切手など）とは、いかなる点が異なるか。	イ　証券は権利と証券との結合を解くことができる（除権決定による）

2.　有価証券の権利関係の発生における結びつき

Question	Answer
□①ア　民法に定められた、意思に基づき権利を発生させる行為を何と呼ぶか。	①ア　法律行為
イ　法律行為の成立にあたり、契約書など書面の作成は必要か。	イ　不要（意思表示のみで足りる）
□②ア　手形・小切手に関する債権の発生において、意思表示に加えて求められる要件を答えよ。	②ア　証券の作成
イ　アの要件が要求される理由を述べよ。 可視的な証券と権利の発生を結びつけると、（a）の所在が明確になる。また、このような要件の要求は、手形・小切手債権は原因関係とは｛b 同一・別個｝の債権であることを表している。	イ a　権利 b　別個
□③　手形の性質について ア　証券の作成によって、初めて権利関係が発生する性質を持つ証券を何というか。	③ ア　設権証券

イ　原因債権と切り離された別個の債権関係を表章する証券を何というか。	イ　無因証券
ウ　アやイの性質を備えた証券では、権利の内容は証券の文面に記載された通りに決まり、また、証券への記載事項が厳格に法定される。このような証券の性質をそれぞれ何というか。	ウ　文言性、要式証券性
エ　ウのような証券はさらにどのような性質を有するか。 　表章される権利の内容や記載事項は条件がない、（a）なものである必要がある。この結果、手形取得者は（b）の事情について無関心でいられる。	エ a　単純 b　手形外

3.　権利関係の移転における結びつき

Question	Answer
□①　債権譲渡の、民法上の要件を答えよ。	①　契約と対抗要件の具備（民法467条）
□②　手形上の権利を移転する要件を答えよ。	②　手形の交付と署名（裏書）で足りる

4.　権利行使における結びつき

Question	Answer
□①　手形債権を行使する要件を答えよ。	①　支払を求める手形の呈示
□②ア　手形・小切手においては権利と証券が結合されている。そこで、手形債務の発生には何が必要か。	②ア　証券の作成
イ　債務負担の意思表示は必要か。	イ　必要である
ウ　すべての有価証券において権利の発生・移転・行使と証券が結びつけられているか。	ウ　そうではない（例：株券と株式）

第2章　有価証券の種類

商法

1.　約束手形の構造

Question	Answer
□①　約束手形の表面を説明せよ。 手形の振出人が手形の所持人に対して、（ア）で、一定の（イ）を支払う旨を表明した文書	① ア　一定の日時・場所 イ　金額
□②　約束手形の裏面を説明せよ。 手形金を（ア）に支払う旨の（イ）による指図文句がある。	② ア　被裏書人 イ　裏書人
□③　指図文句（77条1項1号、11条1項）とは何のことか。	③　手形上の権利移転の文言
□④　法律はこの裏書人にいかなる義務を課しているか。	④　手形債務の担保（15条1項）
□⑤ア　④の責任の法的性質を述べよ。 イ　④の責任があることでどのような実益が生じるか。 ウ　手形の信用を増加させる手段としてどのような手段を法は予定しているか。	⑤ア　担保責任 イ　債務者の数を増やすことによる信用の増加 ウ　手形債務の保証人

2.　為替手形・小切手の構造

Question	Answer
□①　為替手形の構造を説明せよ。 振出人が、（ア）において、手形の所持人に一定の金額を支払うことを（イ）する旨を表明した文書	① ア　一定の日時・場所 イ　支払人に委託
□②　小切手の構造を説明せよ。 振出人が、（ア）で、小切手の（イ）へ一定の金額を支払うことを支払人に委託する旨を表明した文書 ※小切手では（ウ）の記載は許されない。	② ア　一定の場所 イ　持参人 ウ　満期、受取人

第3章　手形の用途

1.　支払の用具

Question	Answer
□①　支払手段としての性格が強い有価証券は何か。	①　小切手
□②　支払手段として手形・小切手を利用する仕組みを答えよ。 （　　）に現金の支払をさせる。多量の現金を持ち歩いたり、取り扱ったりするのは不便で危険だからである。	② 他人（多くは銀行）

2.　送金の用具

Question	Answer
□①　送金の用具としての性格が強い有価証券は何か。	①　為替手形
□②　なぜ、有価証券が送金に用いられるか。	②　現金の送金は危険

3.　信用利用の用具

Question	Answer
□①　信用利用の用具としての性格が強い有価証券は何か。	①　約束手形
□②ア　手形を用いた信用授受の方法について説明せよ。 ・手形の（ａ）は将来の日付であるが、手形の振出人は（ａ）まで手形金を支払う必要はない。さらに、受取人は（ｂ）によって金銭を得られる。 ・銀行が割引に応じるのは、振出人・受取人を経済的に（ｃ）しているからである。	②ア ａ　満期（満期日） ｂ　手形の割引 ｃ　信用
イ　手形の割引の法的性質を述べよ。	イ　手形の売買
□③ア　商取引に基礎をおかないで、資金作りのためのみ作出される手形を何というか。	③ア　融通手形
イ　アはどのようにして利用されるか。 振出人の経済的な（　　）を利用して、受取人が金融を得るために使われる。	イ 信用

ウ　他に純粋に信用を得るために作出される手形を何というか。

ウ　貸付手形・担保手形

第4章　手形行為の特殊性

1.　手形行為の意義

Question	Answer
□①　手形面上になされる要式の意思表示で、手形債務の発生原因となる法律行為を何というか。	①　手形行為
□②　約束手形の場合における、手形行為の種類を挙げよ。	②　振出・裏書・保証
□③　手形債務の負担を伴わない行為についても、手形行為ということがある。そのような場合の例を挙げよ。	③　無担保裏書・期限後裏書・取立委任裏書

2.　手形行為の特殊性

Question	Answer
□①ア　手形行為と民法総則における法律行為との違いは、もっぱらどのような点から生じるのか。	①ア　手形行為が書面行為であること
イ　手形行為の、総則における法律行為との違いを説明せよ。 ・（ａ）の作成が要求される。 ・意思表示と記載が食い違うなら（ｂ）で決定される。	イ ａ　書面 ｂ　記載
□②　手形上の債務が手形に対する書面行為だけで発生する。原因関係からは全く別個の債務であることを何というか。	②　抽象性（無因性）
□③ア　手形行為には手形上の記載が要求される結果、手形債務の内容が手形面の記載のみによって決定されることを何というか。	③ア　文言性
イ　手形行為の解釈は手形面だけで解釈されるとの原則を何というか。	イ　手形外観解釈の原則
ウ　イの解釈の際、記載はどのようにして判断されるか。	ウ　社会通念に従って合理的に判断される
□④ア　手形行為は法律に定めた一定の方式を備えなければ有効に成立せず、かつそれで足りるとする性質を何というか。	④ア　要式性

イ 「それで足りる」とは、具体的にどんな意味があるか。

権限ない者が記載を変更しても、有効に成立した（　　）の内容は変更されない。

□⑤ア　一通の手形の重畳的になされた手形行為は、それぞれ別個独立の行為であることを何というか。

イ　手形行為により手形債務が発生するか、さらにその内容はどうかについて、他の手形行為の効力とは関係ないとする原則を何というか。

イ

手形行為

cf.手形証券が滅失しても債務は存続する

⑤ア　独立性（7条・32条2項）

→互いに影響を受けない

イ　手形行為独立の原則

商法

第5章　手形行為Ⅰ　署名

1.　署名の意義

Question	Answer
□①　署名は、いかなる種類の手形行為についても共通して要求される。その理由を述べよ。 手形の取得者が、手形行為成立の（　　）を推認するための手がかりを残す必要があるから。	① 真正
□②ア　署名の方法を説明せよ。 署名者の（　　）を表示してなされる。	②ア 名称
イ　名称は、どの程度まで正確に記載される必要があるか。	イ　他人と区別するに足りれば必要かつ十分
ウ　署名の代わりに、いかなる方法が認められているか。	ウ　記名捺印
エ　ウの方法が認められたため、いかなる方式の手形行為が可能となるか。	エ　機関（使者）方式

2.　代理人の署名

Question	Answer
□①ア　代理人が署名する場合の方式を説明せよ。	①ア　本人と代理人の名を表示する
イ　アのようにしてなされる手形行為の効力の方式を何というか。	イ　代理方式
ウ　代理人が直接本人の名を示す場合は、いかなる方式による手形行為というべきか。	ウ　機関方式
□②　権限がないのに代理方式で手形行為を行った者は、どのような責任を負うか。	②　無権代理人が手形責任を負担する（8条前段）
□③　法人の署名の際にはどのように表記することになるか。	③　甲株式会社　代表取締役A ※会社名、肩書、名前の順で表記する

第6章　手形行為Ⅱ　手形の交付

1.　手形の交付

商法

Question	Answer
□①　手形行為が成立するに、手形の交付行為が必要かについて争いがある。	①
ア　通説は何と述べているか。	ア　手形の相手方に交付もしくは流通におくことを必要とする
イ　手形書面行為のみで手形債務が負担され、手形債務が債務者の下で発生するとの考え方を何というか。	イ　創造説
□②　説によって結論が相違する事例として、受取人に手形を交付する前、机に収納していた手形が盗取された場合が挙げられる。	②
ア　通説からは、どのような帰結が導かれるか。	ア　債務は発生しない
イ　創造説はどうか。	イ　債務が発生する
ウ　通説と創造説と、いずれが取引の安全に資するか。	ウ　創造説
エ　さらに、善意の第三者が現れた場合、通説から純理論的に考えると、支払を拒めるか。	エ　支払を拒める
オ　創造説はどうか。	オ　支払を拒めない場合がある（善意取得されたときなど）

第7章　手形行為と民法・商法

1.　民法の適用

Question	Answer
□①ア　権利能力・行為能力の規程は手形行為にも適用されるか。	①ア　そのまま適用される
イ　手形行為に対して、制限能力者による取消しがなされるとどうなるか。	イ　手形行為の効力が否定される
□②ア　民法上の意思表示の瑕疵に関する規定の特徴を述べよ。	②ア
・{a 特定の当事者の・広く第三者を含めた} 法律関係を予定している。	a　特定の当事者の
・（b）主義が中心。	b　意思
イ　手形行為の特徴を述べよ。	イ
・（a）する証券上の行為である。	a　転々流通
・手形の（b）の利益を考慮、（c）を重視。	b　第三取得者 c　表示主義
ウ　以上から、民法の意思表示の規定を、常にそのまま適用することはできるか。	ウ　できない（すべきでない）
エ　特にどのような規定の適用の際に問題となるか。	エ　特に意思主義を重視する強迫の規定
□③　表見代理の規定は手形行為に適用があるか。	③　ある
□④　信用を得るために債権者に見せるだけで、第三者に譲渡しないことが約束された手形を何というか。	④　見せ手形

2.　商法の適用

Question	Answer
□①　株式会社と取締役間の手形行為について問題となる商法上の定めを挙げよ。	①　利益相反取引（会社法356条1項2号・3号）
□②ア　手形行為に表見代表取締役・表見支配人・不実商業登記の規定の適用はあるか。	②ア　適用がある
イ　表見代理の規定とアの各規定との違いを述べよ。 保護される相手方が代理行為の（　　）に限られない。	イ 直接の相手方

□③　代表権の不可制限性の規定の適用はあるか。

□④　名板貸人は本人と連帯責任を負担する（商法14条）が、手形債務についても責任を負担するか。

③　ある

④　負担する

商法

第8章　手形の病理

1.　偽造

Question	Answer
□①　偽造の意義を述べよ。 （ア）なくして（イ）の名義での署名をもって手形の記載をすること。いいかえると、手形の（ウ）を偽ること。	① ア　権限 イ　他人 ウ　債務者（振出、裏書等）
□②ア　被偽造者は原則いかなる責任を負担するか。	②ア　手形責任を負担しない
イ　アの例外を述べよ。 ・（a）がある場合。 ・（b）に準じる事実関係がある場合。	イ a　追認 b　表見代理
□③　偽造者はいかなる責任を負うか。	③　刑事責任・民法上の不法行為責任・手形法8条の責任（判例）

2.　変造

Question	Answer
□①　変造の意義を述べよ。 （ア）なくして（イ）に変更を加えること。	① ア　権限 イ　内容
□②　変造の効果について、69条はどのように規定しているか。 変造後の署名者は（ア）に従って責任を負い、変造前の署名者は（イ）に従って責任を負う。	② ア　変造した文言 イ　原文言

3.　抹消・毀損

Question	Answer
□①　手形上の記載を除去され、その結果として手形要件を欠くに至った場合にどのような場合があるか。	①　抹消・毀損

□② 抹消・毀損の効果を説明せよ。 ・記載除去前の手形行為者は行為当時の（ア）に従って責任を負う。 ・要件を欠くから記載除去後の手形行為は原則(イ)。ただし、（ウ）とする余地がある。 ・権限ある者が抹消した場合、権利の（エ）などの法律効果が生じる。	② ア　文言 イ　無効 ウ　白地手形 エ　放棄・免除

4. 喪失

Question	Answer
□① 盗難や、物質的な滅失によって、同一性を認識しえないほどに甚だしく抹消・毀損された場合の効果について説明せよ。 手形行為者は｛手形行為時・現在の記載どおり｝の責任を負う。	① 手形行為時
□②ア 手形が喪失された場合、権利者は証券がなく権利行使が難しい。そこで用意された制度は何か。	②ア　除権決定
イ 公示催告とはどのような手続か。 （　　）に一定期日の間の届出を要求する制度	イ 権利者
ウ 公示催告に関する定めはいかなる法典におかれているか。	ウ　旧民事訴訟法（現在も公示催告および仲裁手続に関する法律として通用している）
エ 催告に応じた届出がない場合になされる、手形証券の無効を宣言する裁判のことを何というか。	エ　除権決定

第9章　基本手形

1.　手形要件

Question	Answer
□①　あらゆる手形行為の内容となる手形上の記載を何というか。	①　基本手形
□②　手形要件（75条）について	②
ア　要件を欠くと、手形はどのように取り扱われるか。	ア　手形は無効となる
イ　手形要件を述べよ。	イ
・（a）なることを示す文字（同75条1号）	a　約束手形
・（b）文句（同75条2号）	b　支払約束
単純＝（c）でなければならない	c　無条件
・一定の金額（同75条2号）	
・（d）の記載（同75条5号、7号）	d　振出人と受取人
・（e）（同75条3号）	e　満期
・（f）（同75条4号）＝（g）	f　支払地
	g　最小独立行政区画
・（h）の日付（同75条6号）	h　振出
・（i）（同75条6号）	i　振出地
ウ　手形金が支払われるべき時期の指定方法を述べよ。	ウ
・（a）（特定の日を満期とするもの）	a　確定日払
・（b）（3ヶ月後など）	b　日付後定期払
・（c）（所持人が手形を呈示したときが満期）	c　一覧払
※満期日の記載がない場合（d）になる	d　一覧払
・（e）（呈示から3ヶ月後など）	e　一覧後定期払
エ　手形金が支払われるべき時期について、法定された以外の満期の定め方をなすと手形はどのように扱われるか。	エ　無効
オ　エについて、明文がある場合を挙げよ。	オ　分割払いの記載（77条1項2号、33条2項）

2. 任意的記載事項・無益的記載事項・有害的記載事項

Question	Answer
□①ア　記載すれば手形制度上の効力が生ずる手形記載事項を何というか。	①ア　任意的記載事項
イ　アの例を挙げよ。	イ
・（a）（4条・27条・77条2項） 　支払地内にある1地点	a　支払場所
・（b）（11条2項・77条1項1号）	b　裏書禁止文句
・（c）（46条・77条1項4号）	c　拒絶証書不要文句
□②ア　手形は厳格な要式証券である。したがって、法に規定のない事項を記載しても無効となるが、このような記載事項を何というか。	②ア　無益的記載事項
イ　アについて、例を挙げよ。	イ
・確定日払手形における（　　） 　（＊無益的記載事項も民法上の効力は認められる） 　・記載していなくても効力がある事項 　例：指図文句	利息文句
□③ア　手形全体を無効にする記載事項を何というか。	③ア　有害的記載事項
イ　アの例を挙げよ。	イ　手形の分割払いの記載

商法

第10章　白地手形

1.　白地手形の意義

Question	Answer
□①　後に手形取得者に補充されることを予定して、手形要件の1つまたはいくつかを記載しないで発行した手形を何というか。	①　白地手形
□②　手形要件を具備しない手形は単なる無効手形に過ぎないとも思える。それでも白地手形の概念が成立する理由の説明をせよ。	②
・手形要件の具備に（ア）があるわけではない。	ア　時間的順序
・（イ）以外の記載事項は誰がなしても差し支えない。	イ　署名
したがって、記載内容を（ウ）の内容とする意思でこれに署名すれば、後日（エ）がなされたときに手形行為が完成する。	ウ　自己の手形行為 エ　意思通りの補充
□③ア　白地手形の法的根拠は何に求められるか。	③ア　商慣習法
イ　実務上、白地手形としては、どのような要件を白地とするものが利用されているか。	イ　振出日、受取人、満期、額面

第11章　手形上の権利の移転

1.　手形上の権利の意義

Question	Answer
□①ア　手形上の権利の内容を説明せよ。 一定（　　）の支払	①ア 金額
イ　アには、手形金請求権のほか、どのような権利があるか。	イ　遡求権、手形保証人への権利
ウ　アの権利を分割して譲渡することはできるか。	ウ　できない
エ　さらに、手形所持人が、手形の悪意の取得者に求められる権利は何か。	エ　手形返還請求権（16条2項参照）
オ　手形法上、手形上の権利の厳格さゆえ、義務を免れた者に対して、権利を失った者に認められる権利を何というか。	オ　利得償還請求権（85条）
□②　手形上の権利の移転を特に問題とする理由を述べよ。 手形の（　　）の所在を明確にするため。	② 権利
□③　手形の振出ないし権利の移転と原因関係との関係について	③
ア　原因関係とは何か。	ア　手形を振り出す理由
イ　代物弁済として振り出すと原因関係上の債権はどうなるか。	イ　消滅する
ウ　担保として振り出した場合、手形上の権利と原因関係上の債権とで権利行使の順序に制限はあるか。	ウ　ない。いずれを先に行使してもよい
エ　支払方法として振り出した場合はどうなるか。	エ　手形債権を先に行使すべき

2.　裏　書

Question	Answer
□①ア　手形法が新たに創設した手形上の権利の移転方法を述べよ。	①ア　裏書

商法

イ　手形上の権利の移転について、法律は手形の性質をどのように定めているか。

イ　法律上当然の指図証券（77条１項１号・11条１項）

□②　裏書の方法を説明せよ。

ア（　　）

イ（　　）

ウ（　　）を記載する。

※イ・ウは白地でなしてもよい。ただし、ウは手形の裏面または補箋に署名したときのみ、認められる（77条１項１号・13条２項）。

②

ア　署名

イ　被裏書人

ウ　裏書文句

□③　手形法は、意思表示によって手形債権を譲渡するにあたり、何を要求しているか。

③　手形の交付

□④　指図禁止などの文言を記載することで実現する、もっぱら人的抗弁の切断を防ぐために認められる手形の振出方法を説明せよ。

④　裏書禁止手形（77条１項１号・11条２項）

□⑤　その他の手形上の権利移転の方法を説明せよ。

（ア）、合併、転付命令、民法上の（イ）

⑤

ア　相続

イ　債権譲渡

第12章　裏書の連続

1.　裏書の連続の意義

Question	Answer
□①　受取人の名が第一裏書人として記載され、以後、被裏書人の名が裏書人とされ、間断なく続くことを何というか。	①　裏書の連続
□②　途中で他の権利移転方法が介在した場合、裏書の連続はどうなるか。	②　失われる
□③　裏書の連続の有無の判断方法については注意すべき点がある。	③
ア　抹消されている場合は（　　）判断する。	ア　記載がないものとして
イ　被裏書人欄の（　　）によると、実際の権利移転と裏書の内容は相違する。	イ　白地式裏書

2.　裏書の連続の効果

Question	Answer
□①　裏書の連続の効果として、	①
ア　16条1項・77条1項1号によると、裏書の連続ある手形の所持人はどのように取り扱われるか。	ア　手形上の権利の帰属者として推定される
イ　アのような効果が認められる理由を述べよ。 ・権利主張における（a）軽減のため。 ・裏書の有する（b）による効果である。	イ a　証明責任の負担 b　資格授与的効力の累積
ウ　裏書の連続を欠く場合は、手形所持人は自らが権利者であることをどのように主張するのか。	ウ　権利移転の過程を証明する
□②　裏書の連続を前提とする制度について	②
ア　手形上の権利者のための制度を答えよ。	ア　善意取得（16条2項・77条1項1号）
イ　手形債務者のための制度を述べよ。	イ　善意支払による免責の制度（40条3項・77条1項3号）

第13章　手形上の権利の善意取得

1.　善意取得制度の内容

Question	Answer
□①　取引の相手方が手形上の権利者であると否とを問わず、手形取得者が手形上の権利者となれる制度を何というか。	①　善意取得（77条1項1号・16条2項）
□②　本制度の趣旨を説明せよ。 本来、途中に無権利者が介在すれば、権利を（ア）。しかし、手形取得にあたり、手形上の権利移転の事実を（イ）である。それでは、（ウ）するから、そのような調査を不要とするために設けられた。	② ア　承継取得できない イ　すべて調査するのは困難 ウ　手形の流通を阻害

2.　要件・効果

Question	Answer
□①　善意取得の成立にあたり、手形券面上、どのような条件が整うことが求められるか。	①　所持人について裏書の連続のあること（16条）
□②　善意取得の効果を論ぜよ。	②　手形上の権利を原始的に取得する
□③ア　①が満たされても善意取得ができない例外はどんな場合か。	③ア　手形取得者の悪意・重過失（77条1項1号・16条2項但書）
イ　アの要件の判断基準時を説明せよ。	イ　手形取得時

第14章　手形抗弁の制限

1.　手形抗弁の制限

商法

Question	Answer
□①　民法上の債権譲渡では、譲渡の通知を受けた債務者が債権の譲受人に主張できる事由は何か。	①　通知までに債権者に対して取得したすべての事由
□②ア　手形関係では、手形の流通性を高めるには、①のような原則を維持できるか。	②ア　できない
イ　アの理由を答えよ。 手形は転々流通し、その間に雪だるま式に抗弁が増えるとなれば、(　　) を阻害するから。	イ 流通
□③　手形法は、①の結論を採るためにどのような規定をおいたか。 (ア) 関係に基づく抗弁をもって手形の (イ) に対抗することができない (17条本文)。	③ ア　人的 イ　所持人
□④　17条にいう人的抗弁とはどのような事由か。 ・(ア) に現れた事由 ・錯誤・取消し ・(イ) ・手形上の権利の (ウ) (手形行為がないことなど) ・権利者への (エ) (16条2項の問題) 「以外」のすべての事由	④ ア　手形面上 イ　除権決定 ウ　不発生 エ　権利の帰属の問題

2.　例外

Question	Answer
□①　17条の例外を説明せよ。 ただし、所持人がその債務者を (ア) ことを (イ) 手形を取得したるときは、此の限りにあらず (17条但書)。	① ア　害する イ　知りて
□②　債務者を害することを知っていることを何というか。	②　害意

第15章　融通手形

1.　融通手形の意義

Question	Answer
□①ア　第三者から金銭の融通を受けさせることを目的として手形が授受される場合を何というか。	①ア　融通手形
イ　融通手形には法律上、通常の手形と異なることがあるのか。	イ　ない。手形関係人の経済関係に着目してつけられた名前に過ぎない
□②　融通手形の抗弁は通常の人的抗弁とは異なった法律的取扱いを受ける。次の例で、振出人は次の各場合、請求を拒めるか、拒めないかを答えよ。	②
ア　受取人からの手形金請求	ア　拒める
イ　融通手形であることに悪意の第三取得者からの手形金請求	イ　拒めない
ウ　約定通りの資金の供与が被融通者から融通者になされない場合、事情に悪意の取得者からの手形金請求	ウ　拒める

第16章　特殊の裏書

1.　特殊の裏書

Question	Answer
□①　裏書による担保責任を負担しない旨を付記してなされた裏書を何というか。	①　無担保裏書（77条1項1号・15条1項）
□②ア　以後の裏書を禁ずる旨のある裏書を何というか。	②ア　裏書禁止裏書（77条1項1号・15条2項）
イ　アの裏書の効果を説明せよ。	イ
・これ以後の裏書譲渡は（a）。	a　できる
・禁止文句に反する裏書がなされた場合の被裏書人には（b）。	b　手形金支払義務を負わない
□③ア　既に手形上の債務者となっている者に対してなされた裏書を何というか。	③ア　戻裏書（77条1項1号・11条3項）
イ　アの裏書の効力を説明せよ。	イ　通常の裏書譲渡と同じだが、混同が生じない
□④ア　呈示期間経過後、若しくは支払拒絶証書作成以後になされる裏書を何というか。	④ア　期限後裏書（77条1項1号・20条1項）
イ　アの裏書の効力を説明せよ。	イ　指名債権譲渡の効力しかない
□⑤ア　他人に手形上の権利を行使する代理権限を授与するための裏書を何というか。	⑤ア　取立委任裏書（77条1項1号・18条1項）
イ　方式を説明せよ。	イ　委任を示す文言を付記して行う
ウ　効果を説明せよ。	ウ　権利移転的効力がない

第17章　支　払

1.　満期における支払

Question	Answer
□①　振出人の手形金支払は何を意味するか。	①　手形関係の終了
□②ア　取立債務である手形金請求の際になされる手形証券の呈示を何というか。	②ア　支払呈示
イ　一覧払いの場合以外は、支払呈示のための呈示期間が問題となる。その期間を答えよ。	イ　支払をなすべき日またはこれに次ぐ2取引日以内（77条1項3号・38条1項）
□③ア　支払いにあたり、振出人は手形の所持人に何を請求できるか。	③ア　支払と手形の引換（77条1項3号・39条1項）
イ　振出人が手形を受け取らなかった場合、支払は有効か。	イ　有効（多数説）
□④ア　裏書の連続など手形権利者として外見が整ったものへの善意・無重過失による支払をなした者はどのように取り扱われるか。	④ア　支払を免責される（77条1項3号・40条3項）
イ　アの制度の趣旨を答えよ。 手形所持人が真の（ａ）であるか否かについて、振出人の（ｂ）を軽減するもの。	イ ａ　権利者 ｂ　調査義務

2.　満期前・満期後の支払

Question	Answer
□①　満期前に振出人は支払ができるか。できるとすれば、満期後との違いは何か。	①　自己の危険において支払をすることになる（77条1項3号・40条2項）
□②　満期後の支払では、振出人はどのように取り扱われるか。	②　免責の規定の準用がある
□③　手形金支払猶予の方法について、３つ挙げよ。 ア　民法上の（　　） イ　（　　）	③ ア　延期契約 イ　満期の書直し(変更)

ウ（　　）＝延期された満期を記載した新しい手形を発行すること

ウ　手形の書換え

第18章　遡　求

1.　遡求

Question	Answer
□① 満期に手形の支払がないとき（満期前でも支払の可能性が著しく薄くなったとき）、手形所持人が裏書人に、手形金その他の費用の支払を求めることを何というか。	① 遡求（77条1項4号・43条以下）
□② 遡求の法的性質を述べよ。	② 担保責任の法定化
□③ 遡求の当事者について	③
ア 権利者を挙げよ。	ア 手形所持人、受戻後の裏書人、保証人
イ 義務者を挙げよ。	イ 裏書人、保証人
□④ 満期後遡求の条件を挙げよ。	④
ア 適法な（　　）に対し、支払が行われなかったこと（43条1項）	ア 支払呈示
イ 作成期間内に（a）が作成されたこと（44条2項）	イa 支払拒絶証書
作成期間は（b）（44条3項）	b 支払をなすべき日またはこれに次ぐ2取引日内
ウ 証書作成義務が免除される場合は、どのような場合か。	ウ 拒絶証書不要の文言を手形上に記載すること（統一手形用紙にはこの文字は印刷されている）

第19章　手形保証

1.　手形保証

Question	Answer
□①　他の手形債務を担保する目的をもって、これと同一内容の手形債務を負担する手形行為を何というか。	①　手形保証
□②　手形保証の方式を説明せよ。 手形または補箋に（ア）の意義を有する文字、（イ）を表示し、（ウ）をなす（77条3項・31条1項・2項・4項）	② ア「保証」 イ　被保証人 ウ　自己の署名
□③　手形保証の効力について	③
ア　手形保証の従属性について説明せよ（77条3項・32条1項）。 ・被保証人と（a）の責任を負担する。 ・被保証債務が消滅すれば、（b）も消滅する。	ア a　同一内容 b　保証債務
イ　手形保障の独立性について説明せよ（77条3項・32条2項）。 ・手形行為（a）の原則の現れ ・他の手形行為の（b）	イ a　独立 b　有効・無効によって影響を受けない
ウ　保証人がその債務を履行した場合、被保証人およびその前者に対し手形上の権利を取得する。このようにして取得される権利を何というか。	ウ　求償権（77条3項・32条3項）

第20章　手形上の権利の時効

1.　手形上の権利の時効

Question	Answer
□①ア　手形上の権利は特別の短期の消滅時効が定められている。振出人への権利は何年で消滅時効にかかるか。	①ア　3年（77条1項8号・70条1項）
イ　アの期間はどのようにして計算されるか。	イ　機械的に満期から計算される
□②ア　第一次遡求権の消滅時効期間を答えよ。	②ア　1年（77条1項8号・70条2項）
イ　再遡求権の消滅時効期間を答えよ。	イ　6ヶ月（77条1項8号・70条3項）
□③　手形金請求訴訟が提起されると、原因債権の消滅時効に影響があるか。	③　ある。手形債権請求訴訟の提起は原因債権の時効も完成猶予する

第21章　利得償還請求

1.　利得償還請求

Question	Answer
□①　手形上の権利が、手続の欠缺、時効によって消滅したとき、手形所持人が債務者に対して、その者が得た利得への返還請求を認めるものを何というか。	①　利得償還請求権（85条）
□②　利得償還請求権の趣旨を答えよ。 手形は経済生活上の便宜を図るために利用されたものに過ぎない。よって、手形の呈示や時効に関する（ア）のおかげで得た利得は損失を被った者に償還させる必要があるという（イ）を図るための制度。	② ア　厳格性 イ　衡平（公平）
□③　利得償還請求権の法的性質を述べよ。	③　不当利得制度の一種（学説）
□④　利得償還請求権の要件を述べよ。 ア　手形上の（　　）であったこと。 イ　手形上の権利が（　　）こと。 ウ　手形債務者に（　　）があったこと。	④ ア　権利者 イ　消滅した ウ　利得
□⑤　④ウの利得とはどのような利得か。	⑤　原因関係上得た利得

民事訴訟法

第1部　民事訴訟と民事訴訟法

第1章　民事訴訟の目的

1.　民事訴訟の内容

Question	Answer
□①　民事訴訟の定義を述べよ。 （ア）によって権利・法律関係を確定・形成し、または給付を命じるための（イ）。	① ア　判決 イ　手続

2.　民事訴訟の特徴

Question	Answer
□①ア　紛争解決手続としての、民事訴訟の特徴を挙げよ。 イ　アのような特徴から、民事訴訟制度には、手続上どのような配慮がなされているか。	①ア　強制的処理・終局的解決 イ　手続は慎重に行われる（当事者権、手続保障の重視）

3.　民事訴訟の目的

Question	Answer
□①　民事訴訟の目的について ア　自力救済を禁じた代わりに国家が権利を保護する義務に対応するものであることを一言で何というか。 イ　国家が自ら定めた私人の権利義務関係の維持発展を図ることを何というか。 ウ　さらに、民事訴訟制度の目的として実体法に沿って、訴訟により紛争を終結させることを何というか。	① ア　権利保護 イ　私法秩序維持 ウ　紛争解決

4. 手続の流れ

Question	Answer
□①ア　訴訟を開始させる当事者の行為を何というか。 イ　アを受けて、裁判所がなすべきことを答えよ。	①ア　訴えの提起 イ　訴状審査、訴状の被告への送達、期日の指定
□②　訴訟の前段階で、訴訟資料を整理するためどのような手続が行われるか。	②　準備手続
□③　②が終了した後、口頭弁論の期日が開かれる。期日ではどのような主張がなされるかについて ア　原告の申立てにかかる主張を何というか。 イ　アを理由づける主張を何というか。 ウ　イを理由づける主張を何というか。 エ　ウにいう事実の存在を証明する活動を何というか。	③ ア　請求 イ　法律上の主張 ウ　事実上の主張 エ　立証活動
□④　訴訟の終了原因を挙げよ。	④　終局判決、放棄、認諾、和解、訴えの取下など
□⑤　終局判決に不服がある場合、当事者はどのような行動をとれるか。	⑤　上訴（控訴・上告）
□⑥　終局判決は一定期間経過後に確定する。 ア　確定後の判決を何というか。 イ　アにはその内容的な効力としてどのような効力が与えられるか。 ウ　アの効力を争う手続を挙げよ。	⑥ ア　確定判決 イ　既判力・執行力・形成力 ウ　再審

民事訴訟法

第2部 裁判主体の決定

第1章 管 轄

Question	Answer
□① 裁判所間の権限分配の問題を何というか。	① 管轄
□② 管轄の種類について	②
ア 当事者の公平・画一的基準による迅速な処理のため、法律によって裁判権が配分される。このようにして決定される管轄を何というか。	ア 法定管轄（4条）
イ 当事者が合意した場合の裁判権の配分を何というか。	イ 合意管轄（11条）
ウ イが認められる理由を答えよ。 裁判所の（a）おそれが少なく（b）に合致する。	ウ a 負担の均衡を害する b 当事者の意思
エ 公益性が高いため、イが認められず、法律の規定によらなければならない場合を何というか。	エ 専属管轄
□③ア 管轄違いの場合ながら、却下しないで管轄裁判所にその訴えを係属せしめることを何というか。	③ア 移送（16条以下）
イ 管轄が正しい場合も移送される場合がある。どういう場合か。	イ 著しい遅滞を避ける場合など（17条）

第2章　裁判官の適格性

Question	Answer
□①ア　裁判官が当該訴訟において法律上当然に裁判に関与できない場合を何というか。	①ア　除斥
イ　アの例を挙げよ。	イ　裁判官と当事者に密接な関わり合いがある場合など（23条1項）
□②ア　当事者の申立てにより、裁判官を職務執行から排除する場合を何というか。	②ア　忌避
イ　アの例を挙げよ。	イ　裁判の公正を妨げるべき事情がある場合（24条）
ウ　アの制度の問題点を挙げよ。	ウ　濫用されるおそれがある
□③　裁判官が自ら事件関与を避ける手続を何というか。	③　回避

第3部 当事者をめぐる諸問題

第1章　当事者とその確定

1.　当事者概念

Question	Answer
□①ア　自己の名で判決など裁判を求める者と、これに対立する相手方を何というか。	①ア　当事者
イ　「自己の名で裁判を求める者」を第一審では何と呼ぶか。	イ　原告
ウ　第一審のイの相手方を何と呼ぶか。	ウ　被告
□②ア　民事訴訟は紛争処理手続であるから、対立する当事者の存在が不可欠であることを何というか。	②ア　二当事者対立の原則
イ　対立する当事者が存在しない場合、裁判所はどのような判断をすべきか。	イ　訴え却下
ウ　当事者が存在しないのに誤って本案判決がなされた場合、当事者はどのような手段を取れるか。	ウ　上訴によって判決の取消しができる
エ　ここで、判決が取り消されない場合、判決の効力はどのように解すべきか。	エ　効力は生じない

2.　当事者確定の意義

Question	Answer
□①　訴訟においては誰が当事者であるかを明らかにすることが必要である。その理由を述べよ。	①
・(ア) するため。	ア　訴状送達
・当事者への (イ) の機会を保障する。	イ　弁論
・(ウ) が訴訟に関与している場合に排除。	ウ　当事者以外の者
・(エ) が及ぶ者を明らかにする。	エ　判決の効力

第2章　当事者・訴訟追行者の資格と選別

1.　当事者能力

Question	Answer
□①　当事者能力の意義を答えよ。 民事訴訟における（ア）として、訴訟上の地位や効果の帰属主体となりうる（イ）な能力。	① ア　当事者 イ　一般的
□②　当事者能力をもつ者として、 ア　28条に挙げられた者を挙げよ。 イ　29条に挙げられた者を挙げよ。	② ア　権利能力者 イ　法人でない社団・財団

2.　訴訟能力

Question	Answer
□①　訴訟能力の意義を答えよ。 （ア）で（イ）に訴訟行為をなし、又は相手方や裁判所の行う訴訟行為を受けうる能力（又は資格）。	① ア　単独 イ　有効
□②　訴訟能力制度の趣旨を答えよ。 訴訟追行上、十分な（　　）をして自分の利益を守ることができないと思われる者の保護。	② 主張
□③　訴訟能力の有無はどのようにして決定されるか。	③　行為能力の有無（28条）
□④　訴訟無能力の効果を説明せよ。 ア　訴訟行為は当然に（　　）となる。 イ　アの理由を説明せよ。 訴訟行為が積み重なった後に取り消しうるとなれば、（　　）を害するから。 ウ　訴訟無能力を治癒する方法を述べよ。 エ　無能力を看過した判決はどのようにして是正されるか。	④ ア　無効 イ 手続の安定 ウ　追認ができる エ　上訴・再審（312条2項4号・338条1項3号）

オ　訴訟能力について、裁判所が採るべき措置を説明せよ。

・能力の有無は（a）で調査する。

・一定の期間を定めて代理人の選任等（34条）、（b）を出す。

オ

a　職権

b　補正命令

第3章　当事者の能力の補充・拡大

1.　代理方式による当事者能力の拡充

Question	Answer
□①　代理人の定義を答えよ。 当事者本人に（ア）ために、（イ）の名で、（ウ）自身の意思決定によって訴訟行為を行い、あるいは受ける者。	① ア　訴訟行為の効果を帰属させる イ　当事者 ウ　代理人
□②　代理人の種類について ア　代理権が法律の規定によって与えられる者を答えよ。 イ　本人の意思に基づく者を答えよ。	② ア　法定代理人 イ　訴訟代理人
□③　訴訟代理人制度の趣旨について ア　法定代理人制度の趣旨を答えよ。 イ　主に、訴訟代理人制度の趣旨を答えよ。	③ ア　訴訟無能力者の保護 イ　訴訟能力者の便宜
□④　代理権の有無の訴訟上の取扱いについて ア　裁判所は（　　）で調査しなければならない。 イ　訴訟能力ない場合は（　　）を要する（34条1項）。 ウ　イがなされない場合、当該訴訟行為は（a）となる。 訴え提起、訴状の受領が（a）の場合は、（b）される。 エ　欠缺が看過されて本案判決がなされた場合、上訴・再審を求めうるか。	④ ア　職権 イ　補正 ウa　無効 b　却下 エ　いずれも求めうる（必要的、312条2項4号、338条1項3号）

2.　法定代理人

Question	Answer
□①　法定代理人の意義を答えよ。 その地位が（　　）代理人。	① 本人の意思に基づかず、法律の規定による

Question	Answer
□②ア　法定代理人の種類について、実体法上の法定代理人がそのまま訴訟代理人になる場合を何というか。	②ア　実体法上の法定代理人（28条）
イ　さらに、訴訟法上の特別代理人が法定代理人として選任される場合がある。どのような場合か。 ・（　　）の特別代理人（35条）。 ・証拠保全に必要な場合（236条）。	イ 訴訟無能力者
□③　法定代理権の範囲はどのようにして定まるか。	③　民法などによって定まる（28条）
□④　法定代理権の消滅原因はどのようにして定まるか。	④　授権の根拠となる法律によって定まる
□⑤　代理権の消滅の効果が認められるため、代理権がなくなる当事者はどのような手続をなすのか。	⑤　相手方に通知する必要（36条）
□⑥　代理権が消滅すると、訴訟はどうなるか。	⑥　中断する（124条1項）

3.　訴訟代理人

Question	Answer
□①　訴訟代理人の定義を答えよ。 その地位が当事者の意思に（　　）代理人。	① 基づく
□②　訴訟代理人の種類について	②
ア　法令の規定によって、一定の業務についての一切の訴訟追行をなし得るとされる訴訟代理人を何というか。	ア　法令上の訴訟代理人
イ　アの例を挙げよ。	イ　支配人（商法21条1項）
ウ　もう1つの訴訟代理人の類型は何に基づくのか。	ウ　当事者の訴訟委任
□③　訴訟委任に基づく訴訟代理人について	③
ア　訴訟委任に基づく訴訟代理人は原則弁護士でなければならない（54条1項本文）との定めを何というか。	ア　弁護士代理の原則
イ　アの趣旨を説明せよ。 ・（a）の暗躍による被害の発生を防止。 ・（b）保障（当事者を実質的に対等な地位に置く）。	イ a　三百代言 b　当事者権

4. 法人などの代表者

Question	Answer
□①ア　法人の名で自己の意思に基づいて訴訟行為を行う者の例を挙げよ。	①ア　理事、代表取締役、権利能力なき社団の代表者など
イ　かかる者は訴訟法上どのように扱われるか。	イ　法定代理人と同様に扱われる（37条）

第4部　訴え提起・審判対象の特定

第1章　訴え提起・訴訟係属と効果

1.　訴え

Question	Answer
□① 原告が裁判所に対して、請求を示して、その当否につき審理・判決を求める要式の申立てを何というか。	① 訴え
□② 訴えの種類について	②
ア 原告が被告に対する給付請求権を主張して、裁判所に対して、給付判決を求める訴えを何というか。	ア 給付の訴え
イ アでの判決の方法を述べよ。	イ 給付を命じることを宣言する
□③ア 原告が、被告との関係で特定の権利・法律関係の存在又は不存在を主張して、それを確認する判決を求める訴えを何というか。	③ア 確認の訴え
イ アの訴えの形式の機能を説明せよ。	イ 予防的機能がある
□④ア 実定法の定める一定の形成要件の存在を主張して従来の権利関係の変動を主張し、判決による権利関係変動を宣言する形成判決を求める訴えを何というか。	④ア 形成の訴え
イ アの訴えの形式の機能を説明せよ。	イ 新たな権利関係の創設
□⑤ 差止請求は上記いずれの訴えの種類に属するか。	⑤ 給付の訴え

2. 訴え提起の方法・処置

Question	Answer
□① 訴え提起の手続として、まず最初に当事者が行うことは何か。	① 訴状の提出（134条1項）
□② 訴状の必要的記載事項について ア 134条2項1号にあるものを述べよ。 イ 求める判決内容の表示を何というか。 ウ 請求を特定するに必要な限度での権利関係とその発生原因事実を何というか。	② ア 当事者・法定代理人 イ 請求の趣旨 ウ 原因
□③ 任意的記載事項としてどのようなものがあるか。	③ 主用事実・重要な間接事実・証拠（規則53条）
□④ さらに、訴え提起にあたってなすべきことを挙げよ。	④ 印紙の貼付・費用の予納
□⑤ 訴状は裁判長の訴状審査権によって審査される。訴状に不備があれば、どのような処分がなされるか。 裁判長は相当の期間を定めて（ア）を命じる。 （ア）がない場合は、訴状は（イ）される（以上137条）。	⑤ ア 補正 イ 却下
□⑥ア 訴状に問題がない場合、訴状はどのような扱いがなされるか。 イ 送達時に、申立てまたは職権で裁判官が何を指定するか。	⑥ア 訴状を被告に送達する（138条1項） イ 第1回口頭弁論期日
□⑦ア 特定の事件が両当事者の関与の下、特定の裁判所によって審理される状態を何というか。 イ アの状態になるのはどの時点か。	⑦ア 訴訟係属 イ 訴えの提起によって訴状が相手方に送達された時
□⑧ア ⑦アの状態になると、訴えの変更、独立当事者参加が可能になるなど、様々な効果が発生する。その中でも代表的なもの1つ挙げよ。 イ アの定義を述べよ。 既に訴訟係属を生じている時点では、（a）では（b）につき、重ねて（c）を求めることは許されない定め（142条）。	⑧ア 二重訴訟が禁止される イ a 同一当事者間 b 同一事件 c 別訴での審理

民事訴訟法

ウ　禁止の趣旨を説明せよ。	ウ
・（a）にとって大きな負担となる。	a　応訴義務を負う相手方
・訴訟上（b）である。	b　不経済
・判決内容が（c）するおそれがある。	c　矛盾・抵触
□⑨ア　訴状提出の実体法上の効果を述べよ。	⑨ア　時効の完成猶予（民法147・149条）
イ　アの効果はいつから発生するか。	イ　訴状提出時（147条）

3.　訴訟物とその特定基準

Question	Answer
□①ア　訴訟物とは何か。 民事訴訟における（a）のこと。（a）とは原告により裁判所に対してなされる（b）である。	①ア a　審判の対象 b　権利・法律関係の存否の主張
イ　訴訟物の特定は誰がなすか。	イ　原告
□②　訴訟物は当初から確定しなければならない。その理由について説明せよ。	②
ア　裁判所は、（a）についてのみしか審判できない（246条）から、訴訟物が特定しなければ裁判所は（b）。	アa　当事者の申し立てた事項 b　審理を開始できない
イ（　　）。 被告は、審判対象が特定されなければ攻撃・防御できない。	イ　不意打ち防止
ウ　審判対象の（a）識別。 二重起訴にあたるかなど（a）が判断されなければならない場合がある。	ウa　同一性

4.　訴訟物論争

Question	Answer
□①　訴訟物の同一性を判断する前提として、そもそも訴訟物とは何かを定義しなければならない。	①
ア　旧訴訟物理論は何を訴訟物とするか。	ア　実体法上の個々の権利・法律関係の主張
イ　訴訟物を給付・権利変動単位で考え、法律構成が複数考えることができても、訴訟物は１個と考え、実体法上の個々の権利は攻撃防御方法とする考え方を何というか。	イ　新訴訟物理論

民事訴訟法

第2章　訴訟の開始

1.　処分権主義

Question	Answer
□① 処分権主義の意義を述べよ。 当事者が（ア）、（イ）、（ウ）について自由に決定できること。	① ア　訴訟の開始 イ　訴訟物の特定 ウ　訴訟の終了
□② 処分権主義の趣旨を答えよ。 民事訴訟の主題たる（ア）は、（イ）に委ねられるから、国家は積極的な介入をする必要性はないし、許されない。そこで、民事訴訟による紛争処理についても、その態度決定を（ウ）ことにしたものである。	② ア　私法上の権利・法律関係 イ　私的自治の原則 ウ　当事者に委ねる
□③ 処分権主義の機能を説明せよ。 ア　紛争当事者による（　　）を保障する。 イ　審判対象の（　　）。 ウ　手続保障機能として（　　）を防止する機能。	③ ア　紛争処理方式の選択 イ　自主形成機能 ウ　不意打ち

2.　申立事項と判決事項

Question	Answer
□① 246条は、裁判所は、当事者が申し立てていない事項について、判決することができないとしている。 ア　申し立てていない事項として、100万円の貸金返還請求の際、120万円の判決を下した場合も246条に抵触するのか。 イ　246条に反して判決がなされた場合、その判決の効力はどうなるか。 当然に無効｛a となる・ではない｝。 違法な判決は控訴や（b）によって取り消すことができる。	① ア　抵触する。申し立てた事項の範囲を超えた場合を含む イ a　ではない b　上告（312条3項）

ウ　アで、120万円の請求を認容する判決を適法に取得するには、どのような手法によることが考えられるか。	ウ
（　　）によって控訴審で当事者が申し立てていない部分について新たに申立てがあると、瑕疵は治癒される。	訴えの変更
□② 申立事項の範囲について	②
ア　民事訴訟のテーマのことを何と呼ぶか。	ア　訴訟物
イ　訴訟物とは何かについて争いがあるが、実務はどのように考えているか。	イ　実体法上の権利義務、または法律関係
ウ　さらに、権利救済の種類と順序を当事者は決定できる。具体的には何を決定するのか。	ウ　確認・給付・形成のいずれの判決を求めるか、他の事件処理手続を選択するか
エ　さらに、当事者は200万円の売掛代金債権について、あえて100万円だけ請求するなど、一部の請求をすることはできるか。	エ　できる。救済を求める範囲も当事者が決定できる

3.　一部請求の問題

Question	Answer
□① 一部請求にあたっての問題点を指摘せよ。	①
先行する一部請求訴訟で得られた判決の（ア）が残額に及ばず、改めて訴えによる（イ）の請求ができるか。	ア　既判力 イ　残額
□② ①で請求を肯定する考え方の論拠を述べよ。	②
ア　（　　）の途を開くことができる。	ア　試験訴訟
イ　訟外で債権の分割行使をすることができることに対応するものとして、（　　）の建前からしても、残部請求は認めるべき。	イ 処分権主義
□③ ①を肯定する場合の問題点を論ぜよ。	③
ア　全部請求だと考えた被告にとって、（　　）の危険がある。	ア　不意打ち
イ　被告は（　　）の煩に耐えない。	イ　応訴

民事訴訟法

第5部　訴訟要件

第1章　訴訟要件総論

1.　訴訟要件の意義・種類

Question	Answer
□①　本案の審理を続行して本案判決をするための要件を何というか。	①　訴訟要件
□②　訴訟要件が具備されない場合、裁判所はどのような処理をすべきか。 （ア）されない限り（イ）を下すことはできない。	② ア　補正 イ　本案判決
□③　訴訟要件を３つに分類した。下記の文章にあてはまる文言を入れよ。また、それぞれに対応して例も挙げよ。 ・請求が（ア）による紛争解決になじむか。 ・（イ）に反しないか。 ・（ウ）の利益に反しないか。	③ ア　本案判決　例：当事者適格、訴えの利益 イ　公益　例：専属管轄 ウ　被告　例：仲裁契約の抗弁

2.　訴訟要件の機能・役割

Question	Answer
□①　訴訟要件の機能を説明せよ。 ア　（　　）の限界を画定する。 イ　紛争処理に適した（　　）や（　　）の特定・選別ができる。すなわち、無益な訴訟を排除して相手方を保護し、訴訟機能を維持するために、訴訟要件とされる。 ウ　（　　）では、矛盾のない、訴訟経済の要求に合致した紛争処理を実現することができる。	① ア　司法 イ　当事者、事件（順不同） ウ　複雑訴訟

Question	Answer
エ （a）を保障し、（b）の適正を確保する。	エa 当事者権 b 裁判

3. 訴訟要件の調査と裁判所の措置

Question	Answer
□①ア 訴訟要件の具備は誰が調査するか。 原則として（a）であるから、（b）が調査を開始する。	①ア a 職権調査事項（申立てを待たず自ら調査を開始する） b 裁判所
イ アの理由を説明せよ。 訴訟要件は大部分が（　　）な役割と結合しているから。	イ 公共的
ウ 例外を挙げよ。	ウ 抗弁事項・訴訟契約の存在・担保の不提供など
エ ウの理由を述べよ。 もっぱら(　　)な利益に関する事項であるから。	エ 私的
オ 裁判所が証拠について自ら収集する義務がない（職権探知主義がとられない）事項のうち、本案の審理に密接に関連することを理由とする要件を挙げよ。	オ 訴えの利益・当事者適格
カ その他の裁判所が証拠について自ら収集する義務がない事項を挙げよ。	カ 任意管轄
□② 各訴訟要件の調査の順序について	②
ア どの時点で要件を備えていればよいか。 原則として判決の基準時である（a）の（b）終結時。	ア a 事実審 b 口頭弁論
イ 上告審で訴訟要件を失ったとき、本案判決はできるか。	イ （原則として）できる
ウ 逆に上告審で訴訟要件を具備した場合はどうなるか。 原則として訴えを（a）すべき。 例外：無権代理の場合で、上告審において（b）された場合など。	ウ a 却下 b 一括追認

民事訴訟法

□③　訴訟要件全般について

ア　訴訟要件の欠缺を除去するには、裁判所はどうするのか。

イ　法定の訴訟要件を欠くにもかかわらず、判決されたとき、上告できるか。

ウ　再審事由にあたるか。

③

ア　訴状の補正命令（137条）、移送（16条1項）

イ　できる

ウ　338条所定の場合のみあたる

第2章　訴えの利益

1.　訴えの利益の意義

Question	Answer
□①　訴えの利益の意義を述べよ。 審判対象である特定の（ア）が（イ）による争訟の処理に適するかどうかの判断基準。	① ア　請求 イ　本案判決
□②ア　訴えの利益を欠く場合を挙げよ。	②ア　二重訴訟の禁止に触れる訴え、事件性の要件を欠く訴えなど
イ　将来の給付を求める訴えはいかなる場合に訴えの利益があるとされるか。	イ　あらかじめ請求する必要がある場合
ウ　現在給付、形式の訴えの利益は、原則として認められるか。	ウ　認められる
エa　確認の訴えはどうか。	エa　認められにくい
b　確認の訴えの利益が認められやすい場合を答えよ。	b　自己の現在の積極的法律関係に関する訴え

民事訴訟法

第3章　当事者適格

1.　当事者適格総説

Question	Answer
□① 当事者適格の意義を述べよ。 当該（ア）につき、自ら（イ）として訴訟を追行し、（ウ）を求めうる資格。	① ア　訴訟物 イ　当事者 ウ　本案判決
□② 当事者適格と当事者能力との違いを述べよ。 当事者適格は（ア）限りにおける適格で、当事者能力がない者は（イ）で主体となれない点が異なる。	② ア　当該訴訟 イ　あらゆる訴訟
□③ 当事者に対する当事者適格の関係に対して、訴訟物と対応関係にある訴訟要件は何か。	③　訴えの利益

2.　当事者適格の判断基準・効果

Question	Answer
□①ア　当事者適格はいかにして判断するか。 原則として（　　）たる権利の主体と主張し、される者に当事者適格がある。	①ア 訴訟物
イ　当事者適格欠缺の効果を説明せよ。 ・上告｛a できる・できない｝。 ・再審事由｛b である・ではない｝。当事者適格がある他人に判決効は｛c 及ぶ・及ばない｝から。	イ a　できる（312条3項） b　ではない c　及ばない
□②ア　第三者に、実質的利益帰属主体の権利・法律関係を内容とする訴訟物につき、法律上、訴訟追行権が付与される場合を何というか。	②ア　法定訴訟担当
イ　アの例を挙げよ。	イ　債権者代位訴訟（民法423条）・株主代表訴訟（会社法847条）

□③ア　本来の当事者適格者が、その意思で、本来は訴訟物との関係で法的利益をもたない第三者に訴訟追行権を授与して、当事者として訴訟を追行させることを何というか。	③ア　任意的訴訟担当
イ　アで、法が認めている場合のうち、	イ
a　共同の利益を有する多数の者の中から全員のために当事者となる者を選定できる制度を何というか。	a　選定当事者（30条1項）
b　手形法が認めた任意的訴訟担当の例を挙げよ。	b　手形の取立委任裏書を受けた被裏書人（手形18条）
ウ　任意的訴訟担当の問題点について	ウ
a　問題の内容を答えよ。 三百代言によって（　　）、訴訟の混乱。	a 依頼者の利益が損なわれる
b　aを避けるための法の定めは何か。	b　弁護士代理の原則（54条1項）、訴訟信託の禁止（信託法10条）

民事訴訟法

3.　多数関与者訴訟と当事者適格

Question	Answer
□①　組合に関する訴訟において、多くの当事者間の紛争を一挙に解決するためにどのような手段が考えられるか。 組合に（　　）を認める。	① 当事者能力
□②　多数関与者訴訟において事件の混乱を回避しつつ、一挙・統一的に解決する制度を述べよ。	②　選定当事者の制度（30条）

第6部 第一審の審理

第1章　訴訟の審理と口頭弁論

1.　訴訟の審理

Question	Answer
□①　訴訟の審理の内容を述べよ。 当事者の（　　）をめぐる裁判所の行為。	① 申立て
□②　民事訴訟の審理の方式とされる口頭弁論中心主義の意義を述べよ。 （ア）に（イ）の面前で、双方の（ウ）の関与を保障して（エ）の方式で行われるもの。	② ア　口頭弁論期日 イ　裁判所 ウ　当事者 エ　口頭弁論
□③　訴訟の審理の目標を説明せよ。 当事者が十分に（ア）に関与し、（イ）を保障する、つまり（ウ）を保障すること。	③ ア　手続 イ　手を尽くす機会 ウ　当事者権

2.　口頭弁論の必要性と限界

Question	Answer
□①　「判決で裁判をすべき場合には、必ず口頭弁論が開かれなければならない」との原則を何と呼ぶか。	①　必要的口頭弁論の原則（87条1項本文）
□②　口頭弁論の意義を述べよ。 （ア）の面前で（イ）の関与の下に、（ウ）で弁論および証拠調べを行って裁判資料を収集する（エ）。	② ア　裁判所 イ　当事者双方 ウ　口頭 エ　審理手続
□③ア　裁判資料として裁判の基礎となる資格を持ちうる事実主張や証拠はどのようなものか。	③ア　口頭弁論に顕出されたもの（現れたものすべて）

イ　アとされる趣旨を述べよ。

両当事者に（　　）における攻撃・防御の機会を保障するため。

ウ　アの例外を答えよ。

・訴えを（a）する場合（140条）。

・（b）（法律審だから・319条）。

・（c）が予納されない場合（141条1項）等。

イ

口頭弁論手続

ウ

a　却下

b　上告審

c　費用

第2章　口頭弁論の基本構造

1.　口頭弁論における原則

Question	Answer
□①ア　訴訟の審理および裁判を国民一般の傍聴しうる状態で行うべき原則を何というか。	①ア　公開主義（憲法82条）
イ　アの原則の趣旨を答えよ。 公開によって審理・裁判の（a）を担保し、国民の（b）に対する信頼を確保する点。	イ a　公正 b　司法
□②ア　口頭弁論手続において、裁判所の中立性を前提として、対立当事者双方に言い分を主張する機会を平等に保障すべき審理原則を何というか。	②ア　双方審尋主義（87条1項）
イ　アの原則の趣旨を述べよ。 （a）を受ける権利と法の下における（b）の訴訟上での現れ。	イ a　裁判 b　平等
□③ア　口頭で陳述されたものだけが、裁判資料として判決の基礎たりうる原則を何というか。	③ア　口頭主義（87条1項）
イ　アの原則の長所を述べよ。 ・（a）が（b）である。 ・（c）に審理が尽くされうる。	イ a　印象 b　新鮮 c　臨機応変
□④ア　当事者の弁論の聴取や証拠調べを、判決をする裁判官自身が行う原則を何というか。	④ア　直接主義（249条1項）
イ　趣旨を述べよ。 陳述の趣旨、真偽を裁判所が（a）に（b）し、その結果を（c）に直結させるため。	イ a　正確 b　理解 c　裁判

第3章　口頭弁論の準備と実施

1.　総説

Question	Answer
□①　口頭弁論の準備・実施の制度の目的を述べよ。	①　審理の充実・促進
□②ア　準備書面の意義を述べよ。 当事者が（a）において陳述しようとする事項を記載し、（b）に提出する書面。	②ア a　口頭弁論 b　裁判所
イ　口頭弁論において当事者に準備書面の作成義務はあるか。	イ　ある（161条1項）
ウ　準備書面の目的を述べよ。 口頭弁論における（a）と（b）を裁判所と相手方に知らせて（c）させること。	ウ a　主張 b　立証内容 c　準備
エ　準備書面の作成は何に従うか。	エ　161条2項所定の方法
オ　準備書面の提出にあたっていかなることが要求されるか。 相手方が準備をするのに必要な（　　）をおいて裁判所に提出すること。	オ 期間
カ　準備書面提出の効果を説明せよ。 準備書面に記載された事実は、相手方が（a）しても主張できる（158条）。逆に（b）事項は、相手方が在廷してない場合、口頭弁論で主張できない（161条3項）。	カ a　欠席 b　記載していない
キ　準備書面の記載内容が裁判資料とされる条件を答えよ。	キ　弁論に供されること
ク　準備書面の記載事実には間接事実や証拠の申出も含むか。	ク　含む

民事訴訟法

2. 争点・証拠手続

Question	Answer
□①ア　争点・証拠の整理を行うにあたり、手続は口頭弁論としてその原則・手続の規定に従うものを何というか。	①ア　準備的口頭弁論（164条以下）
イ　アの手続の概要を説明せよ。 （a）を確認の上（165条）（b）で終了（166条）する。終了後は未提出の攻撃防御方法を提出する際に、提出できなかった理由を（c）（167条・規則87条）しなければならない。	イ a　証明すべき事実 b　決定 c　書面で説明
□②ア　従来実務で行われていた弁論兼和解から和解手続を分離した、争点や証拠の整理を目的とする手続を挙げよ。	②ア　弁論準備手続（168条以下）
イ　アの手続の概要を説明せよ。 ・公開を｛a 要する・要しない｝（169条2項）、（b）手続（169条1項）で行われる。 ・（c）の規定が準用される（170条5項など）。 ・（d）の証拠調べができる（170条2項）。 ・手続終了後の訴訟資料の提出には（e）による説明義務が課される（174条、167条）。	イ a　要しない b　対席 c　口頭弁論 d　書証 e　書面
ウ　弁論準備手続と準備的口頭弁論との決定的な違いは何か。	ウ　公開の有無
□③ア　当事者の出頭なしに争点や証拠の整理をする手続を何というか。	③ア　書面による準備手続（175条）
イ　アの手続が利用される条件を説明せよ。 裁判所が（a）と認めるとき、（b）の意見を聞いてなされる（175条）。	イ a　相当 b　当事者

第4章　口頭弁論の実施上の諸制度

1.　口頭弁論の実施上の諸制度

民事訴訟法

Question	Answer
□①　口頭弁論の実施上の諸制度の目的を説明せよ。	①　口頭弁論における諸原則実現のため（口頭主義など）
□②ア　一事件のために口頭弁論を集中的かつ継続的に行って、その事件の審理を終了させた上で、他の事件の審理に取りかかるとする審理方法を何と呼ぶか。	②ア　継続審理主義
イ　1つの裁判所が同時に複数の事件の審理を併行して行う審理方法を何というか。	イ　併行審理主義
□③ア　攻撃防御方法は訴訟の進行状況に応じ、適切な時期に提出しなければならない（156条）とする原則を何と呼ぶか。	③ア　適時提出主義
イ　口頭弁論は全体を一体と捉えて、等しく判決の基礎とされることを何というか。	イ　口頭弁論の一体性
ウ　旧法下では、アに対して、口頭弁論の一体性から、口頭弁論の終結に至るまで、いつでも随時に攻撃防御方法を提出することができるとされていた。この原則を何というか。	ウ　随時提出主義
エ　ウの原則の問題点を述べよ。 訴訟の進行が（ａ）、かけひき・訴訟引き延ばし策として（ｂ）される。	エ ａ　緊張を欠く ｂ　濫用
オ　アの建前を採用することで、エの問題点はいかにして克服されるか。 （　　）として攻撃防御方法の提出を却下できる	オ 時機に後れた攻撃防御方法
□④アａ　当事者が時機に後れて攻撃防御の方法を提出した場合、裁判所はどのような措置を採ることができるか。	④アａ　時機に後れた攻撃防御方法の却下

b　aの条件を答えよ。	b　訴訟の完結を遅延させることとなると認めたとき（157条1項）
c　申立ては必要か。	c　不要。職権でも可能
イ　アの要件として当事者にどのような主観的事情があることが要求されるか。	イ　故意または重大な過失
ウ　「時機に後れて」とは、具体的にどういうことか。	ウ　以前の口頭弁論で提出すべき機会があったこと
エ　訴訟の完結を遅延するとはどのような場合か。さらに（　　）を開かねばならなくなる場合。	エ　期日

2.　口頭弁論の制限・分離・併合

Question	Answer
□①ア　訴訟物が複数の場合、もしくは数個の独立した攻撃防御方法が争われている場合、さしあたりそのうちの1つに審理を制限し、集中して審理することを何というか。	①ア　弁論の制限（152条1項）
イ　弁論が制限された場合、裁判所はどのような態度を取れるか。	イ
・弁論を（a）して判決を下してもよい。	a　終結
・（b）を下してもよい（245条）。	b　中間判決
・制限を（c）もよい。	c　取り消して
□②　客観的併合や主観的併合がなされている場合、各請求を別個の手続で審理する処置を何というか。	②　弁論の分離（152条1項）
□③ア　同一の裁判所に別々に係属している複数の訴訟を、1つにまとめて1個の裁判所による同一の口頭弁論で審理・判決する処置を何というか。	③ア　弁論の併合（152条1項）
イ　アの方法を用いる条件を説明せよ。（　　）の要件を備える必要がある。	イ　共同訴訟・客観的併合

第5章　審理の進行と当事者権保障

1.　期日と期間

Question	Answer
□①　裁判所、当事者その他の関係人が、一定の場所に集まって種々の訴訟行為を行うために定められた日時を何というか。	①　期日
□②ア　「責めに帰すべからざる事由」によって法定の期間中に定められた訴訟行為をしない、またはできなかった場合、事由がやんでから1週間以内に懈怠した行為を行えばよいとする制度を何というか。	②ア　訴訟行為の追完（97条）
イ　アの例を述べよ。 （　　）を過ぎた場合。	イ 上訴の期間である2週間（285条）
□③ア　裁判所が、訴訟関係者に一定の方式により書類を交付する行為を何というか。	③ア　送達
イ　送達の方式を挙げよ。 ・（a）送達（101条）。 ・（b）による送達（107条）。（c）による。 ・（d）送達（110条）。	イ a　交付 b　郵便 c　書留 d　公示
ウ　イ（d）の方法を説明せよ。 （a）して（111条）、（b）経過時に送達の効力が生じる（112条）。	ウ a　裁判所に掲示 b　2週間
エ　イ（d）の方法が認められる条件を述べよ。 （a）が知れないなどの事情で、（b）によりえない場合に、（c）として認められる。	エ a　送達場所 b　他の送達方法 c　最後の手段

2.　手続の停止

Question	Answer
□①　中断事由を挙げよ。	①
ア　当事者の（　　）（124条1項1号、2号）。	ア　死亡・消滅
イ　当事者の（　　）（同条1項3号）。	イ　訴訟能力の喪失

ウ　法定代理人の（　　）（同条1項3号）。

エ　（　　）による訴訟からの脱退（同条1項4号、5号6号）。

□② 審理再開の方法について

ア　訴訟追行者による審理再開の方法を何というか。

イ　裁判所の決定による審理再開の方法を何というか。

ウ　死亡・代理権消滅

エ　当事者適格の喪失

②

ア　受継申立て（124条1項など）

イ　続行命令（129条）

第6章　当事者の訴訟行為

1.　訴訟行為

Question	Answer
□①　裁判に向けて訴訟手続を展開させていく当事者・裁判所の行為を何というか。	①　訴訟行為
□②　訴訟行為の特徴について説明せよ。 訴訟行為とは、(ア) のための行為であるから、(イ) との関係で評価され、(ウ) の効果が認められるものである。よって、(エ) の規定を適用すべき必要性はなく、(オ) に基づく原則によって要件・効果を考えるべきである。	② ア　訴訟進行 イ　訴訟手続 ウ　訴訟法上 エ　民法上 オ　手続固有の要請
□③　訴訟行為と民法上の法律行為との違いを説明せよ。 ア　訴訟行為のためには、行為能力ではなく（　　）が必要である。 イ　訴訟手続は安定していなければならないから、訴訟能力欠缺の効果は（　　）である。 ウ　民法上の意思表示の規定は原則として適用｛できる・されない｝。 エ　条件や期限付きの訴訟行為は｛認められる・許されない｝。	③ ア　訴訟能力 イ 無効 ウ　されない エ　許されない

2.　訴訟行為の種類

Question	Answer
□①ア　裁判所に対して裁判・証拠調べなどを求める当事者の訴訟行為の総称を何というか。 イ　アの例を述べよ。	①ア　申立て イ　本案の申立て、期日指定の申立て、訴訟引受の申立て
□②ア　申立てを理由づける判断資料の提出行為を何というか。 イ　申立て・請求を基礎づける（または排斥する）ため、具体的な権利関係の存否について自己の判断を述べることを何というか。	②ア　主張 イ　法律上の主張

民事訴訟法

ウ　法律上の主張を相手が争う場合、主張を基礎づけるためになす主張を何というか。

エ　法律上の主張を基礎づけるため、仮定的な主張をなすことを何というか。

オ　当事者の主張の撤回について

原則として自由に撤回｛a できない・できる｝。ただし、撤回を不利に解釈されること｛b がある・は許されない｝。

また、自白が成立するとき撤回が制限｛c できない・される｝。

□③　主張に対する相手方の態度について

ア　相手方が証明責任を負う事実を否定することを何というか。

イ　アがなされると主張はどのように取り扱われるか。

当該事実の（　　）が必要になる。

ウ　不知はどのように扱われるか。

（　　）と推定される（159条2項）。

エ　当該事実を認める陳述を何というか。

オ　沈黙した場合、どのように扱われるか。

カ　自分が証明責任を負う事実の主張を何というか。

キ　カを具体的に説明せよ。

相手方の主張する法律効果発生の（a）あるいは（b）の主張。

□④　裁判所に対して証拠を提出する訴訟行為を何というか。

□⑤ア　訴訟法上の効果の発生を目的とする意思表示を何というか。

イ　アの例を述べよ。

・訴えの（a）（261条）。

・（b）の合意（281条）。

・訴訟上の（c）（89条）。

ウ　事実上の主張

エ　仮定主張・抗弁

オ

a　できる

b　がある

c　される（撤回には相手方の同意などが必要）

③

ア　否認

イ

証拠調べ

ウ

否認

エ　自白

オ　擬制自白が成立

カ　抗弁

キ

a　障害原因事実

b　消滅原因事実

④　立証

⑤ア　訴訟法律行為

イ

a　取下げ

b　不控訴

c　和解

ウ　このような訴訟法律行為についての問題点を指摘せよ。

・（a）訴訟法律行為について訴訟上の効果を認められるか。

・（b）の規定の類推ができるか。

□⑥ア　当事者、あるいは当事者となるべきものが、特定の訴訟につき影響を及ぼす一定の効果の発生を目的としてする合意を何というか。

イ　アの例を挙げよ。

ウ

a　明文にない

b（民法の）意思表示

⑥ア　訴訟契約

イ　管轄の合意（11条）、不控訴の合意（281条1項但書）、仲裁法に基づく仲裁契約

第7章　裁判所と当事者の役割分担

1.　当事者主義と職権主義

Question	Answer
□①　訴訟の審理における裁判所の職責を説明せよ。 （ア）の発見やその解釈・適用および（イ）。	① ア　法規 イ　事実認定
□②　裁判所と当事者が役割分担する場面としてどんなものがあるか。 ・口頭弁論手続を（ア）する。 ・（イ）を提出する。	② ア　進行・整理 イ　事実や証拠
□③　当事者と裁判所との役割分担について ア　主導権を当事者に認める原則を何というか。 イ　主導権を裁判所に認める原則を何というか。	③ ア　当事者主義 イ　職権主義

2.　裁判所の訴訟運営

Question	Answer
□①　審理の進行および整理が裁判所の主導権の下で行われることを原則とする民事訴訟法の態度を何というか。	①　職権進行主義
□②ア　裁判所に認められた審理の主宰権能を何というか。	②ア　訴訟指揮権
イ　アの権限が裁判所に認められる理由を述べよ。 （a）に審理の進行を任せるならば、手続が遅滞し、不適正な結果を招くおそれがある。また、裁判所は、訴訟法の要求する手続からの逸脱を防ぎ、（b）の実現し、（c）を図る責務を負うので、その手段を裁判所に認める必要がある。	イ a　利害の対立する当事者 b　当事者権 c　弁論の充実
□③　訴訟指揮権の内容を挙げよ。 ・（ア）の指定・変更（93条1項）。 ・訴訟手続の（イ）（131条）。 ・（ウ）（17条）。 ・弁論の（エ）（152条1項）。	③ ア　期日 イ　中止 ウ　移送 エ　制限、分離、併合

3. 当事者の申立権・異議権

Question	Answer
□①ア　裁判所に対して訴訟指揮権の発動を求める当事者の権利を何というか。	①ア　申立権
イ　アの例を挙げよ。	イ　移送申立て（17条）、求問権（149条３項）など
□②ア　裁判所または相手方当事者の訴訟行為に、訴訟手続に関する規定の違背がある場合に、異議を述べてその無効を主張しうる訴訟上の権能を何というか。	②ア　責問権
イ　アの権能を正面から規定した規定はあるか。	イ　ない
ウ　ないとすれば、民訴法上根拠条文はないのか。	ウ　90条は責問権を前提とした規定
□③　訴訟手続に関する規定とは言い換えるとどのような規定か。	③　形式面の事項に関する規定（方式規定・例：期日の呼び出し）

第8章　事実の収集

1.　弁論主義と職権探知主義

Question	Answer
□①　弁論主義の意義を述べよ。 裁判の基礎となる（ア）の収集・提出を（イ）の権能・義務とする建前。	① ア　事実・証拠（裁判資料） イ　当事者側
□②　弁論主義はどのような事項に適用されるか。 ア　（　　）が高度でない場合。 イ　（　　）の審理と密接な関係のある訴訟要件。	② ア　公益性 イ　本案
□③　弁論主義の根拠を述べよ。 民事訴訟の対象は（ア）であり、（イ）が任意に処分しうるものである。そこで、裁判による争訟処理活動もできるだけ(イ)の自由にまかせるべきである。また、（ウ）をとることは、裁判所の負担が増大する割に効果が上がらない。	③ ア　私法上の権利 イ　当事者 ウ　職権探知主義
□④　弁論主義の内容について ア　弁論主義の第1テーゼの内容を説明せよ。 争われている法的効果の判断に直接必要な（a）は、当事者のいずれかが主張して（b）に現れない限り、（c）の基礎とすることができない。 イ　第1テーゼを当事者の責任（不利益）という観点から表現し直したものを何というか。 ウ　第1テーゼは何を拘束するものとして表現されているか。 エ　イの内容を説明せよ。 ある事実が（a）に現れない場合に、その事実を条件とする（b）な効果が認められない（c）。	④ ア a　主要事実 b　口頭弁論 c　裁判 イ　主張責任 ウ　裁判所 エ a　口頭弁論 b　有利 c　不利益
□⑤ア　いずれの当事者が主張した事実であっても、裁判所はこれを裁判の基礎とすることができるとする原則を何というか。	⑤ア　主張共通の原則

イ　アの理由を述べよ。 弁論主義は裁判所と（　　）の役割分担に過ぎないから。	イ 当事者
□⑥　弁論主義の第2テーゼを述べよ。 ・（ア）の裁判所拘束力。 ・裁判所は、当事者間に（イ）のない事実は、そのまま判決の基礎としなければならない（179条）。	⑥ ア　自白 イ　争い
□⑦ア　弁論主義の第3テーゼを説明せよ。 （a）の禁止。裁判所は、原則として（b）の提出した証拠によらなければ、（c）を認定してはならない。 イ　裁判所はある当事者が提出した証拠をもってその当事者に不利な事実を認定することはできるか。	⑦ア a　職権証拠調べ b　当事者 c　事実 イ　できる

民事訴訟法

2.　弁論主義の機能・適用範囲

Question	Answer
□①　裁判所の中立を確保し、自己責任を確実にならしめる機能を何というか。	①　争訟内容の自主的形成機能
□②　当事者は事件の真相の究明に勤勉であると思われることに関連する弁論主義の機能を挙げよ。	②　真実発見機能
□③　口頭弁論に提出されない訴訟資料は判決の基礎とならないことから実現される弁論主義の機能を述べよ。	③　不意打ち防止・手続保障機能
□④　さらに、弁論主義によって実現される機能を述べよ。 公正な裁判を確保することへの（　　）の機能。	④ 信頼確保
□⑤　弁論主義の適用範囲を述べよ。 実体法規の要件事実に該当する（　　）と考えられてきた。	⑤ 主要事実
□⑥　弁論主義の適用範囲を⑤のように考えた場合の利点を述べよ。 訴訟追行・運営の（　　）が確保できる。	⑥ 目標の明確性

3.　弁論主義の補充・修正

Question	Answer
□①　弁論主義の前提を答えよ。	①　当事者の形式的平等
□②　①の前提を維持した場合の問題点を述べよ。 全く当事者の（ア）に任せて放置するならば、当事者の（イ）に反し、当事者・国民の信頼喪失につながる。	② ア　自由 イ　実質的公平
□③ア　②から、弁論主義の（　　）の必要性が生まれる。	③ア　補充・補正
イ　当事者の申立てや陳述に、矛盾や不明瞭な点がある場合に、事実上・法律上の事項について質問し、又は証拠の提出を促して、事案の解明をはかる裁判所の権限ないし義務を説明せよ。	イ　釈明権（釈明義務）（149条）
ウ　口頭弁論の準備・又は補充として訴訟関係の解明のために裁判所のなす処分を何というか。	ウ　釈明処分

4.　当事者の真実義務

Question	Answer
□①　当事者は不真実であると思っている事実を裁判で主張してはならず、真実に合致すると思っている相手方の主張を争ってはならないという訴訟法上の義務を何というか。	①　真実義務
□②　①の義務の違反の効果を説明せよ。 次のような（　　）の発生にとどまる。 訴訟費用負担、損害賠償義務の負担、陳述の信用性の低下。	② 付随的効果

第9章　証拠の収集

1.　証拠総則

Question	Answer
□①　当事者の主張した事実に争いある場合、裁判所が事実認定をするための資料を何というか。	①　証拠
□②ア　ある有形物が証拠方法として取り調べの対象となり、事実認定に採用されうる資格を何というか。	②ア　証拠能力
イ　民事訴訟法では、証拠能力の有無はどのように判断されるか。	イ　裁判所の自由な心証に委ねられる
ウ　証拠が要証事実の認定にどれくらい役立つかに関する概念を何というか。	ウ　証拠力（証明力、証拠価値）
エ　ウの評価は誰が行うか。その際の裁量はどうなるか。	エ　裁判官の自由に任される（自由心証主義）
□③ア　自己に証明責任のある事実を証明するために提出する証拠または立証活動を何というか。	③ア　本証
イ　相手方が証明責任を負う事実の不存在を証明するために提出する証拠を何というか。	イ　反証

民事訴訟法

第10章　証明と疎明

1.　証明と疎明

Question	Answer
□①ア　認定すべき事実の存在につき、裁判所に確信を得させようとする行為を何というか。	①ア　証明
イ　確信の内容を説明せよ。	イ　十中八九という程度の心証
□②ア　一応確からしいとの心証を得させようとする当事者の行為を何というか。	②ア　疎明
イ　疎明はどのような場合になされるか。例を挙げよ。	イ　仮処分に関する手続など

2.　厳格な証明と自由な証明

Question	Answer
□①ア　法定（180条以下）の証拠方法や、証拠調べ手続の規定に従った証明を何というか。	①ア　厳格な証明
イ　法定の証拠調べ手続に拘束されない証明を何というか。	イ　自由な証明
ウ　ア・イについて、心証の程度は異なるか。	ウ　異ならない
エ　それぞれどのような事実の認定に用いられるか。	エ　厳格な証明：請求を基礎づける事実 自由な証明：忌避申立てなど決定によって裁判すべき内容を基礎づける事実

3.　証明の対象と不要証事実

Question	Answer
□①ア　経験から得られた事物の性状や因果関係に関する法則で、事実の判断の前提となるから、事実認定にあたって用いられるものを何というか。	①ア　経験則

イ　アの法則はどのようにして用いられるか。 例えば、間接事実から主要事実を推認する（a）になり、証拠資料の（b）を評価する基準ともなる。	イ a　事実上の推定の基礎 b　証拠力
□②　不要証事実について ア　通常の知識経験を有する一般人が疑わぬ程度に知れ渡っている事実を何というか。 イa　裁判官がその職務を行うにあたって知った事実を何というか。 b　具体例を挙げよ。 ウ　裁判官の私知は不要証か否か。	② ア　顕著な事実、公知の事実 イa　職務上顕著な事実 b　自ら下した判決内容など ウ　要証事実
□③　裁判上の自白の意義を述べよ。 （ア）における、（イ）の主張と一致する（主張の先後は問わない）自己に（ウ）な事実の陳述。	③ ア　期日 イ　相手方 ウ　不利益
□④　自己に不利益な事実とは、どのような事実か。 相手が（ア）事実など（イ）につながる事実。	④ ア　証明責任を負う イ　敗訴
□⑤　自白の効果について説明せよ。 ア　裁判所は自白内容を（　　）としなければならない（弁論主義の帰結）。 イ　自白の対象となる事実は（a）となり（179条）、自白をした当事者は、（b）を主張できない。 ウ　イの効果の根拠を述べよ。 相手方に与えた（a）を任意に奪うわけにはいかない。 （b）を根拠とする。 エ　例外的に撤回できる場合を述べよ。 ・相手方の（a）がある場合。 ・自白内容が真実に反し、かつ（b）に基づく場合。 ・反真実の証明があれば（b）が（c）される。 ・相手方の（d）行為による場合。	⑤ ア　そのまま判決の基礎 イa　不要証 b　自白に反する事実 ウ a　訴訟上の有利な地位 b　禁反言 エ a　同意 b　錯誤 c　推定 d　刑事上罰すべき
□⑥ア　相手方の主張する事実を明らかに争わない場合、自白したものと見なされる。これを何というか。 イ　アの理由を述べよ。	⑥ア　擬制自白（159条1項） イ　争う意思がないとみうるから

ウ　擬制自白の効果を説明せよ。

・（a）を拘束する。

・（b）への拘束力はない。いつでも（c）できる。

ウ

a　裁判所の判断

b　当事者

c　撤回

4.　自由心証主義と心証形成

Question	Answer
□①ア　裁判官の事実認定について、民事訴訟法が採る建前を何というか。	①ア　自由心証主義
イ　アの内容を説明せよ。 （a）によって（b）で裁判官が心証形成できること。	イ a　論理法則と経験則 b　自由な判断
ウ　心証形成とは何か。 事実の存否について（　　）こと。	ウ 確信を得る
エ　アに対して、証拠方法が法定されていることを何というか。	エ　法定証拠主義
オ　アの建前が採られる趣旨を述べよ。 現代における（a）、また（b）からして、機械的に事実を認定する（c）では対応できない。 それよりも、専門家としての（d）を信用して自由に判断させた方が、適正な事実認定が期待できるというべきである。	オ a　生活関係の複雑化 b　証拠方法の多様化 c　法定証拠主義 d　裁判官
□②　自由心証主義の内容について	②
ア　弁論の全趣旨を斟酌し、口頭弁論に現れた一切の資料・情況が心証形成の材料足りうることを何というか。	ア　証拠方法の無制限
イ　論理法則と経験則によって裁判官が自由に証拠力を判断してよいことを何というか。	イ　証拠力の自由評価
□③　上告審では事実認定を争えるか。	③　原則として争えない
□④ア　違法に提出された証拠が採用された、適法に提出された資料が無視された、または経験則・論理法則を無視した事実認定がなされた等の場合に下された判決はどのように扱われるか。	④ア　上告によって争える
イ　アの根拠を答えよ。 上告審は（　　）に確定した事実にのみ拘束されるから（321条1項）。	イ 適法

□⑤ア　事実認定に関して判決では、いかなる事項が明らかにされる必要があるか（253条１項）。

イ　アの違反は判決にどのような影響を及ぼすか。

□⑥ア　心証形成にはいかなる程度の証明が要求されるか。

（　　）の証明で足りる。

イ　アのような程度で足りる証明を何というか。

⑤ア　推論の過程が理由中で明らかにされねばならない

イ　上告理由となる（312条２項６号）

⑥ア

高度の蓋然性

イ　歴史的証明

5.　証明責任

Question	Answer
□① 証明責任の意義を述べよ。 ある事実が（ア）の場合に、判決において、その事実を（イ）とする（ウ）の発生または不発生が認められないことになる（エ）。	① ア　真偽不明 イ　要件 ウ　自己に有利な法律効果 エ　一方当事者の不利益
□②ア　証明責任の概念の趣旨を説明せよ。 （a）の存否が裁判所にとって不明である場合、本来は法的効果の発生・原告の主張の理由の有無は判断｛b できる・できない｝。しかし、裁判所には（c）は許されない。 そこで、真偽不明の場合には、事実は（d）ものとし、そのことから発生する（e）を一方の（f）に負担させて裁判をすることにしたものである。 イ　事実の存否が不明な状態を何というか。	②ア a　事実 b　できない c　裁判の回避 d　ない e　不利益 f　当事者 イ　真偽不明・ノンリケット
□③ 証明責任の役割を説明せよ。 ア　主観的証明責任、つまり本証と反証の（a）を客観的に定められることによる訴訟追行の（b）としての機能。 イ　裁判所の（　　）の指標。	③ アa　配分 b　指標 イ　訴訟運営

6.　証拠の偏在と実質的平等

Question	Answer
□①ア　公害訴訟・製造物責任・医療過誤・自衛隊事故に代表される一定の特徴を備えた訴訟類型を何というか。	①ア　現代型訴訟
イ　アの訴訟においては、証拠に関して、どのような特徴があるか。	イ　重要な証拠を加害者が握っている
ウ　このような場合、当事者の形式的平等を前提として、証明責任を配分することは許されるか。	ウ　許されない

エ　以上から現代においては、当事者の実質的な平等関係を維持するための対応策が必要である。どのような方法があるか。 ・証明責任の配分を実質的に（a）する。 ・（b）的処理。	エ a　変更 b　証拠開示

7. 証拠調べ手続

Question	Answer
□①　証明すべき特定の事実・証拠方法・両者の関係を表示すること（180条1項等）を要件とする申出を何というか。	①　証拠申出
□②ア　唯一の証拠方法を却下することは許されるか。	②ア　許されない
イ　アの例外を説明せよ。 ・証拠申出が（a）な場合。 ・立証事実に（b）の心証を得ているとき。 ・争点の判断に（c）な申出など。	イ a　不適法 b　同一 c　不必要
□③　証拠調べの実施においていかなる手続がとられるか。例を挙げよ。	③　証人尋問、鑑定、書証、当事者尋問など
□④ア　証拠調べ手続において、民訴法はどのような態度をとっているか。 訴訟手続の（a）に（b）に応じて証拠調べをすることができるとしている。	④ア a　進行中 b　必要
イ　このような建前を何というか。	イ　証拠結合主義

第11章　訴訟の終了

1.　当事者の意思による訴訟終了

Question	Answer
□①　原告の意思による訴訟の終了原因を挙げよ。	①　取下げ、放棄
□②ア　訴えの取下げ（261条）の意義を述べよ。 訴えによる審判申立てを（　　）する旨の意思表示。	②ア 撤回
イ　アの制度を認めるべき根拠となる建前は何か。	イ　処分権主義
ウ　訴えの取下げは、訴訟のどの時点までになせばよいか。	ウ　判決確定まで
エ　訴え取下げの効果を説明せよ。 （ａ）の効果が（ｂ）に消滅し（262条１項）、訴訟は終了する。	エ ａ　訴訟係属 ｂ　遡及的
オ　取下げの撤回はできるか。	オ　できない
カ　無効・取消しの主張はどうか。	カ　認めるべき（学説）
キ　本案につき終局判決がなされた後に訴えを取り下げた原告は、訴え取下げ後に同一の訴えにつき別訴を提起できない（262条２項）。このような定めを一言で何というか。	キ　再訴禁止効
ク　キの効果の趣旨を答えよ。 判決に至るまでの（ａ）の努力を（ｂ）に帰せしめたことに対する（ｃ）（通説・判例）。	ク ａ　裁判所 ｂ　徒労 ｃ　制裁
ケ　終局判決前に訴えを取り下げた者は、その後同一の訴えにつき訴訟を提起できるか。	ケ　できる
コ　両当事者の欠席から１ヶ月以内に期日申立てのないときや連続して欠席した場合、いかなる効果が発生するか。	コ　訴えの取下げが擬制される
□③ア　請求が理由のないことを原告が自認する裁判所に対する意思表示を何というか。	③ア　放棄（266条）
イ　請求に理由があることを認める、との被告の裁判所に対する意思表示を何というか。	イ　認諾（266条）

ウ　アイの効果を述説明せよ。	ウ
・（a）と同一の効力（267条）。	a　確定判決
・（b）の発生。	b　執行力・形成力
・訴訟（c）。	c　終了
エ　放棄・認諾には意思の瑕疵に関する民法の規定の類推は認められるか。	エ　認めるべき（学説）
□④ア　両当事者による訴訟の終了方法を何というか。	④ア　訴訟上の和解（264条以下）
イ　和解の意義を述べよ。 訴訟係属中に、両当事者が訴訟物をめぐる主張につき、（a）することによって訴訟を全部または一部終了させる旨の（b）。	イ a　相互に譲歩 b　期日における合意
ウ　アの効果を説明せよ。	ウ
・訴訟の（a）。	a　終了
・（b）の発生。	b　執行力

第12章　終局判決による訴訟終了

1.　総説

Question	Answer
□①ア　権限ある裁判機関が行う判定の結果、又はその判断や意思を法定の形式で表示する訴訟行為を何というか。	①ア　裁判
イ　裁判の種類を挙げよ。	イ　判決・決定・命令
□②ア　訴え・控訴・上告に対する裁判所の終局的な判断を何というか。	②ア　判決
イ　判決を下すための、87条１項本文による条件を述べよ。	イ　必ず口頭弁論を経なければならない
ウ　判決はいかにして成立するか。 （ａ）を作成し、（ｂ）によって成立（252条）。	ウ a　判決書 b　言渡し
□③ア　決定・命令はどのような場合に用いられるか。 重要度の（ａ）事項や（ｂ）な判断が要求される事項につき用いられる。	③ア a　低い b　迅速
イ　決定・命令を下すのに、口頭弁論は必要か。	イ　不要。裁量に任される（87条１項但書）
ウ　決定・命令はいかにして成立するか。	ウ　相当な方法で告知すれば成立（119条）
エ　決定と命令の違いについて説明せよ。 ・決定では（ａ）ができる。 ・決定は（ｂ）が行う。 ・命令は（ｃ）が行う。	エ a　審尋 b　裁判所 c　裁判官

2.　判決の種類

Question	Answer
□①ア　訴訟の進行過程において、当事者間で争点となった事項（例えば、ある要件事実の存否）について、審理の途中でなされる判決を何というか。	①ア　中間判決（245条）
イ　アの役割について、述べよ。 （　　）ならしめるために準備する。	イ 終局判決を容易

ウ　アを争う方法について、終局判決と独立の上訴は認められるか。	ウ　認められない
□②ア　ある審級での審理を終結させる裁判を何というか。	②ア　終局判決
イ　終局判決の種類について、終結する範囲が請求の全部に及ぶ判決を何というか。	イ　全部判決
ウ　同じく、事件の一部を他の部分と切り離して完結する判決を何というか。	ウ　一部判決
エ　中間判決に対して、一部判決は独立して上訴の対象となるか。	エ　なる
オ　エの結論に関して、注意すべきことを説明せよ。 同一の事件が異なる審級に属することで、（a）を生じる可能性がある。したがって、残部判決が法律上できなくなる場合や、内容上（b）のある場合（例えば、元本の存在に対して利息が存在すること）は、一部判決できない。	オ a　判断の矛盾 b　矛盾を生じるおそれ
カ　脱漏部分を生じた場合、下される判決を何というか。	カ　追加判決
□③ア　請求の当否を判断する判決を何というか。	③ア　本案判決
イ　アの種類を述べよ。	イ　認容判決と棄却判決
ウ　訴訟要件欠缺を理由として訴えを却下する判決を何というか。	ウ　訴訟判決
エ　上級審で、上訴が認容された場合、原審に審理のやり直しを命じる判決を何というか。	エ　差戻判決

3.　判決の成立と確定

Question	Answer
□①　判決の確定の概念につき説明した次の文章に当てはまる語を入れよ。 判決は、判決書の作成と（ア）で効力を生じ、当事者には判決正本が送達される。しかし、当事者が（イ）し、取り消される可能性があるうちは判決は未確定である。その上で、（イ）によって争えない状態になることを判決の（ウ）という。	① ア　言渡し イ　上訴 ウ　確定

□②ア　終局判決に発生する効力を挙げよ。 イ　確定判決によって発生する効力を挙げよ。 形式的確定力、(a)、(b)、(c) などが発生する。	②ア　裁判所の自己拘束力 イ a　既判力 b　執行力 c　形成力

4.　判決の効力

Question	Answer
□①ア　判決が成立すると、裁判所は判決の撤回や変更をすることができなくなることを何というか。	①ア　自己拘束力
イ　アの趣旨を述べよ。 判決が容易に変更されると、紛争の（　　）としての役割を果たせないからである。	イ 解決基準
ウ　アの例外として、 a　表示上の誤謬(ごびゅう)が明白に存在する場合、決定によって訂正することを何というか。	ウ a　判決の更正（257条）
b　判決の変更（256条）の条件を答えよ。 判決が(　　)に違背したことを発見した場合、言渡し後1週間以内で未確定であり、口頭弁論を開く必要がない場合、判決によって判決を変更できる。	b 法令
□②　確定判決の効力について	②
ア　当事者が判決の取消しを求めて争うことができなくする判決の効力を何というか。	ア　形式的確定力
イ　裁判の判断内容が他の裁判所を拘束することを何というか。	イ　裁判の羈束力　例：上級審の判断が下級審を拘束すること
□③ア　確定判決に与えられる判決の当該手続外での通用力を何というか。	③ア　判決の内容的効力
イ　アの1つで、給付請求権を民事執行手続によって実現できる根拠となる効力を何というか。	イ　執行力
ウ　例外として、確定前に判決に与えられる内容的効力を何というか。	ウ　仮執行宣言（259条1項）

エ　形成請求を認容する形成判決の確定により、判決内容通りに新たな法律関係の発生や従来の法律関係の変更・消滅を生じさせる形成判決の効力を何というか。

エ　形成力

5.　判決の不存在・無効・不当取得

Question	Answer
□①　裁判官でない者の言い渡した判決や、未だ言い渡されてない判決など、そもそも判決として存在しない場合を何というか。	①　判決の不存在

第13章　既判力

1.　既判力の意義・作用

Question	Answer
□①　確定した終局判決における訴訟物の判断について生じる拘束力を何と呼ぶか。	①　既判力
□②ア　既判力の消極的作用について説明せよ。 当事者は既判力の生じた判断を（a）ことは許されない。 後訴裁判所はこれを争う当事者の主張を（b）しなければならない。	②ア a　争う b　排訴
イ　既判力の積極的作用について説明せよ。 裁判所は既判力で確定された判断に（a）され、これを前提として（b）の審判をしなければならない。 起訴につき同一の訴えに新たな事由の発生がない場合、（c）がないとして却下される。	イ a　拘束 b　後訴 c　訴えの利益
□③　既判力に反する判決はどのように扱われるか。 （ア）によって取り消される。 取り消されるまではその（イ）自身が既判力を有する。	③ ア　上訴、再審 イ　判決
□④　既判力の根拠を説明せよ。 ア　（　　）としての民事訴訟制度の機能維持。 イ　適正な手続によって判決が行われたこと。ことに（　　）要求が充足されたこと。	④ ア　紛争処理制度 イ 手続保障

2.　既判力の客観的範囲

Question	Answer
□①　判決でなされた判断のどの部分につき既判力を生じるのかの問題を何というか。	①　既判力の客観的範囲
□②　客観的範囲の原則を述べよ。 ア　「（　　）に包含するもの」（114条1項）に限り生じる。	② ア　判決主文

イ　具体的には、
　既判力の（ａ）における権利・法律関係についての判断。
　原則、（ｂ）たる権利・法律関係の存否についての判断に限られる。

ウ　基準時とは具体的にどの時点か。

イ
　ａ　基準時
　ｂ　訴訟物

ウ　最終口頭弁論の終結時

3.　既判力の主観的範囲

Question	Answer
□①　既判力が誰との間で作用するかの問題を何というか。	①　既判力の主観的範囲
□②　①の原則を述べよ。 対等に手続上の地位を保障されて訴訟を追行した（　　）相互間にだけ作用する。	② 形式的当事者
□③ア　判決の基準時後に訴訟物たる権利関係をめぐる実体法上の法的地位を前主たる当事者から承継した者を何というか。	③ア　口頭弁論終結後の承継人（115条１項３号）
イ　アの者は民訴法上どのように扱われるか。	イ　既判力が及ぼされる
ウ　アの制度趣旨を述べよ。 敗訴当事者によって訴訟物をめぐる地位が（ａ）されても、（ｂ）に意味を持たせるため。	ウ ａ　処分 ｂ　勝訴当事者の訴訟追行
□④　対世効・一定範囲の利害関係人への拡張について	④
ア　民事訴訟における判決効の原則を一言で述べよ。	ア　相対効
イ　アの理由を述べよ。 （　　）間でのみ処理をはかればよいから。	イ 紛争当事者
ウ　アの原則を貫いた際の不都合性を説明せよ。 ・判決に（ａ）をきたすおそれ。 ・（ｂ）に反する場合。	ウ ａ　矛盾 ｂ　公益
エ　ウのような場合、どのような処理がなされるか。 例外的に既判力が一定範囲の（ａ）や、ときには広く（ｂ）にまで拡張される場合がある。	エ ａ　利害関係人 ｂ　一般第三者
オ　エ（ａ）の例を挙げよ。	オ　破産債権確定訴訟の判決（破産債権者全員に判決効が及ぶ）

カ　エ（b）の例を挙げよ。

□⑤　判決効の拡張を受ける第三者への手続保障の方法について

ア　当事者適格を、最も充実した（　　）が期待できる利害関係人に与える。

イ　（　　）は共同訴訟参加などの方法で訴訟参加できる。

ウ　事実や証拠の収集について（　　）主義をとる。

エ　独立に（　　）が提起できる。

カ　人事訴訟、会社訴訟

⑤

ア　訴訟追行（例：離婚訴訟では必ず夫婦が当事者となる）

イ　判決効が及ぶ第三者

ウ　職権探知

エ　再審の訴え

4.　参加的効力

Question

□①ア　補助参加人（または訴訟告知を受けた者）に対して前訴判決の効力が及ぶという特殊な効力を何というか。

イ　アの根拠を述べよ。

ウ　アと既判力との異同について

a　参加人はかかる効力に矛盾する主張ができるか。

b　参加者勝利の場合、参加的効力は発生するか。

c　効力の客観的範囲について理由中の判断にも及ぶか。

d　客観的範囲について何か制限はないか。

Answer

①ア　参加的効力（46条）

イ　敗訴責任を分担するため

ウ

a　できない

b　しない

c　及ぶ

d　訴訟責任の分担の趣旨に合致するものに効力が発生する。46条による制限もある

第7部 請求の複数・当事者の複数

第1章　複数請求訴訟

1.　総説

Question	Answer
□①　複数請求訴訟（136条等）の趣旨を答えよ。 複数の請求を別々に訴訟追行するならば、当事者・裁判所の（ア）する。 また、請求相互間に関連がある場合、内容が（イ）する判決がなされる危険がある。	① ア　負担が増大 イ　矛盾
□②　複数請求訴訟の種類について ア　訴え提起の当初から数個の請求が同時に審理の対象とされる場合を何というか。 イ　訴え提起後に別の請求が審理の対象とされる場合を何というか。 ウ　「客観的」とはどのような場合に使用する言葉か。	② ア　請求の原始的複数（固有の客観的併合） イ　請求の後発的複数 ウ　訴訟物に関する場合

2.　請求の原始的複数（固有の客観的併合）

Question	Answer
□①　相互に両立しうる複数の請求を並列的に併合し、そのすべてにつき判決を求めることを何というか。	①　単純併合
□②ア　同一の目的を有し、相互に両立しうる複数の請求のうち、選択的にいずれか1つが認容されれば他の請求についての審理を求めないとして数個の請求を併合する併合形態を何というか。 イ　アの訴訟形態を認める場合の条件を答えよ。 請求相互間に、（a）しうるが（b）という関連性が必要である。同一手続によることの（c）ためである。	②ア　選択的併合 イ a　両立 b　1つしか認容し得ない c　意味を持たせる

□③ア　法律上両立し得ない数個の請求に順位をつけて、第１順位の請求が認容されなければ、次順位の請求の認容を求めるという形の併合形態を何というか。

イ　アの形態を認める場合の条件を答えよ。

原則として請求相互間に、（ａ）相互に（ｂ）し、一方が認められない場合に他方が認められるという表裏の関係での関連性が必要である。この点における便宜性や判断の統一の観点で審判の意義が認められる必要がある。

③ア　予備的併合

イ
　ａ　法律上
　ｂ　矛盾

3.　請求の後発的複数

Question	Answer
□①　訴えの変更（143条）の意義を答えよ。 （ア）に、原告が（イ）を維持しつつ、当初の審判対象を（ウ）すること。	① ア　訴訟係属後 イ　当初からの手続 ウ　変更
□②　訴えの変更の態様について ア　当初からの請求を維持しつつ新請求についても審判を求める場合を何というか。 イ　従来の請求に代えて新請求につき審判を求める場合を何というか。 ウ　追加的変更をした場合、予備的選択的併合の形態をとれるか。	② ア　追加的変更 イ　交換的変更 ウ　とれる（併合形態と原始的・後発的複数との関連性はない）
□③　反訴（146条）の意義を説明せよ。 係属中の（ア）の手続内で、（イ）につき、（ウ）に対して提起する訴え。	③ ア　本訴 イ　関連する請求 ウ　被告が原告
□④　反訴が認められる趣旨を説明せよ。 原告に訴えの客観的併合・訴えの変更が認められるならば、（ア）から（イ）して反訴を認めるべきである。 また、（ウ）を回避できる。	④ ア　当事者平等原則 イ　被告にも対応 ウ　審理の重複・矛盾する判決

□⑤　反訴の態様を述べよ。
□⑥ア　訴訟係属中に当該請求の当否の関係たる権利・法律関係の存否について、原告または被告が追加的に提起する確認訴訟（145条）を何というか。
イ　中間判決とアはいかなる点が異なるか。
（a）の相違（裁判所か当事者か）。
請求は（b）か否か。

⑤　単純反訴、予備的反訴
⑥ア　中間確認の訴え
イ
a　イニシアティブ
b　複数

民事訴訟法

第2章　多数当事者訴訟

1.　総説

Question	Answer
□①　１個の手続に関与する当事者が同時に、あるいは時間的に前後して複数である訴訟を何というか。	①　多数当事者訴訟
□②　①のような訴訟形態が認められる趣旨を答えよ。	②
ア　多数の者が関与する共通の紛争権利関係につき、１回・１個の訴訟で審理判決できるならば、(　　)できる。	ア　当事者・裁判所の負担を軽減
イ　(　　)の手続保障（利害関係を有する者が積極的に当該手続きに関与していくことを可能ならしめる)。	イ　第三者
□③　多数当事者訴訟の問題点を述べよ。	③
ア　訴訟関係の（　　）の招致。	ア　複雑化・遅延
イ　一部当事者と他の当事者の（　　）をどのようにはかるか。	イ　利害関係の対立

2.　通常共同訴訟

Question	Answer
□①　各共同訴訟人と相手方との間の複数の請求相互間に関連性がある場合（38条）に数個の請求につき便宜上共同訴訟とすることが認められる場合を何というか。	①　通常共同訴訟
□②　①の要件を答えよ。	②
ア　38条の（　　）の具備 (相手方が承認すればこの要件は不要)。	ア　主観的併合要件
（ａ）共通・（ｂ）共通。	ａ　権利 ｂ　義務
（ｃ）の共通。	ｃ　原因
権利・義務の（ｄ)、事実上法律上（ｄ）の原因に基づく。	ｄ　同種
イ　（　　）の要件（136条)。	イ　請求の複数
ウ　一般の（　　)。	ウ　訴訟要件

□③ア　通常共同訴訟の審理方式として、共同訴訟人間の関係についての原則を何というか。

イ　通常共同訴訟において、各共同訴訟人は、他の共同訴訟人の訴訟追行に（a）されず、それぞれ（b）に訴訟を追行し、その効果を受けること。

ウ　アの内容について、説明せよ。

原則として各当事者が（a）して訴訟追行しているのと同じと考えてよい。訴訟行為の効果は共同訴訟人相互には（b）（39条）。

③ア　共同訴訟人独立の原則（39条）

イ
a　制約
b　独自

ウ
a　独立
b　影響しない

民事訴訟法

3.　必要的共同訴訟

Question	Answer
□①　判決が各共同訴訟人ごとに区々（まちまち）となることが許されず、合一確定が要求される共同訴訟を何というか。	①　必要的共同訴訟（40条）
□②　①の制度目的を述べよ。	②　判決の矛盾回避
□③　必要的共同訴訟の種類について	③
ア　全員が共同訴訟人として訴えを提起することが不可欠であるわけではないが、各共同訴訟人と相手方に訴訟が係属した場合、「合一確定の必要」のゆえに、必要的共同訴訟の審判の原則が適用される共同訴訟を何というか。	ア　類似必要的共同訴訟
イ　数人が共同して初めて、ある訴えにつき当事者適格が認められ、個別に訴えまたは訴えられたのでは、本案判決をなしえないという共同訴訟の類型を何というか。	イ　固有必要的共同訴訟
□④　共同訴訟における審判の原則を説明せよ。	④
共同訴訟人の１人の訴訟行為はそれが全員の（ア）となる場合にだけその効力を生じ（40条１項）、中断・中止の事由が生じたときは（イ）に対する関係で効力が生じる（40条３項）。	ア　利益 イ　全員
共同訴訟人の１人に対する相手方の訴訟行為は（ウ）に対してその効力を生じる（40条２項）。	ウ　全員

4. 共同訴訟の成立形態

Question	Answer
□① 原始的併合の諸形態について	①
ア 訴え及び当事者に順位をつける場合を何というか。	ア 主観的予備的併合
イ 共同訴訟人と相手方間の両立しうる請求につき、択一的にいずれかの請求の認容と他の請求の棄却を求める場合を何というか。	イ 主観的選択的併合
ウ 以上の態様は、原始的にも追加的にも形成できるか。	ウ 理論的にはできる
エ 52条で通常共同訴訟を後発的に形成できるか。	エ できない
オ 通常共同訴訟を後発的に形成するにはどうするのか。	オ
（a）を提起させ、弁論を（b）する。	a 別訴 b 併合
（c）の規定を利用する。	c 訴訟承継
□② 共同訴訟の成立態様について	②
ア 訴え提起の当初から共同訴訟の形態をとる場合を何というか。	ア 原始的併合
イ 訴訟係属後に新たに第三者が当該訴訟に当事者として加入、又は加えられることによって、共同訴訟となる場合を何というか。	イ 追加的（後発的）併合
□③ア 第三者の積極的参加の場合について、他人間の訴訟の判決効が拡張される地位にあり、当事者適格を有する第三者が、係属中の訴訟に参加してその手続保障の充足を得る途を認める参加形態を何というか。	③ア 共同訴訟参加（52条）
イ アを言い換えると、どのように表現できるか。 後発的に（　　）共同訴訟が成立する場合。	イ 類似必要的
ウ 固有必要的共同訴訟となるべき場合でも、本制度は利用できる。利用の実益を説明せよ。 当事者たるべき者が欠落していた場合にも上記の制度を利用して、（　　）を免れる。	ウ 不適法却下

5. 補助参加訴訟

Question	Answer
□①ア　他人間の訴訟の結果につき利害関係を持つ第三者が、当事者の一方を勝訴させることによって、間接的に自己の利益を守るためにその訴訟に参加する参加形態を何というか。	①ア　補助参加訴訟（42条）
イ　アの形態において訴訟に参加する第三者を何というか。	イ　補助参加人
ウ　本訴訟形態の機能を説明せよ。	ウ
・ある訴訟の判決が、将来第三者の不利に働くおそれがある場合、（a）を認める機会を保障する。	a　第三者の手続関与
・被参加人は参加人の訴訟追行によって（b）を期待できる。	b　有利な訴訟展開
・後訴で、被参加人敗訴の判決内容に、手続保障のあった限りで（c）が認められる。後訴を含めた（d）、後訴の事実上の防止ができる。	c　基準性 d　紛争の統一的処理
□②　補助参加人の訴訟上の地位について	②
ア　補助参加人は独自の利益を確保すべく訴訟に参加する者である。このことから、どのような要請が生まれるか。	ア
訴訟追行上の地位の被参加人からの（　　）を確保する要請（45条1項本文）。	独立性
イ　補助参加人は当事者を補助するものとして参加する者であることからその地位はいかなる性質を有するか。	イ
被参加人との関係で、（　　）を有する。	従属性
ウ　従属性の現れ（45条2項）を答えよ。	ウ
自白の撤回等主たる当事者が（a）行為をなしえない。	a　できなくなった
否認と自白等主たる当事者の訴訟行為と（b）行為をなしえない。	b　抵触する
取下げ、放棄、認諾など、訴訟係属の（c）にかかわる行為をなしえない。	c　発生・消滅
□③ア　補助参加人と判決効について、補助参加人にはいかなる効力が及ぶか。	③ア　参加的効力
イ　参加的効力の範囲はいかにして定められるか。	イ　46条で定まる

6.　共同訴訟的補助参加

Question	Answer
□①ア　訴訟物につき当事者適格を欠くことから、共同訴訟参加はできないが、当事者間の訴訟の既判力や執行力・形成力の及ぶ第三者が補助参加する場合の訴訟参加形態を何というか。	①ア　共同訴訟的補助参加
イ　具体例を述べよ。	イ　破産管財人の訴訟についての破産者
ウ　参加人の地位について、説明せよ。	ウ
・当事者と矛盾する行為について、当事者にとって（a）な行為ならば、効力が優先する。	a　有利
・補助参加人としての（b）を完全には脱却できない。	b　従属性
・自ら（c）をすることはできない。	c　訴えの変更・訴えの取下げ
・証人適格が（d）。	d　ある

7.　訴訟告知

Question	Answer
□①　訴訟係属中に、当事者が当該訴訟につき利害関係を有し参加しうる第三者に対して、法定の方式により訴訟係属の事実を通知すること（53条）を何というか。	①　訴訟告知
□②　訴訟告知の効果を述べよ。	②
・参加を（a）するのではない。	a　催促・強制
・（b）も任意、義務ではない。	b　告知するか否か
・告知がなされると、被告知者、告知者間の後訴について一定の要件の下に（c）を生じる（53条4項）。	c　参加的効力

8.　独立当事者参加訴訟・脱退

Question	Answer
□①ア　既に二当事者間で訴訟が係属している場合に、第三者が独立の当事者として原告・被告それぞれに対して自己の請求を立てて訴えを提起し、同一手続で三者間に矛盾のない判決を求める参加形態（47条）を何というか。	①ア　独立当事者参加
イ　結果として、生じる訴訟形態を何というか。	イ　三面訴訟
ウ　いかなる審判の原則が適用されるか。	ウ　必要的共同訴訟の審判の原則（47条4項、40条）
□②ア　独立当事者参加によって、当事者として訴訟追行する必要性を感じなくなった者が、相手方当事者の同意を得て訴訟から脱退できることを何というか。	②ア　当事者の訴訟からの脱退（48条）
イ　脱退の効果を説明せよ。 三面訴訟は（　　）となる。	イ 通常の二面訴訟

民事訴訟法

9.　当事者の交替

Question	Answer
□①ア　訴訟係属後原告が当初の被告以外の適格者に訴えを向け替え、又は当初の原告以外の適格者が原告と入れ替わって訴訟を追行することを何というか。	①ア　任意的当事者変更 ※実務では使われていない
イ　アに民訴法上の明文の根拠はあるか。	イ　明文はない
□②ア　訴訟係属中に係争権利関係をめぐる前主の実体法上の地位が相続人や譲受人などの承継人に移転する場合に、承継人に承継時における前主の訴訟上の地位を承継させ、審理を続行して争訟の処理を図る制度を何というか。	②ア　訴訟承継
イ　訴訟承継の効果を説明せよ。	イ
・承継人は（a）となる。	a　当事者
・承継人には（b）の効果としての時効完成猶予等が及ぶ。	b　訴え提起
・承継前になされた（c）を引き継ぐ。	c　訴訟追行の結果
・前当事者が（d）は自由にはできない。	d　できない訴訟行為

□③ 訴訟承継の根拠を説明せよ。	③
ア 当初の当事者の（　　）の地位の保障。	ア 既得
イ 現在利害の対立する者相互間で訴訟追行を続けさせることは、（　　）好ましい。	イ 訴訟経済上
□④ア 承継原因の発生により法律上当然に当事者の交代を結果する場合を何というか。	④ア 当然承継
イ アの根拠を述べよ。 当事者が存在しなくなり、前主の実体法上の地位を（a）する者が存在することに、（b）も対応させるものである。	イ a 全面的に取得・回復 b 訴訟上
ウ 当然承継が生じる原因はどのように決定されるか。	ウ 法定されている
エ ウの具体例を挙げよ。 ・（a）（124条1項1号、124条1項2号）。 ・資格に基づく当事者たる者の（b）（124条1項5号）。 ・破産手続開始の決定又は破産手続の終了（破産法44条）。	エ a 死亡・消滅 b 資格の喪失
オ アの効果を述べよ。	オ 全面承継
□⑤ア 実体法上の関係につき特定承継があった場合、訴訟参加の申出、あるいは訴訟引受の申立てによって、承継人が、被承継人の承継の時点での訴訟追行上の地位を承継することとする建前を何というか。	⑤ア 訴訟承継主義
イ 特定承継の場合で、 a 権利・義務を特定承継した者が申し立て、新たに訴訟に参加する場合を何というか。 b 権利・義務を承継した者を当事者が訴訟に引き込む場合を何というか。	イ a 参加承継（49条、51条前段） b 引受承継（50条、51条後段）

第8部　裁判に対する不服申立手続

第1章　上　訴

1.　控訴

Question	Answer
□①ア　第一審終局判決に対する第二の事実審への上訴申立行為を何というか。	①ア　控訴
イ　控訴権の消滅原因を述べよ。	イ
a　控訴期間の徒過 判決書または判決に代わる調書の送達から（　　）(285条)。	a 2週間後
b　控訴権の（　　）(284条)。	b　放棄
□②ア　控訴審において、認容判決をするのは不服申立ての範囲内に限られる（304条）ことを何というか。	②ア　不利益変更禁止の原則
イ　アの原則は具体的にどのようにして現れるか。 ・控訴審の判断は悪くとも（a）される。 ・不服の範囲を超えて（b）を受けることはない。 ・控訴人の申立て以上に（c）に変更することも許されない。	イ a　一審判決が維持 b　不利益な判決 c　有利
ウ　アの原則の趣旨を述べよ。	ウ　当事者主義の発現
エ　相手方も控訴したとき、裁判所はどのような判断をなせるか。	エ　全訴訟物について審判できる

2.　上告

Question	Answer
□①　控訴審の終局判決に対する法律審たる第三審への上訴申立て行為を何というか。	①　上告

□② 上告権の発生するのはどのような場合か。
上告の（ア）があり、（イ）が存在する場合（判決における法令違反の存在）。

②
ア 利益
イ 上告理由

3. 抗告

Question	Answer
□① 決定・命令に対する不服申立てを何というか。	① 抗告
□② 通常抗告を提起すべき期間は限定されない。それに対して、特に1週間内に提起することとされている抗告形態を何というか（332条）。	② 即時抗告
□③ア 上訴では最高裁の審判を受ける機会のない事件につき違憲を理由とする最高裁への不服申立ての途を開く制度を挙げよ。	③ア 特別上告・特別抗告
イ このような制度を認めなければならない根拠を述べよ。 最高裁が（　　）であることに基づく。	イ 憲法問題に関する終審裁判所

4. 再審

Question	Answer
□① 確定した終局判決に無視しえない重大な手続上の瑕疵あるいは判決の基礎たる資料の異常な欠陥など（338条参照）があり、確定判決の効力を維持しえない場合に限り認められる例外的な不服申立方法を何というか。	① 再審 ※確定判決の効力を取り消す形成訴訟
□② ①の制度目的を述べよ。	② 適正手続・権利保護の要請

憲　法

第1部　憲法総論

第1章　憲法の特徴

1.　憲法の目的

Question	Answer
□①ア　13条に表明された、憲法全体を支える理念は何か。	①ア　個人主義
イ　アの理念はどのような文言によって表されているか。	イ　個人の尊重
□②ア　①の理念を達成するために、憲法は何に対する権利を国民に保障しようとしているか。	②ア　公権力（国家権力）
イ　憲法は上の権利を保障するために様々な方法を講じている。まず、個人の尊重の具体化として何が第何章に定められているか。	イ　人権保障・第3章
ウ　さらに、イの実現に資するように統治機構の定めをおいている。その現れといえる制度を挙げよ。	ウ　権力分立、国民主権など
□③　憲法の特徴3つとその根拠条文例を挙げよ。	③　権力を制約する法、最高法規（以上98条）、国家の基本法である（4章以下）

2.　憲法の基本原理

Question	Answer
□①　憲法の基本原理を3つ挙げよ。また、その3つの原理について、根拠条文を挙げよ。	①　国民主権（前文1段・1条）、基本的人権の尊重（13条・97条）、平和主義（前文・9条）
□②　国民主権について	②
ア　国民主権から導かれる理念その内容を述べよ。	ア　民主主義、治者と被治者の自同性

イ　日本国憲法上、国民主権が採用された理由を述べよ。

ウ　日本国憲法上の民主主義は代表民主制か直接民主制か。その理由を付して答えよ。

（a）を確保する必要がある。国政について国民の（b）に問題がある。

□③　基本的人権について

ア　近代立憲主義が確立された18世紀以降で保障が意識された権利は何か。

イ　時代の変遷に伴い、認められるようになった人権は何か。

ウ　イの人権が認められるようになった理由を説明せよ。

資本主義社会の発達による（　　）の発生

エ　このように、自由権保障のために国家が積極的措置を講じなければならないとする理念を何というか。

□④　憲法の３つの基本原理の関係について

ア　すべて何条のいかなる理念から派生するか。

イ　自由権が国家による制約から逃れる権利である点に着目し、何ということがあるか。

ウ　同様に、社会権については何と呼ばれるか。

エ　自由権と社会権は、いかなる関係にあるか。

（a）な自由を確保するため社会権がある。一方社会権は自由権の（b）にもなりうる。

オ　３つの基本原理について

a　最も中心となる理念はいずれか。

b　３つの理念の関係を説明せよ。

カ　民主主義と自由主義の関係を説明せよ。

民主主義は自由主義実現の（a）である。他方、（b）が保障されて初めて民主主義が全うされる。

□⑤　主権の意味について

ア　主権の３つの意味を挙げよ。

イ　人権保障に資する、個人の価値は皆平等である

ウ　代表民主制

a　実質的討論

b　判断能力

③

ア　自由権

イ　社会権

ウ

社会的弱者

エ　福祉国家の理念

④

ア　13条、個人の尊厳

イ　国家からの自由

ウ　国家による自由

エ

a　実質的

b　脅威

オ

a　基本的人権の尊重

b　国民主権は人権確保の手段、平和主義は人権保障の前提

カ

a　手段

b　自由

⑤

ア　最高独立性、統治権、国政の最終決定権

Question	Answer
イ 「日本国の主権は、北は北海道まで及ぶ」、というフレーズのなかの「主権」の意味を答えよ。	イ 統治権
ウ 「日本は国際社会の中で主権国家としての責務を果たすべきである」という文脈での主権の意味を答えよ。	ウ 最高独立性

3. 憲法典の構造

Question	Answer
□① 憲法典は大きく分けて2つに分かれる。分け方を答えよ。	① 人権、統治機構
□② 人権規定は第何章におかれているか。	② 第3章
□③ 国会・内閣・裁判所についての定めは第何章におかれているか。	③ 第4章から第6章
□④ 財政・地方自治に関する規定がおかれているのは第何章か。	④ 財政：第7章 地方自治：第8章
□⑤ 憲法の最高法規性に関する規定は第何章におかれているか。	⑤ 第10章

4. 憲法の歴史

Question	Answer
□①ア 国家作用のうち、もともと国王が担っていた作用は何か。	①ア 行政権
イ 国王の権力を制限し、自由を確保するために最初に国民が獲得した国家作用は何か。	イ 立法権
ウ 法律によらなければ行政を行えないものとして、行政権を制約する考え方を何というか。	ウ （いい意味での）法律の留保
□②ア 法によって統治作用を果たそうという考え方を何というか。	②ア 法治主義
イ この場合の法の内容を説明せよ。	イ 特定の思想と結びつかない一般的な法（内容は問わない）
ウ このような法治主義には欠点がある。説明せよ。	ウ 法によりさえすれば人権が制限できるということになりかねない

エ　ウのように、「国民の権利が法律の範囲内において認められるに過ぎない」という考え方を何というか。

エ　（悪い意味での）法律の留保

□③ア　国王から立法作用を取り上げることで国民の自由を守ろうとし、権力分立、人権保障などの原理を総称して何というか。

③ア　近代立憲主義

イ　近代立憲主義の考え方から、国家は警察的作用のみを行い、なるべく何もしないことが望ましいと考えられた。このような国家観を何というか。

イ　消極国家

ウa　このころの国家機関で、もっとも重要視された機関を答えよ。その理由は何か。

ウa　議会。国民から最も近いところにあるから

b　このような建前を何というか。

b　議会中心主義

エ　フランスやドイツにおいて、法律の制定に何らかの制約はあったか。理由とともに答えよ。

エ　なかった。議院は人権を侵害しないと考えられたから

オ　議会中心主義・法治主義の採用を特徴とする法体系を答えよ。

オ　大陸法系

カ　イのような消極国家の理念は、後に危機に瀕した。その理由を答えよ。

カ　資本主義の発達による貧富の差の増大

□④　法治主義・近代立憲主義とも時代の変遷に伴ってその修正を迫られるようになった。

④

ア　人による支配を排除し、いかなる国家権力・政治権力も法の下にあり、法によって国民の基本的人権が侵害されることを防止できるとする原理が登場した。これを何というか。

ア　法の支配

イ　法の支配の特徴として、立法内容も正しい法に従っているか否かをチェックする機関が必要となる。そのような機関は何か。

イ　裁判所
※イギリスでは議会自身が法との適合性を判断

ウ　以上、法内容について特定の法への適合性を問題とする考え方は、いかなる法体系に属するか。

ウ　英米法系

エ　法の支配は、日本国憲法においても採用されているとされている。その現れについて

エ

a　13条、11条、97条等に現れている内容を答えよ。

a　人権の永久不可侵性

b　第10章の表題ともされている現れは何か。

b　憲法の最高法規性

Question	Answer
c　aやbを担保する制度として第6章に現れているものは何か。	c　司法権の独立、違憲審査制
d　法の支配の手続面からの統制で、31条に現れているものを答えよ。	d　適正手続
オ　資本主義の発達によって生じた社会的弱者には実質的に自由を保護する必要性が生じた。そこでいかなる手段がとられたか。	オ　社会権の保障
カ　社会権の保障には、国家による積極的な施策が必要になる。このように人権保障のため積極的な施策を施すようになった国家を何というか。	カ　積極国家
キ　積極国家、違憲立法審査権など、近代立憲主義の特徴とされる諸原理の修正原理を総称して何というか。	キ　現代立憲主義

5. 前文

Question	Answer
□①　法律の最初に付され、その法律の目的や精神を述べる文章を何というか。	①　前文
□②　前文の主な内容を説明せよ。	②　国民主権、人権の尊重、平和主義が普遍の原理とされる
□③　前文の法的性質について	③
ア　法規範性とは何か。	ア　法としての拘束力が認められるということ
イ　前文に法規範性はあるか。	イ　ある
ウ　裁判所が事件解決の判断基準として用いることができるという規範の性質を何というか。	ウ　裁判規範性
エ　前文に裁判規範性はあるか。理由とともに答えよ。	エ　ない（判例）。前文の内容は裁判規範とするには、抽象的すぎるから

第2部　基本的人権

第1章　基本的人権の原理

1.　人権の観念・根拠

Question	Answer
□①ア　あらゆる人権保障の根拠となるのは、憲法第何条か。	①ア　13条
イ　人権が永久不可侵とされる理由を述べよ。	イ　人が生まれながらに有する権利だから

2.　人権の内容

Question	Answer
□①　人権の種類について	①
アa　包括的基本権としての人権と根拠条文を指摘せよ。	アa　幸福追求権（13条）
b　aの人権保障における役割は何か。	b　新しい人権を認めるための根拠規定となる
イ　憲法のもう一つの原理である平等権についての定めは憲法の何条か。	イ　14条
□②ア　国家が個人の領域に介入することを排除する権利を何というか。	②ア　自由権
イ　かかる自由権は２種類に分類される。それを述べよ。	イ　精神的自由権と経済的自由権
ウ　一般に、精神的自由権に分類される権利を４つ挙げよ。	ウ　思想良心の自由（19条）、信教の自由（20条）、表現の自由(21条)、学問の自由（23条）

憲法

エ　一般に、経済的自由権に分類される権利を3つ挙げよ。	エ　居住・移転の自由（22条）、職業選択の自由（22条）、財産権（29条）
□③ア　社会的、経済的弱者を守るための権利を何というか。	③ア　社会権
イ　アに属する人権を3つ挙げよ。	イ　生存権（25条）、教育を受ける権利（26条）、労働基本権(28条)
□④　参政権の例を挙げよ。	④　選挙権
□⑤　受益権を3つ挙げよ。	⑤　裁判を受ける権利（32条）、国家賠償請求権（17条）、請願権（16条）
□⑥　例えば、生存権は一概に社会権といってよいか。いえないなら、理由を答えよ。	⑥　いえない。生存権を害する行為が許されないという点で、自由権的側面も存する
□⑦ア　消極国家の概念と適合的な権利は自由権か社会権か。	⑦ア　自由権
イ　社会権を広く認めるならば、自由権を侵害するおそれがある。その理由は何か。 社会権実現のための（　　）が自由の制約につながることがあるから。	イ 国家の介入

3.　制度的保障

Question	Answer
□①ア　一定の制度に対して、立法によってもその核心ないし本質的内容を侵害することができない特別の保障を与え、間接的な人権保障を実現することを何というか。	①ア　制度的保障
イ　上の保障の具体例を挙げよ。	イ　検閲の禁止、政教分離、大学の自治、地方自治など
□②ア　制度的保障の危険性を説明せよ。 制度の（ａ）への制約であることを理由に、人権侵害の（ｂ）に使われるおそれがある。	②ア ａ　周辺部分 ｂ　正当化根拠

Question	Answer
イ　制度的保障は限定的に用いるべきであるとされる。その要件を挙げよ。 制度の核心的内容が（a）であって、制度と（b）との関係が密接なものに限定すべきである。	イ a　明確 b　人権

4.　人権の主体

Question	Answer
□①ア　法によって権利能力を与えられた団体を何というか。	①ア　法人
イ　アの人権享有主体性に疑問がある理由は何か。 「生まれながら」享有する権利は（　　）に限ると考えられるから。	イ 自然人
□②ア　外国人の人権享有主体性が問題となる理由は何か。	②ア　第3章の表題が「国民」とされているから
イ　それでは外国人の人権享有主体性は認めるべきか。	イ　権利の性質上、日本国民のみを対象としているものを除き認めるべき（判例）
ウ　イの理由を答えよ。 ・人権は（a）を有する。 ・（b）（98条2項）	ウ a　前国家的性格 b　国際協調主義
エ　性質上、外国人に認められない、または制限される人権を挙げよ。	エ　社会権、参政権、入国の自由
□③ア　未成年者は人権享有主体たりうるか。	③ア　たりうる
イ　アの理由を述べよ。	イ　国民であるから
ウ　しかし、現実には未成年者の人権は制約されている。その例を挙げよ。	ウ　選挙権、選挙運動の自由、閲読の自由への制約
エ　未成年の人権が制約される理由は何か。	エ　自己加害の防止

憲法

第2章　基本的人権の限界

1.　人権と公共の福祉

Question	Answer
□①ア 「公共の福祉」の文言どの条文に見られるか。	① ア　12条、13条、22条1項、29条2項
イ 「公共の福祉」の憲法上の位置づけを答えよ。	イ　人権制約の原理かつ人権相互調整の実質的公平の原理
ウ　人権の制約がやむを得ない理由を答えよ。	ウ　人権の行使には常に他人の人権制約を招く可能性があるから
□②　人権制約について	②
ア　人権に論理必然的に内在する制約を何というか。	ア　内在的制約
イ　人権の性質外にあって、政策的に課される制約を何というか。	イ　外在的制約
□③ア 「公共の福祉」の概念は抽象的であるから、そのまま裁判規範とすることはできない。これを受け、精神的自由権への制約は、経済的自由権よりも厳格に判断するという基準を何というか。	③ア　二重の基準
イ　精神的自由権への制約の合憲性は厳格に判断べきとされる理由につき、民主制と人権との関係という観点から答えよ。 精神的自由権は（a）を支える権利であり、いったん（b）に制約されると民主的な手続による回復が困難になるから。	イ a　民主制 b　不当
ウ　同じく、裁判所の判断能力の点から答えよ。 経済的自由権に関する立法の合理性を判断するには、裁判所は（　　）が不足しているから。	ウ 専門技術的知識

2. 特別な法律関係による人権の限界

Question	Answer
□① 特別の公法上の原因によって成立する公権力と国民との特別の法律関係を何というか。	① 特別権力関係
□②ア 公権力との特別な法律関係を有する者の例を挙げよ。	②ア 公務員、在監者、国立大学学生
イ 公務員について特別な人権制約が必要となる理由は何か。	イ 公務員には国民生活の安全、平穏を守り権利を保障する役割があるから
□③ このような必要性を満たすために「特別権力関係理論」が唱えられた。その内容として、	③
ア 公権力が特別な関係にある私人をどのように支配できるか。	ア 法律の根拠なく、包括的に支配できる（法治主義の排除）
イ さらに、人権の制約の方法をどう考えるか。	イ 法律の根拠なしに人権を制約できる（人権保障の排除）
ウ 司法権はこの関係における公権力の行為の審査はできるか。	ウ できない（司法審査の排除）
□④ア 特別権力関係の理論を、現憲法下で認められるか。	④ア 認められない
イ アの理由を答えよ。	イ 法の支配の概念に反する
ウ さらに、特別権力関係の問題点を述べよ。	ウ 全く異なる法律関係を一括して捉える点
エ それでは、特別な人権制約の根拠をいかにして求めるべきか。	エ 法律関係ごとに制約根拠、制約の程度を考えるべき
□⑤ア 公務員の特別な人権制約の根拠をどこに求めるべきか。	⑤ア 15条（全体の奉仕者）、73条4号などから公務員関係を憲法が予定していると見るべき

イ　在監者の人権制約の根拠はいかに考えるか。	イ　18条、31条から、在監関係を憲法が予定していると考えるべき
ウ　それでは、特別の人権制約の程度はいかに考えるべきか。 以上のような関係の（a）と（b）を確保する限度において人権制約が許される。	ウ a　存立 b　自律性

3.　私人間における人権の保障と限界

Question	Answer
□①ア　憲法はどのような作用から国民の権利を守るものであるか。	①ア　公権力
イ　時代の変遷に伴い、個人の尊重の理念達成のためにはアだけでは不十分であると考えられるに至った。その事情はどのようなものか。 （a）の発達に伴い巨大な力を持った私的団体が成立し、また（b）の発達に伴いプライバシー侵害の危険が発生した。	イ a　資本主義 b　マスコミ
ウ　イのような事情の下、憲法をどうすることが必要だと考えられるようになったか。	ウ　人権規定の私人間の法律関係への適用
□②ア　人権を私人間に適用することと、人権が対国家防御権であったこととの整合性をどう説明すべきか。 （a）に人権の脅威の対象が国家だったというだけであり、同様の（b）侵害の脅威があるなら、憲法の対象を必ずしも国家に限定する必要はない。憲法価値は（c）における基本原理とも見うる。	②ア a　歴史的 b　人権 c　全法秩序
イ　私人間への人権規定の適用を無制限に認めてよいか。	イ　よくない
ウ　イの理由を2つ説明せよ。 （a）が害され、人権規定が（b）に変化するおそれがある。 人権規定の適用は（c）を過大に制約することにつながる。	ウ a　私的自治 b　義務規定 c　他人の人権

第3章　包括的基本権と法の下の平等

1.　生命・自由・幸福追求権

Question	Answer
□①ア　憲法の第1章には詳細な人権規定がおかれているが、憲法が保障する権利はこれに限られるのか。	①ア　限られない
イ　アの理由を述べよ。 第1章は（　　）に侵害されることが多かった権利を列挙したに過ぎない。	イ 歴史的
ウ　以上のように解する必要性について述べよ。 （a）に伴い、憲法制定時には考えられなかった（b）の必要性が生じる可能性があるから。	ウ a　社会の発展 b　人権保障
エ　このように、第1章に列挙されていない権利が憲法上保障されていると考える際によるべき根拠条文と、そこに規定されている権利の名前を答えよ。	エ　13条、幸福追求権
オ　エは個別の人権規定だけでは対応できない場合に初めて用いられる。このような権利を何というか。	オ　補充的権利
□②　幸福追求権から導き出される権利の例として	②
ア　私生活をみだりに公開されない権利とか、自己に関する情報をコントロールする権利とされる権利を答えよ。	ア　プライバシーの権利
イ　個人の人格的生存に関わる重大な私的事項を公権力の介入、干渉なしに各自が自律的に決定できる権利を何というか。	イ　自己決定権
ウ　その他新しい人権の例を挙げよ。	ウ　環境権、アクセス権、平和的生存権
□③ア　このように、新しい人権は様々である。しかし、新しい人権を安易に認めるならば、問題が生じる。その問題点を指摘せよ。	③ア　人権のインフレ化、他人の人権への不当な制約を招くおそれ

イ　新しい人権として憲法の保障が及ぶか否かを判断する基準を定立する必要がある。その内容を説明せよ。 ・個人の（a）に不可欠か否か。 ・長期間国民生活において基本的なものであったか。 ・（b）がしばしば行使できるか。 ・他人の基本権を侵害するおそれがないか。	イ a　人格的生存 b　多数の国民

2.　法の下の平等

Question	Answer
□①ア　平等権はいかなる概念から由来する権利か。	①ア　個人の尊厳（尊重）
イ　平等権の人権のなかでの位置づけを答えよ。	イ　総則的人権
□②　自由と平等はいかなる関係にあるか。	②　個人の尊厳達成のため保障が必要でありながら、相反する関係にもある
□③ア　すべての個人に自由な活動を保障し、均等に取り扱うという意味の平等を何というか。	③ア　形式的平等（機会の平等）
イ　形式的平等を貫くといかなる結果が発生するか。	イ　貧富の差の増大
ウ　社会的弱者を保護し、その他の者と同等の自由と生存を確保するという意味の平等を何というか。	ウ　実質的平等
エ　合理的な区別を許すか許さないかという観点からの平等の概念の分類を何と表現するか。	エ　絶対的平等、相対的平等
□④　14条1項後段について	④
ア　人の身体的特徴に基づく区別を何というか。	ア　人種
イ　広く思想上・政治上の主義を何というか。	イ　信条
ウ　社会において、一時的ではなく占めている地位で、自分の力ではそれから脱却できず、ある種の社会的評価が伴っているものを何というか。	ウ　社会的身分
エ　家柄、生まれのことを他に何というか。	エ　門地
オ　14条1項後段のように、具体例が列挙されているに過ぎないことを何というか。	オ　例示（的）列挙
□⑤　法の下の「平等」の意義を答えよ。	⑤　法内容の平等かつ実質的平等（有力説）

第4章　精神的自由権

1.　思想・良心の自由

Question	Answer
□①　世界観・人生観など個人の人格的な内面的精神作用を何というか。	①　思想・良心
□②　19条の「これを侵してはならない」について	②
ア　思想は内心の領域にとどまる限りではいかなる保護が与えられるか。	ア　絶対的保障
イ　さらに「侵してはならない」とは一定の行為を拒否する自由も含む。それを何というか。	イ　沈黙の自由
ウ　イに抵触し、許されないと考えられる国家行為としてどのようなものがあるか。例を挙げよ。	ウ　踏み絵、天皇制の賛成・反対について尋ねることなど

憲法

2.　信教の自由

Question	Answer
□①ア　戦前において、信教の自由は憲法上一応保障されていたが、実際上はいかなる状況にあったか。	①ア　神道が国教化され、他の宗教は冷遇された
イ　日本国憲法は宗教に対してどのような位置づけを与えたか。	イ　厚く保障し、国家と宗教の分離も明確化した
□②ア　信教の自由には3つの意味が含まれる。その3つの意味を答えよ。	②ア　信仰の自由、宗教的行為の自由、宗教的結社の自由
イ　信仰の自由の保障の程度を説明せよ。	イ　内心に留まる限りは信仰の自由は、絶対無制約である
ウ　アの他の2つの行為の保障の程度はどうか。	ウ　行動が伴うので制約される可能性がある
エ　宗教的行為の自由には二面性がある。それを答えよ。	エ　宗教的行為の自由には行為を強制されない自由も含む

□③ア　国家と宗教を分離するとの制度を政教分離というが、かかる制度は、憲法何条で定められているか。	③ア　20条1項後段、20条3項、89条
イ　政教分離の目的を答えよ。	イ　少数者の信教の自由の確保、国家・宗教双方の堕落防止
ウ　政教分離の程度について、これは政治と宗教の一切の関わり合いを排除するものか。	ウ　そうではない
エ　関わり合いの例を挙げよ。	エ　宗教法人が経営する私立学校に助成金を出す
オ　このように政治と宗教が関わらざるを得ないとすると、許される関わり合いか否かを判断する基準が必要となる。この基準のうち、元々アメリカで採用され、日本の裁判所でも取り入れられるに至った基準を挙げよ。	オ　目的効果基準
カ　アメリカ連邦裁判所で採用された違憲審査基準の内容を説明せよ。	カ
・問題となる国家行為の目的が（a）か。	a　世俗的
・その行為の（b）な効果が宗教を振興または抑圧するものか。	b　主要
・宗教と国家の（c）を促すものか。	c　過度の関わり合い

3.　学問の自由

Question	Answer
□①ア　学問の自由で保障される内容を説明せよ。	①ア　学問研究の自由、研究発表の自由、教授の自由
イ　学問の自由を保障する理由を述べよ。	イ
真理の探求は（a）の思惑に反することが多く、	a　為政者
（b）に侵害されやすかったから。	b　歴史的
□②　大学の自治について	②
ア　大学の自治の保障につき、日本国憲法に明文はあるか。	ア　ない
イ　では、大学の自治を保障する根拠のうち、歴史的なものとして、何が挙げられるか。	イ　ヨーロッパ中世以来の伝統

Question	Answer
ウ　実質的理由として、いかなる理由が挙げられるか。 大学は（a）の中心であるから、その自主性を確保することは（b）の保障に不可欠である。	ウ a　学問研究 b　学問の自由
エ　このような大学の自治の法的性質は、いかに解するべきか。	エ　制度的保障
オ　大学の自治の内容を説明せよ。	オ　研究者人事の自治、施設・学生の管理の自治

4.　表現の自由

Question	Answer
□①　表現の自由の重要性を支える価値について	①
ア　個人が言論活動を通じて、自己の人格を発展させるという個人的な価値を何というか。	ア　自己表現
イ　言論活動によって、国民が政治的意思決定に関与するという民主政に資する社会的価値を何というか。	イ　自己統治
ウ　表現の自由が厚く保障されるのは、特にいずれの価値に基づくものか。	ウ　自己統治
□②　表現の自由の保障内容について	②
ア　表現の自由として保障される本来的な内容を答えよ。	ア　思想・情報を発表し伝達する自由
イ　情報化の進んだ現代社会において、アの観念は再構成されることになった結果、特に保障されるべきとされた権利は何か。	イ　知る権利
ウ　イの権利が20世紀になって、特に重要となった理由を２つ説明せよ。	ウ　情報の価値の増加。大部分の国民が情報の受け手の地位に固定化されたから
エ　イの権利の内容のうち、自由権的側面について説明せよ。	エ　情報の取得を国家に干渉されない権利
オ　同様に、社会権的側面（請求権的側面）について説明せよ。	オ　情報の公開を請求する権利
カ　マスメディアに対して、自己の意見発表の場を提供することを要求する権利を何というか。	カ　アクセス権

憲法

キ　カのような権利が、議論されるようになった理由を述べよ。

言論の多様化を図るため（a）の地位に（b）された一般国民が送り手としての地位を確保する必要があるから。

キ

a　受け手
b　固定化

□③　報道の自由について

ア　憲法上保障されているか否か問題となる。なぜか。

表現は思想を伝えるものであるが、報道は（　　）を伝えるものであるから。

イ　報道の自由は憲法の保障が及ぶか。

ウ　イの理由を２つ答えよ。

報道は編集という（a）の所産であり、（b）の保障に奉仕するものであるから。

エ　さらに、取材の自由は憲法上保障されるか。

オ　取材の自由が、憲法上保障される根拠は何か。

報道は（a）を通じてなされるものである以上、取材の自由は報道の自由の（b）といえるから。

カ　集団行動の自由は憲法上、いかなる理由から、いかなる規定によって保障されるか。

キ　かかる集団行動の自由の現代社会における重要性は、いかなる点にあるか。

③

ア

事実

イ　及ぶ（判例）

ウ

a　知的作業
b　知る権利

エ　される（判例）

オ

a　取材
b　前提

カ　動く集会として21条で保障されている

キ　一般国民が情報の送り手になる数少ない場

□④ア　表現の自由は、絶対無制限でない。なぜか。

イ　表現の自由への制約が、合憲か違憲か判断する際、裁判所はその判断をどのようになすか。

ウ　このような判断基準についての理論を何と呼ぶか。

④ア　発表という外部的行為を伴うため他の利益と衝突する可能性があるから

イ　経済的自由権よりも厳格に判断する

ウ　二重の基準

□⑤　かかる厳格な基準のうち、

ア　表現活動を事前に抑制することは許されないという理論を何というか。

イ　事前抑制が禁止されるのはなぜか。

⑤

ア　事前抑制原則禁止の理論

イ　抑制効果が大きい、濫用の危険性が高い

ウ　必要最小限度の手段を要求する基準として、表現の時、所、方法の規制の合理性を検討するのに有用な基準の名を答えよ。

□⑥ア　検閲の定義につき、判例によるものを答えよ。

（ａ）が主体となって、（ｂ）等の表現物を対象とし、その全部または一部の（ｃ）の禁止を目的として､対象とされる一定の表現物につき（ｄ）に、（ｅ）にその内容を審査した上、（ｆ）と認めるものの発表を禁止する。

イ　検閲の禁止につき根拠条文を答えよ。

ウ　上記の禁止に例外はあるか。

ウ　より制限的でない他の選びうる手段の基準（ＬＲＡの基準）

⑥ア

ａ　行政権

ｂ　思想内容

ｃ　発表

ｄ　網羅的・一般的

ｅ　発表前

ｆ　不適当

イ　21条2項

ウ　ない

憲法

第5章　経済的自由権

1．居住・移転・職業選択の自由

Question	Answer
□①ア　職業選択の自由は、自由権のうち、いかなるカテゴリーに属するか。	①ア　経済的自由権
イ　経済的自由権は、精神的自由権よりも強度の制約を行う必要がある。その理由を答えよ。 無制限な職業活動を許すと、（a）を脅かすおそれが大きいから。 制約によって（b）を実現する必要性が高いから。	イ a　公共の安全と秩序の維持 b　社会国家の理念
ウ　また、このように経済的自由権に対して、強度の制約を加えることが許容できる理由を答えよ。	ウ　不当に害されても民主政の過程で回復可能である
□②　経済的自由権への規制の種類について	②
ア　態様の点で、一般に許可制と届出制ではどちらが制約の度合いが強いか。	ア　許可制
イ　その違いはどこから生まれるか。	イ　一般に届出制は、行政府に裁量の余地を許さないから
ウ　国民の生命および健康に対する危険を防止、もしくは除去、ないし緩和する目的で課せられる規制を何というか。	ウ　消極目的規制（警察的規制）
エ　例えば、目的が必要かつ合理的で、同じ目的を達成できるより緩やかな手段がないことを要請する、厳格の程度が高い基準を何というか。	エ　厳格な合理性の基準
オ　制約は、障害の大きさに比例しなければならないとの原則を何というか。	オ　警察比例の原則
カ　ウの規制に対しては、どのような基準でその合憲性を判断すべきか。その理由も合わせて答えよ。	カ　警察比例の原則から、厳格な合理性の基準によらなければならない
キ　福祉国家の理念実現のため、社会・経済的弱者を保護するために課される規制を何というか。	キ　積極目的規制

ク　規制措置が著しく不合理であることが明白でない限り、当該規制は違憲とはならないとする原則を何というか。	ク　明白性の原則
ケ　キの規制の合憲性は、具体的にいかなる基準をもって判断されるか。	ケ　目的の正当性のほか、手段は明白性の原則をもって判断する
□③　居住移転の自由は、他の経済的自由権とは異なった側面を有する。それは何か。 （　　）であり、精神的自由権の性質を併せ持っている。	③ 知的な接触の機会を得るための自由

2.　財産権の保障

Question	Answer
□①ア　財産権は、「これを侵してはならない」の内容を2つ述べよ。	①ア　具体的な財産権の保障、私有財産制の保障
イ　アに関連し、私有財産制の保障の法的性質を答えよ。	イ　制度的保障
□②ア　29条2項の公共の福祉の概念には、いかなる内容が含まれているか。	②ア　内在的制約のみならず、数量的制約をなす意味まで含まれている
イ　29条2項の公共の福祉と同じ意味で、「公共の福祉」が使われているといわれている憲法上の条文を答えよ。	イ　22条1項
ウ　29条2項の法律による制約と、29条3項の正当な補償を必要とする制約との間にはどのような違いがあるか。	ウ　2項の制約は一般的制約、3項の制約は個別的制約
エ　3項は損失補償を要するとしているが、2項による制約の場合、損失補償は必要がないといえるか。	エ　必要でないと考える考え方が一般的
□③　29条3項について、どの程度の補償が必要か。	③　原則として市場価格による完全補償を要する（学説）

第6章　人身の自由・国務請求権・参政権

1.　適正手続

Question	Answer
□①ア　31条は「法律の定める手続」としているが、手続を法律で定めさえすれば、手続の内容は問わないのか。	①ア　違う。法律の内容まで適正であるべき
イ　それでは、手続さえ法律で定めればいいのか。	イ　実体法も法律で定めなければならない
ウ　実体法の内容は問わないのか。	ウ　いかなる実体法も内容が適正でなければならない
□②　31条は「その他の刑罰」とあるが、適正手続は刑事手続にだけ要請されているのか。	②　行政手続など他の国家行為についても要請されている（学説）

2.　裁判を受ける権利

Question	Answer
□①　裁判を受ける権利の内容を2つ挙げよ。	①　権利・自由の救済を要求する権利、公平な機関以外によって裁判されることのない権利

3.　参政権

Question	Answer
□①　参政権に属する人権を2つ挙げよ。	①　選挙権、公務就任権
□②　選挙に関する基本原則について、次のアからオについて、その名前を答えよ。	②
ア　財力、性別などを選挙の要件にしないとする原則。	ア　普通選挙
イ　選挙権の価値は平等であるとする、1人1票の原則。	イ　平等選挙

ウ　投票を棄権しても制裁を受けない制度

エ　誰に投票したかを秘密にする制度

オ　選挙人が公務員を直接に選挙する制度

□③　②のア・オの原則と異なる選挙をそれぞれ何と呼ぶか。

ウ　自由選挙

エ　秘密選挙

オ　直接選挙

③　ア：制限選挙

オ：間接選挙、複選制

憲法

第7章　社会権

1.　生存権

Question	Answer
□① 25条の法的性格について	①
ア　25条1項の社会権的側面について法規範性はあるか。	ア　ある（学説）
イ　同じく裁判規範性はあるか。	イ　そのままではない。内容を具体化する法律の制定が必要
ウ　25条1項の社会権的側面のような権利を何というか。	ウ　抽象的権利
エ　法律の制定を待たずに、直接裁判規範としうる権利を何というか。	エ　具体的権利
オ　25条1項は、全く具体的権利性がないのか。	オ　自由権的側面については裁判規範性がある
カ　25条2項の趣旨を答えよ。	カ　1項を受けて国の責務を明確にしている（学説）

2.　教育を受ける権利・労働基本権

Question	Answer
□① 教育を受ける権利の保障内容について答えよ。 自己の人格を完成するため（ア）権利 子供が自己に教育を施すことを（イ）権利	① ア　学習をする イ　大人に要求する
□②ア　労働基本権の趣旨を答えよ。 労働者を使用者と（ａ）に立たせ、その（ｂ）させる。	②ア ａ　対等な立場 ｂ　生存を確保
イ　労働基本権の私人間効力についての特徴を答えよ。	イ　私人間に直接適用される
ウ　労働力を提供して、対価を得て生活する者を何というか。	ウ　労働者（勤労者）

エ　団結権と結社の自由との違いを答えよ。

エ　団結権の方が団体による拘束力が強い

憲法

第3部　統治機構

第1章　国　会

1.　権力分立の原理

Question	Answer
□①ア　国家の諸作用を性質に応じて区別し、それを異なる機関に担当させ相互に制約と均衡を保たせる制度を何というか。	①ア　権力分立
イ　アの制度の目的を説明せよ。 分離した諸作用ごとに（a）させることで（b）を防止する。	イ a　抑制・均衡 b　権力の濫用
ウ　アの制度は、権力に対してどのような態度をとっているか。	ウ　悲観的・懐疑的
エ　アの制度は、民主主義的か自由主義的か。	エ　自由主義的
オ　アの制度は、効率的といえるか。	オ　摩擦を発生させるので効率的とはいえない
カ　大陸法系の権力分立の特徴を、２点説明せよ。	カ　国会の優位、裁判所は行政事件を裁判できない
キ　アメリカ法における特徴を２点説明せよ。	キ　三権は対等、裁判所は行政事件も裁判できる
□②　権力分立の現代的変容について	②
ア　行政府が国の基本政策の形成・決定に事実上、中心的な役割を営むことを何というか。	ア　行政国家現象
イ　アの現象の問題点を述べよ。	イ　行政権による人権侵害のおそれが高まる
ウ　イの問題を克服するには行政権に歯止めをかけねばならない。その方法を説明せよ。	ウ　議会主義の復権、裁判所による違憲審査権行使
エ　政党が国会意思の形成に事実上中心的な役割を営む状態を何というか。	エ　政党国家現象

オ　司法権が議会、政府の活動をコントロールする状態を何というか。	オ　司法国家現象

2. 国会の地位

Question	Answer
□① 41条の「国権の最高機関」とは､いかなる意味か。（ア）である国会が国政の（イ）を占める機関であるということ。	① ア　国民代表機関 イ　中心的地位
□② 国会の定立する法規範の性質を答えよ。	② 一般的抽象的法規範
□③ 「唯一の立法機関」の意味について	③
ア　国会以外の機関に、法の定立を許さないとする原則を何というか。	ア　国会中心立法の原則
イ　アの憲法上の例外を挙げよ。	イ　両議院、最高裁の規則制定権（58条１項、77条）
ウ　国会による立法は、国会以外の機関の参与を必要としないで成立するという原則を何というか。	ウ　国会単独立法の原則
エ　ウの例外を答えよ。	エ　地方特別法における住民投票（95条）
□④ 43条の「全国民を代表する…議員」について	④
アａ　特定の選挙母体の代表ではなく、選挙母体の訓令には拘束されないとの概念を何というか。	アａ　自由委任
ｂ　ａに対応する概念を何というか。	ｂ　命令委任
イａ　自由委任の原則に基づく代表概念を何というか。	イａ　政治的代表
ｂ　ａに対応する代表概念を何というか。	ｂ　法的代表
ウａ　社会の複雑化・国民の価値観の多様化に伴い、イのような代表概念が最適なものではなくなり、国民意思と代表者との間に事実上の類似が要求されなくなった。かかる代表概念を何というか。	ウａ　半代表
ｂ　ａの結果、事実上の類似が実現した状態を何というか。	ｂ　社会学的代表

憲法

3.　国会の組織と活動

Question	Answer
□①ア　わが国の国会は衆議院・参議院から構成される。このように、2つの議院によって国会が構成される制度を何というか。	①ア　二院制
イ　アの制度の趣旨を答えよ。	イ　議会の専制防止、民意の忠実な反映
ウ　日本国憲法上、両院は原則的には対等である。しかし、憲法上衆議院には例外的に様々の特権が認められている。そのことを何というか。	ウ　衆議院の優越
エ　ウにいう憲法上の例外を挙げよ。	エ　内閣不信任決議、予算先議権、予算・法律の議決、内閣総理大臣の指名
□②　選挙制度について	②
ア　1選挙区につき当選人が1人とされる選挙区制度を何というか。	ア　小選挙区制
イ　アの制度の特徴として、	イ
a　多数代表か少数代表か。	a　多数代表
b　死票は多いか少ないか。	b　多い
c　選挙費用は多額か少ないか。	c　一般に少額
d　政権は安定するか。	d　安定する
ウ　選挙区の投票者の多数派から議員を選出させようとする選挙制度を何というか。	ウ　多数代表制
エ　1選挙区につき2人以上の議員を選出する選挙区制度を何というか。	エ　大選挙区制
オ　エの選挙制度の特徴を述べよ。	オ
a　多数代表か少数代表か。	a　少数代表
b　死票は多いか少ないか。	b　少ない
c　選挙費用は多額か少ないか。	c　多額
d　政権は安定するか。	d　小党乱立によって政局の不安定を招く
□③　国会議員の地位について	③
ア　議員が、議員活動のなかでした行為については院外で責任を問われないとする特権を何というか。	ア　免責特権

イ　アの特権について、51条は「演説、討論または表決」としているが、免責特権の及ぶ行為はこれに限定されるのか。	イ　されない。職務行為に付随する行為まで含む
ウ　免責される責任の範囲を説明せよ。	ウ　民事・刑事双方
エ　議員は、国会の会期中不逮捕特権を有する（50条）。かかる特権が設けられた目的を答えよ。	エ　議員の職務活動の自由、国会の審議確保

4.　国会と議院の権能

Question	Answer
□①ア　国会の権能の例を挙げよ。	①ア　弾劾裁判所の設置権（64条）、内閣総理大臣の指名権（67条）など
イ　本来、条約の締結は行政作用の１つであるが、かかる条約の承認権を国会が有する趣旨を述べよ。 法律よりも（ａ）が強い条約の締結に（ｂ）を及ぼすため。	イ ａ　形式的効力 ｂ　民主的コントロール
□②ア　国会を構成する両議院は、内部組織、運営に関する事項を自主的に決定できる。かかる権能を何というか。	②ア　自律権
イ　アの権能の現れとなる制度を挙げよ。	イ　議員の資格争訟裁判、議院規則制定、議員懲罰権（以上58条）
ウ　両議院の権能として国政調査権がある。その趣旨を述べよ。 議院の権能を（　　）に行使するために認められた権能	ウ 実効的
エ　国政調査権行使の限界を説明せよ。 ・議院の（ａ）に役立つ限りでしか調査できない。 ・（ｂ）権の（ｃ）を侵すような調査は許されない。	エ ａ　権能行使 ｂ　司法 ｃ　独立

憲法

第2章　内　閣

1.　行政権の概念

Question	Answer
□①　すべての国家作用から、立法・司法を除いたものを何というか。	①　行政権
□②ア　特定の行政について、内閣から独立的な地位において、その職権を行うことが認められている合議制の行政機関を何というか。	②ア　独立行政委員会
イ　アのような機関がおかれた理由を答えよ。 （a）を要求される行政作用を行う機関は、（b）から独立した地位を保持する必要があるから。	イ a　中立性 b　政党
ウ　アの機関は、一般にいかなる任務を負うか。	ウ　裁決・規則制定
エ　このような機関が存在することに問題はないか。	エ　65条に反するおそれがある
オ　このような機関の存在を、合憲とする理由を述べよ。	オ　国会が委員会をコントロールできればよいなど

2.　内閣の組織と権能

Question	Answer
□①ア　内閣は何から組織されるか。	①ア　内閣総理大臣と国務大臣
イ　内閣の首長は誰か。	イ　内閣総理大臣
ウ　内閣の首長は、いかなる権能を有するか。	ウ　国務大臣の任免権、議案の提出権など（68条、72条）
エ　イの者は、権限を明治憲法下では「同輩中の主席」に過ぎなかった。 日本国憲法がイ・ウのような規定をおくに至った理由を答えよ。	エ　内閣の一体性・統一性を確保するため
□②　内閣が国会に対し連帯して責任を負う理由を答えよ。	②　民主的責任行政の実現

3. 議院内閣制

Question	Answer
□①ア　議院内閣制の本質は、どこにあるのか。 ・議会と内閣が一応（a）していること。 ・政府が議会に対し（b）を追うこと。	①ア a　分離 b　連帯責任
イ　日本国憲法が議院内閣制を採用していることの根拠となる条文を挙げよ。	イ　66条３項、69条、67条など
□②ア　政治上の意見を同じくする者が、政治権力に参加してその意思を実現するために組織する団体を何というか。	②ア　政党
イ　アの団体が、民主政治において果たす役割を答えよ。	イ　民意を統合し、国政に媒介して実現する役割
ウ　アの団体の法的性質を説明せよ。	ウ　私的結社ながら公的側面が強い
□③ア　任期満了前に議員全員の資格を失わせる行為を何というか。	③ア　議院の解散
イ　アの行為の目的を答えよ。	イ　内閣が国民に対して自らへの信任を問う、不信任決議への対抗手段
ウ　日本国憲法上、解散の対象となる議院は何か。	ウ　衆議院のみ（69条など）
エ　アの行為は、国会が内閣不信任決議をなしたとき以外の、どのような場合になされるのか。 ・（a）のときに、問題とならなかった重大な問題が生じたとき。 ・内閣と国会が対立して（b）ができなくなるとき。	エ a　選挙 b　責任ある政策形成
オ　形式的な解散権の所在を、その根拠条文とあわせて答えよ。	オ　天皇（7条3号）

憲法

第3章　裁判所

1.　司法権の概念

Question	Answer
□①ア　裁判所法3条に定められた裁判所が処理をするとされる事件を何と呼ぶか。	①ア　法律上の争訟
イ　アの定義を答えよ。 具体的な（a）または（b）の存否に関する争訟で、（c）の適用によって（d）的に解決できるもの。	イ a　権利義務 b　法律関係 c　法律 d　終局
ウ　法律上の争訟に、法律を解釈適用し宣言することで、これを裁定する国家作用を何というか。	ウ　司法権
エ　日本国憲法上の司法権の範囲に含まれる事件を答えよ。行政事件は含むか。	エ　民事・刑事事件のほか、行政事件も含む
オ　その根拠を述べよ。	オ　76条2項が行政機関の終審裁判・特別裁判所の設置を禁じている
□②　司法権行使の限界について	②
ア　法律上の争訟でない紛争に対しては、司法権は行使できない。このような要件を何というか。	ア　事件性の要件
イa　アの要件が欠ける場合の具体例を挙げよ。	イa　宗教の教義の真否・単なる事実の存否など
b　アの要件を満たさないが、裁判所が裁定することが認められる訴訟類型を答えよ。	b　客観訴訟（選挙訴訟、住民訴訟など）
ウ　司法権は他の国家機関との関係でも制約される。衆参両議院の内部事項については司法審査の対象にならない。その根拠となる議院の権限を何と呼ぶか。	ウ　自律権
エ　内閣の判断の当否を最判所が判断できないことを何の問題というか。	エ　内閣の裁量の問題
オ　このような、他の機関の権限との関係で司法権が制約される根拠を答えよ。	オ　権力分立

カ　高度に政治性ある国家行為については、司法判断が理論的には可能であっても、裁判所は判断できないとする法理は何というか。	カ　統治行為論
キ　自律的な法規範を有する特殊な部分社会の純粋な内部事項については、団体の自治を尊重し、司法判断をすべきではないとする理論を何というか。	キ　部分社会の法理

2.　裁判所の組織と権能

Question	Answer
□①ア　裁判所の組織は憲法上、どのような機関によって構成されると定められているか。	①ア　最高裁判所、下級最判所（76条1項）
イ　下級裁判所の例を挙げよ。	イ　高等、地方、家庭、簡易の各裁判所
□②ア　すべての裁判官に、共通の退官事由を挙げよ。	②ア　弾劾事由に該当するとき、心身の故障に基づく職務不能のとき、定年
イ　最高裁判所の裁判官に特有の罷免事由を挙げよ。	イ　国民審査によって罷免を可とする者が過半数であった場合（79条3項）
ウ　下級裁判所裁判官に特有の罷免事由を挙げよ。	ウ　任期の到来（80条1項後段）
□③ア　最高裁判所の権能を挙げよ。	③ア　規則制定権（77条1項）、下級裁判所裁判官の指名権（80条1項）など
イ　規則制定権の趣旨を説明せよ。 （a）を尊重し、その（b）を確保するため。	イ a　専門的判断 b　自律性
□④ア　裁判の対審および判決は、公開の法廷で行われる。その趣旨を説明せよ。 （a）を確保し、裁判所へ（b）を及ぼすため。	④ア a　裁判の公正 b　民主的コントロール
イ　判決を公開しないですることはできるか。	イ　できない（82条）

憲法

ウ　対審を公開しないことはできるか。	ウ　できる場合がある（82条2項）

3.　司法権の独立

Question	Answer
□①ア　司法権の独立の趣旨を述べよ。 　司法権の独立が外部的圧力を受けたり、干渉されたりしないことによって、（　　）な裁判を実現すること。	①ア 公平
イ　司法権の独立が定められたのは、裁判所がどのような性質を持つ機関だから。 　裁判所は非政治的・（　　）的機関だから、権限の行使にあたり、他の国家機関に干渉される危険性が大きい。	イ 受動
ウ　同じく、国民の権利保護に関する理由を挙げよ。 　政治過程では侵されやすい（　　）の人権保障を図る必要があるから。	ウ 少数者
□②ア　司法権の独立の内容を説明せよ。	②ア　裁判所の独立、裁判官の独立
イ　76条1項の「良心」の意味を説明せよ。	イ　客観的裁判官としての良心（学説）

第4章　財　政

Question	Answer
□①ア　国の財政は、国会の議決に基づいて処理される（83条）。この趣旨を述べよ。	①ア　国会による民主的コントロールを及ぼすことで財政の適正な運営をはかる
イ　アのような考え方を何というか。	イ　財政民主主義
□②　84条は、租税の賦課を法律によらねばならない旨を定めているが、	②
ア　この主義を、一言で何というか。	ア　租税法律主義
イ　アの趣旨を述べよ。 租税は国民が直接負担するものであるから、賦課には（　　）を欠くことができない。	イ 国民の同意
ウ　租税法律主義は、税金だけにあてはまるものか。	ウ　その趣旨は強制的に賦課される金銭すべてに適用すべき
エ　国民に対して強制的に賦課される金銭の例を挙げよ。	エ　専売品の価格、郵便料金
□③ア　一会計年度における国の財政行為の準則を何というか。	③ア　予算
イ　予算の法的性格を述べよ。	イ　政府の行為を規律する法規範
□④　89条について	④
ア　公の財産を、宗教上の組織に支出してはならないとする理由を述べよ。	ア　政教分離
イ　公の財産を、公の支配に属しない団体に支出してはならないとする理由を述べよ。	イ　公の財産が濫費されることを防止するため（判例）
ウ　イより、団体が公の支配に属しているといえるためには、どの程度の支配を要すると考えられるか。	ウ　濫費が防止できる程度の監督、コントロール

第5章　地方自治

Question

□①　地方自治制度が憲法上保障された趣旨について

ア　地方住民との関係で説明せよ。

イ　同じく、中央政府との関係で説明せよ。

ウ　地方自治制度の法的性質を述べよ。

エ　地方自治制度保障の核心を一言で何というか。

オ　地方自治の本旨の内容を説明せよ。

□②　地方公共団体の機関について

ア　自治が保障された地方公共団体の種類は何か。

イ　地方議会議員、地方公共団体の首長はいかなる方法で選出されるか。

□③ア　地方公共団体が、その自治権に基づいて制定する自主法を何というか。

イ　条例制定の目的を述べよ。

ウ　条例が制定できる事項・範囲については制約がある。そのうちで、イに反するために条例が制定できないものの例を挙げよ。

エ　その他、条例は何によってその制定内容・範囲を制約されるか。

Answer

①

ア　地方の実情にあったきめ細やかな政治の実現

イ　権力を分配することで、中央権力の強大化を防止できる

ウ　制度的保障

エ　地方自治の本旨（92条）

オ　団体自治、住民自治

②

ア　普通地方公共団体

イ　直接選挙（93条2項）

③ア　条例（94条）

イ　自治事務の処理のため

ウ　裁判・刑事司法に関する事項

エ　憲法の法律留保事項（例：29条2項、31条など）

第6章　憲法保障

1.　憲法保障の諸類型

Question	Answer
□① 憲法保障の制度について、明文がないものがある。	①
ア a　国家権力が人間の尊厳を侵す重大な不法を行った場合に、国民が自らの権利・自由を守り、人間の尊厳を確保するために他に合法的な救済手段が不可能となったとき、実体法上の義務を拒否する権利を何というか。	ア a　抵抗権
b　抵抗権の行使ができるのは誰か。	b　人民
イ a　平時の統治機構をもっては対抗できない非常事態において、国家の存立を維持するために国家権力が立憲的な憲法秩序を一時停止して、非常措置をとる権限を何というか。	イ a　国家緊急権
b　国家緊急権が行使できるのは誰か。	b　政府

2.　違憲審査制

Question	Answer
□①ア　違憲審査制が存在する理由を説明せよ。 憲法価値・人権を守るには、この実現を（　　）する現実の制度が必要である。	①ア 担保
イ　違憲審査権を裁判所が有する根拠を説明せよ。 少数者の人権侵害をなすおそれが大きい国会・内閣から、裁判所は（　　）が保障されているから。	イ 独立
□② 違憲審査の方法について	②
ア　特別に設けられた憲法裁判所が、具体的な争訟とは関係なく、抽象的に違憲審査を行うとの違憲審査の制度を何というか。	ア　抽象的審査制
イ　通常の裁判所が具体的な争訟事件を裁判する際に、事件の解決に必要な限りで適用法条の違憲審査を行うとの制度を何というか。	イ　付随的審査制

憲法

ウa　事件解決に必要な限度でしか、憲法判断を行わないという準則を何というか。	ウa　憲法判断回避の準則
b　aの理由を答えよ。	b　国民主権
エ　イの制度の下で憲法判断が行われる場合、当該事件に関する事実のほか、立法目的および目的達成手段の合理性を支える事実について検討される。このような事実を何というか。	エ　立法事実
オ　エのような事実の有無の判断を通じた違憲審査の手法を何というか。	オ　目的手段審査
カ　エのような事実の審査を行わずに、法律の文面だけで結論を導き出す審査方法を何というか。	カ　文面審査
□③ア　違憲判決の種類のうち、法令そのものを違憲とするものを何というか。	③ア　法令違憲
イ　当該立法が当事者に適用される限りにおいて、違憲とするものを何というか。	イ　適用違憲
ウ　違憲判決の効力のうち、法令が客観的に無効となる場合を何というか。	ウ　一般的効力
エ　違憲判決の効力について、当該事件に限って違憲とされる法令の適用が排除される場合を何というか。	エ　個別的効力
オ　抽象的審査制からは、違憲判決の効力はどうなると考えるべきか。	オ　一般的効力
カ　付随的審査制からは、違憲判決の効力はどうなると考えるべきか。	カ　一般的・個別的効力いずれとも考えうる

3.　憲法改正の意義と限界

Question	Answer
□①ア　改正の要件が厳格な憲法を何というか。	①ア　硬性憲法
イ　日本国憲法は、硬性憲法の色彩が強い。その根拠となる条文を挙げよ。	イ　96条１項
□②ア　日本国憲法の改正に限界はあるか。	②ア　あると考えるべき
イ　その法的根拠は何か。	イ　前文が人類普遍の原理に反する憲法は排除するとしていること

行政法

第1部 行政法総論

第1章 行　政

1.　行政法の特質

Question	Answer
□① 行政法学の目的を答えよ。 無数に存在する行政に関する法律の（　　）を考察するもの。	① 通則
□② 行政法典は存在するか。	② 存在しない

2.　行政の意義

Question	Answer
□① 「行政」につき、積極的定義をすることができないと考えた場合、行政についてどのように定義することになるか。 国家作用の中から、(ア)作用、(イ)作用を除くもの。	① ア　立法 イ　司法
□② ①のように定義するメリットを答えよ。	② 歴史的沿革に適合的である。多様な行政活動をもれなく包摂できる

3.　行政の分類

Question	Answer
□①ア　国民の権利利益を制限・剥奪する行政活動のことを何と呼ぶか。 イ　アの具体例を挙げよ。	①ア　規制行政 イ　租税賦課・徴収、建築規制

□②ア　国民に一定の権利利益を与える行政活動のことを何と呼ぶか。	②ア　給付行政
イ　アの行政活動は、憲法等から求められる、どのような理念の実現のため重要といえるか。	イ　福祉国家の理念
ウ　アの具体例を挙げよ。	ウ　補助金・生活保護費の支給、公共施設の提供、道路·公園の設置·管理
□③ア　①②の行政活動の分類は絶対的なものといえるか。	③ア　いえない
イ　アの理由を答えよ。	イ　ある国民にとって受益的であっても他方国民に侵害的である場合がある（例：建築確認による建築工事が可能となることが近隣住民にとって迷惑になる場合）

行政法

第2章　法律による行政の原理

1.　法律による行政

Question	Answer
□①ア　法律による行政の意義を答えよ。 （a）活動は（b）の定めるところにより（c）に従って行わなければならないとの原則。	①ア a　行政 b　法律 c　法律
イ　アの原則が確立したのは、どのような建前が確立した国家においてであるかを答えよ。	イ　近代立憲主義国家
□②　法律による行政の原理の趣旨を答えよ。 ・（ア）の濫用を防ぎ、国民の（イ）を守る（自由主義的要請）。 ・（ウ）による統制により、行政を民主的コントロールの下におく（民主主義的要請）。	② ア　公権力 イ　権利・自由 ウ　法律

2.　法律による行政の原理の内容

Question	Answer
□①ア　法律の優位の意義を答えよ。 行政活動が（a）の定めに（b）して行われてはならないとの原則。	①ア a　法律 b　違反
イ　法律の定めよりも厳しい行政指導をすることは、法律の優位に反するか。	イ　反しない ∵行政指導には法的拘束力がない
□②　法律の留保の意義を答えよ。 行政活動には（ア）の（イ）を要するとの原則。	② ア　法律 イ　根拠

□③　法律の留保が妥当する範囲を、権力的な行為形式によって行われる行政活動と考える立場（権力留保説）の内容を答えよ。

行政活動のうち、国民の自由と権利を権力的に制限ないし侵害するような行政活動のほか、受益的な行政活動｛ア は含まれない・も含む｝。

∵（イ）の保障のためには権力行使の根拠は（ウ）に求めるべきである。

すべての行政活動が対象に｛エ なる・なるわけではない｝。

∵複雑化した現代の行政需要に臨機応変に対応するには、行政活動の自由領域を承認すべきで｛オ ある・ない｝。

□④ア　国民の権利義務に関する一般的規律のことを何と呼ぶか。

イa　法規を創造する力は法律が独占していることを何と呼ぶか。

b　aの結果、行政府による法規命令の制定には、何が必要となるか。

③

ア　も含む
イ　人権
ウ　法律
エ　なるわけではない
オ　ある

④ア　法規

イa　法律の法規（専権的）創造性
b　法律の授権

第3章　公法と私法

Question	Answer
□①　公法・私法と法領域を二元的に考えることの実益を答えよ。	①
（ア）学の対象を、公法に限るものとして、明確にすることができる。	ア　行政法
（イ）法の適用を受ける範囲を明らかにしやすくなる。	イ　行政事件訴訟
□②ア　公法私法二元論の有用性について、現在はどのように考えられているか。	②ア　否定的な見解が一般
イ　アの理由を答えよ。	イ
∵現代において役割が増大している（ａ）も行政法学の対象にすべきである。	ａ　非権力的行政活動
∵行政事件訴訟法等の存在を根拠に公法・私法二元論の有用性を論じることは（ｂ）である。	ｂ　論理が逆

第4章　行政法の法源

1.　成文法源

Question	Answer
□①ア　行政法の成文法源としてどのようなものがあるか。 （a）、条約、法律、命令、（b）。	①ア a　憲法 b　条例
イ　命令としてはどのようなものがあるか。	イ　政令、内閣府令、省令、規則

2.　不文法源

Question	Answer
□①ア　長年の慣習が一般国民の法的確信を得て、法的規範として承認されたものを何と呼ぶか。	①ア　慣習法
イ　アの例を挙げよ。	イ　行政先例法（法令の公布は官報をもってする等、行政庁における長年にわたる取扱い）
□②ア　判例が明らかにした法規範を何と呼ぶか。	②ア　判例法
イ　アはどの裁判所の判決によって形成されるか。	イ　最高裁判所
ウ　判例法の役割を答えよ。 ・（a）的な行政法規を（b）化し、その（c）を明らかにする。 ・（d）法の存在とその内容を明確にする。	ウ a　抽象 b　具体 c　内容 d　慣習
□③アａ　法の一般原則として、一般社会の正義心において、かくあるべきと認められるものを何と呼ぶか。	③アａ　条理または筋合
ｂ　ａの例を挙げよ。	ｂ　信義則、権利濫用、緊急避難など

行政法

イａ　アの役割を答えなさい。

ｂ　裁判はアに従ったものである必要はあるか。

ｃ　アは時代の推移と社会の変遷に伴い推移・変遷するか。

イａ　法解釈の基本原理、法に欠陥がある場合の補充原理

ｂ　必要ある

ｃ　する

第2部　行政作用法

第1章　行政作用法の全体構造

Question	Answer
□①　行政行為を行う基準となるものは何か。	①　行政立法、行政計画
□②ア　行政法上の法律関係の形成は何によるか。	②ア　行政行為・行政契約
イ　法律関係の形成において、国民への自発的な協力が要請する手段としてどのようなものが挙げられるか。	イ　行政指導
ウ　形成された法律関係を実現する手段としてどのようなものが挙げられるか。	ウ　行政上の強制手段など
エ　以上の活動は、その適正化のため、何を踏まえた上でなされるか。	エ　行政手続

行政法

第2章　行政立法

1.　意義

Question	Answer
□①　行政府が法条の形式をもって一般的・抽象的な定めをすることを何と呼ぶか。	①　行政立法

2.　法律による行政の原理との関係

Question	Answer
□①　行政立法と法律による行政との関係について	①
ア　憲法上、立法機関についてはどのような定めがあるか。	ア　国会が唯一の立法機関（憲法41条）
イ　アにもかかわらず、行政立法が許される理由を答えよ。 （a）的知識や、（b）性が要求される立法のため、行政立法を許す必要がある。 憲法も（c）の制定を認めている。	イ a　専門・技術 b　政治的中立 c　政令（憲法73条6号）

3.　法規命令

Question	Answer
□①ア　憲法上、明文で制定が許される政令は【独立命令・緊急勅令・執行命令・委任命令】のいずれか。	①ア　執行命令
イ　解釈で、制定が許される命令は、アで挙げた4つの命令のうちのいずれか。	イ　委任命令
□②ア　法規命令が有効に成立する要件の要点をまとめよ。	②ア　主体、内容、手続及び形式の各点について法に適合すること

Question	Answer
イ　アの内容について、具体的に説明せよ。	イ
主体：正当な（a）または（b）があるか。	a　権限 b　授権
内容：（c）との抵触はないか、内容は明確で（d）可能なものか。	c　上級の法令 d　実現
手続：審議機関の議決を経る必要がある場合は、その議決。	
形式：命令の種類の明記、署名がある文書によること等。	
ウ　上記の各点が満たされた上で、制定された命令は、外部へ公表される。この手続を何と呼ぶか。	ウ　公布
□③　法規命令が消滅する場合として、どのような場合があるか。	③
・命令の（ア）または改廃。	ア　取消し
・終期の到来、解除条件の成就。	
・命令と矛盾する（イ）の制定改廃。	イ　上級法令
・（ウ）の消滅。	ウ　根拠法令

4.　行政規則

Question	Answer
□①ア　行政規則の法規命令との違いを答えよ。	①ア　法規たる性質がない
イａ　行政規則が制定の対象とする事項を答えよ。	イａ　国民の権利義務に関係がない事項　例：行政事務の分配、物的施設の管理に関する定め
b　行政規則の制定に法の授権は必要か。	b　不要 ∵行政権の当然の権能
□②アａ　通達の意義を答えよ。	②アａ
（ⅰ）行政機関が（ⅱ）行政機関の権限行使を（ⅲ）するために発する命令（国家行政組織法14条2項）。	ⅰ　上級 ⅱ　下級 ⅲ　指揮
b　ａのうち、書面によらないものを何と呼ぶか。	b　訓令 ※通常は訓令も含めて通達と称する

行政法

イ　通達を発する狙いとしてどのようなものがあるか。 （a）の解釈を巡り問題がある場合や、行政機関に（b）が与えられている場合において、下級行政機関における（c）を図ること。	イ a　法 b　裁量 c　取扱いの統一
ウa　通達の性質を答えよ。	ウa　行政組織の内部的規範
b　通達に法規としての性質はあるか。	b　ない
c　通達に国民や裁判所は拘束されるか。	c　されない
d　通達の制定に法の授権は必要か。	d　不要（随時発することができる）
e　通達の制定にあたり、公示は必要か。	e　不要（秘密通達も認められる）
f　通達に反する下級行政機関による処分に対する評価を答えよ。 直ちに違法と評価される｛ことになる・わけではない｝。行政内部の懲戒の対象になる。	f わけではない
g　一般に、一般国民は裁判で通達そのものを争うことはできるか。	g　できない
h　gのように考えた場合、どのような問題が生じるか。	h　通達行政に問題がある場合の対応が困難になる

第3章　行政行為

1.　行政行為の意義

Question	Answer
□①　行政行為の意義を答えよ。 　行政庁が、（ア）の定めるところに従い、行政庁の（イ）的判断に基づいて、国民の（ウ）その他の法的地位を（エ）的に（オ）する行為。	① ア　法律 イ　一方 ウ　権利義務 エ　具体 オ　決定
□②ア　行政行為をするにあたっては、法律の根拠は必要か。	②ア　必要
イ　行政行為に対し、国民との双方の行為により成立する法律関係を形成するための行為は何か。	イ　行政契約
ウa　行政行為の名宛人を答えよ。	ウa　国民
b　通達は行政行為にあたるか。	b　あたらない ∵内部行為
エa　行政行為は、国民の権利義務にどのような影響を及ぼすか。	エa　権利変動の原因となる
b　行政指導にはaの性質があるか。	b　ない
オ　即時強制になく、行政行為に認められる性質を答えよ。	オ　法的な規制を伴うか否か、法律行為の性格
カ　行政行為には、その性質において、行政立法とはどのような違いが見られるか。	カ　個別具体性（立法：一般性、抽象性がある）
キ　私法の法律行為との違いを答えよ。	キ　権力的な行為であるか否か
クa　判例上、「処分」「行政処分」はどのように定義されているか。 　国または地方公共団体が行う行為のうち、その行為によって、（ⅰ）、国民の（ⅱ）を（ⅲ）し、またはその（ⅳ）を（ⅴ）することが（ⅵ）上認められているもの。	クa ⅰ　直接 ⅱ　権利義務 ⅲ　形成 ⅳ　範囲 ⅴ　確定 ⅵ　法律

行政法

b　aを前提とすると、「処分」「行政処分」と行政行為との関係をどのように考えてよいか。	b　ほぼ同義である

2.　行政行為の分類

Question	Answer
□①ア　利益を与えるものか不利益を与えるものかという点に着目した、行政行為の分類を答えよ。	①ア　侵害的行政行為・授益的行政行為
イ　アの例を答えよ。	イ
a　侵害的行政行為	a　下命、禁止
b　授益的行政行為	b　許可、特許、認可
ウ　アのような分類は絶対的なものか。	ウ　そうではない。相対的(ある者には授益的、ある者には侵害的な行政行為もある）例：建築確認、土地収用裁決
□②ア　意思表示を要素とするか否か（意思に基づく効果が発生するか）に着目した行政行為の分類を答えよ。	②ア　法律行為的行政行為・準法律行為的行政行為
イ　アの例を挙げよ。	イ
a　法律行為的行政行為	a　下命・禁止・許可・免除・特許・認可・代理
b　準法律行為的行政行為	b　確認・交渉・通知・受理
□③アa　義務を命じ、またはこれを免ずる行為で、自由の制限またはその解除に関わるものを何と呼ぶか。	③アa　命令的行為
b　aの例を挙げよ。	b　下命、禁止、許可、免除
イa　法律上の効力の発生・変更・消滅の原因となり、権利・能力・包括的な権利を設定するものを何と呼ぶか。	イa　形成的行為
b　aのうち、相手方の権利を設定または剥奪する行為としてどのようなものを挙げることができるか。	b　例えば、特許または剥奪行為

c　aのうち、第三者の行為を補充して効力を完成させ、または第三者に代わってする行為として、どのようなものを挙げることができるか。

c　例えば、認可、代理

ウa　命令的行為と形成的行為を区別するのは、それぞれがどのような点で異なるといえるからか。

ウa　羈束裁量か自由裁量か、行政行為に反する私人の行為の有効性

b　aに従い、命令的行為か形成的行為かでどのような違いが出てくるかを答えよ。

命令的行為は｛i 羈束・自由｝裁量行為で、これに反する私人の行為は｛ii 有効・無効｝。

形成的行為は｛iii 羈束・自由｝裁量行為で、これに反する私人の行為は｛iv 有効・無効｝。

b
i　羈束
ii　有効
iii　自由
iv　無効

□④アa　国民に一定の作為・不作為・給付・受忍を命じる行為を何と呼ぶか。

④アa　下命

b　aのうち、特に一定の不作為を命じる行為を何と呼ぶか。

b　禁止

c　abについて、それぞれ例を挙げよ。

c　下命の例：租税納付命令、違法建築物の除去・移転・使用禁止の命令（建築基準法9条1項）

禁止の例：営業停止命令、道路の通行禁止（道路交通法6条4項）

イa　特定の場合に、作為・給付・受忍の義務を解除する行為を何と呼ぶか。

イa　免除

b　アの概念とaとの関係を答えよ。

b　免除には下命の裏をなす性質がある
例：納税の猶予

ウa　本来自由な行為になされた一般的な禁止を特定の場合に解除することを何と呼ぶか。

ウa　許可

行政法

b　aの例を挙げよ。

b　医薬品製造の承認（薬事法14条１項）、自動車運転の免許（道路交通法84条１項）、公衆浴場、飲食店の営業許可など

c　禁止と許可の関係を答えよ。

c　禁止の裏が許可

d　cを踏まえ、許可の効果を答えよ。

d　適法に一定の行為をすることが可能になる

e　許可に分類される行為については、法令上、「許可」の語が必ず用いられるか。

e　必ずではない

f　許可がないままなされた行為の性質を答えよ。
強制執行または処罰の対象に｛i なる・ならない｝。効力は当然に否定｛ii される・されるわけではない｝。

f
i　なる
ii　されるわけではない（許可は新たに権利を発生させるものではない cf.特許）

g　重複許可はありえるか。

g　ありえる

h　gがありえるとした場合、許可を受けた者の優劣はどのようにして定まるか。

h　民法等で定まる

i　申請が競合した場合の処理を答えよ。

i　先願主義（申請が先の者が優先される）、羈束裁量となる

エa　直接の相手方のために、能力、権利の付与または包括的な法律関係を設定する行為を何と呼ぶか。

エa　特許

b　aの例を答えよ。

b　鉱業権設定の許可（鉱業法21条）、運送事業の免許（道路運送法４条1項）、生活保護の決定（生活保護法19条1項）、公務員の任命（国家公務員法55条1項、地方公務員法17条1項）

c　特許を与える前提要件となるものは何か。	c　出願（出願の趣旨に反する特許→有効に成立しない）
d　特許は、羈束裁量行為か、自由裁量行為か。	d　自由裁量行為
e　特許によって設定・付与された権利や法的地位の剥奪・変更はできるか。	e　できる（剥奪行為・変更行為による）
f　既に特許が与えられた者がいることを理由とした拒否処分はできるか。	f　できる
g　既に特許が与えられた者は、別の者に特許が与えられた場合、対抗する（自己が優先することの主張）ことができるか。	g　できる
h　特許の付与において、複数の者が出願した場合、いずれに特許を与えるかはどのように決するべきか。 先願主義｛i が採られる・は採られず、申請者のいずれに特許を与えるのが適切かによる｝。｛ii 羈束・自由｝裁量行為となる。	h i　は採られず、申請者のいずれに特許を与えるのが適切かによる ii　自由
オａ　第三者の行為を補充してその法律上の効力を完成させる行為を何と呼ぶか。	オａ　認可
b　ａの例を挙げよ。	b　地方債起債の許可（地方財政法５条の4）、銀行合併の認可（銀行法30条１項）、農地の取得における農地委員会の許可
c　許可が行為の適法要件であるのに対し、認可は法律行為との関係でどのような位置づけにあるか。	c　効力要件
カａ　第三者がなすべき行為を国が代わって行い、第三者がしたのと同じ効果を発生させるものを何と呼ぶか。	カａ　代理
b　ａの例を挙げよ。	b　土地収用の裁決（土地収用法47条の2）、日銀総裁の任命（日本銀行法23条1項）

c　特定の事実または法律関係の存否を公に証明する行為を何と呼ぶか。	c　公証　例：運転免許証の交付（道路交通法92条）、選挙人名簿への登録（公職選挙法22条）
d　行政府が、特定または不特定の人に対して特定の事項を知らしめる行為を何と呼ぶか。	d　通知　例：租税納付の督促（国税通則法37条）、代執行の戒告（行政代執行法3条1項）、特許出願の公告(特許法64条)
e　他人の行為を有効な行為として受領する行為を何と呼ぶか。	e　受理　例：婚姻届の受理（戸籍法74条）

3.　行政行為の効力

Question	Answer
□①　行政行為の効力が発生する時期について、判例はどのように考えているか。	①　行政行為の内容を相手が了知できる状態になった時点（到達主義）
□②ア　公定力の意義を答えなさい。 行政行為の、それが仮に（a）であっても（b）のある者によって取り消されるまでは何人もその効果を（c）することができないという効力。	②ア a　違法 b　権限 c　否定
イa　公定力が認められることから、行政行為の効力を否定するにはどのような手続が必要となるか。 （ⅰ）を有する国家機関による（ⅱ）。	イa ⅰ　正当な権限 ⅱ　取消し
b　例えば、違法な買収処分がされた農地が転売された場合、農地の取り返しには前提としてどのような手続を採る必要があるか。	b　処分の取消し（返還の訴えの中で、行政行為の取消しを主張することはできない）
ウ　当然に無効とされる行政行為にも、公定力は認められるか。	ウ　認められない

エ　公定力の根拠について、通説はどのように考えているか。

エ　取消訴訟が存在する結果として反射的に生じる効力に過ぎない（反射的効果説）

オ　公定力の機能を説明せよ。
（a）の疑いがある行政行為を一応（b）なものとして通用するので、行政上の（c）の（d）を図ることができる。

オ
a　違法
b　有効
c　法律関係
d　安定

カ　公定力の限界について、行政行為に瑕疵がある場合でも公定力が否定されることはあるか。
原則として否定されないが、（a）な瑕疵がある場合、当該行政行為の効力は当然に（b）となり、公定力・不可争力は｛c 生じる・生じない｝。

カ
a　重大明白
b　無効
c　生じない

キa　公定力の客観的範囲の問題について、機能的限界が認められる場合がある。その内容を答えよ。
公定力が発生する範囲は、行政処分の（ⅰ）・性質に応じ、これを認めるべき合理的（ⅱ）な限度に限られる。
b　国家賠償請求訴訟の提起にあたり、あらかじめ問題となる行政行為を取り消しておく必要はあるか。
c　先行処分が後行行為の準備行為に過ぎない場合、後行行為を争う訴訟で先行行為の違法性を認定できるということを何と呼ぶか。

キa
ⅰ　目的
ⅱ　必要
b　ない
∵行政行為の効果を争うものではない
c　違法性の承継

□③ア　不可争力の意義を答えよ。
一定の（a）により、相手方から行為の（b）を（c）ことができなくなる効力。

③ア
a　期間の経過
b　効力
c　争う

イ　不可争力の機能を答えよ。
効力を争うことができる期間を短期に限定することで、行政上の法律関係を（a）に（b）させることができる。

イ
a　早期
b　確定

ウa　不可争力の内容を答えよ。
（ⅰ）による取消し、（ⅱ）による取消しができなくなる。

ウa
ⅰ　不服申立て
ⅱ　取消訴訟

行政法

b　無効な行政行為に不可争力は発生するか。無効主張の期間制限はあるか。

b　しない。無効主張の期間制限はない

c　不可争力が発生した行政行為について、行政庁が職権により行政行為を取消し・撤回することはできるか。

c　できる

□④ア　いったん行政行為をなされた以上、その行政庁が自らこれを取り消すことが許されないとする効力のことを何と呼ぶか。

④ア　不可変更力、実質的確定力

イ　アの効力は行政行為一般に認められるか、否か。

イ　否。特定の種類の行政行為のみに認められる

ウ　アの効力が認められる行政行為としてどのような性質をもったものがあるか。例を挙げよ。

ウ　（決定・裁決等）争いを公権的に裁断することを目的とするもの

□⑤ア　行政行為によって命じられた義務を国民が任意に履行しない場合、行政庁自ら義務者に強制執行し、義務内容を実現することができる効力を何と呼ぶか。

⑤ア　自力執行力

イ　アの効力が発生する行政行為は、どのようなものに限るか。

イ　下命・禁止など義務を課す行政行為に限る

ウ　アの効力は何を狙いとするものか。
行政目的を（ａ）に実現するとともに、（ｂ）の負担軽減を狙ったもの

ウ
ａ　早期
ｂ　裁判所

エ　行政行為に対する不服申立て、抗告訴訟の提起は、原則として自力執行力にどのような影響を与えるか。

エ　影響はない（行政不服審査法25条1項、行政事件訴訟法25条1項）

オａ　自力執行力の発生には、法律の根拠が必要か。

オａ　必要（明文によるべき）

ｂ　ａの理由を答えよ。

ｂ　権利を侵害する行為であるし、行政代執行法も法律の根拠を要することを前提としている

4. 行政裁量

Question	Answer
□① 行政行為を行うに際し、法律により行政庁に認められた判断の余地のことを何と呼ぶか。	① 行政裁量
□②ア 法律による行政の原理の徹底と、行政裁量を認めることは、形式的には、どのような関係にあるか。	②ア 矛盾する関係
イ 行政府に裁量を認める理由を答えよ。 複雑多様な（a）に応じ、高度に（b）的な問題に対応するには、行政庁の知識と判断能力に期待する方が結果的に妥当である。	イ a 行政需要 b 専門
ウa 法律による厳格な拘束の下に行われる行為で、法律が行政機関に政策的・行政的判断の余地を与えない場合を何と呼ぶか。	ウa 羈束行為
b 法律が行政機関に広範な授権したもので、行政機関（行政庁）の政策的・行政的判断によって行われる行為を何と呼ぶか。	b 裁量行為
エ 裁量行為の種類について a 要件が充足されているかの認定における裁量のことを何と呼ぶか。	エ a 要件裁量
b 行政行為を行うか、どのような行為を行うかの認定における裁量のことを何と呼ぶか。	b 効果裁量
c 例えば「医師が…医師としての品位を損するような行為のあったときは、厚生労働大臣は、その免許を取り消し、又は期間を定めて医業の停止を命ずることができる」との法の定めにおいて、ａｂがどこで認められているか。 「（ｉ）」の認定において、要件裁量が認められ、免許の取り消し、「医業の停止」につき処分を（ii）、（iii）をするかという点について、効果裁量が認められている。	c i 品位を損する ii するか否か iii どちらの処分
オa 法律の文言上は一義的に確定しないように見えるが、法律が予定する客観的な基準が存在すると考えられる場合を何と呼ぶか。	オa 羈束裁量（法規裁量）例：皇居外苑の使用許可、農地賃貸借の設定・移転の許可、運転免許の取消し

行政法

b　aは何の判断についての裁量か。	b　何が法であるかの裁量
c　裁量を誤る行為はどのように評価されるか。	c　違法行為
カa　ある事項の判断につき、純粋に行政機関の政策的・行政的判断に委ねられた場合を何と呼ぶか。	カa　自由裁量（便宜裁量）
b　aは何の判断についての裁量か。 何が行政の（ⅰ）に合致し、（ⅱ）に適するかの裁量。	b ⅰ　目的 ⅱ　公益
c　次の行為は、bの裁量は認められるか。 【在留許可の更新、公立大学生への懲戒処分、温泉掘削の許可、旅券の発給、汚物取扱業の許可、公務員への懲戒処分】	c　すべて、自由裁量が認められる
d　自由裁量を誤る行為を何と呼ぶか。	d　不当行為
e　自由裁量行為に対し、司法審査は及ぶか。	e　原則として及ばない
キa　通説・判例によると、羈束裁量と自由裁量の区別はどのようにすることになるか。 羈束裁量とは（ⅰ）が存在する裁量のことで、自由裁量とは、行政庁の（ⅱ）判断に委ねられた裁量のことである。	キa ⅰ　客観的な基準 ⅱ　政策的・専門的
b　客観的な基準の意義を答えよ。 ｛ⅰ 通常人・特定人｝が｛ⅱ 一般・特殊｝的な価値法則や経験則に基づいて判断することが可能な基準のこと	b ⅰ　通常人 ⅱ　一般
ク　裁量権の逸脱・濫用がある場合について	ク
a　例えば、人違いの行政行為に代表される瑕疵を何と呼ぶか。	a　重大な事実誤認
b　例えば、些細な不正に対し、不当に過酷な懲戒処分を行う等を何と呼ぶか。	b　比例原則違反
c　行政行為が、法の本来の目的から逸脱した不正な動機に基づく場合を何と呼ぶか。 ※cの例：組合活動の抑制を図る目的による組合活動家である職員の転任処分や、個室付き浴場の開業を阻止するための児童遊園設置認可処分	c　目的違反ないし動機違反

d　ａｂｃ以外で、裁量権の逸脱・濫用が認められる場合としてどのような場合が挙げられるか。	d　平等原則違反、他事考慮
ケａ　処分の適法性を、処分を行われた判断過程に着目し、裁量判断が行政庁の恣意・独断のない公正な手続に則って行われたか否かという観点から審査する手法を何と呼ぶか。	ケａ　手続的裁量論
b　ａのようなアプローチが採られる理由を答えよ。 自由裁量行為については、（　　）の適法性を裁判所が判断することは困難であるから。	b 処分の内容
c　裁判所はａのような手法を認めたといえるか。	c　認めたと考えられるものがある（例：個人タクシーの免許の申請人は公正な手続によって免許の許否につき判定を受ける法的利益がある）
d　上記判例法理を背景に制定された法律は何か。	d　行政手続法
e　ｄの狙いを答えよ。 行政決定の（ⅰ）を確保し､裁量処分への（ⅱ）的コントロールを強化するもの。	e ⅰ　公正 ⅱ　手続

行政法

5.　行政行為の瑕疵

Question	Answer
□①　瑕疵ある行政行為として。	①
ア　法の要件を欠く場合を何と呼ぶか。	ア　違法行為
イ　アとはいえないが、公益に反する行為を何と呼ぶか。	イ　不当行為
□②ア　取消しを待たずに、法律的効果が生じない行政行為を何と呼ぶか。	②ア　無効な行政行為（行政事件訴訟法３条４項、36条参照）
イ　アには、公定力、不可争力、自力執行力などの効力のうち、どの法的効力が発生しないか。	イ　すべて発生しない

ウ　アと行政行為の効力についての原則との関係を答えよ。

行政行為には（ａ）が認められるから、取り消されるまでは一応（ｂ）なのが原則である。

しかし、（ｃ）の程度がはなはだしい場合は、取り消されるまで有効とするのがあまりに（ｄ）であるから、これを無効とすることになる。

ウ

ａ　公定力
ｂ　有効
ｃ　瑕疵
ｄ　不合理

エａ　無効な行政行為の効力を争うには、特別な争訟手続を採る必要があるか。

エａ　ない。通常の民事訴訟で無効であることを直接主張でき、裁判所も拘束されない

ｂ　無効な行政行為が前提となる行為を争う場合、期間制限はあるか。何らかの手続を先行させる必要はどうか。

ｂ　期間制限はなく、取消訴訟や審査請求を前置する必要もない

オ　無効な行政行為に事情判決の法律の適用はあるか。

オ　ない

□③ア　取り消しうべき行政行為と無効な行政行為の区別について、判例・通説はどのような立場によるか。

③ア　重大明白説

イ　アの内容を説明せよ。

無効な行政行為：次の２要件が調う場合である。

瑕疵の（ａ）性：重要な（ｂ）違反

∵この場合、（ｃ）を強制する意義は乏しい。

瑕疵の（ｄ）性：瑕疵の存在が（ｅ）であること

∵この場合は、裁判所でなくとも（ｆ）。

イ

ａ　重大
ｂ　法規
ｃ　取消訴訟
ｄ　明白
ｅ　外観上明白
ｆ　判断が容易

□④　主体に関する瑕疵があり、行政行為が無効となる場合について

④

アａ　無権限の者による行為の効力はどのように考えるべきか。

アａ　原則として無効

ｂ　ａの例を挙げよ。

ｂ　公務員になりえない者による行為、任期満了後の公務員がした行為

c　aの例外として、行為が有効となる場合を認める理論を挙げよ。	c　事実上の公務員の理論 ∵相手方の信頼を保護するため
d　例えば、村長の解職請求が無効の場合、解職が有効との前提で選出された後任の村長がした行為の効力についてどう考えるべきか。	d　cの理論により有効になる余地がある
イa　例えば、適法な招集を欠く場合、定足数を欠く場合、欠格者を参加させた場合など、正当に組織されない合議機関の行為の効力をどのように考えるべきか。	イa　組織・構成に重大な瑕疵がある合議機関の行為として無効となる
b　欠格者が参加したが、これを除いても定足数が満たされている場合、当該合議機関でなされた決議の効力を判例はどう考えるか。	b　著しく決議の公正を害するような特段の事情がない限り違法ではない
ウ　例えば、行政庁が建築許可をする場合→消防庁または消防署長の同意を要する場合や、公務員の任命（相手方の同意が必要）のように、他の行政機関の協力または相手方の同意が必要なのに、これを欠く行為の効力をどう考えるべきか。	ウ　原則として無効
エ　行政機関がした、事項的（事物的）及び地域的（場所的）な限界を超えた行為の効力を答えよ。	エ　行政機関の権限外の行為として無効
オa　当該行為をするにあたり、行政機関の意思が欠ける場合、当該行為の効力はどう考えることになるか。	オa　無効
b　判例によると、行政庁の錯誤による意思表示の効力をどう考えるべきか。	b　原則として表示に従って効力が生じる
c　錯誤による表示の内容が不能または違法な場合はどうか。	c　無効または取り消しうることになる
□⑤　形式に関する瑕疵について	⑤
ア　行政行為が形式を具備する必要があることの目的を答えよ。 行政行為が（a）によりなされたこと、および行政行為の（b）を明確にすること。 将来の（c）に備えて（d）を保全することにより、法律生活の安定を図る。	ア a　権限のある行政庁 b　内容 c　紛争 d　証拠

イ　形式に瑕疵があり、アの要請が満たされない行政行為の効力はどう考えるべきか。	イ　無効
ウa　アの要請が満たされず、無効と評価される行政行為の例を挙げよ。	ウa　書面によるべきところを口頭で行った場合、理由付記を要するのにこれがない場合、行政庁の署名・捺印を欠く場合
b　書面の記載に不備がある場合、日付の記載を欠く場合、理由の内容に不備（例：抽象的に過ぎる場合）がある場合、当該行政行為の効力はどう評価すべきか。	b　取り消しうるものにとどまる
□⑥ア　内容に関する瑕疵を原因として行政行為が無効となる場合を挙げよ。	⑥ア
例えば、死者に対する医師免許付与、存在しない土地の収用裁決など、実現が、事実上（a）な場合。	a　不可能
例えば、買収すべき土地の範囲が明らかでない農地買収処分のように、（b）が不明確な場合。	b　内容
イ　行政行為の内容につき書面上は不明確だが、事実上は明確といえる場合、判例は当該行為とどう評価する傾向にあるか。	イ　無効とはしない傾向にある
□⑦ア　数個の行政行為が連続して行われる場合、先行行為の違法性が後行行為に承継され、後行行為の違法事由となることを何と呼ぶか。	⑦ア　違法性の承継
イa　アのような現象が認められる場合について説明せよ。	イa
原則として、違法性の承継は｛i 認められる・認められない｝。行政上の法律関係の（ii）の必要があるからである。	i　認められない ii　早期安定
例外が、先行行為と後行行為が（iii）し、（iv）の実現を目指し、これを完成するものである場合。例えば、土地収用手続における事業認定とそれに続く収用裁決の場合や、農地買収計画とそれに続く買収処分の場合が考えられる。	iii　相結合 iv　一つの効果

b　aの例外としての関係が認められるが、先行処分につき不可争力が生じている場合、後行行為を争うことはできるか。

b　できる

c　租税賦課処分とそれに続く滞納処分においては、aの例外としての関係が認められるか。

c　認められない（違法性の承継なし）

d　cの理由を答えよ。

前者は租税の納付義務を課す処分、後者は履行を強制するためのもので、両者は｛同一・別個｝の効果を目指すものである。

d　別個

□⑧アa　欠けている要件（通常は手続的及び形式的要件）が追完され、瑕疵がなくなった場合で、行政行為の効力の維持を認めてよい場合のことを何と呼ぶか。

⑧アa　瑕疵の治癒

b　例えば、農地買収計画の縦覧期間が法の所定の期間よりも1日短いが、その期間内に関係者が全員縦覧を済ませていた場合、瑕疵の治癒は認められることがあるか。

b　認められることがある

c　合議体の招集手続に瑕疵があったが、たまたま所定の参加者が全員出席して、異議なく議決に参加した場合、瑕疵の治癒は認められることがあるか。

c　認められることがある

d　理由付記が要求されているにもかかわらず、これを行わなかったという違法について、後日不服申立の裁決の段階で追完された場合、判例は違法性の治癒を認めているか。

d　認めていない。治癒はない

e　dの理由を述べよ。

∵理由付記の趣旨は処分庁の判断の慎重さ・（ⅰ）を担保するとともに、相手方に処分の（ⅱ）を知らせ、（ⅲ）の便宜を図る点にある。しかし、審査裁決によって初めて具体的な処分の根拠を知らされたのみでは、不服の（ⅳ）を十分に主張することができない以上、瑕疵の治癒を認めることは上記の趣旨に合致しない。

e
ⅰ　合理性
ⅱ　理由
ⅲ　不服申立て
ⅳ　理由

イ　例えば、死者に対してなされた許可処分の通知について、これを受け取った相続人に対する許可処分として扱う場合のように、瑕疵ある行政行為について、瑕疵がない別の行政行為として有効なものと扱うことを何と呼ぶか。	イ　違法行為の転換
ウ　瑕疵の治癒・違法な行政行為の転換を認める理由を答えよ。 瑕疵ある行政行為の効力を否定する（a）がなく、効力を否定することが行政行為の相手方の（b）を裏切るおそれがある場合には、（c）及び（d）の見地から、当初の行政行為の効力の維持を認めるべきである。	ウ a　必要 b　信頼 c　法的安定性 d　行政経済

6.　行政行為の取消し

Question	Answer
□①ア　行政行為に一定の取消原因が存在する場合に、権限のある行政庁がその法律上の効力を失わせ、既往に遡って初めからその行為が行われなかったと同様の状態に復させる行為を何と呼ぶか。	①ア　（行政行為の）職権取消
イa　アをするにあたり、国民の請求はあるか。	イa　ない cf.争訟取消→行政訴訟による取消しでは国民による訴えがある
b　アをするにあたり、法律の根拠は必要か。	b　不要
c　bの理由を答えよ。	c　違法または不当な状態は速やかに除去されるべきである
d　職権取消の権限を有する者を挙げよ。	d　処分庁、監督官庁
□②　職権取消の制限について	②
ア　公定力がある行政行為は取り消せるか。不可変更力ある行政行為はどうか。	ア　公定力の存在は取消しの可否と無関係。不可変更力がある場合は原則として取り消せない

Question	Answer
イa　授益的行政行為の取消しに制限はあるか。	イa　ある（原則として取り消せない） ∵相手方の信頼を害する
b　aについて、例外が認められる場合を答えよ。 行為の成立に相手方の（ i ）な行為が関わっている場合や、相手方の（ ii ）を犠牲にしてもなお取消しを認めるべき（ iii ）上の必要性がある場合に限る。	b i　不正 ii　信頼 iii　公益
c　侵害的行政行為の取消しに制限はあるか。	c　特段の制限はない（自由に取り消すことが可能）

7.　行政行為の撤回

Question	Answer
□①　行政行為に新たな事由（義務違反、公益上の必要性等）が発生し、将来にわたりその効力を失わせるためにする行政行為を何と呼ぶか。	①　行政行為の撤回
□②ア　撤回に成立上の瑕疵は必要か。	②ア　不要
イ　法文の文言上、「取消し」と規定されている場合は、撤回を認める趣旨とはいえないか。	イ　そうではない（撤回を「取消し」と定める例が多い）
ウa　撤回権者を答えよ。	ウa　原則として処分行政庁のみ
b　監督行政庁による撤回はできるか。条件があるか。	b　法律の定めがあることを条件として撤回可能
c　a bの理由を答えよ。	c　撤回とは新たに同一の行政行為を行うのと同様のものであるから
□③　撤回の制限について ア　公定力や不可変更力を備えた行政行為は撤回ができるか。	③ ア　公定力は無関係。不可変更力を備えた行政行為は撤回ができない

行政法

Question	Answer
イa　授益的行政行為の撤回に特段の制限はあるか。	イa　ある（原則として撤回はできない） ∵相手方の利益保護 cf.侵害的行政行為 →自由に撤回が可能
b　aの例外としてどのような場合が考えられるか。 撤回の必要が（ i ）の責めに帰すべき事情によって生じた場合、または相手方の（ ii ）がある場合	b i　相手方 ii　同意
ウ　通説によると、処分庁が撤回をするにあたり、法律の根拠は必要か。	ウ　不要とされる

8.　行政行為の附款

Question	Answer
□①ア　行政行為に附加された従たる意思表示で、行政行為の効果を制限するものを何と呼ぶか。	①ア　附款
イ　附款について、法令上はどのように規定されることが多いか。	イ「条件」
□②　附款の種類について	②
ア　附款にはどのようなものが考えられるか。	ア　条件、期限、負担、撤回権の留保、法律行為の一部除外
イ　条件にはどのようなものがあるか。	イ　停止条件（条件成就により効果が発生するもの）、解除条件（条件成就により効果が消滅するもの）
ウ　期限にはどのようなものがあるか。	ウ　始期と終期　例：道路の占用→3月10日から同月20日まで認める
エa　主たる意思表示に附随し、行政行為の相手方に対して特別の義務を命じる意思表示を何と呼ぶか。	エa　負担

b　aの例を挙げよ。

b　免許の条件（眼鏡等）、河川の占用許可にあたっての占用料の納付等

c　負担が付されたが、負担が履行されていない場合、当該行政行為の効力はどうなるか。

c　完全に発生する

d　義務の不履行は行政行為の効力に直ちに影響するか。

d　しない

オ　撤回権（取消権）の留保の例を挙げよ。

オ　例えば、公共用物の使用許可において、公益上必要あるときは許可を取り消す旨を付加すること

カa　法令が一般にその行為に付した効果の一部の発生を除外する場合の例を挙げよ。

カa　例えば、公務員の出張に旅費を支給しない（旅費法46条）、通行自動車の限定（道路運送法47条3項）

b　aのような除外をするには、法律の根拠は必要か。

b　必要
∵法律が認める効果を行政庁の意思により排除するもの

□③　附款の許容性と限界について

③

アa　附款を付すことができる行政行為の範囲に制限はあるか。

アa　ある（法律行為的行政行為に限る）

b　附款を付すには、さらにどのような条件を満たす必要があるか。

b　法律の明文があるか、行政行為の内容に裁量が与えられた場合に限る

イ　裁量権の行使の一環として附款を付す場合、裁量権の行使の限界の法理は妥当するか。

イ　妥当する

□④　瑕疵ある附款について

④

ア　瑕疵がある場合とは、どのような場合か。

ア　法令違反、または裁量権の行使が不当な場合

行政法

イ　瑕疵が行政行為の効力にはどのような影響を及ぼすかについて

a　附款が重要な要素でない場合は、どうなるか。

b　附款が重要な要素である場合は、どうなるか。

ウa　附款だけの取消しはできるか。

b　aについて、負担や、条件・期限についてはどう考えることになるか。

イ

a　附款が無効になるのみ。当該行為は附款がない行政行為として有効となる

b　行政行為全体が無効となる

ウa　本体たる行政行為と可分か不可分かによる

b　負担は可分で、それだけ取り消せる。条件・期限は不可分でそれのみ取り消すことはできない傾向

第4章　行政上の強制手段

1.　行政上の強制手段の意義

Question	Answer
□①ア　行政上の強制手段の意義を答えよ。 行政機関が（　　）を実現するために国民に対して行う強制手段の総称。	①ア 行政目的
イ　アは直接的なものに限るか。	イ　限らない（直接的なものから、間接的なものまで様々）
□②　行政上の強制手段が用意された趣旨を答えよ。 行政行為により発生した義務について、（ア）な履行が確保されるとは限らない。そこで、行政運営の（イ）化を図り、（ウ）を達成するには、強制的措置を採ったり、罰則を科したりする必要がある。場合によって（エ）づける前にいきなり（オ）を採ることも必要である。	② ア　自発的 イ　効率 ウ　行政目的 エ　義務 オ　強制措置
□③　行政上の強制手段は、どのように分類をすることができるか。	③　行政強制、行政罰、行政罰以外の制裁手続

2.　行政強制

Question	Answer
□①ア　行政上の目的を達成するため、行政上必要な状態を実現する作用で、人の身体または財産に実力を加えたり、義務者に心理的強制を加えたりするものを何と呼ぶか。	①ア　行政強制
イａ　アには、法律上どのような制限が加えられるか。 特に｛ⅰ 厳重な制約を加える・緩やかな制約にとどめる｝。すなわち、法律の根拠を｛ⅱ 常に必要・必ずしも必要ないもの｝とし、場合により（ⅲ）の介入を要するとする。	イａ ⅰ　厳重な制約を加える ⅱ　常に必要 ⅲ　司法権

行政法

b　aの理由を答えよ。

b　国民の身体または財産に強制を加える作用であるから

□②ア　行政法上の義務の不履行に対し、行政権の主体が、将来に向かい、実力をもって、その義務を履行させせまたはその履行があったのと同一の状態を実現する作用を何と呼ぶか。

②ア　行政上の強制執行

イ　アをするにあたり、法律の根拠は必要か。

イ　常に必要

ウa　行政上の強制執行として、どのようなものがあるか。

ウa　代執行、直接強制、執行罰

b　aをするにあたり、その根拠となる一般法は存在するか。

（ i ）の一般法が（ ii ）であり、個々の法規に特別な定めもある。直接強制、執行罰については土地収用法102条の2、建築基準法９条12項等、個々の法規に根拠があるが、一般法は存在｛iii する・しない｝。

b

i　執行

ii　行政代執行法

iii しない

□③　民事上の強制執行との関係について

③

ア　自力執行ができない場合、強制的な実現の方法として何が考えられるか。

ア　場合により、民事法上の手続により裁判所の手を借りた強制執行をすること

イ　判例・通説は、行政上の強制執行ができる義務について、民事上の強制執行を認めているか。

イ　認めていない

□④アa　代執行の意義を答えよ。

他人が代わってすることが｛i できる・できない｝。

｛ii 作為・不作為｝義務が履行されない場合、当該行政庁が自ら義務者がなすべき行為をし、または第三者にこれをさせ、その（ iii ）を義務者から徴収するもの。

④アa

i　できる

ii　作為

iii　費用

b　非代替的な行為（健康診断を受ける義務、営業停止等不作為義務）について、代執行をすることはできるか。

b　できない

イa　代執行の対象になるものは何かを答えよ。	イa　法律により直接命ぜられ、または法律に基づき行政庁により命じられた行為
b　行政指導の代執行はできるか。	b　できない
ウ　代執行の実体要件を答えよ。 （a）による履行の確保が困難であること。 不履行を放置することが著しく（b）に反すると認められること。	ウ a　他の手段 b　公益
エ　代執行の手続要件を説明せよ（法→行政代執行法）。 （a）（法3条1項）→（b）による通知（法3条2項、3項）→代執行の実行（法4条）→（c）の徴収（法6条1項、2項）	エ a　戒告 b　代執行令書 c　費用
□⑤ア　一定の期限を定め、期限内に義務を履行しないときに過料に処することを予告することで、心理的圧迫を加えることにより間接的に履行を強制する方法を何と呼ぶか。	⑤ア　執行罰
イ　アの方法により執行を強制する対象になるものは何か。	イ　不作為義務、不代替的作為義務
ウ　執行罰の方法は、現在どの程度採用されているか。 現在は原則として廃止され、（a）に代えられている（砂防法36条が唯一残る規定）。 ∵（b）性に疑問。	ウ a　行政罰 b　実効
□⑥ア　直接に義務者の身体または財産に実力を加え、義務の履行があったのと同一の状態を実現する作用を何と呼ぶか。	⑥ア　直接強制
イ　アの方法の問題点を答えよ。	イ　実効性が高いが、人権侵害の危険が大きい

ウ　アの方法が用いられる例を挙げよ。

ウ　不法入国外国人の強制退去（出入国管理及び難民認定法52条）、違法駐車車両の移動（道路交通法51条6項、8項）、性病罹患者に対する強制検診（旧性病予防法11条）

□⑦ア　公法上の金銭給付義務が履行されない場合に、強制手段により、義務が履行されたのと同様の結果を実現するためにする作用を何と呼ぶか。

⑦ア　行政上の強制徴収

イ　アの例を挙げよ。

イ　滞納処分（国税徴収法、地方税法）

ウａ　租税以外の金銭給付義務の履行を強制する方法を答えよ。

ウａ　「国税滞納処分の例によ」るものとされている

ｂ　ａから、国税徴収法は強制徴収においてどのような位置づけにあるか。

ｂ　事実上、強制徴収の一般法としての地位を占める

□⑧ア　義務の存在を前提とせず、直接に国民の身体または財産に実力を加え、行政上必要な状態を実現する作用を何と呼ぶか。

⑧ア　即時強制

イ　即時強制によるべき場合として、どのような場合が挙げられるか。

（ａ）の障害を除く必要上、（ｂ）を命ずる暇のない場合。

その（ｃ）上義務を命ずることによってはその（ｄ）を達しがたい場合。

イ

ａ　目前急迫

ｂ　義務

ｃ　性質

ｄ　目的

ウ　即時強制をするには、法律の根拠が必要か。

ウ　必要

エ　即時強制が用いられる例を挙げよ。

エ　感染症患者の強制入院（感染症予防法19条２項）、延焼のおそれがある対象物の破壊（消防法29条２項）

オａ　行政上の強制執行と即時強制の違いを答えよ。

オａ　即時強制は義務の履行を強制するためのものではない

b　即時強制と行政上の強制執行の違いは明瞭か。

b　明瞭ではない（自動車のレッカー移動は直接強制とされるが、即時強制と考える余地がある。移動命令が発されない場合など）

□⑨ア　行政目的達成のために、行政機関によって行われる情報収集活動のことを何と呼ぶか。

⑨ア　行政調査

イ　アの例を挙げよ。

イ　納税義務者に対する質問検査（旧所得税法234条）、職務質問（警職法２条）、煤煙排出者の工場・事業所への立入検査（大気汚染防止法26条）

ウ　行政調査に法律の根拠は必要か。
※行政調査の許容範囲→刑事訴訟法の所持品検査、自動車の一斉検問等と比較してみよう。

ウ　強制調査や間接強制を伴う調査は必要。任意調査では不要

エa　行政調査の手続的規制について、一般的な要件の定めはあるか。

エa　ない（行政手続法にも定めがない：行政手続法３条１項14号参照）

b　aの理由を答えよ。

b　様々な態様があり、一般的な要件をおくことは困難だから

c　行政調査に手続的規制を及ぼした個々的な例を挙げよ。

c　事前の通告（旧消防法４条３項）、居住者の承諾（建築基準法12条７項）、令状の取得（国税犯則取締法２条４項、出入国管理法31条４項）

3. 行政罰

Question	Answer
□①ア　行政法上の義務違反に対し、一般統治権に基づき、制裁として科せられる罰のことを何と呼ぶか。	①ア　行政罰
イ　アと懲戒罰との違いを答えよ。	イ　懲戒罰は公務員関係等、特別な法律関係における制裁
□②ア　執行罰と行政罰の違いを答えよ。 行政罰は｛a 将来・現在・過去｝の行政法上の義務違反に対する制裁として科せられる。 執行罰は（b）にわたり、行政法上の義務の履行を強制することが目的。	②ア a　過去 b　将来
イ　行政罰に、間接的に義務の履行を強制する効果は認められるか。	イ　認められる ∵行政罰はあらかじめ義務違反に対する制裁を予告するもの
ウ　義務の履行を強制すると同時に行政罰を科すことはできるか。	ウ　できる ∵異なる趣旨の作用
□③ア　行政上の義務違反について、刑法に定めのある刑罰を科すものを何と呼ぶか。	③ア　行政刑罰
イa　一般にアと刑事罰の違いを答えよ。	イa　刑事罰は反道徳的性質の行為に対する道義的責任
b　刑事罰と行政刑罰の区別は明確か。	b　明確ではない
c　行政刑罰に刑法総則の適用はあるか。	c　特別の定めがない限りある(刑法8条)
d　行政刑罰を科すには、原則としてどのような手続によるか。	d　検察官による起訴、裁判所が行政刑罰を科刑（例外は国税犯則通告制度、交通反則金通告制度）
□④ア　行政上の秩序を維持するための罰で、過料を科すものを何と呼ぶか。	④ア　秩序罰

イａ　秩序罰の対象を答えよ。

ｂ　ａに対し、秩序罰を加えるにとどめる理由を答えよ。

ウａ　過料は刑罰か。

ｂ　過料に刑法総則の適用はあるか。

ｃ　過料を科すにあたり刑事訴訟手続による必要はあるか。

ｄ　過料を科す手続を説明せよ。

法令の規定に基づき国＝（ⅰ）が（ⅱ）手続に従って科す。または条例・規則に基づき地方公共団体の（ⅲ）が行政行為の形式で科す→（ⅳ）の例により徴収。

イａ　比較的軽微な義務違反　例：届出、登録、通知等の手続を怠った場合

ｂ　単純な義務の懈怠であり、行政において直接な障害を加えるに至っていない

ウａ　刑罰ではない

ｂ　ない

ｃ　必要はない

ｄ

ⅰ　裁判所

ⅱ　非訟事件

ⅲ　長

ⅳ　地方税の滞納処分

第5章　その他の行政の活動形式

Question	Answer
□①　行政立法、行政行為、行政上の強制手段に共通する性質を答えよ。	①　権力的・一方的な性質
□②　行政の活動形式として、①以外のものが必要となる理由を答えよ。	②　円滑な行政目的の達成、法律の隙間を埋める必要

1.　行政計画

Question	Answer
□①ア　行政機関が行政活動について定める計画の総称を何と呼ぶか。	①ア　行政計画
イa　行政計画の、一定の行政の目標を設定する性質のことを何と呼ぶか。	イa　目標創造性
b　目標に到達するための諸々の手段・方策の間の総合的調整を図るものとなる性質を何と呼ぶか。	b　総合性
ウ　行政計画を策定する必要性について答えよ。 行政活動（a）の状況において、行政活動の（b）を確保するため。	ウ a　複雑・多様化 b　合理性・整合性
エ　行政計画にはどのような機能があるか。 一定の行政目的・計画に基づく行政活動を（a）することで、（b）を行政目的の達成に向け（c）する機能。	エ a　予告 b　国民 c　誘導
□②　行政計画の法的統制について	②
ア　行政計画の策定において、法律に根拠があるものがある（都市計画法7条・8条・11条、環境基本法15条・17条）。法律に根拠がないものはあるか。	ア　ある（少なくない）
イ　行政計画について、法律による行政の原理との関係をどう考えることになるか。 一般に法律の根拠は｛a 必要・不要｝。ただし、｛b 拘束的・非拘束的｝計画は国民の権利利益を制限するから、法律の根拠が｛c 必要・不要｝。	イ a　不要 b　拘束的 c　必要

ウ　行政計画への手続的統制について

a　手続的統制の狙いを答えよ。

b　手続的統制の手段としては、どのようなものが挙げられるか。

（ｉ）の議決が必要なもの　例：国会への報告として、食料・農業・農村基本法15条6項

あらかじめ（ⅱ）の審議を必要とするもの　例：国土利用計画法5条3項

（ⅲ）の参加手続を要するもの（都市計画法16条、17条）

参加手続：公聴会の開催、計画案の公告・縦覧、それに対する意見書の提出等

c　手続的統制の一つとしての住民の参加手続に対して、不充分と評価されることがある。その理由を答えよ。

ウ

a　計画内容の適正化・合理化及び利害関係人の利益保護

b

ｉ　議会

ⅱ　審議会

ⅲ　住民

c　内容がまちまち、公聴会の参加が行政機関の裁量に委ねられている、住民の参加の時期は計画案の策定以降であり計画に住民の意見が反映されにくい

行政法

2.　行政契約

Question	Answer
□①ア　行政主体が行政目的を達成するために、ほかの行政主体や私人と対等な立場で締結する契約のことを何と呼ぶか。	①ア　行政契約
イａ　私人との間で権利義務関係を設定する原則的な行為形式を答えよ。	イａ　行政行為
ｂ　ａに対し、行政契約の果たす役割が大きくなりつつあるのはどういう状況を受けてのものか。	ｂ　授益的行政活動の増加

ウ　行政契約の類型について	ウ
a　例えば、住宅、体育館等公共施設の利用契約、水道等公共企業との利用契約、補助金交付契約のような、行政サービスの提供に関わる契約を他に何と呼ぶか。	a　給付行政における契約
b　例えば、政府契約（物品納入契約、公共事業の請負契約等）や公共用地買収のための契約等、その他（私有地を道路の敷地に供する等）公用負担契約、公務員の雇用契約のような契約を何と呼ぶか。	b　行政手段調達のための契約
c　例えば、国公有財産の売渡や貸付のための契約はどのような契約に分類できるか。	c　財産管理のための契約
d　規制行政において法律の規定が不十分な場合、どのような対応が考えられるか。	d　協定による対応
エa　例えば、境界地の道路・河川の費用負担割合の協議（道路法54条、河川法65条）、地方公共団体間の事務委託（地方自治法252条の14）等に共通する点を答えよ。	エa　行政主体間の契約である点
b　aに関する法律関係において争いがある場合、解決にはどのような争訟手続によることになるか。	b　（公法上の契約として）当事者訴訟（行政事件訴訟法４条）による
オa　水道の利用契約、庁舎建築の請負契約等の締結に法律の根拠は必要か。	オa　不要
b　aに関する法律関係において争いがある場合、解決にはどのような争訟手続によることになるか。	b　（私法上の契約として）民事訴訟による
□②　行政契約の法的統制について	②
アa　原則として、行政契約の締結に法律の根拠は必要か。	アa　原則として不要 ∵相手方との合意によるもの
b　aの例外を答えよ。	b　事務委託には法律の根拠必要 ∵権限の配分の変更

イa　行政契約において、私人間の契約自由の原則は妥当するか。	イa　少なくともそのままでは妥当しない ∵公共性、公正性の維持
b　aの答えの現れを答えよ。	b　差別的取扱いの禁止（郵便法6条、憲法14条）、行政主体が契約の締結を強制される場合（水道法15条、憲法25条）
ウ　行政契約に対する手続的規制について、どのようなものがあるか。	ウ
（a）の議決が必要とされる場合（地方自治法96条1項5号）。	a　議会
物品納入契約、土木建築契約については、（b）による｛c 競争・随意｝	b　入札 c　競争
契約によることが原則（会計法29条の3、地方自治法234条）。	
例外として｛d　競争・随意｝契約を行うことができる場合は、契約の性質または目的が（e）を許さない場合や、緊急の必要により（e）によることができない場合に限る。	d　随意 e　競争

3.　行政指導

Question	Answer
□①ア　行政指導の定義を答えよ。 行政機関が行政目的実現のため（a）に働きかけ、その（b）な協力を（c）する行為。	①ア a　国民 b　自発的 c　要請
イa　行政指導は処分にあたるか。	イa　あたらない（行政手続法2条6号）。伝統的理論によれば法的に無である
b　行政指導には法的拘束力があるか。	b　ない
c　行政指導に従わない場合、強制執行や行政罰の対象になるか。	c　ならない

ウａ　行政目的を達成するため、行政指導によることのメリットを答えよ。

ウａ　国民との摩擦・抵抗を引き起こすことなく所期の行政目的を実現することが可能

ｂ　行政指導をするにあたり、法律の授権は必要か。

ｂ　不要
∵国民の法的利益に直接の影響を及ぼさない

ｃ　ｂの結果、行政指導によることにはどのようなメリットがあることになるか。

ｃ　行政需要に迅速に対応することが可能

エａ　伝統的理論に従った場合、行政指導は抗告訴訟、国家賠償請求の対象になるか。

エａ　ならない
∵「公権力の行使」との性格がない

ｂ　ａのように考えることの問題点を答えなさい。

不服従には、その事実の（ⅰ）、給付の（ⅱ）などを伴うことがあり、現実には私人が服従を拒むことは（ⅲ）である。

{ⅳ ほとんどすべての行政領域で多用され・ごく限定的な場合に利用が限られ}、行政目的の実現のため {ⅴ 重大な機能を果たす・限られた有用性が認められるにとどまる} と同時に、私人に {ⅵ ほとんど影響がない・極めて大きな影響を与えている}。

以上のような実質を捉え、行政指導への抗告訴訟、国家賠償請求は認められることがある（判例）。

ｂ
ⅰ　公表
ⅱ　打切り
ⅲ　困難
ⅳ　ほとんどすべての行政領域で多用され
ⅴ　重大な機能を果たす
ⅵ　極めて大きな影響を与えている

オ　行政指導の問題点について説明しなさい。

本来（ａ）に基づいてなされるべき規制が、行政指導により事実上（ｂ）される。

誤った行政指導に基づき生じた私人の（ｃ）につき救済が困難。

監督官庁と業界の（ｄ）を生むおそれ。

オ
ａ　法律
ｂ　強制
ｃ　損害
ｄ　癒着

□②　行政指導の種類について

②

アａ　私人に対し行政が知識・情報を提供し、私人の活動を助成するものを何と呼ぶか。

アａ　助成的行政指導

b　aの例を挙げよ。

b　営農指導、経営指導、税務相談

イa　行政指導のうちで、私人の活動を規制する機能を果たし、違法行為を是正したり、積極的な規制目的を達成したりするためのものを何と呼ぶか。

イa　規制的行政指導

b　aの例を挙げよ。

b　違法建築物の所有者への是正命令に先立って行われる警告、産業廃棄物処理業者に対する操業自粛

ウa　行政指導のうちで、私人間の紛争を解決する機能を果たすものを何と呼ぶか。

ウa　調整的行政指導

b　aの例を挙げよ。

b　マンション建設主と周辺住民、あるいは大規模小売店舗の事業者と周辺中小小売商との紛争解決のために行われる指導

c　aは紛争当事者の一方にとってはアイのいずれとして働くことがあるか。

c　イ（規制的なもの）として働くことがある

行政法

□③　行政指導への法的統制について

ア　どのようなものが考えられるか。

（a）法上の根拠が必要なので、当該行政機関の（b）の範囲に限られることになる（行政手続法32条1項）。

（c）の定めがある場合、これに抵触する行政指導は許されない。

（d）原則、（e）原則は行政指導にも及び、程度を超えた指導・推奨は（f）行為を構成する。

③

ア

a　組織

b　処掌事務

c　法

d　平等

e　比例

f　不法

イ　行政指導をする法的根拠の要否について、判例はどう考えているか。

イ　一切不要

∵行政指導は非権力的な事実行為である

ウa　行政指導の手続的統制の根拠となる法律は何か。

ウa　行政手続法

b　aの目的を答えよ。

b　不透明・不公正な行政指導が行われることを防止

c　マンション建設の確認申請について近隣住民による建設反対運動が起きている状況で、建築主が確認留保されたままでの行政指導には応じられないとの意思を明確に表明した場合、話し合いによる解決まで確認を留保することは可能か。

c　特段の事情がない限り違法（判例）

d　教育施設負担金の寄付を求めるマンション建設の指導要綱に業者が従わない場合、水道供給契約の締結を拒否することの適法性について、どう判断した判例があるか。

d　違法としたものがある

第6章　行政手続

1.　行政手続と行政手続法

Question	Answer
□①ア　一定の行政活動をする場合の事前手続一般（広義では、行政活動に際してとられる手続一般）を何と呼ぶか。	①ア　行政手続
イ　行政手続には、異議申立て・審査請求等、行政上の不服申立手続も含まれるか。	イ　含まれる
□②　事前手続を及ぼすことの狙いを説明せよ。 行政決定の（ア）的（イ）性と、慎重さを確保する。 行政機関単独による判断よりも（ウ）な決定が得られる可能性が与えられる。 違法な行政活動による権利侵害、（エ）の発生の（オ）になる。	② ア　民主 イ　正当 ウ　適切 エ　既成事実 オ　予防
□③　適正手続条項である31条の行政活動への適用可能性について、判例はどう考えているか。 刑事手続ではない｛ア から・というのみで｝、行政活動への31条の適用は｛イ 否定される、直ちに否定すべきではない｝。 行政手続は刑事手続とは｛ウ 自ずから差異がある・同様に考えられる｝し、行政目的に｛エ よらず一律・応じて多種多様｝であるから、刑事手続と同様に事前の告知、弁解、防禦の機会を、常に必ず与えなければ｛オ ならない・ならないものではない｝。	③ ア　というのみで イ　直ちに否定すべきではない ウ　自ずから差異がある エ　応じて多種多様 オ　ならないものではない
□④　行政手続法について（以下この項目では、行政手続法を法と略する）。 ア　その目的を答えよ。 行政運営における（a）を確保し、（b）性の向上を図り、国民の（c）を保護する（法1条1項）。 透明性：行政上の意思決定の内容及び過程が国民にとって明らかであること	④ ア a　公正 b　透明 c　権利利益

行政法

イa　行政手続法の内容を答えよ。
処分・行政指導および届出に関する（ⅰ）に関し、（ⅱ）する事項を定めたもの。
b　行政立法、行政上の強制執行、行政調査、行政計画、行政契約について、行政手続法の適用はあるか。
ウa　政令・省令・審査基準・処分基準についての案を作成した場合、一般に公表し、広く国民から意見・情報を募集する手続を何と呼ぶか。
b　政令・省令・審査基準・処分基準についての案を作成した場合、行政庁は、意見公募手続を経る義務を負うか。
エa　地方公共団体の機関が行う手続については、行政手続法の適用はあるか。
b　地方公共団体が行う処分のうち、法律に基づくものには行政手続法の適用はあるか。
個別法に特別の定めがある場合→それに従う（法1条2項）
c　行政手続法は、地方公共団体の機関が行う行為に対する手続的規制について、どのような配慮をしているか。

イa
ⅰ　手続
ⅱ　共通
b　ない
ウa　意見公募手続
b　負う（法39条）
エa　ない（法3条3項）
∵地方自治の尊重
b　ある
∵法律に根拠がおかれている→国法が当該処分につき関心をもっているといえる
c　行政運営における公正の確保、透明性の向上を図るため必要な措置を講ずる義務を負わせている（法38条）

2.　申請に対する処分に関する手続

Question	Answer
□①アa　法令に基づき、自己に対する何らかの利益を付与する処分を求める行為で、当該行為に対して行政庁が許否の応答をすべきこととされているものを何と呼ぶか。	①アa　申請（2条3号）
b　「何らかの利益」の例を挙げよ。	b　行政庁の許可、認可免許

イａ　申請により求められた許認可等をするかどうかを法令の定めに従って判断するために必要な基準を何と呼ぶか。	イａ　審査基準
ｂ　申請前の手続に関し、どのような規制があるか。	ｂ　審査基準を定める法的義務（５条１項）、定めた基準を公にしておく法的義務（５条３項）
ｃ　公にする義務に例外はないか。	ｃ　ある。特別な支障がある場合は除く
ウａ　標準処理期間の設定は法的義務か。	ウａ　法的義務ではない。努力義務にとどまる
ｂ　標準処理期間を定めた場合、これを公にする法的義務は発生する。	ｂ　発生する
□②　申請後の手続について	②
アａ　申請に対する行政庁の審査・応答について、法７条にはどのような定めがあるか。 （ｉ）なく審査を開始・応答しなければならない。 形式不備の申請に対しては、速やかに申請者に（ii）を求めるか、申請を（iii）するかしなければならない。	アａ ｉ　遅滞 ii　補正 iii　拒否
ｂ　さらに、行政庁には申請が到達したときには、遅滞なく審査を開始する義務が発生する。これは何を意味するか。	ｂ　受理概念の否定
ｃ　ｂの結果、到達しても受理をしていないから審査しないという運用は許されるか。	ｃ　許されない
イ　申請に対し拒否する処分については、行政庁はどのような手続を採る必要があるか。	イ　原則として、処分と同時にその理由を示さなければならない（法８条）

ウ　行政庁は、申請後の情報の提供について、どのような義務を負うか

（ａ）の求めに応じて、審査の（ｂ）、申請に対する処分の（ｃ）の見通しを示すように努める義務（法９条１項）。

（ｄ）者または申請者の求めに応じて、（ｅ）に必要な情報の提供に努める義務（２項）。

エ　公聴会の開催について（法10条）

ａ　公聴会の開催などは何のためのものか。

ｂ　行政庁には、ａの手続を採る法的義務があるか。

ｃ　どのような場合にｂの義務は発生するか。

（　　）の者の利害を考慮すべきことが当該法令において許認可等の要件とされるものを行う場合。

オ　複数の行政庁が関与する処分について

ａ　同一の申請者からされた関連する申請が他の行政庁において審査中の場合に、行政庁はどのような義務を負うか。

他の行政庁において、これを理由として自らがすべき処分をするかの審査・判断を（　　）させてはならないとの義務（法11条１項）。

ｂ　相互に関連する複数の申請がなされた場合に、関係行政庁が負う義務の内容を答えよ。

必要に応じ、相互に（ⅰ）を取り審査の（ⅱ）に努める義務（法11条２項）。

ウ

ａ　申請者
ｂ　進行状況
ｃ　時期
ｄ　申請をしようとする
ｅ　申請

エ

ａ　申請者以外の者の意見を聞く機会を設けるためのもの
ｂ　ない。努力義務にとどまる
ｃ

申請者以外

オ

ａ

遅延

ｂ

ⅰ　連絡
ⅱ　促進

3.　不利益処分手続

Question	Answer
□①ア　不利益処分手続の意義を答えなさい。 　行政庁が（a）に基づき、（b）の者を名宛人として、直接にこれに（c）を課し、またはその権利を（d）する処分（法2条4号）。	①ア a　法令 b　特定 c　義務 d　制限
イ　一般処分（例：道路交通法に基づく特定地域について交通規制を行う処分）は不利益処分に含まれるか。	イ　除外される（特定人を対象とするものに限る）
□②　審査基準の設定・公表について	②
アa　法令の定めに従って判断するための基準を何と呼ぶか。	アa　処分基準
b　不利益処分における審査基準について、どのような義務が定められているか。 ・（ｉ）を定める義務、さらに、これを（ⅱ）にする義務（法12条１項） ・基準を定める場合はできる限り（ⅲ）的なものとしなければならない義務（同条２項）	b ｉ　処分基準 ⅱ　公 ⅲ　具体
c　bの義務は、法的義務か、努力義務か。	c　いずれも努力義務
d　cの理由を答えよ。 ∵処分の（ｉ）が乏しい場合、事前に基準を作成することが困難である。 ∵例えば、３回目の違反で営業停止にするとの基準が設定された場合、２回までの違反は害がない、違反を助長するおそれがあるように、（ⅱ）ことには弊害が予想される。	d ｉ　実績 ⅱ　公にする
イa　不利益処分を行う場合に、行政庁はどのような義務を負うか。	イa　理由の提示
b　aは法的義務か。	b　法的義務（法14条１項）
c　aを行うタイミングはいつとされているか。	c　不利益処分と同時
d　aの義務が免除される例外を答えよ。	d　理由を示さないで処分をすべき差し迫った必要がある場合

行政法

e　不利益処分を書面でする場合、理由も書面で示す必要があるか。

e　ある（法14条3項）

ウa　不利益処分をしようとする場合の事前手続として、不利益処分の相手方に「意見陳述のための手続」をとる必要がある。これを何と呼ぶか。

ウa　聴聞または弁明（聴聞よりも簡易の手続）の機会の付与

b　聴聞が必要な場合はどのような場合か。

b　相手方に対する打撃が大きい場合（それ以外は弁明の機会で足りる）

c　bの例を挙げよ。

許認可の取消し、資格や地位の直接的な剥奪、法人役員の解任、その他（　　）が相当と認めるとき。

c　行政庁（法13条1項1号）

d　aの手続が省略される場合を答えよ。

d　公益上緊急に不利益処分をする必要がある場合（同条2項）

4. 行政指導手続

Question	Answer

□①ア　行政指導の一般原則を説明しなさい。

当該行政機関の（a）または（b）の範囲を逸脱してはならない。

行政指導の内容は、（c）の協力によってのみ実現されるものである必要がある（以上、法32条1項）。

①ア
a　任務
b　処掌事務
c　任意

イa　行政指導の内容が、任意の協力によってのみ実現される必要がある理由を答えよ。

イa　行政指導は処分ではないことの当然の結果

b　行政指導に応ずるべく説得を重ねることは許されないのか。

b　一切否定されるものではない

ウ　相手が行政指導に従わなかった場合に行政庁が負う義務の内容を答えなさい。

ウ　行政指導に従わなかったことを理由として不利益な取扱いをしてはならない（法32条2項）

□② 申請に関連する行政指導について、行政庁はどのような義務を負うか。

申請の取下げまたは内容の変更を求める行政指導を行う場合、申請者が行政処分に（ア）がない旨を表明したにもかかわらず、指導を（イ）することで、申請者の（ウ）を妨げてはならない（法33条）。

②
ア 従う意思
イ 継続
ウ 権利行使

□③ア 許認可等の権限に関連する行政指導について、行政庁はどのような義務を負うか。

権限を有する行政官庁が許認可権を行使できない場合または行使する意思がない場合に、（　　）旨をことさらに示すことで、相手方に指導に従うことを余儀なくさせるようなことをしてはならない（法34条）。

イ アの義務が発生する理由を答えよ。

∵行政機関が当該案件に（　　）を背景に行政指導に従わせようとすることを禁止する趣旨。

③ア
権限を行使できる

イ
関係がない許認可権限

□④ 行政指導の方式について

ア 行政指導を行う者は、一般的にどのような義務を負うか。

イ 行政指導が口頭でされが、趣旨・内容・責任者を記載された書面の交付が求められた場合、行政庁はどのような義務を負うか。

④
ア 行政指導の趣旨・内容・責任者を明確に示す義務（法35条1項）
イ 特別の支障がない限り、書面を交付しなければならない（同条3項）

□⑤ア 同一の行政目的を実現するため複数の者に対し行政指導を行う場合、行政庁はどのような義務を負うか。

あらかじめ、事案に応じ、行政指導の（a）となるべき事項を定め、これを（b）しなければならない（法36条）。

イ アの定めの趣旨を答えよ。

∵（a）な指導を防止する。

∵行政指導の指針の公開→（b）も当該指針を知りうることになり、（c）の確保につながることになる。

⑤ア
a 指針
b 公表

イ
a 不公平
b 第三者
c 透明性

第3部 行政救済法

第1章 行政救済法総論

Question	Answer
□①ア 行政救済制度が必要な理由を答えよ。 （a）または（b）な行政活動によって国民の（c）が侵害された場合に、（d）を与える必要があるから。	①ア a 違法 b 不当 c 権利 d 法的救済
イ 行政救済制度を規律する法分野は何か。	イ 行政救済法

1. 行政争訟

Question	Answer
□① 行政上の法律関係に関する紛争につき、国家機関がこれを審理・判断し、違法・不当な行政活動を排除・是正を行うための制度を何と呼ぶか。	① 行政争訟
□②ア 行政争訟には、どのようなものがあるか。	②ア 行政不服申立て、行政事件訴訟
イ 行政争訟では、どのようにして国民の権利を救済するのか。	イ 違法不当な行政活動の排除・是正

2. 国家補償

Question	Answer
□①ア 行政作用により国民に生じた損害を補填するための制度を何と呼ぶか。	①ア 国家補償
イ アの制度では、具体的には何によって救済をするのか。	イ 金銭
□② 国家補償の制度としては具体的にどのようなものがあるか。	② 国家賠償、損失補償

第2章　行政不服申立て

Question	Answer
□①ア　行政不服申立ては誰の何に対するものか。	①ア　行政庁の処分または不作為に対する私人の不服申立て
イ　不服申立てに対し、審査・解決する主体を答えよ。	イ　行政機関
ウ　行政不服申立てを規律する法は何か。	ウ　行政不服審査法（以下本章では、法と略す）
□②ア　行政不服審査法の目的を答えよ。 行政庁の（a）または（b）な処分その他（c）にあたる行為に関し、（d）に対して広く｛e 行政庁・裁判所｝に対する不服申立ての途を開くことによって、（f）な手続による国民の権利利益の救済を図るとともに、（g）を確保することを目的とする（法1条）。	②ア a　違法 b　不当 c　公権力の行使 d　国民 e　行政庁 f　簡易迅速 g　行政の適正な運営
イ　行政不服申立ての機能を説明しなさい。 行政｛a 自ら・以外の機関｝に違法・不当な処分を是正する機会が与えられることで、行政の（b）な運営が確保できる。 （c）が過剰な負担を負うことを回避できる。	イ a　自ら b　適正 c　裁判所
ウa　行政不服申立てにおいて、審査庁が当不当の判断をすることはできるか。	ウa　できる cf.行政事件訴訟における裁判所→当不当の判断はできない
b　行政事件訴訟における審理の方式が口頭弁論によるものであるのに対し、行政不服申立てではどのような建前による審理が行われるか。	b　書面審理主義
c　bから、行政事件訴訟よりも行政不服申立てによるメリットとしてどのようなものを挙げることができるか。	c　簡易・迅速な事件処理が期待できる

エ　行政不服申立ての手続の問題点を答えよ。

行政組織内部の審査であるから、判断の（a）・（b）性について疑問がある。

書面審査を中心とした簡易・迅速な手続なので、判断に（c）を欠くおそれがある。

エ
a　公正
b　中立
c　慎重さ

□③　行政事件訴訟との関係について

ア　救済手段として、両者はどのような関係にあるか。

イ　アの例外としての建前を答えよ。

③
ア　いずれを行うも自由なのが原則（自由選択主義）

イ　審査請求前置主義（不服申立てを経た後でなければ訴訟を提起できないとの建前）

□④ア　不服申立ての対象を答えよ。

④ア　行政庁の「処分」および「不作為」（3条）

イa　「処分」の概念は、「処分性」（行政事件訴訟法）の概念とどのような関係にあるか。

b　「処分」の意義を答えよ。

下記のいずれかである。

行政庁の（ⅰ）または（ⅱ）な処分その他（ⅲ）の行使にあたる行為。

公権力の行使にあたる（ⅳ）上の行為で、人の収容、物の留置その他、その内容が（ⅴ）的性質を有するもの。

イa　ほぼ同じ概念

b
ⅰ　違法
ⅱ　不当
ⅲ　公権力
ⅳ　事実
ⅴ　継続

ウa　「不作為」の意義を答えよ。

行政庁が法令に基づく（ⅰ）に対し、（ⅱ）内に何らかの処分その他（ⅲ）にあたる行為を（ⅳ）（法3条かっこ書）。

ウa
ⅰ　申請
ⅱ　相当の期間
ⅲ　公権力の行使
ⅳ　すべきにもかかわらず、これをしないこと

b　法1条から、不服審査の対象に不作為を含む趣旨を読み取ることはできるか。

b　できる。「処分その他公権力の行使に当たる行為に関し」との表現

c　不作為を不服申立ての対象とする趣旨を答えよ。	c　許認可などの申請に対する行政庁の握りつぶしを防ぐ趣旨
d　cを受けて、行政不服申立ての対象になる「不作為」の範囲を答えよ。	d　法令に基づく申請を経るものに限る（法3条）
□⑤　不服申立ての種類について	⑤
アa　当該処分庁または不作為庁に対してする不服申立て（法2条、法3条）を何と呼ぶか。	アa　審査請求
b　aの申立て先は、原則として何になるか。	b　最上級行政庁
c　aがない場合、審査請求の宛先は何になるか。	c　当該処分庁
イa　処分庁に対してする不服申立て（法5条）を何と呼ぶか。	イa　再調査の請求
b　アとイの関係を説明せよ。	b　例外的な制度（審査請求ができる場合で、特別な法の定めがある場合に限る）
ウa　「審査請求」の裁決を経た後、さらに行う不服申立て（法6条1項）を何と呼ぶか。	ウa　再審査請求
b　行政不服申立ての手続のうち、aはどのような位置づけにあるといえるか。	b　第二審の不服申立て
c　bの性質から、再審査請求をすることができるのは、どのような者に限るか。	c　審査請求の裁決に不服がある者のみ
d　再審査請求ができるのが、法律または条例で再審査請求できる旨の定めがある場合に限るとの建前を何と呼ぶか。	d　列記主義（再審査請求の対象は法律または条例によって定まる）
e　再審査請求をするにあたり、その対象とするものは、原処分か裁決か。	e　どちらでもよい（不服申立人の選択に委ねられる）
□⑥ア　「処分」についての不服申立てについて、一つの処分について審査請求と再調査の請求の双方を同時に利用することはできるか。	⑥ア　できない（重ねての申請は、3ヶ月経過しても決定がない場合等に限る）

イａ　処分についての不服申立てにおいて、審査請求と再調査の請求のいずれによることが原則とされているか。 ｂ　ａの理由を答えよ。	イａ　審査請求を行うのが原則（審査請求中心主義、法５条１項） ｂ　処分庁自身による審理よりも公平・中立な判断が期待できる

1.　不服申立ての要件

Question	Answer
□①ア　不服申立ての実体的要件として、何の存在が必要か。	①ア　不服申立ての対象となる処分・不作為（かつ、適用除外とされているものでないこと、法７条１項）
イａ　アから、処分が行われる前の不服申立てや、申請を経ない場合における不作為について不服申立てをすることはできるか。 ｂ　処分が存在しない段階で、処分をすること、または処分をしないことを求める制度はあるか。	イａ　できない（法18条1項、45条、法2条、49条2号参照） ｂ　ある（行政指導の中止の求め：行手法36条の２、処分等の求め：同条の３）
□②　不服申立ての方式について アａ　申立てにあたり、書面をもってすることは必要か。 ｂ　ａの理由を答えよ。 イ　アの手続は、郵送で行うことができるか。 ウ　行政上の不服申立てか、単なる陳述書なのか不分明な場合、いずれと決する決め手は何か。申立て事項の内容のみから判断するのか。	② アａ　必要（書面提出主義：原則として書面を提出して行う） ｂ　論点を明確にし、手続を慎重にするため イ　できる ウ　当事者の意思解釈。申立て事項の内容に関わるものではない

□③　不服申立て適格について

アａ　自己の名において不服申立てをすることができる一般的な資格を何と呼ぶか。

ｂ　ａは自然人、法人のほか、代表者の定めがある法人格がない社団にも認められるか。

イａ　特定の争訟において当事者として争訟と追行することができる資格を何と呼ぶか。

ｂ　ａの内容を具体的に答えなさい。

「行政庁の処分に（ⅰ）がある者」＝不服申立てをするだけの「(ⅱ)」を有する者に限る。具体的には、（ⅲ）な行政処分によって、（ⅳ）に自己の（ⅴ）を侵害された者である。

ｃ　多数人が総代を選んで不服申立てをすることはできるか。

□④　不服申立期間について

アａ　不服申立期間とされる一定の期間が経過した場合、どのような効果が生じるか。

ｂ　ａの性質は、時効・除斥期間いずれに近いとみるべきか。

イ　不作為に対する不服申立てに申立期間の定めはあるか。

③

アａ　当事者能力

ｂ　認められる（法10条）

イａ　当事者適格

ｂ

ⅰ　不服

ⅱ　利益

ⅲ　違法または不当

ⅳ　直接

ⅴ　権利または利益

ｃ　できる（法11条、互選による）

④

アａ　原則として処分に対する申立てが不可能になる

ｂ　除斥期間

イ　ない（不作為が継続している限り行うことができる）

行政法

ウ　不服申立期間について、具体的にどう定められているか。	ウ
処分があったことを｛a 知った日・知った日の翌日｝から起算して（b）月以内（法18条1項本文、54条1項）。	a　知った日の翌日 b　3
処分があった｛c 日の翌日・ことを知った日の翌日｝から起算して（d）年以内（法18条2項本文、54条2項）。	c　日の翌日 d　1
再調査の請求を経た後に行う審査請求、再審査請求については、裁決または決定があったことを知った日の翌日から起算して（e）月以内。	e　1
裁決・決定があった日の翌日から起算して（f）年以内（18条2項）。	f　1
（g）理由がある場合はこの限りでない。	g　正当な（18条2項但書）
エa　ウの定めの「知った日」とは、通説によると現実に知った日のことか。	エa　違う（社会通念上了知することができる状態におかれたとき→特別の事情がない限り、知ったものと考える）
b「知った日」を現実に知った日とする判例があるが、上記の見解と矛盾するのか。	b　必ずしもそうではない　例：告示その他適当な方法で公示されたことをもって知ったものと認定するなど

2.　審理手続

Question	Answer
□①　審査請求は、何をもって開始されるか。	①　審査請求書の提出
□②ア　①を受けて、審査庁などは、まず何を審理することになるか。	②ア　要件審理
イ　アの結果、①の手続に不備があることが判明した場合、どのような処分がなされることになるか。	イ　補正命令、これが不可能な場合は却下

□③　①に不備がない場合、本案審理に入ることになる。

アa　審理の方式として、書面審理主義の内容を答えよ。

当事者の（ⅰ）や（ⅱ）が書面で行われる建前

b　aの建前が採られる理由を答えよ。

c　aの建前の問題点を答えよ。

イ　アの建前の例外としての定めを説明せよ。

審査請求人または参加請求人の（a）がある場合、（b）で意見を述べる機会を与える必要がある（法31条1項）。

ウa　職権で、参考人の陳述・鑑定の要求、関係物件の提出、検証、審尋を行えるとの建前を何と呼ぶか。

b　不服申立ての制度では、審査庁等は、職権証拠調べをすることができるか。

c　bの趣旨を答えよ。

d　職権探知主義は妥当するか。

エa　処分についての審査請求において、審理員は処分庁に何の提出を求めることができるか。

b　aに対し、審査請求人は何をすることができるか。

c　申立人が処分庁に質問をすることはできるか。

③

アa

ⅰ　意見陳述

ⅱ　証拠調べ

b　資料が確実で安定しており、審理が簡易迅速

c　印象が間接的なものにとどまる、臨機応変な対応ができない

イ

a　申立て

b　口頭

ウa　職権証拠調べ

b　できる

c　審理の効率を高めて、審査を迅速に行うため

d　妥当する（判例）→不服申立人が主張しない事実についても職権で取り上げることができる

エa　弁明書（法29条2項）

b　反論書の提出（法30条1項）

c　できる（質問権、審理員の許可の下、法31条5項）

行政法

d　申立人は、関係文書の閲覧や交付を求めることはできるか。	d　できる（法38条）
オa　処分庁と申立人が主張立証をする宛先は何か。	オa　審理員
b　審理員が作成した裁決の案の当否につき、審査庁がその当否につき諮問をする機関を何というか。	b　行政不服審査会
カ　審査請求につき、標準処理期間を定める法的義務はあるか。公にする義務はあるか。	カ　定立は努力目標、公にすることは法的義務（16条）

3.　執行停止制度

Question	Answer
□①ア「審査請求は、処分の効力、処分の執行又は手続の続行を妨げない」（25条１項）との定めは、どのような原則を表明したものか。	①ア　執行不停止の原則
イ　アの原則が採られる趣旨を答えよ。 不服申立ての提起による時間稼ぎ等を防ぎ、（a）と（b）を確保する。	イ a　行政の円滑な運営 b　公益
□②　①の原則に対して、執行停止ができる場合について	②
ア　執行停止には、その必要性が認められなければならない。「必要」とはどのような場合か。	ア　処分の執行により原状回復が困難になるおそれがある場合
イa　行政事件訴訟における執行停止に比較し、行政不服申立てにおける執行停止は認められやすいか否か。	イa　認められやすい（かなり緩やかに認められる）
b　行政不服申立てにおいて、執行停止の必要性が認められる場合に、執行の停止に代え、その他の措置（例:免許取消しに代え、営業停止処分）を行うことはできるか。	b　できる ∵争訟の裁断機関は行政機関
ウ　執行停止の必要性が認められるが、処分の効力の停止以外の措置により目的の達成できる場合、執行停止はできるか。	ウ　できない（法25条６項） ∵包括的手段を用いるのは最後

エａ　執行停止がされた後、公共の福祉に重大な影響を及ぼすおそれがある場合、または処分の執行・手続の続行が不可能なことが明らかな場合、その他事情が変更したとき（法26条）、どのような処分をすることができるか。	エａ　執行停止の取消し
ｂ　内閣総理大臣の異議の制度は存在するか。	ｂ　しない
□③アａ　行政庁の裁量により執行停止をすることができるか。	③アａ　できる
ｂ　行政事件訴訟では裁判所の職権による執行停止はできるか。	ｂ　できない
ｃ　ｂの理由を答えよ。	ｃ　審査庁には処分庁に対して一般的な監督権がある
ｄ　審査庁が上級行政庁でない場合にも職権による執行停止はできるか。	ｄ　できない
イ　職権による執行停止をするには、申立てが必要か。	イ　不要（申立てによる場合のほか、職権によることも可能）
ウａ　執行停止が義務づけられる場合（法25条４項）を何と呼ぶか。	ウａ　必要的執行停止
ｂ　ａの義務が発生する場合は、どのような場合か。	ｂ
執行の不停止により生ずる（ｉ）を避けるため（ⅱ）があると認められるとき。	ｉ　重大な損害 ⅱ　緊急の必要
ｃ　例外的にａの義務が発生しない場合として、どのような場合があるか。	ｃ
次の｛ｉ いずれかの・すべての｝事由がある場合。	ｉ　いずれかの
（ⅱ）に重大な影響を及ぼすおそれがあるとき。	ⅱ　公共の福祉
処分の執行もしくは手続の続行が（ⅲ）なるおそれがあるとき。	ⅲ　できなく
本案について（ⅳ）とみえるとき。	ⅳ　理由がない
ｄ　行政事件訴訟において、裁判所に執行停止を義務づけられる場合はあるか。	ｄ　ない
エ　ウａの執行停止に、不服申立人の申立ては必要か。	エ　必要

オ　審理員は、執行停止に関わる制度としてどのようなものがあるか。	オ　意見書の提出（法40条）

4.　裁決・決定

Question	Answer
□①ア　不服申立ての終了原因を答えよ。	①ア　申立ての取下げ、裁決・決定
イa　審査請求および再審査請求に対する行政庁の判断（法44条）のことを何と呼ぶか。	イa　裁決
b　裁決をする義務が発生する場合はどのような場合か。 （ｉ）が提出され、（ii）からの答申がなされた場合	b ｉ　審理員意見書 ii　行政不服審査会
c　bのとき裁決は直ちになされる必要はあるか。	c　直ちに、はない。「遅滞なく」でよい
ウ　再調査の請求に対する行政庁の判断（法58、59条）のことを何と呼ぶか。	ウ　決定
□②ア　本案の審理を拒絶する裁決・決定を何と呼ぶか。	②ア　却下
イ　不服申立てに理由がないものとして、原処分を是認する裁決・決定を何と呼ぶか。	イ　棄却
ウa　処分が違法または不当ながら棄却される場合はあるか。	ウa　ある（事情裁決・決定、法45条3項）
b　事情裁決・決定がされるのはどのような場合か。 取消しまたは撤廃により、（ｉ）に（ii）を生ずる場合。 不服申立人の受ける損害、損害の賠償、防止の程度及び方法等、（iii）を考慮したうえ、取消しまたは撤廃することが（iv）に適合しないと認めるとき。	b ｉ　公の利益 ii　著しい障害 iii　一切の事情 iv　公共の福祉
c　aの場合、審査庁は棄却すると同時に、何をしなければならないか。	c　当該処分が違法または不当であることの宣言
□③ア　不服申立てに理由がある場合の裁決・決定を何と呼ぶか。	③ア　認容裁決・決定

イ　処分（事実行為を除く）についての不服申立てに理由があるとき、審査庁または処分庁が当該処分の全部または一部を取り消す裁決または決定を何と呼ぶか。

イ　取消裁決・決定（法46条等）

ウ　事実行為についての不服申立てに理由があるときになされる裁決または決定を何と呼ぶか。

ウ　撤廃裁決・決定（法47条等）

エa　審査請求における審査庁が処分の変更し、または事実行為を変更すべきことを命じる裁決を何と呼ぶか。

エa　変更裁決

b　不服申立ては国民の権利利益の救済手段であることから認められる変更裁決・変更決定をする際の原則を何と呼ぶか。

b　不利益変更禁止の原則（法48条）

□④　不作為に対する審査請求に対し、認容する決定がなされた場合

ア　審査庁が不作為庁である場合、何をするか。

イ　審査庁がア以外の場合、何をするか。

不作為庁に対して速やかに（a）をすることを命じ、裁決でその旨を（b）する。

④

ア　当該処分

イ

a　申請に対する何らかの行為

b　宣言

□⑤　裁決・決定の方法を説明せよ。

{ア　口頭・書面} で行う。（イ）を付記し、審査庁または処分庁が記名押印する（法50条）。

⑤

ア　書面

イ　理由

□⑥ア　裁決・決定の効力が生じる時期についてはどのような立法主義が採られているか。

⑥ア　到達主義：送達により効力が生じる（法51条）

イ　裁決・決定には、どのような効力が生じるか。

・（a）（形式的確定力）：一定期間の経過により争うことができなくなる効力。

・（b）（実質的確定力）：審査庁が拘束され、自ら取消し・変更を行うことができなくなる効力。

・（c）：認容裁決・決定→当該処分は取消しを待たず、当然に効力を失う。

・（d）：裁決→審査請求人、参加人のほか、広く関係行政庁を拘束する。

・その他、執行力、公定力など、行政行為の一般的な効力。

イ

a　不可争力

b　不可変更力

c　形成力

d　拘束力

5. 教示制度

Question	Answer
□① 教示制度の意義を答えよ。	①
ア 処分庁が、処分の相手方に対して、不服申立てに関する（　　）を教え示す制度。	ア 手続
イ 教示の具体的な内容を答えよ。	イ 不服申立てをなすべき行政庁、不服申立期間等
□② 教示の制度の趣旨を答えよ。 （ア）の制度の存在及び利用方法を（イ）に知らせ、行政救済の制度を十分に機能させる。	② ア 不服申立て イ 国民
□③ 教示の種類について	③
アa 不服申立てができる旨、不服申立てをすべき行政庁及び期間を教示する義務が発生する場合のことを何と呼ぶか。	アa 必要的教示（法82条1項）
b 例外的に、aの義務が発生しない場合はどのような場合か。	b 処分を口頭でする場合
イa 利害関係人から教示が求められたときに当該事項を教示する義務が発生する場合を何と呼ぶか。	イa 請求による教示（法82条2項）
b aで示すべき事項とは何か。	b 不服申立てが可能か、不服申立てをすべき行政庁、期間
c 書面による教示が求められたときは書面で教示する必要があるか。	c ある（義務が発生する。）
d cのほか、教示の方法について、どのような制限があるか。	d （特別な定めがない限り）特段の制限はない。行政不服審査法に定めはない
e 以上の法82条所定の教示が不要になる場合を答えよ。	e 地方公共団体その他の公共団体に対する処分
□④ 教示に関する救済措置について	④
アa 必要な教示が行われなかった場合、国民はどのような手続が採れるか。	アa 不服申立書の提出（法83条）

b　aの場合で、処分が審査請求をすることができるものであるとき、処分庁はどのような義務を負うことになるか。	b　速やかに当該不服申立書の正本を審査庁に送付すべき
c　abによる場合の効果を答えよ。	c　初めから当該審査庁に審査請求がされたものとみなされる
イ　誤った教示がされた場合の対応について	イ
a　不服申立てができない処分につき不服申立てができる旨の教示があった場合、どのような定めの適用があるか。 取消訴訟の（　　）期間は、却下裁決・決定があったことを知った日または裁決の日から起算される（行政事件訴訟法14条3項）。	a 出訴
b　aの定めの趣旨を答えよ。	b　取消訴訟の出訴期間が徒過することを防ぐ
ウ　誤った行政庁を教示され、教示された行政庁に不服申立てが行われた場合、どのような定めの適用があるか。 当該行政庁は速やかに（a）を、審査権限がある(b)に送付し、不服申立人に通知する。この場合、(c）権限のある（d）に不服申立てがされたものとみなされる。	ウ a　不服申立書 b　行政庁 c　初めから d　行政庁
エ　不服申立期間を誤って長く教示した場合、どのような効果が生じるか。 （　　）内に不服申立てをすれば、法定の期間内になされたものとされる。	エ 教示された期間
オ　処分庁が、再調査の請求もできることを教示しなかった場合、どのような効果が生じるか。 （a）により（b）に審査請求書を送達する。	オ a　申立て b　処分庁

行政法

第3章　行政事件訴訟

Question	Answer
□①ア　行政活動に関連する紛争についての訴えの提起に対し、裁判所がその解決を図るための制度を何と呼ぶか。	①ア　行政事件訴訟
イ　アの制度を規律する法を答えよ。	イ　行政事件訴訟法 ※本章で特に断りがない場合、引用条文は行政事件訴訟法のものとする
ウ　司法裁判所が行政事件訴訟を扱うことができる憲法上の根拠を挙げよ。	ウ　憲法76条１項、２項
□②ア　行政事件訴訟の目的は何か。 私人の権利・利益の保護と（ａ）の（ｂ）性の確保。	②ア ａ　行政 ｂ　適法
イ　行政事件訴訟法の目的に行政の適法性の確保が含まれることは、どのような制度が用意されていることから伺えるか。	イ　客観訴訟
□③ア　行政事件訴訟は、法律による行政の原理とはどのような関係にあるか。 法律による行政の原理が｛ａ 事前・事後｝の統制であるのに対し、行政事件訴訟は｛ｂ 事前の・事後的な審査による｝法的統制の徹底。	③ア ａ　事前 ｂ　事後的な審査による
イ　行政事件訴訟手続が行政不服申立てと異なる点を挙げよ。	イ　裁判所は違法性の判断しかできない、口頭審理主義による（丁寧・慎重）

1.　訴訟類型

Question	Answer
□①ア　国民の権利利益の保護を目的とする訴訟を何と呼ぶか。	①ア　主観訴訟

イ　客観訴訟の定義を答えよ。 行政活動の（a）性の確保および（b）的な（c）を目的とする訴訟。	イ a　適法 b　客観 c　法秩序の維持
ウa　客観訴訟の提起に法律の根拠は必要か。	ウa　必要（法律に定める場合にのみ提起することができる、法42条）
b　aの理由を答えよ。	b　政策的に認められるものだから
□②ア　行政庁の公権力の行使に関する不服の訴訟（法3条1項）を何と呼ぶか。	②ア　抗告訴訟
イ　アの具体的な内容を答えよ。 （a）により権利利益を侵害された者が、当該（b）・（c）の適否を争うもの。	イ a　公権力の行使 b　作為 c　不作為
ウ　抗告訴訟の形態について	ウ
a　違法な行政処分の効力を否定し、もって権利救済を図る趣旨の類型を何と呼ぶか。	a　取消訴訟
b　取消しの対象になるものは何か。	b　処分（法3条2項）、裁決（法3条3項）
c　決定等は取消しの対象になるか。	c　なる
d　取消訴訟に関する定めは、他の形態の抗告訴訟との関係でどのような位置づけにあるか。	d　他の訴訟形態にも準用される（法38条、41条、43条 ）→総則的な位置づけにある
エa　処分もしくは裁決の存否またはその効力の有無の確認を求める訴訟を何と呼ぶか。	エa　無効等確認の訴え（法3条4項）
b　aには、無効のほか、不存在の確認も含まれるか。	b　含まれる
オa　申請に対する不作為についての違法確認を目的とした訴えを何と呼ぶか。	オa　不作為の違法確認の訴え（法3条5項）
b　申請に対し、何らかの返答があった場合はこの訴えによることができるか。	b　できない

行政法

c　bの理由を答えよ。	c　不作為の違法確認の訴えでは、裁判所が行政庁に何らかの作為を命じることは許されない
カ　処分や裁決をすべき旨を命じることを求める訴えを何と呼ぶか。	カ　義務付け訴訟（法3条6項）
キ　一定の処分または裁決をすべきでないにもかかわらず、これがされようとしている場合、行政庁に対して、その処分または裁決をしてはならない旨を命じることを求める訴えを何と呼ぶか。	キ　差止訴訟（法3条7項）
□③ア　当事者の法律関係を確認し、または形成する処分または裁決に関する訴訟を何と呼ぶか。	③ア　当事者訴訟(法4条)
イa　アの訴訟と民事訴訟との関係を答えよ。	イa　当事者訴訟の本質は民事訴訟と変わらない ∵いずれも対等な当事者間の法律関係に関する訴訟
b　当事者訴訟の形態によった場合に、民事訴訟によった場合とは異なる点を答えよ。	b　行政事件訴訟法の若干の規定が適用される、事物管轄が地裁にある（簡裁にない）との特徴
ウa　法令の規定によりその法律関係の当事者の一方を被告とするものを何と呼ぶか。	ウa　形式的当事者訴訟 例:土地収用法(133条2項）→補償額についての訴え。起業者と被収用者の間で争わせる)
b　aの実質はどのような訴訟形態と同様といえるか。	b　抗告訴訟 ∵本質は行政庁の処分または効力を争う訴訟

c　bにも関わらず、あえて当事者訴訟による理由を答えよ。

c　当事者間で争わせた方が事案解決に適切な場合があるから
例：土地収用法上の補償額についての訴え→処分の効力に影響がない訴えである

エa　当事者の公法上の法律関係に関する訴訟を何と呼ぶか。

エa　実質的当事者訴訟

b　aの例を挙げよ。

b「確認の訴え」として、公務員の地位確認訴訟、公法上の金銭債権の支払請求訴訟、損失補償の請求訴訟

□④ア　民衆訴訟の定義を答えよ。

国または公共団体の機関の（a）に適合しない行為の是正を求める訴訟で、（b）に関わらない資格で提起するもの（法5条）を何と呼ぶか。

④ア
a　法規
b　自己の法律上の利益

イ　アの例を答えよ。

イ　住民訴訟、選挙訴訟、当選訴訟がその例

ウa　国または公共団体の機関相互間における権限の存否またはその行使に関する紛争についての訴訟を答えよ。

ウa　機関訴訟

b　機関相互間における権限の存否またはその行使に関する紛争は行政権内部における紛争を決する本来的な権限を持つのは何か。

b　行政庁自身

c　bにもかかわらず、機関訴訟の存在が認められ、法律上裁判とされた理由を答えよ。

c　公平な第三者の判断を求めることが適当な場合だから

d　cの例を答えよ。

d　代執行訴訟、地方公共団体の議会と首長との間の紛争をめぐる裁定に関する訴訟

行政法

2. 取消訴訟

Question	Answer
□① 取消訴訟の機能を挙げよ。 ・原状回復機能 ・（ア）性維持機能 ・法律関係合一確定機能 ・取消判決の効力が（イ）にも及ぶことから導かれる（法32条1項） ・差止機能 ・再度（ウ）機能 ・取消判決は（エ）を拘束する（法33条）→行政庁は判決の趣旨に従って行動しなければならない。 ・処分反復防止機能 ・取消判決→（オ）の反復禁止効果があるとされる。	① ア 適法 イ 第三者 ウ 考慮 エ 関係行政庁 オ 同一理由に基づく同一処分
□② 取消訴訟と不服申立てとの関係について ア a 原則としていずれによる救済を優先すべきか。 b 処分の取消しの訴えは審査請求ができる場合でも、提起ができるか。 イ a アの原則の例外としての建前を何と呼ぶか。 b aのような例外によるべき場合かどうかはどのようにして決せられるか。 c aのような例外を認める理由を説明せよ。 （ⅰ）の負担の軽減。 （ⅱ）的な性質を有する事項については、（ⅲ）による解決が望ましい。 ウ a 同一の処分に取消訴訟と審査請求が共になされた場合、裁判所はどのような措置が採れるか。 b aの措置は何を目的としたものか。	② ア a いずれでも自由（自由選択主義） b できる（法8条1項本文） イ a 審査請求前置主義 b 法律に審査請求の裁決の先行を要求する定めがあるかどうか（法8条1項但書） c ⅰ 裁判所 ⅱ 専門技術 ⅲ 行政 ウ a 裁決があるまで訴訟を中止することができる（法8条3項） b 裁判所と審査庁の判断が矛盾することを避けること

c　訴訟の中止中に取消しの裁決があったときの効果を答えよ。	c　訴えの利益が消滅し、訴えが却下される
d　審査請求の裁決の前に裁判所による取消しの判決が確定した場合、どのような効果が生じるか。	d　取消判決の形成力により、関係行政庁が拘束される（法32条1項、33条1項）
□③ア　ある処分に対して、既に裁決もされた場合、いずれを対象として取消訴訟を提起すべきか。	③ア　処分を対象とするのが原則（原処分主義→原処分の違法は処分の取消しによってのみ主張可能）
イ　裁決の取消しの訴えは、何を主張するために提起するか。	イ　裁決固有の違法（これのみしか主張できない、法10条2項）
ウa　裁決の取消訴訟に処分の取消しの訴えを追加的に併合するのに、被告の同意は必要か。	ウa　不要
b　aの場合、処分の取消しの訴えはいつ提起したものとされるか。	b　裁決の取消しの訴えを提起したとき
c　a bの扱いがされる理由を答えよ。	c　アの原則違反の訴えにおいて、原告を救済するため
エ　アの例外として、裁決主義（裁決に対してのみ出訴が認められる）場合がある。このような場合であることは、どうやって判断をするか。	エ　特別法の定めがある場合 ※根拠は様々。例えば裁決が実質的に最終処分の性質を有すると考えられる場合
□④　取消訴訟の訴訟要件について	④
ア　審査請求の前置が求められる場合はどのような場合か。	ア　法律上特別の定めがあるとき
イa　取消訴訟の対象は何に限られるか。	イa　「行政庁の処分その他公権力の行使に当たる行為」（法3条2項）に限る
b　aの要件を何と呼ぶか。	b　処分性の要件

行政法

c 「処分」とは、考学上、何と呼ばれる行為とほぼ同じといえるか。	c 行政行為
d cの例を挙げよ。	d 法規、身柄拘束など権力的な事実行為
e 通達など行政の内部行為、行政指導、非権力的事実行為に処分性は認められるか。	e 認められない（否定される）
f ごみ焼却施設の設置につき処分性は認められるか。	f 認められない（判例）
g fの理由を答えよ。 処分は（ｉ）国民の（ⅱ）を形成し、またはその範囲を（ⅲ）することを法律上認められているものであるが、施設の設置はこれにあたらない。	g ｉ 直接 ⅱ 権利義務 ⅲ 確定
h 行政計画の処分性が認められることはあるか。	h ある（場合により認められる 例：土地再開発事業計画）
ウ 取消訴訟における裁判の主体に関する要件を答えよ。	ウ 裁判管轄
□⑤アａ 取消訴訟の原告適格が認められる者はどのような者か。	⑤アａ 「法律上の利益」がある者（9条1項）
b ａは取消訴訟がどのような性質を持つものであることを表しているか。	b 主観訴訟であること
イａ 「法律上の利益」の意義について、判例はどのように考えているか。	イａ 「法律上保護された利益」に限る
b 「法律上保護された利益」とは何のことか。	b 公益一般の利益を保護する行政法規が保護した一定の私人の利益のこと
ウ 次の各場合において、判例は原告適格を認めたか否かを答えよ。	ウ
a 公衆浴場法に基づく営業許可における既存業者。	a 認める
b 質屋営業法に基づく新規の営業許可における既存業者	b 認めない
c 鉄道業者への特急料金改定の認可における利用者	c 認めない
d 史跡指定解除処分における遺跡研究者	d 認めない

e　電波法に基づく競願者への放送免許が与えられた場合の拒否処分を受けた者	e　認める
f　定期航空運送事業免許処分における空港周辺住民	f　認める
g　埋立免許処分における周辺水面における漁業権者	g　認めない
h　原子炉設置許可処分における周辺住民	h　認める
i　地方自治法に基づく町名変更における住民	i　認めない
j　森林法に基づく保安林指定解除における地域住民	j　認める
k　景表法に基づくジュースの表示に関する規約の認定における一般消費者	k　認めない
□⑥アａ　訴訟を維持する客観的な事情・実益のことを何と呼ぶか。	⑥アａ　訴えの客観的利益（狭義の訴えの利益）
ｂ　広義の訴えの利益とは、ａのほかに何を含めた概念か。	ｂ　原告適格
ｃ　ａが認められるには、判決と侵害されていた権利や地位との間にどのような関係が必要か。	ｃ　判決によりが権利・地位が回復されるようなものである必要がある
ｄ　原状回復が不可能な場合、直ちに訴えの利益が否定されることになるか。	ｄ　そうとは限らない（例：土地改良事業の施行の結果、原状回復が不可能と考えられる事態→事業の施行認可の取消しを求める訴えの利益が認められる、判例）
イａ　訴えの開始時において訴えの利益が認められたが、事情変更により訴えの利益が消滅すると認められる場合はあるか。	イａ　ある
ｂ　判例上、次のような場合に訴えの利益は消滅するか。	ｂ
ｉ　建築確認の取消しを求める訴えが提起されたが、建築工事が完了した場合	ｉ　訴えの利益は消滅する（処分の効果が完了してしまった場合）

ⅱ　都市計画法に基づく開発許可の取消しを求める訴えの提起後、工事が完了し、検査済証が発行された場合

c　bの場合、原告を救済する方法を答えよ。

ウa　例えば、運転免許停止処分の取消しを求める訴えの提起後に、無違反無処分のまま処分後から１年経過し、前歴がない場合のように、期間の経過により、本体たる処分の効果が完了してしまった場合、訴えの利益はどうなるか。

b　aの例では、処分により名誉権が侵害されたと見られるが、これにより訴えの利益を認めることはできないか。

エa　訴えの提起後、行政処分が撤回等の事情でその効力を失った場合に訴えの利益は認められるか。

b　例えば、税務署長の更正処分の取消しを求める訴えにおいて、増額再更正処分がなされた場合は訴えの利益は認められるか。

オ　その他、訴えの利益が消滅する場合とその例を挙げよ。

取消判決によっても（a）が不可能な場合。

例：保安林指定解除処分を争う訴えの利益→代替施設の設置により洪水・渇水の危険が解消されることで消滅

例：メーデー開催のための皇居外苑使用許可申請に対する不許可処分→５月１日の経過により訴えの利益が消滅

原告の（b）に際し（c）が認められなかった場合。

例：生活保護法に基づく保護変更決定の取消しを求める利益→被受給者の死亡をもって消滅

□⑦ア　処分または裁決の効果が消滅後、なお回復すべき法律上の利益を有する場合、訴えの利益は失われるか。

ⅱ　訴えの利益は消滅する

c　国家賠償請求

ウa　消滅する

b　できない（判例）

エa　認められない

b　認められない
∵増額再更正処分は、更正処分を取り消した上でなされる新たな処分

オ

a　原状回復

b　死亡

c　訴訟承継

⑦ア　訴えの利益は失われない（法９条１項かっこ書）

イ　次の例において、訴えの利益は消滅するか。

a　例：免職処分の取消しを求める訴えにおいて、当該公務員が公職の候補者に立候補した場合

b　例：運転免許取消処分の取消しを求める訴えの提起後、免許の有効期間が経過した場合

イ

a　訴えの利益は失われない

∵給料債権等の回復の利益がある

b　訴えの利益は失われない

∵免許の更新手続により免許を維持する利益がある

□⑧ア　取消し訴訟の被告適格が認められる者は誰か。

処分・裁決をした行政庁の所属する（a）または（b）（法11条1項）。

行政庁が国または公共団体に所属しない場合は、処分・裁決をした（c）（同条2項）。

イ　アに関連して、訴状に記載すべきものとされているものは何か。

ウ　取消訴訟が提起された場合、被告となった国・公共団体は、アに関連して、どのような義務を負うか。

遅滞なく、裁判所に対し、法の区分に応じて（　　）を明らかにする義務（同条5項）。

エa　被告を誤った場合の救済手段として、法はどのようなものを用意しているか。

b　aに原告の申立ては必要か。

⑧ア

a　国

b　公共団体

c　行政庁

イ　処分・裁決をした行政庁（同条4項）

ウ

行政庁

エa　裁判所が決定をもって被告を変更できる（15条1項）

b　必要

□⑨ア　取消訴訟の提起には、出訴期間の遵守が求められる。その趣旨を答えよ。

イ　出訴期間とその起算日を答えよ。

処分または裁決があった｛a 日・ことを知った日｝から（b）ヶ月（14条1項）。ただし、（c）があるときはこの限りでない。

処分または裁決の日から（d）年（同条2項）。

（e）があったとき→上記の期間は裁決があったことを知った日または裁決があった日から起算する（同条3項）。

⑨ア　処分や裁決の効力を長期間未確定の状態に置くことは不当

イ

a　ことを知った日

b　6

c　正当な理由

d　1

e　審査請求

行政法

□⑩　取消訴訟の審理手続について

ア a　訴状提出後、まず行われる手続を答えよ。

b　aにおいて、訴えに不備が認められた場合、どのような手続がなされるか。

イ a　不備がない場合、本案審理に移ることになるが、この場面における手続の基本構造は何と共通しているか。

b　取消訴訟には民事訴訟とは異なる性質も認められるか。

ウ　取消訴訟における証明責任について

a　原則を答えよ。

私人の自由を制限したり、私人に義務を課したり処分の取消しを求める訴訟では｛i 原告・被告行政庁｝。

私人が法的利益の拡張を求める訴訟では｛ii 原告・被告行政庁｝が証明責任を負う。

b　例外を説明せよ。

c　行政訴訟では、証明責任が働く場面は少ないと言われる。その理由を答えよ。

エ a　証拠の収集において、取消訴訟では、原則としてどのような建前が採用されているか。

b　aに対し、当事者の主張する事実につき、証拠が不十分で心証を得難い場合、裁判所はどのような手続を採ることができるか。

c　bの手続を採ることは裁判所の義務か。

d　bの例外が認められる理由を答えよ。

e　bには、当事者が主張しない事実まで探査、斟酌する職権探知は含まれるか。

⑩

ア a　要件の審理

b　補正または却下

イ a　民事訴訟

b　認められる

∵訴訟の帰趨が公益に大きく関係する

ウ

a

i　被告行政庁

ii　原告

b　事例の特殊性を考慮し、当事者の公平を考えながら決する（学説）

c　職権証拠調べが可能だから

エ a　弁論主義

b　職権証拠調べ（法24条本文）

c　義務ではない（判例）

d　取扱いが公益に関わるので、その処分を当事者に委ねることが不当な場合があるから

e　含まれない

f　職権証拠調べの結果について、どのような手続が必要か。	f　当事者の意見を聞くことを要する ∵裁判所の専断を防ぐ（法24条但書）
g　裁判所が行政庁に対し資料（裁決の記録や処分の理由を明らかにするためのもの）の提出を求めることができるが、この処分を何と呼ぶか。	g　釈明処分
オａ　裁判所が第三者を訴訟に参加させることは可能か。可能なら、どのような第三者か。	オａ　可能。訴訟の結果により権利を侵害される第三者（法22条1項）
ｂ　ａの理由を答えよ。	ｂ　取消訴訟の効力は第三者に及び、訴訟の結果が第三者の権利利益に重大な影響があるから
ｃ　ａには、誰の申立てによるか。また、申立ては必要か。	ｃ　当事者、第三者の申立てによる。申立ては必ずしも必要ない（職権でも可能）
カａ　裁判所が必要と認めるとき、行政庁が訴訟に参加することはできるか。	カａ　可能（法23条1項）
ｂ　ａには、誰の申立てによるか。また、申立ては必要か。	ｂ　当事者、第三者の申立てによる。申立ては必ずしも必要ない（職権でも可能）
□⑪アａ　原則として、処分の取消しの訴えの提起は、処分の効力、処分の執行または手続の続行に影響するか。	⑪アａ　影響しない
ｂ　ａの原則を何と呼ぶか。	ｂ　執行不停止の原則（法25条1項）
ｃ　原則として、裁判所は執行の停止等の仮処分をすることができるか。	ｃ　できない（法44条）
ｄ　以上の原則の趣旨を答えよ。 訴訟の提起により（ⅰ）を図ることを許さず、行政の（ⅱ）な運営を図り、（ⅲ）を確保する。	ｄ ⅰ　時間稼ぎ ⅱ　円滑 ⅲ　公益

イ　アの原則に対して、例外（執行停止）を認めることができる要件を答えよ。	イ
処分等により生ずる（a）な（b）を避けるため（c）があるとき（法25条2項本文）。	a　重大 b　損害 c　緊急の必要
∵処分の執行等により（d）が不可能となり、（e）の意味が失われるおそれを避ける。	d　原状回復 e　勝訴
執行停止によって（f）に重大な影響を及ぼすおそれがないこと（法25条4項）。	f　公共の福祉
本案について（g）とみえないこと（法25条4項）。	g　理由がない
ウ　執行停止の例外を認めるための手続を説明せよ。	ウ
原告、利害関係を有する第三者からの（a）ことが必要	a　申立て
裁判所の｛b 判決・決定・命令｝による。	b　決定
エa　執行停止の決定があった場合の効果を説明せよ。	エa　決定の確定により処分の効力、処分の執行または手続の続行の全部または一部が停止される
b　執行停止の決定に対する不服申立ての制度を答えよ。	b　高等裁判所への即時抗告（法25条7項）
c　bの制度が発動した場合、決定の執行は停止されるか（法25条8項）。	c　停止されない ∵決定の意味を失わないため
d　執行の停止の取消しはありうるか。	d　ありうる（執行停止の決定の取消し、法26条1項）　例：執行停止の理由が消滅するなど、事情が変更した場合
e　dは誰の申立てがあった場合に検討されることになるか。	e　行政庁の申立て
オa　即時抗告、執行停止の決定の取消しの他で、裁判所による執行停止の決定が発された場合に、行政がこれに対抗する手段を答えよ。	オa　内閣総理大臣の異議（法27条）

b　異議を述べることは、決定の後に限るか。

b　限らない（前後を問わず、述べることができる、同条１項）

c　異議が述べられた場合の効果を答えよ。

c　執行停止をすることができず、またはこれを取り消さなければならない

d　以上の制度の趣旨を答えよ。

d　行政判断の適正を守るために行政府の長に与えられた伝家の宝刀

e　以上の制度との抵触が考えられる憲法上の定めを答えよ。

e　司法権の独立（憲法76条1項、3項）

f　ｅの問題点を受けて、法律上定められた制度について説明せよ。

・異議を述べることは（ⅰ）場合に限られる（法27条6項前段）。

・異議には（ⅱ）を付す必要がある（同条2項）。

・理由では、執行の停止が（ⅲ）に（ⅳ）を及ぼすおそれがある（ⅴ）を示す必要がある（同条3項）。

・異議を述べた場合、内閣総理大臣は次の（ⅵ）において（ⅶ）に報告する必要がある（同条6項後段）。

f

ⅰ　やむを得ない

ⅱ　理由

ⅲ　公共の福祉

ⅳ　重大な影響

ⅴ　事情

ⅵ　常会

ⅶ　国会

□⑫ア　取消訴訟の終了原因としては、判決の他に何が考えられるか。

⑫ア　取下げ、放棄·認諾、和解

イａ　本案の審理を拒絶する判決を何と呼ぶか。

イａ　却下判決

b　ａの判決が下された場合、処分は適法に推定されることになるか。

b　ならない

ウａ　認容判決の具体的な内容を答えよ。

ウａ　処分または裁決の全部または一部を取り消すことが命じられる

b　認容判決において、関係行政庁に一定の処分または裁決をすべき旨の給付判決をすることはできるか。

b　できない

行政法

c　取消判決に認められるその他の効力について説明せよ。 関係行政庁を（ⅰ）する→関係行政庁は（ⅱ）に従い改めて（ⅲ）または（ⅳ）をしなければならない（法33条1項、2項）。	c ⅰ　拘束 ⅱ　判決の趣旨 ⅲ　処分 ⅳ　裁決
エa　損害の賠償、損害の防止の程度等一切の事情を考慮し、処分または裁決が違法でも請求を棄却するとの判決を何と呼ぶか。	エa　事情判決（法31条）
b　aの判決で、請求を棄却するほか、どのようなことを宣言する必要があるか。	b　処分または裁決が違法であること（法31条）
c　上記のような判決を下すことが認められる趣旨を答えよ。 行政行為を基礎として現状が変更された場合、これを前提に新たな事実的及び法律的（ⅰ）が形成される。このような（ⅱ）を覆滅することが（ⅲ）に適合しないことがありうるから。	c ⅰ　秩序 ⅱ　既成事実 ⅲ　公共の福祉
d　裁判所が相当と認めるとき、終局判決前に判決をもって処分が違法であることを宣言することを何と呼ぶか。	d　中間違法宣言判決（法31条2項）
オa　違法判断の基準時（どの時点の法令・事実を基準とするか）についてはどう考えるべきか。	オa　処分当時の法令・事実を前提として判決を行うべき（判例）
b　aの理由を答えよ。 取消訴訟の制度は、行政処分の｛ⅰ 事前・事後｝審査にあり、行政行為が法律の定めるところに｛ⅱ 現在合致するか・合致していたか｝否かを｛ⅲ 先行して・後行的に｝審査するものであるから。	b ⅰ　事後 ⅱ　合致していたか ⅲ　後行的に
□⑬　判決の効力について	⑬
アa　判決により既判力が発生するのは、処分の取消しだけか、処分の違法性の確認も含まれるか。	アa　処分の違法性の確認も含まれる
b　取消判決が確定した後、国家賠償請求訴訟で当該処分が適法である旨を主張したり、裁判所が同判決と異なる判断したりすることはできるか。	b　できない

イａ　棄却判決が確定した場合、当該処分が適法であることも確定するか。	イａ　確定する
ｂ　棄却判決が確定した後、国賠訴訟等で処分の違法性を主張することは許されるか。	ｂ　許されない
ｃ　棄却判決が確定した後、行政庁が棄却判決の対象となった処分を取り消すことはできるか。	ｃ　できる ∵国民に不利益がない
ウａ　取消判決の確定により発生する形成力の内容を答えよ。	ウａ　当該処分が当然に当初から効力を失う
ｂ　取消判決の形成力は当事者の他の者にも及ぶか。	ｂ　利害関係人たる第三者にも及ぶ（法32条１項）　例：農地の買収の取消し→農地の売渡を受けた者にも及び、農地返還義務が発生することになる
ｃ　取消判決に第三者効が与えられる理由を答えよ。	ｃ　法律関係を画一的に規律するため
エ　取消判決に第三者効が発生することに対応し、第三者を保護する制度としてどのようなものがあるか。	エ　訴訟参加（法22条１項）、再審の訴えの提起（法34条）
オａ　判決を尊重し、その趣旨に従って行動すべきことを義務づける効力を何と呼ぶか。	オａ　拘束力
ｂ　拘束力が及ぶ対象は何か。	ｂ　行政庁（法33条）
ｃ　ａの効力が発生する趣旨を答えよ。 取消訴訟の（　　）を確保するため、行政事件訴訟法が特に判決に与えたもの（特別の効力）とされる。	ｃ 実効性

行政法

d　aの具体的な内容を答えよ。

（ｉ）に対し（ii）の処分をすることが禁じられる。

判決の趣旨に従い、改めて措置を執るべき義務が発生する。例えば処分・裁決が取り消された場合には処分・裁決をやり直す。

（iii）を除去する義務。例えば、租税賦課処分の取消しがされた場合、後行処分である差押処分を取り消す義務が発生する。

e　取消判決が下された場合に、同一人に別の理由に基づいて同一の処分をすることはできるか。

f　申請や審査請求が却下・棄却されたことが判決で取り消された場合、私人が改めて申請・審査請求をする必要はあるか。

d

ｉ　同一人

ii　同一

iii　違法状態

e　できる

f　ない

第4章　国家賠償

Question	Answer
□①ア　違法な行政活動に起因する国民の損害を金銭に見積もって、国・公共団体に賠償責任を負わせ、被害者の救済を図る制度を何と呼ぶか。	①ア　国家賠償
イ　アの制度を規律する法は何か。	イ　国家賠償法 ※本章では、国家賠償法を法と略する
□②ア a　明治憲法下では、原則として国・公共団体の不法行為責任は認められていたか。	②ア a　認められていなかった（不法行為責任の否定）
b　aに関わる原則を答えよ。	b　国家無答責の原則
c　明治憲法下では、国・公共団体の不法行為責任は一切否定されていたのか。	c　そうではない（非権力的行政活動につき、民法の不法行為の定めによる責任のみ発生が認められていた）
イ a　日本国憲法では、国の不法行為責任についてどのような定めがおかれているか。	イ a　国家賠償請求権の保障（憲法17条）
b　aを具体化した法律は何か。	b　国家賠償法
c　日本国憲法下では、国・公共団体の不法行為責任は認められるか。	c　公務員の不法行為責任が一般に認められる

1.　公権力の行使に基づく賠償責任

Question	Answer
□①ア　通説・判例による「公権力の行使」（法1条）の意義を答えよ。	①ア　営造物の設置管理作用、私経済活動を除くすべての行政活動

行政法

イa 「行使」とは本来は作為のことであるが、不作為は含まれないのか。	イa 含まれる（法令上具体的な作為義務を負う公務員による不作為→国家賠償の対象となる）
b 不作為による不法行為の例を挙げよ。	b 警官が銃刀法に基づくナイフの一時保管措置を怠った結果、傷害事件が発生した事例、危険物の回収義務を怠った結果、砲弾が爆発し、死亡事故となった事例など
ウ 国または公共団体の権限の不行使に対する評価にはどのような傾向があるか。	ウ
直ちに国賠法１条の適用上違法との評価を受ける｛a ことになる・ものではない｝。	a ものではない
権限の不行使がその規制権限を定めた法の趣旨・目的やその権限の性質に照らし（b）と認められるとき、権限の不行使が違法と評価されうる。	b 著しく不合理
エa 立法行為、裁判作用は「公権力の行使」にあたることがあるか。	エa ある
b aへの評価にはどのような傾向があるか。	b 違法と評価される場合は極めて限定される
□② 「公務員」（法１条）の意義について	②
ア 国家公務員法、地方公務員法にいう公務員は含まれるか。	ア 含まれる
イ 民間人で公権力を行使する権限を与えられた者は含まれるか。	イ 含まれる　例：弁護士会懲戒委員会の委員
□③ 判例によると「職務を行うについて」（法１条）の意義はどのような理論に従って判断されることになるか。	③ 外形標準説

□④ア 「過失」（法１条）の意義を答えよ。 {a 当該・通常の} 公務員に職務上要求される {b 主観的・客観的} な注意義務に違反すること。	④ア a 通常の b 客観的
イ 過失の意義について、アのように考える理由を答えよ。	イ 主観的な能力を基準とすると立証が困難となる。
ウ 公務員がその識見信念によって法律上の価値判断をした結果、仮に判断が誤っていた場合、直ちに当該公務員に故意・過失があったことになるか。	ウ ならない（判例）
□⑤ア 「違法」（法１条）の意義を答えよ。	⑤ア 客観的に正当性を欠くこと
イa 「違法」とは厳密な法規違反のことか。	イa そうではない
b 例えば、逃走車両をパトカーが追跡し、第三者の車に衝突した場合、直ちに「違法」と評価されるか。	b 評価されない（追跡が職務遂行において不要か、追跡が不相当な方法で行われた場合に違法と評価される）
□⑥ア 「損害」（法１条）には、精神的損害も含まれるか。	⑥ア 含まれる
イ 例えば、処分が長期間にわたり遅延した場合、申請者の焦燥感・不安感を抱かされないという利益は法的保護の対象になるか。	イ なる
□⑦ア 国会賠償法１条の効果を答えよ。	⑦ア 公務員が不法行為をした場合、国または公共団体が責任を負う
イ 通説によると、アの国または公共団体の責任の法的性質はどうみることになるか。	イ 代位責任（不法行為をしたのは公務員である）
ウ 民法715条１項但書のような、国または公共団体の免責の定めはあるか。	ウ ない
□⑧ア ⑦の責任を果たした国または公共団体が公務員に求償することはできるか。	⑧ア できる
イ アは無条件か。	イ そうではない。公務員に故意または重過失がある場合に限る

行政法

ウ　イの理由を答えよ。 　行政が扱う事業規模からみて（a）に対して過大な責任を負わせることになり酷であるだけでなく、（b）の停滞をもたらすおそれがある。公務を託する以上、軽過失があることは当然との見方もある。	ウ a　公務員 b　事務執行
エ　被害者は公務員個人に責任を追及することはできるか。	エ　できない

2.　公の営造物の設置・管理の瑕疵に基づく責任

Question	Answer
□①アａ「公の営造物」（法２条）の意義を答えよ。	①アａ　公物
ｂ　公物とは何か。 （ｉ）によって直接（ⅱ）に共用される有体物または物的施設。	ｂ ｉ　行政主体 ⅱ　公の目的
イａ「公の営造物」とは、およそ公の目的に供されている物といえるか。	イａ　いえる
ｂ　土地の工作物である必要があるか。	ｂ　必要はない
ｃ　ａｂの理由を答えよ。 　本条における責任の根拠は物について生ずる（　　）に求められるが、この趣旨は工作物にのみあてはまるものではない。	ｃ 危険責任
ｄ　警察犬、拳銃などの動産は「公の営造物」に含まれるか。	ｄ　含まれる
ｅ　無体財産や人的施設は「公の営造物」に含まれるか。	ｅ　含まれない（物ではない）
□②ア「設置又は管理」がされているというには、国・公共団体が法令所定の権限に基づく必要はあるか。	②ア　必要ない（事実上これをなす状態にあれば足りる、判例）　例：事実上管理を行っていた河川における転落事故
イａ　営造物が通常有すべき安全性を欠き、他人に危害を及ぼす危険性のある状態（判例）のことを何と呼ぶか。	イａ「瑕疵」
ｂ　本条の責任は、過失責任か無過失責任か。	ｂ　無過失責任

□③ア　以上の要件のほか、国に賠償責任が発生する要件は何か。	③ア　「損害の発生」
イa　責任を果たした国・公共団体が求償権を取得することはあるか。	イa　ある
b　aの権利は誰に対して発生するか。	b　損害の原因について責めに任ずべき者が存在する場合（法2条2項）
ウ　被害者が加害公務員等に直接賠償請求をすることはできるか。	ウ　できない
□④ア　明治憲法下では、公の営造物の設置管理の瑕疵に基づく損害について、国・公共団体の責任は認められていたか。	④ア　工作物責任（民法717条）として認められていた
イa　アからすれば、法2条の性質をどう考えるべきか。	イa　確認規定
b　民法717条のみ適用された場合、法2条が適用された場合とで違いはないか。	b　違いはある（適用範囲が工作物に限らず、717条の場合よりも拡大される）

3.　その他

Question	Answer
□①ア　国家賠償責任の主体であり、訴訟の被告となる者は何か。	①ア　国・公共団体
イa　加害公務員の選任・監督者と俸給等費用の負担者が異なる場合、いずれに賠償請求すべきか。	イa　どちらにでも請求できる(法3条1項)
b　営造物の設置管理者と費用負担者が異なる場合はどうか。	b　どちらにでも請求できる(法3条1項)
c　法3条の趣旨を答えよ。	c　請求すべき相手が明らかでない場合に備えたもの
d　イの定めにより賠償をしたが、本来責任を負う者が別にいる場合、どのような効果が生じるか。	d　行政組織内部において、賠償をした者は責任ある者に求償が可能

□② 国家賠償法と他の法との関係について	②
ア 国家賠償法は民法とはどのような関係にあるか。	ア 特別法
イa 国家賠償責任の追及において、国家賠償法に定めがない場合、民法の適用はあるか。	イa ある（法4条）
b 国家賠償責任の追及において、適用の可能性がある民法の定めは何か。	b 共同不法行為、過失相殺、消滅時効の定め、失火責任法等
ウ 国立病院における医療過誤事件等、国家賠償法の適用がない場合、被害者は加害者に不法行為責任の追及はできるか。	ウ できる（民法による賠償請求が可能）
エ 国・公共団体は契約上の安全配慮義務を負うことがあるか。	エ ある
オ 国家賠償責任の追及において、民法以外の特別法の適用はありうるか。	オ ありうる 例：郵便法68条
カ 外国人が被害者である場合、相互の保証がある場合に限り国家賠償法の適用があるとの建前を何と呼ぶか。	カ 相互保証主義
キa 国家賠償の請求手続については、いかなる訴訟手続によるか。	キa 民事訴訟手続による ∵国賠法上の賠償請求権は私権
b 損失補償についてはどうか。	b 行政事件訴訟法上の当事者訴訟による
c 国家賠償請求に先立ち、違法な行政行為について、取消訴訟等によりあらかじめ処分を取り消しておく必要はあるか。	c ない

第5章　損失補償

Question	Answer
□①ア　損失補償の意義を答えよ。 国・公共団体の｛a 適法・違法｝な行政活動により加えられた財産上の（ｂ）について、財産的補填を行う制度。	①ア a　適法 b　特別な損失
イａ　適法な行政活動のうち、公共事業のための財産の強制的取得を何と呼ぶか。	イａ　公用収用
ｂ　公共の利益を満たすため、特定の財産に制限を加える場合を何と呼ぶか。	ｂ　公用制限
ウａ　損失補償の一般法は存在するか。	ウａ　しない
ｂ　損失補償の根拠となる定めとして、どのようなものを挙げることができるか。 個別的な法律の定め（土地収用法68条以下、道路法70条）のほか、（　　）、一般法理等。	ｂ 憲法29条３項
ｃ　判例によると、個別的な法律の定めを欠く場合、憲法29条３項を根拠に補償請求をする余地は認められるか。	ｃ　補償請求をする余地がないわけではない
□②ア　補償の要否について、通説はどのようにして判断するものしているか。	②ア　形式的基準と実質的基準をもって判断する
イ　補償の内容について、原則として判例はどのように考えているか。 ※補償の要否・内容→憲法の論点参照	イ　完全補償が原則
□③ア　原則として、補償は何を対象としてなされるか。	③ア　収用若しくは制限される権利そのもの（権利補償）
イａ　ア以外について、補償の対象となる余地はあるか。	イａ　余地はある（通常生ずべき損失）

行政法

b　通常生ずべき損失として、どのようなものが考えられるか。	b　土地の一部を収用したが、残った部分の地価が低下した場合（残地補償、土地収用法74条）、収用する土地にある物件を移転するための費用（移転補償、土地収用法77条）など
c　通常生ずべき損失を補償する旨の法の定めがされた例はあるか。	c　ある。土地収用法88条「通常受ける損失」（例：離作料、営業上の損失、建物の移転による賃料の損失）を補償しなければならない
ウa　文化財的価値等、経済的価値ではない特殊な価値は補償の対象になるか。	ウa　ならない
b　行政財産の使用許可の取消しによる、使用権の喪失に伴う損失の補償は必要か。	b　不要との判例がある
□④アa　原則として、補償はどのような方法によるか。	④アa　金銭による（金銭補償）
b　aの例外を答えよ。	b　現物補償（個々の法律に例外を認める定めがある、例えば土地収用法82条1項）
イa　金銭の支払い方法について、被害者が数人いる場合、一括して支払えば足りるか、個別的に支払うのが原則か。	イa　個別的に支払う ∵被害者保護
b　aの例外が認められる場合はあるか。	b　ある（土地収用法69条等、格別に見積もることが困難な場合）
ウ　補償の時期について、判例によれば財産の供与と補償は当然に同時履行の関係にあるといえるか。	ウ　いえない

刑　法

第1部 刑法の基礎理論

第1章　刑法の目的

1.　犯罪と刑罰

Question	Answer
□①　刑法は何と何を定めた法律ということができるか。	①　犯罪と刑罰
□②　刑罰を以て禁圧すべきと考えられるため、刑法上刑罰を科すべきとされる行為を何と呼ぶか。	②　犯罪
□③　刑法は重大な人権侵害を伴うから、その発動は必要最小限でなければならない。このことを一言で何というか。	③　刑法の謙抑性

2.　刑法の機能・役割

Question	Answer
□①　刑法の機能を二つ挙げよ。	①　法益保護機能、自由保障機能
□②　法益保護機能について ア　犯罪予防機能のことを特に何と呼ぶか。 イ　犯罪者の再社会化を目指すとの機能を何と呼ぶか。	② ア　一般予防 イ　特別予防
□③　刑法が自由保障するとはどういうことか。説明せよ。 刑法に定めがあることしか処罰されないので、刑罰権の（ア）を防止し、国民の行動の（イ）が確保されるから。	③ ア　濫用 イ　予測可能性

3. 刑法の歴史

Question	Answer
□① 刑法学派のうち、人は自由意思によって行為に出るものであるから、刑罰は自由意思に基づく行為への非難であると考えるものを何と呼ぶか。	① 前期旧派
□②ア 人の自由意思を否定し、社会のとって危険な性格を持つものを処罰しようとする刑法学派を何と呼ぶか。	②ア 新派
イ アの学派が現れた背景にはどのような社会状況があるか。	イ
a （　）による社会体制の矛盾の顕在化	a 資本主義
b （　）による犯罪の増加という社会の変化	b 少年
□③ 新派の登場によって旧派も変容を受け、その結果生まれた学派で道義的責任を強調するものを何と呼ぶか。	③ 後期旧派

刑法

第2章　刑法理論の対立

1.　応報刑と目的刑

Question	Answer
□①ア　刑法は犯罪防止の目的のために科されるものだとする刑法理論を何と呼ぶか。	①ア　目的刑論
イ　目的刑論は新派、旧派のどちらにつながりやすいか。	イ　新派(社会防衛目的)
□②　刑罰は犯罪に対する公的応報であると考える刑法理論を何と呼ぶか。	②　応報刑論
□③　応報刑論でありながら、一般予防効果を積極的に承認する刑法理論を何と呼ぶか。	③　相対的応報刑論

2.　違法性の実質

Question	Answer
□①　刑罰を科す対象について	①
ア　危険な行為者であると考える学派を答えよ。	ア　新派
イ　客観的に生じた行為（結果も含める）であると考える学派を答えよ。	イ　旧派
ウ　アの学派は犯罪・犯罪者におけるどのような要素を重視するのか。また、このような考え方を何と呼ぶか。	ウ　内心、主観主義
エ　同様に、イの学説が重視する要素、及びその考え方を何と呼ぶかについて答えよ。	エ　客観的に生じた結果、客観主義
□②　旧派を支える根拠について	②
ア　新派の欠点を答えよ。 {a 一般・特別} 予防の重視に傾くことになり、（b）が侵害されるおそれがある。	ア a　特別 b　人権
イ　根拠のうち、実務運用上のものを答えよ。 立法・裁判段階では（　　）を中心に考えざるを得ない。	イ 行為

ウ　犯罪の成否を考えるにあたり、主観面を考慮しないことはできるか。	ウ　できない。主観と客観のいずれも考慮すべき

3.　違法性の意義

Question	Answer
□①ア　犯罪に該当する行為を個別具体的に定めるものは何か。	①ア　構成要件
イ　構成要件は、実質的にはどのような性質を備えたものを個別・類型化したものといえるか。	イ　違法性、有責性
□②　違法行為の実質について	②
ア　法益の侵害及び危険を及ぼす行為と考える説を何と呼ぶか。	ア　法益侵害説
イ　アの考え方は法益を一定程度以上に侵害する行為のすべてを処罰の対象とするのか。	イ　そうではない。より優越する法益を保護することは許される
ウ　違法性の根拠を、法益侵害の発生に求める考え方を何と呼ぶか。	ウ　結果無価値論
エ　違法行為を社会規範に違反する行為と考える立場を何と呼ぶか。	エ　法規範違反説
オ　エの立場は、正当防衛の根拠をどのように考えるか。	オ　社会的に相当な行為であるから、違法性がない。
カ　違法性の実質を法規範の違反に求める考え方を何と呼ぶか。	カ　行為無価値論
□③　刑法学上、無価値とはどのような意味か。	③　違法（反価値）のこと
□④ア　②のような違法性に対する価値観への対立につき、実務はどのように考えているか。	④ア　違法性判断には、行為無価値・結果無価値いずれも考慮すべき
イ　違法性に関する学説の対立は現在も存在する。どのような点に実益があるのか。	イ　行為と結果のいずれに重点をおくか、主観的要素を犯罪の体系のどこにおくか

4. 責任非難

Question	Answer
□① 違法行為をした者が処罰されるとは限らない。このことに関し処罰が正当化される根拠について	①
ア 行為が自由意思に基づいた点に求める立場を何と呼ぶか。	ア 旧派
イ アの学説からは、自由意思によらない行為は処罰されるか。	イ 処罰されない
ウ 社会にとって危険な性格を有している点に処罰根拠を求める学派は何か。	ウ 新派
□②ア 旧派を背景に、犯罪を道義的非難ができる場合にのみ成立させるとの原則を何と呼ぶか。	②ア 責任主義の原則
イ アにつき有責性が認められる場合はどのように判断するのか。 「行為者が（a）を行うことが可能であったにもかかわらず、（b）犯罪行為を行った場合」	イ a 他の行為 b あえて
ウ 責任がない場合の例を挙げよ。 a （　　）がない場合（39条1項） b （　　）がない場合（条文なし）	ウ a 責任能力 b 期待可能性

第2部 犯罪論

第1章 犯罪論と罪刑法定主義

1. 犯罪論体系について

Question	Answer
□①ア　犯罪論体系の意義を答えよ。	①ア　刑を科すべき行為を特定すること
イ　民事法に比較し、特に犯罪論体系に求められる性質は答えよ。	イ　法的安定性

2. 罪刑法定主義

Question	Answer
□①ア　法律がなければ、犯罪も刑罰もないとする原則を何と呼ぶか。	①ア　罪刑法定主義
イ　アの原理の憲法上の根拠を挙げよ。	イ　憲法31条
□②　①アの原理の派生原理について	②
ア　派生原理の一つとして犯罪は明文で規定しなければならず、慣習刑法は否定されるとする建前を何と呼ぶか。	ア　法律主義
イ　刑法は遡及して適用されないことから導かれる要請を何というか。	イ　事後法の禁止
ウ　刑法の適用では類推解釈が禁止される。では、刑法典の解釈は縮小解釈しか許されないのか。	ウ　そうではない。拡張解釈は許される
エ　罪刑法定主義から導かれる刑罰についての派生原理を答えよ。	エ　絶対的不定期刑の否定

刑法

3. 現代における犯罪理論

Question	Answer
□①ア　犯罪の成立にあたり、処罰の対象とされているかが明らかでない行為について、どのような態度で評価すべきか。	①ア　慎重・消極に考えるべき
イ　アの理由も答えよ。	イ　刑罰の執行には重大な人権侵害を伴うから
□②ア　第２編「罪」に定めがある個々の犯罪成立要件を特に何と呼ぶか。	②ア　構成要件
イ　アの内容を説明せよ。	イ　処罰されるべき行為を類型化したもの
ウ　イから構成要件に該当する行為とは、どのような行為といえるか。	ウ　違法性・有責性がある行為
□③ア　犯罪の成立を検討するには、まず構成要件に該当するか否かを判断する。しかし、それだけにはとどまらず、慎重に検討される。構成要件該当性の次に何が判断されるのか。	③ア　違法性があるか
イ　アの判断は悪い行為をしているか否かの判断である。この判断は、主観的に行うか、客観的に行うか。	イ　客観的である（一般的である）
ウ　さらに、違法行為に出た者を、処罰をすることが許容できるかについて判断をするが、ここでは何を判断するのか。	ウ　責任の有無
エ　ウの判断は主観的にするか。客観的にすべきか。	エ　主観的（個別的である）

第2章　構成要件

1.　構成要件の意義

Question	Answer
□①ア　違法・有責な行為の類型で、この類型に該当する行為をなした者は原則として処罰の対象とされるものを何と呼ぶか。	①ア　構成要件
イ　構成要件に該当する場合、原則として処罰の対象となる。これは構成要件にどのような機能があるからか。	イ　違法性・有責性の推定機能
□②　形式的には構成要件に該当する場合であっても、処罰に値する違法性を欠く行為については、処罰しないとする理論を何と呼ぶか。	②　可罰的違法性の理論

2.　構成要件の種類

Question	Answer
□①ア　法文によって個別具体的に規定された構成要件を何と呼ぶか。	①ア　基本的構成要件
イ　アに該当せずとも、刑法上の特則により処罰の対象とさるものとしてどのようなものがあるか。	イ　未遂、共犯

3.　基本的構成要件の構造

Question	Answer
□①　犯罪の成立にあたり、行為・結果の間に必要とされる関係を何と呼ぶか。	①　因果関係
□②　客観的構成要件要素を答えよ。	②　実行行為、結果、因果関係
□③　主観的構成要件要素にあたるとされるものを指摘せよ。	③　故意・過失の有無、目的犯の目的、傾向犯の主観的傾向など

□④ア　構成要件的故意・責任故意という概念がある。それぞれが欠ける場合、いずれも故意犯が不成立となる。それでは、その違いを説明せよ。	④ア　前者は構成要件に該当する事実の認識がない場合、後者はそれ以外の事実の認識がない場合（特に違法性阻却事由の認識があり違法性の認識がない場合）
イ　構成要件的故意がなくなる場合について殺人や傷害の罪を例にして説明せよ。	イ　行為の対象を人以外のものと認識している場合
ウ　責任故意がなくなる場合として、何を認識した場合が挙げられるか。	ウ　正当防衛等、違法性阻却事由に該当する事実

4.　実行行為

Question	Answer
□①　違法性の本質について、旧派刑法学のうち、行為を重視することにつながるのはどのような立場か。	①　規範違反説（行為無価値論）
□②　刑法上の行為観念について	②
ア　その意義を答えよ。	ア　（意思に基づく）人の身体の動静
イ　刑法上、「行為」概念を観念する実益は何か。	イ　意思に基づかない動作・内心等を処罰範囲から省く
□③ア　結果発生の危険性が認められ、犯罪を構成する行為を何と呼ぶか。	③ア　実行行為
イ　飛行機が落ちて死ねばいいと思って飛行機に載せる行為は殺人の実行行為といえるか。	イ　いえない
ウ　実行行為概念の機能を説明せよ。	ウ　処罰範囲の明確化
エ　具体的にはどのようにしてウの機能を果たすのか。	エ　正犯性を基礎づける
□④ア　実行行為の開始を何と呼ぶか。	④ア　実行の着手
イ　アの概念の機能を説明せよ。	イ　未遂犯が成立するか否かの指標
ウ　着手の有無の判断はどのようになすのか。 犯罪（ａ）が発生する（ｂ）を含む行為を開始しているか	ウ ａ　結果 ｂ　現実的危険性

□⑤ア　自ら直接ではなく、他人に実行行為を担当させ、自己が意図した犯罪を実行する場合を何と呼ぶか。	⑤ア　間接正犯
イ　アの概念の問題点を指摘せよ。	イ　実行の着手をどこに認めるかについて争いがある
□⑥ア　不作為によって犯罪が構成される場合を何と呼ぶか。	⑥ア　不作為犯
イ　アの概念の機能を述べよ。 法益の保護のため、法益侵害の（　　）を国民に命じる点	イ 結果防止義務
ウ　通常の構成要件が不作為によって実現される場合を何と呼ぶか。	ウ　不真正不作為犯
エ　不真正不作為犯と真正不作為犯の違いを答えよ。	エ　不作為形態であること、作為義務等が明文で定められていない点
オ　真正不作為犯の例を挙げよ。	オ　保護責任者遺棄罪
□⑦ア　すべての不作為が不真正不作為犯に該当するわけではない。不作為のうち、犯罪の成否を分ける概念は何か。	⑦ア　行為者の作為義務の存在
イ　作為義務の認定には、単に法律や契約上の義務に反するだけで足りるか。足りない場合は、どのような条件が必要か一言で述べよ。	イ　足りない。作為との構成要件的同価値性が必要
□⑧　作為義務の認定につき、離れ小島で子供が溺れているのを見た親という事例を設定して検討する。	⑧
ア　離れ小島で子供が溺れていることに対応する要件を述べよ。	ア　重要な法益に高度な危険が生じていること
イ　親が泳ぎは得意であるし、今、水着を着用している、とうことに対応する要件を述べよ。	イ　結果防止が可能であること
ウ　親が子を離れ小島の海岸に連れてきた、ということに対応する要件を答えよ。	ウ　先行行為·ひきうけ·義務の有無
エ　ウにあたる要件はどのような事由から発生するのか。	エ　法令、契約・事務管理、慣習、条理を参考にする

5. 結果

Question	Answer
□① 違法性の本質についてどのような説を採ると、結果の発生を重視することになるか。	① 法益侵害説
□② 故意の内容を超過した重い結果を発生させた者を、本来の故意犯よりも重く処罰する場合を何と呼ぶか。	② 結果的加重犯
□③ 被害者が法益侵害について承諾をなす場合、結果が発生しても処罰しないとする問題を通常何と呼ぶか。	③ 被害者の同意

6. 因果関係

Question	Answer
□①ア 犯罪の成立のためには実行行為と結果には原因・結果の関係が必要である。このような関係を何と呼ぶか。	①ア 因果関係
イ アの関係がない場合、実行行為をなした者はどのように処理されるか。	イ 未遂罪の成否が問題となる
□②ア 当該（実行）行為がなかったならば、結果が存在しなかったであろうという関係を何と呼ぶか。	②ア 条件関係
イ 暴行して怪我を負わせた結果、被害者が運ばれた病院での治療ミスで死亡した。殴打と死亡との間に条件関係はあるか。	イ ある
□③ 条件関係の判断方法について	③
ア 条件関係を考える際の結果についてはどのような条件が課されるか。	ア 現に生じた結果に限る
イ XがAに五時間後に死ぬ毒を飲ませたが、YがAを二時間後に射殺したという場合、問題にすべき結果は何か。	イ 二時間後の死 ※毒を飲ませたことと死の結果との条件関係はない
□④ 条件関係の公式の盲点について	④
ア XYが（意思の連絡なく）Aを殺そうと同じ飲み物にそれぞれ致死量の毒を入れ、それを飲んだAが死亡した場合について、Xの行為がなくてもAは死亡し、Yの行為がなくてもAは死亡した以上、条件関係がないとされる。この関係を何と呼ぶか。	ア 択一的競合

イ　Xが車でAをひいたが、Aがひかなくても、後続のBが車でひいていたであろうと思われるとき、条件関係公式からすると、条件関係はないとも思われる問題を何と呼ぶか。

イ　仮定的因果関係

□⑤ア　因果関係と条件関係との関係を述べよ。
　因果関係とは（a）があることを前提に、結果について犯人に（b）を問うことができるかの問題である

⑤ア
a　条件関係
b　責任（刑責）

イ　因果関係の有無の判断方法のうち、一般に最も広く因果関係の存在を認める見解を何と呼ぶか。

イ　条件説（条件関係があればすべて因果関係ありとする見解）

ウ　イの見解にはどのような批判があるか。
　条件関係は無限に（a）おそれがあるから、犯罪の（b）が不当に広がるおそれがある。

ウ
a　広がる
b　成立範囲

エ　殺す意思でAに怪我をさせ、Aが入院した病院が地震で倒れ、Aが死亡したとき、イの説からは殺人の既遂が成立するおそれがある。この結論が導かれることを避けるため、イの説から唱えられた理論を何と呼ぶか。

エ　因果関係の中断論

オ　エの理論の内容を答えよ。
　因果の過程で（a）や他人の（b）ある行為が介入した場合、そこで因果関係が中断されるとするもの

オ
a　自然的事実
b　故意

カ　因果関係の断絶と因果関係の中断の違いを答えよ。

カ　介在事情と行為の間に条件関係が認められるか否か

□⑥ア　因果関係の判断の方法について通説はどのような見解を採用しているか。

⑥ア　相当因果関係説

イ　アの説の内容を説明する次の文章の空欄を埋めよ。
　一般の社会生活上の経験に照らして（a）その行為からその結果が発生することが（b）と認められる場合に刑法上の因果関係を認める説

イ
a　通常
b　相当

ウ　相当因果関係説の狙いはどこにあるか。

ウ　偶然発生した結果まで行為者に帰責することを避けること

刑法

エ　アの説から相当性はどのように判断をすることになるか。 （a）を基準に（b）の立場から相当性を判断する	エ a　行為時 b　一般人
オ　相当性判断の基礎事情として取り込むべきものは何か。 （a）時に存在した事情とその時点にて（b）事情	オ a　行為 b　予見された

7.　未遂

Question	Answer
□①　犯罪の実行に着手してこれを遂げなかった場合を何と呼ぶか。	①　未遂
□②　未遂の種類について	②
ア　自己の意思によって犯罪を中止した場合を何と呼ぶか。	ア　中止未遂
イ　中止未遂以外の未遂を何と呼ぶか。	イ　障害未遂
ウ　実行行為に着手し、途中でやめた場合を何と呼ぶか。	ウ　着手未遂
エ　実行行為が終了したが、結果が発生しなかった場合を何と呼ぶか。	エ　実行未遂
□③ア　現行刑法上、未遂犯はどのように扱われているか。	③ア　処罰は例外的（44条）
イ　アの根拠を述べよ。	イ　処罰してまで禁圧する必要性がある場合が少ないから
ウ　未遂犯の処罰はなぜ必要といえるか。	ウ　危険の発生を禁圧すれば、結果の発生を予防できる
□④ア　未遂が成立する行為のうち、中止犯はどのように取り扱われる。	④ア　必要的に減軽・免除される
イ　アの扱いがされる趣旨を答えよ。	イ　犯罪を思いとどまった者に褒賞を与える等
ウ　刑法典上「する」との定めがある場合、「できる」との定めとはどう違うのか。	ウ　裁量がなく、「必ず」ということ

□⑤　中止犯の要件について
　ア　「自己の意思により」とはどのような場合のことか。
　イ　「中止した」の意味を答えよ。

□⑥ア　未遂と似た概念で、犯罪の実行の着手に至らない準備行為を何と呼ぶか。
　イ　予備行為は重大な法益侵害行為の予備のみが処罰される。処罰規定がある犯罪を覚えるためのゴロあわせを言え。
　ウ　予備罪と基本犯との関係を答えよ。

□⑦　複数の者の間での犯罪の合意を何と呼ぶか。

□⑧ア　形式的な実行の着手があっても、当該行為の危険性が極端に低く未遂として処罰に値しない場合を何と呼ぶか。
　イ　未遂犯と不能犯はどのように区別するのか。

⑤
　ア　あえて行為を思いとどまった場合
　イ　結果発生を防止したこと

⑥ア　予備
　イ　サツがなし保護しろ（殺、外、内、私、放、強、代）
　ウ　修正された構成要件の一種

⑦　陰謀

⑧ア　不能犯
　イ　結果発生の危険性の有無

刑法

第3章　違法性

1.　主観的違法要素の当否

Question	Answer
□①　違法評価の対象として主観面を取り込む立場において、違法性に影響を与える主観における事情を何と呼ぶか。	①　主観的違法要素
□②　主観を考慮しなければ、違法性判断ができない場合を挙げよ。	②　わいせつ罪と医者の治療行為、通貨偽造の行使の目的

2.　違法性阻却事由のカタログ

Question	Answer
□①　違法性阻却事由として明文に定めがあるものを指摘せよ。	①　正当防衛、正当（業務）行為、緊急避難（争いあり）
□②　解釈で違法性阻却事由とされる事由を挙げよ。	②　自救行為、可罰的違法性の理論、被害者の同意
□③　何が違法性阻却事由とされるかについて	③
ア　構成要件該当性は形式的に判断し、違法性阻却事由を広く認める学説を何と呼ぶか。	ア　形式的構成要件論
イ　処罰に値する違法性の有無は構成要件段階で検討し、違法性の段階では主に優越的利益の有無を判断するとする学説を何と呼ぶか。	イ　実質的構成要件論

3.　正当業務行為

Question	Answer
□①　35条で認められた違法性を阻却する事由を挙げよ。	①　法令による行為、業務行為
□②　法令による行為の例を挙げよ。	②　現行犯逮捕

□③ 社会生活上の地位に基づいて反復・継続される行為を何と呼ぶか。	③ 業務行為
□④ 業務行為の例を挙げよ。	④ 治療行為、スポーツ、取材活動

4. 正当防衛と緊急避難

Question	Answer
□① 急迫不正の侵害に対して、自己又は他人の権利を防衛するためやむを得ずにした行為で、処罰の対象とされないものを何と呼ぶか。	① 正当防衛（36条１項）
□② 正当防衛の機能について説明した次の文章の空欄に当てはまる言葉を入れよ。 近代国家では（ア）が禁止される。しかし、緊急状態 においては、（イ）を待つ余裕はない。そのような場合、（ア）を禁止することは、権利保護の観念に反する。 このように正当防衛は緊急時における権利保護機能を営む。	② ア 自力救済 イ 国家の保護
□③ 正当防衛の正当化根拠について ア 法は不法に屈服する必要はないという格言を何と呼ぶか。 イ 結果無価値論からはどのような理論をもって説明するか。 ウ 行為無価値論からはどのような理論をもって説明するのか。 エ ほかにどのように説明するのか、述べよ。	③ ア 法確証の原理 イ 優越的利益の原則 ウ 社会的相当性 エ 自己防衛本能、社会秩序の維持・安定
□④ 正当防衛の成立要件として、 ア 法益の侵害が現に存在しているか、間近に迫っていることを何というか。 イ アの概念は、通常は「予期しない不意の攻撃」を意味する。とすると、攻撃をあらかじめ予期している場合も正当防衛になるのか。	④ ア 急迫性 イ 原則として正当防衛になる

ウ　予期された侵害について、正当防衛が成立する事例を挙げよ。	ウ　普段からよくチカンに会う女性が、チカンに用意したスタンガンで反撃する場合
エ　積極的に加害する意図がある場合、急迫性は常に肯定できるか。	エ　否定される場合がある（判例）
□⑤ア　正当防衛は、不正の侵害から権利を守るために行う防衛行為である。ここにいう「不正」とは、刑法上の違法性か。	⑤ア　学説が分かれる
イ　刑法上の違法性と考えるかどうかで結論が分かれる事例を答えよ。	イ　他人の飼い犬に襲われた場合
□⑥ア　36条1項「防衛するため」とは、防衛の意思を求める趣旨であるとした場合、正当防衛の成立が否定される場合を答えよ。	⑥ア　偶然防衛の場合、積極的加害意図がある場合
イ　例えば、日頃から気に入らない男を殴ったら、たまたま被害者もまさに殴ろうとしたところだった場合を何と呼ぶか。	イ　偶然防衛
ウ　日頃から気に入らない男がおそいかかってきたので、これ幸いとコテンパンにした場合を何と呼ぶか。	ウ　積極的加害意図ある場合
□⑦ア　やむを得ずにした行為とは、防衛行為に何を要求するものか。	⑦ア　必要性と相当性
イ　反撃行為が防衛の程度を超えた場合を何と呼ぶか。	イ　過剰防衛
ウ　イの場合、行為者はどのように扱われるか。	ウ　任意的な刑の減軽、免除（36条2項）
エ　減免の根拠について、違法性の面から、どのように説明できるか。	エ　不正行為に対する防衛行為だから
オ　責任の面からはどのように説明できるか。	オ　緊急状況においては行き過ぎがあっても強く非難できない
□⑧ア　自己又は他人の生命、身体、自由又は財産に対する現在の危難を避けるため、やむことを得ずにした行為を何と呼ぶか。	⑧ア　緊急避難
イ　アの行為を行った者は刑法上どのように取り扱われるか。	イ　犯罪不成立（37条1項本文）。

ウ　緊急避難の成立には、生じた害が避けようとした害の程度を超えなかったことが条件になる。この要件を一言で何というか。

ウ　法益の権衡

エ　現在の危難と急迫性とはどう違うか。

エ　違わない。同じ概念

オ　やむことを得ずにした行為であるか否かは、正当防衛におけるよりも厳格に判断される。すなわち、ほかにとるべき方法がなかったことが要求されるが、その性質を何と呼ぶか。

オ　補充性

カ　緊急避難の正当化根拠について、多数説は違法性阻却によるとする。違法性阻却説をとった場合の説明をせよ。

カ　より優越する法益を守ることは、緊急事態では違法でない

□⑨　正当防衛と緊急避難との比較について

⑨

ア　侵害法益との関係について、正対正の場合、正当防衛は成立するか。

ア　しない

イ　防衛の程度について、相当であればよいものは正当防衛と緊急避難のどちらか。

イ　正当防衛

ウ　補充性が要求されるのはどちらか。

ウ　緊急避難

刑法

第4章　責任

1.　総説

Question	Answer
□①　いかに違法性の強い行為であっても、行為者を非難し得ない場合には犯罪が成立するとはできないとする建前を何と呼ぶか。	①　責任主義
□②　責任主義の根拠について説明した次の文章の空欄に該当する言葉を入れよ。 （ア）を向けられない行為を処罰するならば、国民が納得しない。また、責任主義を前提とするならば、日常の行動における（イ）が確保される。さらに、非難できないものを処罰しても(ウ)が期待できない。	② ア　道義的非難 イ　予測可能性 ウ　刑罰の効果
□③ア　責任主義の下、どのような者が処罰されるのか。	③ア　自由意思に基づいて違法行為を行った者
イ　なぜアのようなものは処罰されるのか。	イ「～すべきであり、できたのにしなかった」から

2.　故意

Question	Answer
□①　故意の意義を述べよ。	①　罪を犯す意思
□②ア　故意を主観的構成要件要素であると考えた場合、故意が認められない行為はどのように処理されるか。	②ア　構成要件該当性がなくなり、過失犯の成否が問題となる
イ　アの処理の根拠条文を述べよ。	イ　38条1項
ウ　イの条文は「罰しない」としている。この言葉は故意犯の不成立に加え、何を意味しているのか。	ウ　過失犯処罰が例外であること
□③　故意の有無の判断の仕方について	③
ア　故意犯は、なぜ重く処罰されるのか。	ア　避けるべき行為だと知りながら、あえて行為に出たから

イ　避けるべき行為だと認識できるというためには、どのような認識が必要といえるか。	イ　自分の行為が犯罪だと認識できるだけの事実の認識
ウ　とすれば、故意はどのような場合に成立するのか。	ウ　構成要件に該当する行為と結果を認識しながら、あえて犯罪行為を行った場合
□④　故意の種類について	④
ア　結果の発生の蓋然性は認識しているが、その個数及びどの客体に結果が発生するか不確定な場合を何と呼ぶか。	ア　概括的故意
イ　結果の発生の蓋然性は認識しているが、いずれに結果が発生するか不確定な場合を何と呼ぶか。	イ　択一的故意
ウ　結果の発生自体が不確実であるが、結果の発生を認容する精神状態を何と呼ぶか。	ウ　未必の故意
エ　犯罪遂行が一定の条件にかかっている場合を何と呼ぶか。	エ　条件付き故意

3.　故意と錯誤

Question	Answer
□①　内心と客観的に生じた事象に不一致がある場合を何と呼ぶか。	①　錯誤
□②　錯誤の種類について	②
ア　犯罪事実に対する錯誤を何と呼ぶか。	ア　事実の錯誤
イ　錯誤が他の構成要件にまたがる場合を何と呼ぶか。	イ　抽象的事実の錯誤
ウ　錯誤が同一構成要件の中に収まる場合を何と呼ぶか。	ウ　具体的事実の錯誤
エ　アに対して、自己の行為を法的に許されたものと錯誤することを何と呼ぶか。	エ　法律（違法性）の錯誤
オ　アエの区別は絶対的か。	オ　必ずしも絶対的ではない
□③　錯誤の効果について	③
ア　事実の錯誤が認められた場合の効果を述べよ。	ア　故意が否定されることがある

イ　法律の錯誤ある場合、故意にどのような影響があるか。	イ　原則として影響がない

4.　法律の錯誤と故意

Question	Answer
□①ア　法律の不知について、刑法典はどのように取り扱うとしているか。	①ア　故意がないとすることはできない
イ　アが規定されている条文は何条か。	イ　38条3項
ウ　法律の錯誤ある場合の特殊の扱いを答えよ。	ウ　任意的な減軽の対象になる
エ　法律の不知とは、一般にどのような場合のことか。	エ　違法性の意識がない場合
□②　違法性の意識に対する学説について	②
ア　違法性の意識ない場合は処罰できないとする立場（厳格故意説）がある。その根拠はどのように説明されるか。 違法性の意識ない場合、（a）がないから、それでも処罰するのは（b）に反する	ア a　他行為可能性 b　責任主義
イ　ア説の問題点を述べよ。	イ　行政犯・確信犯の処罰が困難である。
ウ　イの問題点を克服すべく、どのような学説が唱えられたか。代表的なものを挙げよ。	ウ　違法性の意識不要説、違法性の意識は不要だがその可能性で足りるとする説

5.　故意の成立に必要な事実の認識

Question	Answer
□①　構成要件該当事実の認識は、故意の成立の条件である。この場合、故意犯成立に全部の構成要件該当事実への認識を必要とすべきか。	①　必要とすべきでない
□②　構成要件該当事実であっても、認識の必要性について争いある事実を答えよ。	②　因果関係

□③　具体的事実の錯誤の種類について

ア　人違いで人を傷害した場合のように、行為に出るその時点で、既に犯罪の客体の認識が不正確であった場合を何というか。

イ　行為に出たその時点での錯誤はないが、思わぬ所に被害が発生した場合を何と呼ぶか。

③

ア　客体の錯誤

イ　方法の錯誤

□④ア　錯誤がある場合の故意の成否につき判例の立場を説明せよ。

原則として事実と認識が（　　）の範囲内で符合して入れば、故意は阻却されない。

イ　アの基準に立つ場合、客体の錯誤、方法の錯誤がある場合、故意は阻却されるか。

④ア

構成要件

イ　されない

□⑤　抽象的事実の錯誤について

ア　その処理の方法を述べた条文を挙げよ。

イ　アの条文はどのように取り扱うものとしているか。

重い結果が発生しても軽い罪にあたる故意しかない場合、（　　）であるとして処断できない。

ウ　抽象的事実の錯誤ある場合、軽い罪で処罰できるとの明文はあるか。

エ　重い罪の故意で軽い結果を発生させた場合、どのように処断されるかについて法に定めはあるか。

⑤

ア　38条2項

イ

重い罪

ウ　ない

エ　ない

□⑥ア　抽象的事実の錯誤ある場合、一般的に、故意は阻却されるといえるか。

イ　重い罪の故意で軽い罪の結果が発生した場合、原則として故意犯が不成立となる理由を答えよ。

（a）は処罰できない。また、軽い罪にあたる事実を認識していない以上、（b）というべき。

ウ　ただし、殺人の故意で同意殺人を犯した場合に、一切故意犯が成立しないとできるか。

⑥ア　いえる

イ

a　内心

b　故意はない

ウ　できない。事実と認識との間に法益等の共通性があるから

6. 違法性阻却事由の錯誤

Question

□① 違法性阻却事由の錯誤の例を挙げよ。

□② 違法性阻却事由の錯誤の効果について

ア 例えば、正当防衛の成立を妨げる事実を認識しているのに、正当防衛が成立する場合だと誤解した場合、故意は阻却されるか。

イ 正当防衛の要件にあたる事実の存在を誤信した場合どうか。

□③ 誤想過剰防衛の類型について下の三類型ある。下記のうち、故意犯の成立に疑いがないものはどれか。

ア 過剰部分にだけ誤想がある場合

イ 急迫不正の侵害の有無に誤想があるが過剰であることに認識がある場合

ウ 急迫不正の侵害がなく、反撃行為としても相当なものだと思っている場合

Answer

① 正当防衛が成立する状況にあると勘違いして防衛行為を行った場合（誤想防衛）

②

ア 阻却されない

イ 事実の錯誤として故意が阻却される

③ イ

∵過剰性の認識→過剰防衛という犯罪成立の認識がある

7. 過失

Question

□① 原則、過失犯は処罰されるか。

□②ア 過失犯の処罰根拠を述べよ。

イ 注意義務違反はどのような要素から構成されているか。

□③ 過失の種類について

ア 結果発生の可能性を認識していない場合を何と呼ぶか。

イ 結果発生の可能性を認識している場合を何と呼ぶか。

□④ア 過失犯の構造について、実行行為にあたる行為はどのような行為か。

Answer

① 処罰されない

②ア 注意義務違反

イ 結果予見義務・結果回避義務

③

ア 認識なき過失

イ 認識ある過失

④ア 注意義務違反

Question	Answer
イ　過失行為によって正当防衛を行うことができるか。	イ　できる
ウ　過失犯の責任要素の内容を答えよ。	ウ　本人に予見可能性、結果回避可能性があったか
エ　結局、過失犯の実行行為性と責任要素とは分けて検討されるのか。	エ　現実には分けて検討されない

8.　責任能力

Question	Answer
□①　責任能力の意義について、当てはまる語を入れよ。（ア）を弁別し、{イ　かつ・または} その判断に従って行動する能力	① ア　事理の是非・善悪 イ　かつ
□②ア　責任能力を欠く者の行為は、どのように取り扱われるか。	②ア　犯罪不成立
イ　アの理由を述べよ。	イ　刑法的な非難をなす素地を欠くから
□③ア　刑法上責任能力について、心神喪失者の行為は、罰しないとされる。何条に規定されているか。	③ア　39条1項
イ　心神耗弱者の行為は、どのように取り扱うと刑法典はしているか。	イ　必要的減軽
ウ　イは何条何項に規定されているか。	ウ　39条2項
エ　心神喪失者の例を挙げよ。	エ　精神病者、覚せい剤、酒による酩酊状態にある場合
□④ア　酒を飲めば我を忘れて暴れるような、一種の病気といえるような者が、事情を熟知しながらも、酒を飲み、人を傷害するような場合を何と呼ぶか。	④ア　原因において自由な行為
イ　特に酒を飲む時から、傷害を行うことを意図している者について、39条1項により不可罰とすべきか。	イ　すべきでない
ウ　イの結論を導く理論について、自らをあたかも道具として利用していることを処罰根拠とする理論を何と呼ぶか。	ウ　道具理論

刑法

エ　ウの理論を採用した場合、実行の着手時期は、行為者がどのような行為をした時点ということになるか。	エ　原因設定行為時
オ　実行の着手を認める行為と帰責できる行為とを分けて考える立場がある。この立場からは、上記の事案のうちで実行の着手時期といえるのはどの時点か。	オ　実際に結果発生の危険が生じる行為が行われた場合
カ　ウオのそれぞれの立場における結論の違いについて、アの事案で酒を飲んで寝てしまった場合でも未遂罪が成立するのはどちらか。	カ　道具理論
キ　酒を飲む行為に、殺人の実行行為といえるぐらいの危険性を要求するのはどちらの学説か。	キ　道具理論

9.　期待可能性

Question	Answer
□①　適法行為を行い得るであろうと期待し得る可能性を何と呼ぶか。	①　期待可能性
□②　適法行為を行うことに期待ができない場合としてどのような場合が考えられるか。	②　職を失うことをおそれ、積載可能量を超えた馬車を運転した結果、車が横転して他人に損害を加えた場合など

第5章　共　犯

1.　共犯と正犯

Question	Answer
□①　犯罪の主体が複数になる場合を何と呼ぶか。	①　共犯
□②　共犯の種類について	②
ア　犯罪行為の共同実行の意思が行為者にあり、行為共同の事実がある場合を何と呼ぶか。	ア　共同正犯
イ　犯罪が同時に行われたに過ぎず、お互いに意思の連絡がない場合を何と呼ばれるか。	イ　同時犯
ウ　正犯に犯罪を決意させたり、実行を容易にする行為をあわせて何と呼ぶか。	ウ　狭義の共犯
エ　人をそそのかして犯罪を実行させる犯罪行為を何と呼ぶか。	エ　教唆犯
オ　エの行為をなした者はどのように処理されるか。	オ　正犯に準じて処罰される
カ　正犯の実行を容易にする行為を何と呼ぶか。	カ　幇助犯
キ　カはどのように処断されるか。	キ　必要的に減軽される

2.　共犯の原理

Question	Answer
□①ア　共犯の本質について、共犯は正犯行為を前提とする立場を何と呼ぶか。	①ア　共犯従属性説
イ　アの議論は、共犯のどのような性質の問題に直結するか。	イ　実行従属性
□②ア　正犯と共犯、共犯間の罪名関する共犯の性質の問題を何というか。	②ア　罪名従属性
イ　アの問題は、もっぱら、共犯のいかなる類型において問題となるか。	イ　共同正犯
ウ　狭義の共犯の場合で、正犯と共犯の故意が異なる場合、どのような処理をするのか。	ウ　錯誤論で処理する

刑法

□③ア　共犯処罰のためには、正犯が実行行為を行う必要があるか否かについての問題を何と呼ぶか。	③ア　実行従属性
イ　共犯処罰のためには正犯を前提とするとした場合、その正犯が犯罪構成要素をどの程度備えていなければならないかの問題を何と呼ぶか。	イ　要素従属性
□④　狭義の共犯の処罰根拠論（共犯はなぜ処罰されるのか）という問題について、一般には何と考えられているか。	④　正犯を通じて間接的に法益を侵害したから

3.　共同正犯

Question	Answer
□①ア　共同して犯罪を実行した者は、どのように処断されるか。	①ア　すべて正犯とされる（60条）
イ　アのような処断方法を一般にどう呼ぶか。	イ　一部実行全部責任の原則
ウ　イのような責任が認められる根拠を説明した下の文章の空欄に当てはまる言葉を入れよ。 　行為者相互間に（a）があって、互いに他の一方の行為を（b）し全員協力して犯罪事実を発現ことにより、（c）の可能性が倍加するから。	ウ a　意思の連絡 b　利用補充 c　法益侵害
エ　イの原則が適用され、共同正犯とされるのはどのような事実が認められる場合か。	エ　共同実行の意思、共同実行の事実
オ　実行行為を共同したという認定するには、全員が構成要件該当行為を担当する必要があるのか。	オ　必要はない（判例）

4.　共謀共同正犯

Question	Answer
□①　客観的な実行行為は分担しないが、事前に十分な共謀が存する場合に共同正犯を成立させる理論を何と呼ぶか。	①　共謀共同正犯

□② ①の理論が認められる必要性について説明する次の文章に当てはまる言葉を入れよ。
（ア）が実行行為には参加しないことが多いし、（イ）とはいえない（ウ）が多く見みられる。

②
ア 犯罪計画立案の中心人物
イ 教唆
ウ 共謀

□③ 共謀共同正犯の理論の問題点を指摘する次の文章の空欄に当てはまる言葉を答えよ。
（ア）を現実には行っていず、（イ）に加わったに過ぎない者を処罰するのは許されるのか？
（ウ）を処罰しているのではないか？

③
ア 犯罪行為（実行行為）
イ 謀議
ウ 主観・心理的事情

5. 承継的共同正犯

Question	Answer
□① 先行行為者が、既に実行行為の一部を終了した後、後行行為者が関与する形態の共犯を何と呼ぶか。	① 承継的共同正犯
□② ①の形態の共犯において、どのような問題があるのか。	② 後行行為者をどう処断するか（先行者と同じ罪で処断できるか）

6. 過失の共同正犯

Question	Answer
□① 過失犯の共同正犯が認められるかについて、説明した次の文章の空欄に言葉を入れよ。 共同正犯の核心は、（ア）にあるが、過失という心理状態が（イ）であるとすれば、（ア）は不可能である。	① ア 意思を通じること イ 無意識的行為

7. 狭義の共犯

Question	Answer
□① 教唆犯の成立にあたり、正犯の存在を必要とする見解からは、61条1項のどの文言を根拠とすることができるか。	① 人を教唆して「犯罪を実行させた」

刑法

□②ア　教唆者を教唆する行為を何と呼ぶか。
イ　アの行為はどのように処断されるか。
ウ　教唆者をさらに教唆する行為を何と呼ぶか。

→ ②ア　間接教唆
イ　教唆犯として処断される（61条2項）
ウ　再間接教唆

□③　教唆された者が実行の着手に至らなかった場合を何と呼ぶか。

→ ③　教唆の未遂

□④　結果が発生しないことを知りながら、犯罪を教唆する行為を何と呼ぶか。

→ ④　未遂の教唆

□⑤　意を通じないで、正犯に犯罪の実行を決意させる行為と何と呼ぶか。

→ ⑤　片面的教唆

□⑥　実行行為以外の行為で正犯の実行行為を容易ならしめることを何と呼ぶか。

→ ⑥　幇助犯（従犯）

□⑦　共同正犯と従犯との区別にあたっては、何に着眼するべきか。

→ ⑦　関与者の役割の実質的重要性、正犯意思の存在

8.　共犯論の諸問題

Question	Answer
□①　共犯と身分の問題に関して、	①
ア　特定の身分があることが犯罪の成立要素である場合を何と呼ぶか。	ア　真正身分犯
イ　アの犯罪の例を挙げよ。	イ　収賄罪など
ウ　身分があると刑が重くなる場合を何と呼ぶか。	ウ　不真正身分犯
エ　ウの例を挙げよ。	エ　横領に対する業務上横領
オ　共犯の処理にあたり身分との関係で問題になるのはどのような場合か。 身分のない者が身分がある者に加わって犯罪行為を分担したとき、身分が｛ある・ない｝者をどう処断するか。	オ ない
カ　身分がない者が不真正身分犯に加功した場合の定めの内容を答えよ。	カ　通常の刑を科す（65条2項）
□②　共犯が意図した結果とは異なる結果を正犯が引き起こした場合、どのような論点と並行的な処理をするのか。	②　錯誤論

□③ア　犯罪を共謀した者の一部が､犯罪の実行にあたって、犯罪行為への参加を取りやめた場合を何と呼ぶか。

イ　アが認められた者は、どのような処理がなされるか。

③ア　共犯関係からの離脱

イ　他の者が発生させた結果につき責任が問われない（離脱の時点により、未遂等の処断がされる）

刑法

第6章　罪数論

1.　科刑上一罪

Question	Answer
□①　数罪を犯した場合でも、最も重い罪で処断される場合を何と呼ぶか。	①　科刑上一罪（54条1項）
□②　①で処断される場合として、	②
ア　1個の行為にして数個の罪名に触れる場合を何と呼ぶか。	ア　観念的競合
イ　犯罪の手段若しくは結果である行為で他の罪名に触れるときを何と呼ぶか。	イ　牽連犯

2.　併合罪

Question	Answer
□①　確定裁判を経ていない数罪で、科刑上一罪とならない場合を何と呼ぶか。	①　併合罪（45条）
□②　①はどのように処断されるかについて説明する次の文章に当てはまる語句を答えよ。 有期の自由刑（※令和7年6月以降は、拘禁刑が新設）は最も（ア）について定めた（イ）が長期となる。	② ア　重い罪 イ　1.5倍

第3部　刑法各論

第1章　生命・身体に対する罪

1.　殺人の罪

◆　殺人罪

Question	Answer
□①　殺人罪の客体たる「人」は	①
ア　自然人でも殺人の客体となり得ない者は誰か。	ア　行為者自身（自殺は犯罪ではない）
イ　胎児は含むか。	イ　含まない
ウ　イに関連して、胎児が人となるのはいつか。	ウ　身体が母胎から一部でも露出したとき
□②ア　殺人罪の実行行為を説明せよ。 人を（　　）こと	②ア 殺す
イ　殺人罪の実行行為を行う手段に何か限定はあるか。	イ　ない。人の死なせる危険性のある行為のすべて
□③　予備罪、及び未遂処罰の規定はあるか。	③　いずれもある

◆　自殺関与・同意殺人罪

Question	Answer
□①ア　自殺関与罪の処罰に疑問があるのはなぜか。	①ア　自殺は罪ではないから
イ　殺人では、被害者の同意があっても犯罪が成立する理由をどう考えるべきか。	イ　他人の生命への関与は、なお可罰性がある
□②　同意殺人の実行行為は殺害行為であるが、自殺関与の実行行為については、どのように考えるべきか。	②　教唆行為か自殺行為かについて争いがある
□③　同意あると勘違いして人を殺害した場合、いかなる問題として扱うべきか。	③　抽象的事実の錯誤の問題

刑法

Question	Answer
□④　自殺関与と同意殺人は何をもって区別されるか。	④　犯罪者が自ら手を下すか否か
□⑤　殺人罪と自殺関与・同意殺人との区別について、問題となる場合はどのような場合か。	⑤　心中などで関与者の追死の意思を知って死に同意した場合
□⑥　未遂・予備の処罰規定はあるか。	⑥　未遂処罰の規定のみある

2.　傷害の罪

◆　傷害罪

Question	Answer
□①　傷害罪の実行行為は人を傷害することである。では、胎児を傷害し、生まれた人に傷害の結果が生じた場合、判例はどう処理するのか。	①　傷害罪とする
□②　傷害の定義について右の文章の空欄に当てはまる言葉を入れよ。 人の（　　）を害すること	② 生理的機能
□③　嫌がらせ電話で人をノイローゼに追い込むことは、傷害罪の実行行為といえるか。	③　いえる
□④　人の生理的機能を害する故意がない、すなわち暴行をする故意しかない場合にも傷害罪に問えるか。	④　問えるとされる（判例）

◆　傷害致死罪

Question	Answer
□①　傷害罪と傷害致死罪の関係を答えよ。	①　傷害罪の結果的加重犯

◆　同時傷害の特例

Question	Answer
□①ア　意思の連絡なく、同一機会に、同一客体に、同一の犯罪を実行した場合を何と呼ぶか。	①ア　同時犯
イ　アの場合は刑法の原則ではどのように処断されるか。	イ　単独犯としてしか処罰できない

□② 傷害罪の場合の同時犯については特則がおかれている。	②
ア どのような内容か。説明する次の文に当てはまる語を入れよ。 傷害行為と結果との因果関係が不明な場合、（a）共犯規定により処罰される（b）条。	ア a 意思の連絡なくても b 207条
イ このような特則は問題があるとされる。なぜか。	イ 因果関係が不明であっても処罰するので、責任主義に反するおそれがある

◆ 暴行罪

Question	Answer
□①ア 人の身体に向けられた有形力の行使を何と呼ぶか。	①ア 暴行
イ 暴行には、物理的接触は必要か。	イ 不要
□② 208条の「暴行を加えた者が人を傷害するに至らなかったときは」という文言から、暴行罪と傷害罪とはどのような関係にあることが推察できるか。 暴行の（ア）が傷害であり、傷害の（イ）が暴行であるとみることができる。	② ア 結果的加重犯 イ 未遂犯
□③ 暴行概念は多義的であるが、	③
ア 最広義の暴行の定義、その例を答えよ。 （　）に対して向けられた有形力の行使	ア 人又は物 例：騒乱罪
イ 広義の暴行の定義、その例を答えよ。 人に向けられた有形力の行使、（　）も含む	イ 間接暴行 例：公務執行妨害罪
ウ 狭義の暴行の定義とその例を答えよ。 人の（　）に向けられた有形力の行使	ウ 身体 例：暴行罪
エ 最狭義の暴行の定義とその例を答えよ。 人の（　）足る程度の強度な暴行	エ 反抗を抑圧するに 例：強盗罪
オ 恐喝罪における暴行の程度を述べよ。	オ 反抗を抑圧するに足りない程度の有形力の行使

刑法

カ　不同意性交罪における暴行の程度を述べよ。	カ　同意の認定を妨げる程度の有形力の行使

◆ 過失傷害の罪

Question	Answer
□①　過失致死傷罪と傷害致死罪の違いを述べよ。 前者は（ア）も（イ）も存在しないときに成立する。	① ア　傷害の故意 イ　暴行の故意
□②　業務上過失致死傷罪（211条前段）について、業務の定義を答えよ。	②
ア　（a）に基づき（b）して行う事務で他人の生命・身体に危害を加えるおそれがあるもの	アa　社会生活上の地位 b　反復継続
イ　業務とは職業や営業である必要はあるか。	イ　必要はない
ウ　業務上過失致死傷は、通常の致死傷罪よりもずっと刑が重いその理由を答えよ。 通常人よりも（　　）の程度が高いから	ウ 注意義務違反

3.　遺棄の罪

◆ 遺棄罪

Question	Answer
□①　遺棄罪（217条）について	①
ア　遺棄の意義について答えよ。 （a）を（b）のない状態に置くこと	ア a　保護を必要とするもの b　保護
イ　アの解答の例を答えよ。 （a）、（b）、身体障害または疾病のために（c）状態に陥っているもの	イ a　老年 b　幼年 c　扶助を要すべき
ウ　遺棄の方法について作為によるものと不作為によるものの二種類がある。それぞれを何と呼ぶか。	ウ　作為…移置 不作為…置き去り
□②　保護責任者遺棄罪（218条）について	②
ア　主体を答えよ。	ア　保護義務ある者
イ　保護義務はいかにして発生するか。	イ　不作為犯の作為義務と同じように考える
□③　遺棄罪の結果的加重犯は何か。	③　遺棄致死傷（219条）

第2章　自由に対する罪

1.　逮捕及び監禁の罪

Question	Answer
□①　逮捕・監禁罪（220条）の主体として除かれる者を述べよ。	①　意思活動ができない嬰児、重度の精神障害者
□②　逮捕の意義を答えよ。 人の身体を（　　）して、自由を奪うこと	② 直接拘束
□③　監禁の意義を答えよ。 （　　）からの脱出を不可能若しくは困難にすること	③ 一定の区域

2.　脅迫の罪

Question	Answer
□①　脅迫罪（222条）について	①
ア　脅迫罪における脅迫の意義を答えよ。 （　　）に対し害を加える旨の告知	ア 生命、身体、自由、名誉又は財産
イ　アは友人や恋人の利益を害するものも含まれるか。	イ　含まれない。自己と親族に関するものであることが必要（222条2項）
ウ　脅迫罪の既遂時期を答えよ。	ウ　告知時
エ　告知は相手に到達する必要があるか。また、相手を畏怖させる必要があるか。	エ　到達する必要があるが、畏怖させる必要はない
オ　害悪は告知者の左右しうるものである必要はあるか。	オ　ある

刑法

3.　性的自由に対する罪

Question	Answer
□① 不同意性交罪について	①
ア　客体に性別上の限定があるか。	ア　ない
イ　主体に限定があるのか。	イ　ない
ウ　不同意わいせつ罪（176条）の客体に限定はあるか。	ウ　ない
エ　客体が16歳未満の場合、犯罪成立要件はどうなるか。	エ　同意の有無に関わりがなく犯罪が成立する
□② 不同意性交致死傷（181条）について	②
ア　この罪が成立するには不同意性交罪が既遂である必要はあるか。	ア　ない
イ　殺意ある者を、致死罪にできるか。	イ　できない（殺人罪が別に成立する）

4.　住居侵入罪

Question	Answer
□① 住居侵入罪（130条前段）について	①
ア　住居の意義を答えよ。 人の（　　）に使用される場所	ア 起臥（きが）寝食
イ　侵入された建物が住居でなかった場合、侵入者はどのように処断されるか。	イ　建造物侵入罪（130条前段）
ウ　不適法に占拠されている住居は本罪の客体となるか。	ウ　なる
□② 「看守」とはどういう意味か。	② 他人が事実上管理・支配していること
□③ 「正当な理由がないのに…侵入」するとはどのような意味か。 （　　）に反する立ち入り（争いあり）	③ 住居権者の意思
□④ 住居侵入罪には未遂の処罰規定はあるか。	④ ある（132条）

第3章　名誉・信用に関する罪

1.　名誉に対する罪

◆　名誉毀損罪

Question	Answer
□①　名誉毀損罪（230条1項）について	①
ア　「公然」の意味を答えよ。	ア　不特定または多数
イ　「事実」の意味を答えよ。真偽は問うか。	イ　人の社会的評価を害するに足りるもの。真偽は問わない
ウ　名誉毀損罪の既遂時期を答えよ。	ウ　事実を摘示した時点
エ　既遂に達するには、他人が事実を知る必要があるか。	エ　ない
□②ア　「人」には、法人や権利能力なき社団も含むか。	②ア　含む
イ　死者の名誉はどうか。	イ　虚偽の事実を摘示した場合のみ客体となる
□③　一定の条件の下、230条1項にあたる行為も犯罪が成立しないものとされる。この要件を定める230条の2について	③
ア　どのような事実を摘示する場合か。	ア　公共の利害に関する事実であること（事実の公共性）
イ　巨大な宗教団体の会長の私人としての活動はアの要件を満たすか。	イ　満たす
ウ　アの要件が不要となる場合を説明せよ。	ウ　公訴提起前の犯罪事実を摘示した場合（230条の2第2項）
エ　この例外規定が適用されるのは、行為者がどのような目的を持つ場合か。	エ　公益を図る目的
オ　アエの双方の要件が不要になる場合を述べよ。	オ　公務員又は公選による公務員の候補者に関する事実（230条の2第3項）

カａ　犯罪不成立となるため、オの場合でも必要とされる条件は明文ではどのように定められているか。	カａ　真実性の証明
ｂ　犯罪不成立となるのは、カａに限られるか。	ｂ　限られない。真実であり、証明も可能であるとの認識がある者は、故意が阻却される

◆ 侮辱罪

Question	Answer
□①　侮辱罪について、231条は「事実を摘示しなくても」としているが、事実を摘示した場合、名誉毀損が成立する。これを前提とすると、名誉毀損と侮辱罪をどのようにして区別することになるか。	①　事実の摘示の有無

◆ 信用及び業務に対する罪

Question	Answer
□①　業務に対する罪の保護法益を答えよ。	①　業務活動

◆ 業務妨害罪

Question	Answer
□①　業務妨害罪について	①
ア　事実とは異なった噂のことを何と呼ぶか。	ア　虚偽の風説
イ　人を欺罔、誘惑し、あるいは他人の錯誤または不知を利用する違法な行為を何と呼ぶか。	イ　偽計
ウ　社会生活を維持する上で、反復継続して従事する仕事を何と呼ぶか。	ウ　業務
エ　業務上過失致死傷罪の業務と本罪の業務は同じか。	エ　違う
オ　業務に公務は含まれないとすると不都合な場合について説明した次の文章に当てはまる語句を答えよ。 現業性のない公務が公務執行妨害罪の客体にならないとしたときに、（　　）が生じる。	オ 処罰の間隙 ※現業＝非権力的
□②　人の意思を制圧するに足りる勢力を用いることを何と呼ぶか。	②　威力

第4章　財産に対する罪

1.　総説

Question	Answer
□①　財産罪の客体は何か。	①　他人の物と財産上の利益
□②ア　民法上の「物」の意義を答えよ。	②ア　有体物（民法85条）
イ　刑法上の財物は、アと同じか。	イ　違う。電気なども含まれる（245条）
ウ　さらに財産罪の客体となる財物は何に限られるか。	ウ　「他人の」物
エ　ウの例外は認められるか。	エ　認められる。他人の占有に属する物など（242条）
オ　不法な物・利益も犯罪の客体となるか。	オ　なる
□③　財産上の利益を得るとは具体的にどのような場合か。例を挙げよ。	③　債務を免れる・役務の提供を受けるなど

2.　財産犯の保護法益論

Question	Answer
□①ア　財産犯の保護法益について争いがあるが、争いなく保護されるものは何か。	①ア　所有権その他の本権
イ　民法で一定の保護はあるが、刑法上の保護法益に含まれるか議論があるものは何か。	イ　所持（占有）

3.　不法領得の意思

Question	Answer
□①ア　他人の財物の占有を自己に移転すれば、すべて奪取罪が成立するのか。	①ア　成立しない

Question	Answer
イ　アと反対の結論を採るとどのような場合に不都合が生じるか。	イ　拾った物を警察に届けるのも占有離脱物横領になる可能性がある
ウ　領得罪の構成要件に該当するというには、構成要件に該当する事実以外の内心に関する事実が存在するか否かを判断せざるを得ない。そのような事実を何と呼ぶか。	ウ　内心的超過傾向

4.　窃盗罪

◆　窃盗罪

Question	Answer
□①ア　窃盗罪の保護法益には、他人の占有を害する行為も含まれるか。	①ア　含まれる（242条）
イ　アの「占有」の意義を答えよ。	イ　事実上の支配 ※代理占有は含まれない。
ウ　イは横領における占有とは同じか。	ウ　違う
□②ア　財物を自己又は第三者の占有下に移転させることを何というか。	②ア　窃取（235条）
イ　窃取と強取との違いを述べよ。	イ　暴行・脅迫を利用しない点
□③　窃取行為の着手時期を説明せよ。	③　占有侵害の具体的危険が高まったとき
□④　窃盗罪では、未遂処罰の規定はあるか。	④　ある（243条）

◆　不動産侵奪罪

Question	Answer
□①　不動産侵奪罪（235条の2）はどのような事態に対処するために、創設された規定か。	①　不動産に対する不法占拠に対処
□②　「侵奪」の意義を述べよ。 他人の占有を（ア）し、自己、第三者の占有を（イ）すること	② ア　排除 イ　設定

◆ 親族間の特例

Question	Answer
□①ア　244条１項にいう親族間の特例について、本条に挙げられた主体を挙げよ。	①ア　配偶者、直系血族又は同居の親族
イ　アで挙げられた者から窃盗罪、不動産侵奪罪又はこれらの罪の未遂罪を犯した者はどのように処断されるか。	イ　刑が免除される（必要的）
ウ　親族関係の存在は犯罪の体系におけるどこに位置するのか。	ウ　一身的処罰阻却事由
エ　244条２項の主体を述べよ。	エ　244条１項に規定する親族以外の親族
オ　エとの間で犯した244条１項に規定する罪を侵した者はどのように処断されるか。	オ　告訴がなければ公訴を提起することができない
カ　一身的処罰阻却事由の内容を答えよ。 （ａ）以降に判断し、犯罪は成立｛ｂ　する・しない｝。（ｃ）に特に処罰を阻却させる場合である。	カ ａ　責任 ｂ　する ｃ　政策的
キ　オのように、告訴を公訴提起の条件とする罪を何と呼ぶか。	キ　親告罪
□②　このような特例が認められる根拠を述べよ。 法は（　　）に立ち入らない方が好ましい	② 家庭内

5.　強盗罪

◆ 強盗罪

Question	Answer
□①ア　強盗罪（236条１項）の成立要件として、財物を奪取する態様がどのようなものである必要があるか。	①ア　暴行・脅迫を手段とする必要がある
イ　強盗罪の暴行・脅迫の意義について、恐喝罪と区別するために、どのようなものである必要があるか。	イ　相手の反抗を抑圧する程度の強度のものに限る
ウ　強盗罪の実行の着手はどこに求めるべきか。	ウ　暴行・脅迫の開始
エ　既遂時期はどこに求められるか。	エ　占有移転時

刑法

Question	Answer
□② 強盗罪における「財物」は、窃盗罪におけるそれと同じか。	② 同じ
□③ア 暴行・脅迫を手段として他人の占有を移転することを何と呼ぶか。	③ア 強取
イ 「強取の意思」の内容を説明せよ。 財物奪取の（　　）として暴行・脅迫を行う意思	イ 手段
□④ア 未遂・予備は罰せられるか。	④ア いずれも罰せられる（243条・237条）
イ 利益強盗（強盗利得）は処罰されるか。	イ される（236条2項）
ウ 利益窃盗はどうか。	ウ 処罰されない
□⑤ア 利益強盗と強盗の異同を答えよ。	⑤ア 236条1項の方法を使いつつも不法の利益を得た場合
イ 利益を得るとは、どのような場合か。具体例について述べた下の文の空欄を埋めよ。 債権の行使を（ａ）にし、（ｂ）を得たのと同視し得る場合	イ ａ 当分の間不可能 ｂ 支払の猶予

◆ 準強盗罪

Question	Answer
□① 事後強盗罪（238条）について	①
ア 主体は何者か。	ア 窃盗犯
イ アから本犯罪の性質を何というべきか。	イ 身分犯
ウ 窃盗犯が「財物を得てこれを取り返されることを防ぎ、逮捕を免れ、又は罪責を隠滅するために、暴行又は脅迫をしたとき」犯罪が成立すると238条は規定する。結局、暴行・脅迫を何の手段として行った場合をいうのか。	ウ 財産を奪う手段
エ ウのような行為を行ったアの者は、どのように処断されるか。	エ 強盗として扱われる

オ　エのような扱いをする理由を述べよ。	オ　暴行・脅迫を財物奪取の手段としている点が強盗と共通するから
□②ア　窃盗犯人が、逃げるときに暴行・脅迫をした場合、何罪で処断されるか。	②ア　事後強盗
イ　窃盗が既遂となる前に、窃盗犯人が被害者に暴行・脅迫を加えて、財物を奪取しようとした場合はどのように扱われるか。	イ　通常の強盗とされる（居直り強盗）
□③　強盗致死傷罪について	③
ア　本罪は強盗罪の結果的加重犯であるが、本罪が既遂に達するには強盗自体が既遂である必要があるか。	ア　ない
イ　強盗が傷害・死の結果に故意ある場合はいかに解するべきか。	イ　240条によって処断される（判例）
ウ　負傷の程度は、傷害罪と同程度か。	ウ　同程度で足りる（判例）
エ　ウの結論が不当だとの見解への反論を答えよ。	エ　現在、強盗致傷は減軽により執行猶予をつけられる
オ　発生した致死傷は、財物奪取の手段としての暴行・脅迫から発生した必要があるか。	オ　ない
カ　本罪の趣旨を述べよ。 強盗行為の際、（a）ことが多いから、（b）に処して、犯罪の禁圧を図る。	カ a　人を死傷させる b　厳罰

6.　詐欺・恐喝罪

◆　詐欺罪

Question	Answer
□①ア　詐欺・恐喝罪の共通点について説明せよ。 被害者の（　　）に基づいて財物の占有、または財産上の利益が移転する点	①ア 瑕疵ある意思表示
イ　違いを説明せよ。	イ　手段が詐欺によるか恐喝によるか

Question	Answer
ウ　アの罪に親族相盗例は適用されるか。	ウ　適用される
エ　両罪の客体を述べよ。	エ　他人の財物、財産上の利益
□②　詐欺罪の成立には次の事由が客観的に因果の連鎖をなさなければならない。当てはまる語を入れよ。 欺罔行為→（ア）→（イ）→財物・利益の移転	② ア　錯誤 イ　処分行為
□③ア　「欺いて」（246条１項）とはどのような行為を指すか。	③ア　欺いて処分権者を錯誤に陥らせること
イ　アの行為は何に向けてなされる必要があるのか。	イ　財産の処分
ウ　欺く行為は何の有無を判断するための指標になるか。	ウ　実行の着手
エ　相手が錯誤に陥らない場合、どのように処理されるか。	エ　詐欺罪は未遂となる
□④ア　「財物を交付させ」（246条１項）る態様として、不作為によるものも含まれるか。	④ア　含まれる
イ　アの例を挙げよ。	イ　釣り銭詐欺
ウ　被害者の処分行為があることは、どの罪との区別に資するか。	ウ　窃盗罪
エ　「交付」（処分行為）の要素を述べよ。	エ　処分意思と処分行為
□⑤　詐欺罪の成立について、キセル乗車、無銭飲食が問題となる。なぜ問題となるのか。	⑤　欺罔行為や相手方の処分意思があるか不明確だから
□⑥ア　被欺罔者と処分行為者は同一人物である必要があるか。	⑥ア　ある
イ　被欺罔者と被害者は別であってもよいのか。	イ　よくない
ウ　イの例を挙げよ。	ウ　訴訟詐欺
□⑦　詐欺罪は全体財産の罪か、個別財産についての罪か。	⑦　個別財産についての罪

◆　恐喝罪

Question	Answer
□①　恐喝罪は詐欺罪とは、財物奪取の手段が欺罔行為か、恐喝行為かの違いしかない。それに関わり、	①
ア　恐喝の手段としての暴行の意義を述べよ。 被害者の反抗を（　　）程度の暴行	ア 抑圧しない
イ　脅迫とは、222条列挙の自由に対する害悪の告知に限定されるか。	イ　されない

7. 横領・背任罪

◆ 横領罪

Question	Answer
□①ア　横領罪（252条）の客体は何か。 （a）の占有する（b）の物	①ア a　自己 b　他人
イ　横領罪は他人の物を占有する者しか犯せない犯罪である。この点から横領罪の罪質を説明せよ。	イ　真正身分犯
ウ　横領罪の占有概念を説明せよ。 事実的占有に加え、（　　）を含む	ウ 法律上の占有
エ　法律上の占有をするに過ぎない者の例を挙げよ。	エ　登記名義人
オ　さらに、横領罪の占有は、横領行為者と本人とのどのような関係に基づくものに限るか。	オ　委託信任関係
□②ア　横領罪における他人の物とは何を指すか。	②ア　他人の所有物
イ　横領行為はどのような意思が発現する行為である必要があるか。	イ　不法領得の意思
ウ　イの意思の具体的な説明をせよ。 「（a）をする意思が（b）に現れること」	ウ a　所有者でなければできない処分 b　外部
□③　業務上横領罪（253条）について	③
ア　本罪は、業務という身分を持つ者について、横領罪に対しての特別規定である。業務上横領罪の罪質を説明せよ。	ア　不真正身分犯
イ　業務上横領罪は通常の者から見るとその罪質をどのように考えるべきか。	イ　真正身分犯
ウ　本罪における「業務」の意義を述べよ。	ウ　反復継続して行われる事務
エ　通常の者が、業務上他人の物を占有する者と共同で横領行為をした場合、どのような問題が生じるか。	エ　通常の者を65条1項で処理するか、2項で処理するか
□④　遺失物等横領罪とはどのような犯罪か。 （　　）他人の物を横領する犯罪	④ 占有を離れた

刑法

◆ 背任罪

Question	Answer
□① 背任罪（247条）は、何罪と同じ章に規定されているか。	① 詐欺・恐喝の罪
□② 背任罪と横領罪の共通点を述べよ。 （　　）に違背して財産的損害を被害者に与える罪	② 信頼関係
□③ア 背任罪の主体を答えよ。	③ア 他人のためその事務を処理する者
イ アから、背任罪の罪質をどのように考えるべきか。	イ 真正身分犯
□④ア 本罪は目的犯である。どのような目的が必要か。	④ア 図利・加害目的
イ 自己又は第三者の利益を図ることを何と呼ぶか。	イ 図利
ウ アから、本人の利益を図る目的でなした行為は処罰できないことになる。それでは、自己の利益を図る目的と混在している場合はどのように考えられるか。	ウ 主たる目的が何であるかによって判断せざるを得ない
エ 加害とはどのような意味か。	エ 本人に損害を加えること
□⑤ア 本罪の成立には、任務違背行為があることが必要である。任務違背行為とはどのような行為か。	⑤ア 権限濫用行為
イ アの解答に関して、本罪成立のための権限は、代理権ある場合に限るか。	イ 限らない。事実上与えられた権限も含む
□⑥ア 背任罪における財産上の損害の性質を答えよ。	⑥ア 全体財産への損害
イ 損害の有無はどのように考えるのか。	イ 経済的損害において考える
ウ 無資力の者に無担保で金を貸し、きちんと返済された場合、背任罪は成立するか。	ウ する
エ ウの理由を答えよ。	エ 一度損害が発生すれば、補填されても背任罪は成立するから
□⑦ア 背任罪に未遂処罰規定はあるか。	⑦ア ある
イ 横領罪はどうか。	イ ない
□⑧ 横領と背任の区別について、次の文に当てはまる語を入れよ。	⑧
（ア）は物についてしか成立しない	ア 横領罪
（イ）しかない場合、横領罪は成立しない	イ 加害目的

□⑨　特に横領と背任罪の区別が問題になる場合としては、他人の事務の処理者が自己の占有する他人の物を不法に処分した場合である。その解決の仕方について述べた文章に当てはまる語を入れよ。 （ア）で決定する 横領は（イ）行為であり、背任は（ウ）行為である。 例えば、取締役が会社の金員を他人に貸し付ける場合、手続を守れば｛エ　横領・背任｝であり、手続を全く無視した場合は｛オ　横領・背任｝になる。	⑨ ア　行為態様 イ　権限逸脱 ウ　権限濫用 エ　背任 オ　横領

8.　盗品等に関する罪

◆　盗品等に関する罪

Question	Answer
□①ア　本罪の客体を答えよ。 （　　）で取得された物	①ア 財産に対する罪
イ　盗難された金銭を両替した金銭は本罪の客体にあたるか。	イ　あたる
ウ　自転車を分解した部品は本罪の客体にあたるか。	ウ　あたる
□②　本罪の行為態様について	②
ア　無償譲受けの具体例を挙げよ。	ア　無利息の消費貸借、贈与
イ　盗品の所在を移動させることを何と呼ぶか。	イ　運搬
ウ　委託を受けて本犯のために盗品などの占有を得て管理することを何と呼ぶか。	ウ　保管
エ　有償譲り受けの具体例を挙げよ。	エ　売買、交換、債務の弁済、利息付き消費貸借
オ　アからエ以外で、本罪で処罰される行為態様を述べよ。	オ　処分のあっせん
□③ア　盗品等に関する罪の成立のためには、本犯が既遂である必要があるか。	③ア　ある
イ　その理由を説明せよ。	イ　既遂前に犯罪に加担した者は共犯として処断されるから

刑法

□④ア　本罪の主体になれない者を挙げよ。
イ　その理由を述べよ。

④ア　本犯者
イ　本罪にあたる行為は不可罰的事後行為とされるから

□⑤　本罪の処罰の理由について、説明した次の文章に当てはまる語を入れよ。
ア　権利者による（　　）が困難になるから
イ　（　　）な財産状態を維持するから

⑤
ア　返還請求
イ　違法

□⑥　盗品等に関する罪の罪質について
ア　違法な利益を確保し、分け前に預かるために本罪を犯すという点をさして、本罪の罪質を何と表現するか。
イ　さらに、本犯を刑事責任から免れさせる目的で本罪を犯す点を捉えて、本罪の罪質を何と表現するか。

⑥
ア　事後従犯的性格
イ　犯人庇護的性格

◆　親族等の犯罪に関する特例

Question	Answer
□①　配偶者、直系血族、同居の親族との間で256条の罪（盗品等に関する罪）を犯した者はどのような扱いがなされるか。	①　刑が免除される（必要的）
□②　①のような効果が認められる理由を説明せよ。 本罪の罪質は、（ア）、（イ）の言葉で表現することができる。とすれば、犯人をかばったり、分け前にあずかることをしないことについて、親族には（ウ）がないといえる。	② ア　犯人庇護罪 イ　事後従犯的性格 ウ　期待可能性

9.　毀棄・隠匿の罪

◆　器物損壊罪

Question	Answer
□①　本罪の客体たる「器物」の意義を答えよ。	①　他人の財物
□②　本罪の実行行為は損壊行為である。本行為の意義を答えよ。	②　物本来の効用を失わしめる行為
□③　次の行為は器物損壊罪にあたるか。 ア　他人の土地を勝手に耕し、植物を植える行為 イ　水門を開けて鯉を放流させる行為	③ ア　あたる イ　あたる

第5章　公衆の安全に対する罪

1.　放火及び失火の罪

◆　総説

Question	Answer
□①ア　放火、失火罪における保護法益を説明せよ。	①ア　公衆の安全
イ　個人的法益に対する犯罪に比べて、アを保護法益とする犯罪との違いを説明せよ。 被害が（a）可能性がある反面、かなり（b）が発生した段階で刑罰権を発動される。	イ a　広く及ぶ b　抽象的な危険性
ウ　抽象的な危険とはどのような意味か。 単に思考されるだけで、（　　）を持たない危険のこと。	ウ 実際の形態・内容

◆　現住建造物放火罪

Question	Answer
□①ア　本罪の実行の着手があるといえるには、直接客体に点火する場合以外に、どのような場合がそういえるか。	①ア　媒介物を利用する場合
イ　では、人の住んでいる家を放火する目的で物置に火をつけ、物置のみが全焼した者はどのように処断されるか。	イ　現住建造物放火の未遂罪
ウ　ろうそくに火をつけてから「このまま放置して火事になったら保険金が取れる」と放置し、建物が全焼した場合、放火罪は成立するか。	ウ　成立する。既発の火力を利用することも放火にあたる
□②　現住建造物（108条）の意義を答えよ。 ア（a）する場所として日常利用されている住居もしくは（b）建物。	② アa　起臥寝食 b　現に人がいる
イ　夫婦二人暮らしで妻が旅行している時に、夫が建物に火をつけた場合に何罪が成立するか。	イ　現住建造物放火
□③ア　本罪が既遂に達する時期を説明せよ。	③ア　目的物の焼損時
イ　焼損の内容を具体的に説明せよ。 火が（a）を離れ、（b）する状態に達すること	イ a　媒介物 b　独立に燃焼を継続

刑法

◆ 非現住建造物放火罪

Question	Answer
□① 「現に人が住居に使用せず、かつ、現に人がいない建造物」（109条１項）とあるが、ここにいう人の意義を答えよ。	① 犯人以外の者
□②ア 行為者の自己の所有（109条２項）に属する場合であっても、他人の所有物と扱われる場合はあるか。	②ア ある（115条）
イ アの実例を挙げよ。	イ 差押え、物権の客体、賃貸目的物、保険対象物
□③ア 109条２項では、公共の危険の発生が要求されるか。	③ア 明示的に要求される
イ アの答えを前提とすると、「公共の危険」は、109条２項では犯罪成立要素の何に位置づけられるか。	イ 構成要件要素
□④ 現住・他人所有の非現住建造物の放火罪は、未遂・予備行為が処罰されか。	④ される（112・113条）

◆ 建造物等以外放火罪

Question	Answer
□①ア 110条１項の客体を答えよ。	①ア 108条、109条に規定する物以外の物
イ 公共の危険の発生は110条１項の条文で明示されているか。	イ されている
□② 放火の対象物が建造物等以外の自己物である場合について、他人物である場合との違いをのべよ。	② 法定刑が軽い

◆ 延焼罪

Question	Answer
□① 延焼罪について	①
ア 本罪は軽い罪を犯して重い結果が発生した場合である。本罪の性質を何というべきか。	ア 結果的加重犯
イ 本罪が成立するのは、何に火をつけた場合か。	イ 自己物（109条２項、110条２項）

ウ　本罪成立のための重い結果を説明せよ。	ウ　他人物に燃え移った場合（108条、109条1項、110条1項）

◆　失火罪

Question	Answer
□①　失火の意義を答えよ。 （　　）によって出火せしめること	① 過失

刑法

第6章　偽造の罪

1.　文書偽造の罪

◆　私文書偽造罪

Question	Answer
□①　私文書偽造罪（159条1項）の成立には、行使の目的が必要である。このことから、本罪の性質をどのようにいうべきか。	①　目的犯
□②　印章・署名を使用して文書を偽造する場合、印章・署名は真正のものである必要があるか。	②　ない。偽造した印章・署名を用いても犯罪が成立する
□③ア　偽造の客体は、文書でなければならない。文書の意義を答えよ。 文字又はこれに代わるべき符号を用い（　　）状態で意思または観念の表示をしたもの	③ア ある程度持続的に存続できる
イ　図画の意義を答えよ。 （　　）を用いて意思または観念の表示をしたもの	イ 象形的符号
ウ　図画の例を挙げよ。	ウ　地図
エ　文書・図画は権利、義務若しくは事実証明に関するでなければならない。権利・義務に関する文書の例を挙げよ。	エ　借用書
オ　事実証明に関する文書の意義について判例は何と述べているか。 （　　）に交渉を有する事項を証するに足りる文書	オ 実社会生活
カ　オの例を挙げよ。	カ　履歴書
□④　偽造の意義について	④
ア　名義人を偽ることを何と呼ぶか。	ア　有形偽造
イ　内容を偽ることを何と呼ぶか。	イ　無形偽造
ウ　私文書偽造罪における偽造はアイいずれの意味を指すか。	ウ　ア（有形偽造）

Question	Answer
エ　以上から、文書偽造罪における偽造文書の意義を答えよ。 （a）と（b）が不一致の文書が偽造文書	エ a　名義人 b　文章作成者
オ　名義人が実在する必要はあるか。	オ　必ずしもない
カ　名義人が名義使用を許可して作成された文書は偽造文書に該当するか。	カ　原則として該当しない
キ　代表取締役でないのに代表取締役の肩書きを付けた文書を作成した場合は有形偽造となるか。	キ　なる
□⑤ア　名義人でない者が真正に成立した文書の内容に改竄を加えることを何と呼ぶか。	⑤ア　変造
イ　変造と偽造の違いはどのような点にあるかについて説明した下の文書に適語を入れよ。 （a）に（b）な変更を加え、（c）を作り出すこと	イ a　非本質的部分 b　不法 c　新たな証明力
□⑥　印鑑・サインを利用しない文書を何と呼ぶか。	⑥　無印文書

◆ 偽造私文書行使罪

Question	Answer
□①　偽造文書を行使した者はどのように処断されるか。	①　作成者と同一の刑に処する（161条1項）

◆ 公文書偽造罪

Question	Answer
□①　公文書偽造罪では、名義人によって、構成要件が変わる。名義人を挙げよ。	①　天皇と公務員・公務所

◆ 虚偽公文書作成罪

Question	Answer
□①ア　虚偽公文書作成罪（156条）はいかなる偽造行為を処罰する規定か。	①ア　無形偽造
イ　犯罪の主体は誰か。	イ　作成権限がある公務員
ウ　作成権限の有無は形式上の決裁権者に限るか。	ウ　限らない。実際上の作成者にも作成権限は認められる

刑法

◆ 偽造・虚偽公文書行使罪

Question	Answer
□① 158条１項は偽造・虚偽の公文書を行使する行為を処罰する犯罪類型である。ここで、行使の意義を説明せよ。 行使とは（ア）として使用すること一般であり、具体的には見せる・備え付けることである。ただし、（イ）におく必要がある。	① ア 真正の文書 イ 他人が認識できる状態

第7章　国家的法益に対する罪

1.　公務の執行を妨害する罪

◆　公務執行妨害罪

Question	Answer
□①　公務員の意義は刑法上規定されているか。	①　されている（7条1項）
□②　「職務を執行するに当た」っている公務員（95条1項）の意義を答えよ。 現実に執行中の者に加えて（ア）及び、（イ）にある者も含む	② ア　職務開始直前の執務 イ　密接な関連を有する待機状態
□③ア　本罪によって保護される職務は適法なものでなければならないか。 イ　アは95条1項に記載されているか。 ウ　アのような要件を何と呼ぶか。	③ア　適法なものでなければならない イ　されていない ウ　記述されざる構成要件要素
□④ア　本罪における暴行はどのようなものか答えよ。 イ　アの意義を答えよ。 公務員に向けられた（　　）の行使 ウ　禁制品への押収中に、目的物を捨てたり、壊したりする行為は本罪における暴行にあたるか。 エ　本罪における脅迫は何らかの限定があるか。	④ア　広義の暴行 イ 不法な有形力 ウ　あたる エ　特にない。害悪の内容、通知の方法を問わない

刑法

2.　犯人蔵匿及び証拠隠滅の罪

Question	Answer
□①　本章の罪の保護法益を答えよ。	①　刑事司法作用

◆ 犯人蔵匿・隠避

Question	Answer
□① 本罪の成立のためには 行為者は「罰金以上の刑に当たる罪を犯した者」(103条)であることを認識する必要があるか。	① ない。特定の罪を犯した者であることの認識で足りる
□②ア 「拘禁中に逃走した者」(103条)の意義を説明せよ。	②ア 法令に基づく拘禁を破って逃走した者
イ アの例を挙げよ。	イ 現行犯逮捕された者
□③ 場所を提供してかくまうことを何と呼ぶか。	③ 蔵匿
□④ 犯人を逃がす蔵匿以外の一切の行為を何と呼ぶか。	④ 隠避
□⑤ア 本罪の主体として 犯人自身は含まれるか。	⑤ア 含まれない
イ アの理由を答えよ。	イ 期待可能性がないから

◆ 証拠隠滅罪

Question	Answer
□①ア 104条は「他人の」刑事事件に関する証拠としているがこの法文から何がわかるか。	①ア 当該刑事事件の犯人は主体にならない
イ その理由を答えよ。	イ 期待可能性がないから
□② 隠滅とはどのような行為を指すか。例を挙げよ。	② 滅失、隠匿、証人を逃がす

◆ 親族についての特例

Question	Answer
□①ア 犯人蔵匿・隠避、証拠隠滅罪を、犯人又は逃走した者の親族がこれらの者の利益のために犯したと、どのように処断されるか。	①ア 任意的な免除(105条)
イ アの理由を答えよ。	イ 期待可能性がないから

3. 偽証の罪

Question	Answer
□① 本罪の保護法益を述べよ。	① 国家の審判作用

◆ 偽証罪

Question	Answer
□①ア　本罪は、法律により宣誓した証人（169条）でないと犯すことができない。本罪の性質を述べよ。	①ア　身分犯
イ　法律による宣誓はどのような場合に行われるか。	イ　民・刑事の訴訟事件 非訟事件
ウ　刑事事件の被告人は本罪の主体となりうるか。	ウ　ならない
エ　ウの理由を述べよ。	エ　宣誓させて陳述させることができないから
□②「虚偽の陳述」とはどのような行為を指すかについて争いがある。下の空欄に当てはまる語を入れよ。 ・（ア）に反することか？ ・（イ）に反することか？ ・（ウ）は本当ではないと思って（エ）ことを証言したとき問題になる	② ア　記憶 イ　客観的真実 ウ　自分の記憶 エ　自分の真実と信ずる

4.　賄賂の罪

Question	Answer
□①　本罪の保護法益を述べよ。	①　公務への国民の信頼

◆ 単純収賄罪

Question	Answer
□①ア　本罪の主体を述べよ。	①ア　現在公務員、仲裁人であるもの
イ　アからわかる本罪の性質を述べよ。	イ　身分犯
□②ア「その職務に関し」（197条1項）といえるには賄賂と職務とがどの程度の関係にあればよいのか。	②ア　職務として行いうる抽象的な範囲にあればよい
イ　職務とは、正当なものでもよいか。	イ　よい
□③　あてはまる語を入れよ。 ア　本罪が既遂に達するには、賄賂を（a）し、又はその（b）若しくは（c）をしたことが必要である。	③ アa　収受 b　要求 c　約束

刑法

イ 「賄賂」の意義を答えよ。
何らかの（a）で足りるが、職務行為と（b）が認めなければならない。

□④ 「請託」を受けたときは請託収賄罪となる。
ア 「請託」の意義を答えよ。
（a）、（b）を行うことを依頼すること

イ 正当な行為を行うよう請託があったときも本罪は成立するか。

イ
a 利益
b 対価性
④
ア
a 職務に関し
b 一定の行為
イ する

◆ 事前収賄罪

Question	Answer
□① 本罪の主体を答えよ。	① これから公務員・仲裁人になろうとする者
□② 本罪は単純収賄とは異なり、処罰にはもう一つ条件が必要である。それは何か。	② 請託の存在（197条2項）

◆ 第三者供賄罪

Question	Answer
□① 本罪の実行行為を述べよ。 （ア）を受けて公務員・仲裁人が（イ）場合（197条の2）	① ア 請託 イ 第三者に賄賂を受け取らせるなどの行為

◆ 加重収賄罪（枉法収賄罪）

Question	Answer
□①ア 197条の3第1項は公務員・仲裁人のうちでも特定の罪を犯した者が主体となる。その犯罪を挙げよ。	①ア 単純収賄、受託収賄、事前収賄
イ 同条2項の主体を述べよ。	イ 公務員・仲裁人
□②ア 同条1項の実行行為を述べよ。	②ア 実際に不正行為を行うこと
イ 同条2項の実行行為を述べよ。	イ 賄賂の収受、要求、約束
□③ 結局、1項・2項の違いを述べよ。	③ 不正行為と収賄を行う順序

◆ 事後収賄罪

Question	Answer
□① 本罪の主体を答えよ。	① 公務員又は仲裁人であった者
□② 収賄以外の処罰条件を述べよ。 その在職中に（ア）を受けて職務上（イ）な行為をしたこと、又は（ウ）の行為をしなかったこと	② ア 請託 イ 不正 ウ 相当
□③ 単純収賄では、請託、不正行為を行うことは犯罪成立の条件か。もしくはそのような行為を行うと罪が重くなるか。 ※主体が現に公務員・仲裁人である者に限定されていることを考慮に入れよ。	③ 犯罪成立にはいずれも不要。条件がそろうと、請託、加重収賄になる
□④ 事前収賄ではどうか。	④ 請託が必要。不正行為を行うと加重収賄となる

◆ あっせん収賄罪

Question	Answer
□① 197条の4の実行行為を答えよ。 公務員が他の公務員に（　　）する犯罪	① 職務上の不正行為をあっせん

◆ 贈賄罪

Question	Answer
□① 198条はいかなる行為を処罰するか。	① 賄賂を送る行為
□② 贈賄罪が成立する場合には、原則収賄罪も成立する。このような犯罪類型を何と呼ぶか。	② 必要的共犯（対向犯）

刑事訴訟法

第1部　序　論

第1章　刑事訴訟法とは何か

1.　総説

Question	Answer
□①　刑事訴訟法の目的を答えよ。	①　刑法の実現
□②ア　刑事訴訟法は、２つの異なる要請を実現することが要求される。その要請を答えよ。	②ア　実体的真実の発見・人権保障（１条）
イ　アの２つの要請の関係を答えよ。 （ａ）は真実発見に資するから、２つの要請は必ずしも矛盾しない。しかし、（ｂ）の証拠能力の場合のように、２つの要請、特に｛ｃ 積極的・消極的｝実体的真実の発見の要請が人権保障の要請と矛盾し、調整の必要がある場合がある。	イ ａ　適正手続 ｂ　違法収集証拠 ｃ　積極的
ウ　２つの要請が矛盾する場合、いずれの要請が重視されるか。	ウ　人権保障の要請
エ　ウの理由を答えよ。	エ　えん罪への反感・人権思想の深化
□③ア　手続保障に関する原則で、合理的な疑いを超えるまで確実な有罪立証を尽くさなければ有罪が阻止されることを表した格言は何か。	③ア「疑わしきは被告人の利益に」
イ　アの理由を答えよ。 ・検察官・司法警察という捜査・訴追の強力な専門家集団と被疑者・被告人の（ａ）を考慮する必要がある。 ・（ｂ）を重視すべきである。	イ ａ　力関係 ｂ　人権保障

第2章　訴訟の主体

1.　裁判所

Question	Answer
□①ア　公平な裁判所の意義を答えよ。 （　　）上、偏った裁判をするおそれのない裁判所（判例）。	①ア 組織構成
イ　裁判所の管轄について、事件ごとに区別される裁判所の裁判権の配分を何というか。	イ　事物管轄（裁判所法33条・24条など）

2.　検察官

Question	Answer
□①　検察官の性格について	①
ア　検察官の訴訟上における立場を答えよ。 刑事訴訟における（　　）の役割を努める。	ア 原告
イ　検察官の任務を説明せよ。 法と正義の実現のため、（　　）たるべきである。有罪を請求するだけが任務ではない。	イ 公平・公正
□②　検察官の権限を答えよ。	②
ア　（　　）をして法の正当な適用を請求する。刑の執行を監督する（検察庁法４条）。	ア　公訴提起
イ　犯罪の（　　）をすることができる（191条1項）。	イ　捜査

3.　被告人

Question	Answer
□①ア　公訴を提起された者で、検察官に対抗する当事者を何というか。	①ア　被告人
イ　公訴提起の前に捜査機関から嫌疑をかけられた者を何というか。	イ　被疑者
□②ア　一般的に訴訟において当事者となりうる能力を何というか。	②ア　当事者能力

イ　アは訴訟の当事者の誰において問題となるか。	イ　被告人
ウ　アの能力はいかなる者に認められるか。 　およそ（　　）はすべて当事者能力がある。	ウ 　刑罰を受けうる者
□③ア　有効に訴訟行為をなしうる能力を何というか。	③ア　訴訟能力
イ　アの能力が認められるのはどのような者か。	イ　意思能力がある者（28条）
ウ　被告人が心神喪失の場合どのような手続が採られるか。	ウ　手続を停止して回復を待つ（314条１項）
□④ア　弁護人の地位を説明せよ。 　被告人、被疑者の（ａ）であるのみならず（ｂ）でもある。	④ア ａ　訴訟代理人 ｂ　保護者
イ　弁護人にア（ｂ）のような地位が与えられた理由を答えよ。 　国家そのものに対抗する被疑者・被告人には、専門家の（　　）が必要だから。	イ 　強力な保護
ウ　弁護人の援助を受ける被告人・被疑者の権利を何というか。	ウ　弁護権
エ　弁護人依頼権（憲法34条、37条３項、刑訴30条１項）は誰が有するか。	エ　被告人・被疑者
オ　弁護人依頼権の弁護人の意味を説明せよ。 　資格を有する＝（　　）がある弁護人を依頼できる。	オ 　能力
カ　国選弁護人選任権（憲法37条３項）があるのは誰か。	カ　被告人・被疑者
キ　一定の重大な犯罪については、弁護人なしには審理できないとする制度（289条１項）を何というか。	キ　必要的弁護の制度
ク　弁護人の権限を２つ挙げよ。	ク　包括的代理権・固有権
ケａ　被告人の黙示の意思に反して行使でき、場合によっては明示の意思にも反しうる弁護人の権利を何というか。	ケａ　固有権
ｂ　かかる固有権の存在は何を意味しているか。 　弁護人は被告人の単なる訴訟代理人ではなく（　　）としての役割が期待されること。	ｂ 　保護者
コ　弁護人の任務を説明せよ。 　（　　）の利益のために働く義務がある。	コ 　被告人

第2部　捜　査

第1章　捜査総説

1.　捜査の意義

Question	Answer
□①　捜査機関が、犯罪が発生したと考えるときに、公訴の提起・遂行のため、犯人を発見・保全し、証拠を収集・確保する行為を何というか。	①　捜査
□②　公判と捜査の関係を説明せよ。 公判と捜査は分断された、（ア）である。また、公判のように、手続に段階が捜査では存在せず、（イ）の集積であるといえる。	② ア　別個の段階 イ　処分

2.　捜査機関

Question	Answer
□①ア　捜査機関にはどのようなものがあるか。	①ア　司法警察職員・検察官・検察事務官
イ　司法警察員と司法警察職員の使い分けを答えよ。	イ　司法警察員という場合、司法巡査は含まれない
□②　捜査機関の権限について ア　捜査機関のうち通常逮捕状の請求ができないものはあるか。	② ア　ある。司法巡査、警部に至らない司法警察職員（199条2項）
イ　他に、捜査機関の権限を説明せよ。	イ
・（a）逮捕状の請求（司法巡査も可能：210条1項）。	a　緊急
・各種（b）の請求（司法巡査は不可能：218条3項）。	b　強制処分令状
・事件の（c）（203条）。	c　送致・送付

刑事訴訟法

□③　検察官と司法警察職員の関係について

ア　捜査機関としての、役割分担について原則を述べよ。

（　　）が一次的捜査機関である。

イ　検察官の捜査権は必ずしも常に二次的ではない。検察官が主体となって捜査すべき事件を挙げよ。

（a）、（b）など高度の法律知識と捜査技術を要する事件

ウ　192条から伺える、捜査機関としての関係を説明せよ。

エ　ウの修正として、検察官にはいかなる役割が期待されるか。

司法警察職員による（a）の補正、（b）の行き過ぎや偏向を抑制するため、検察官は司法警察職員の捜査に介入・コントロールを及ぼすべきである。

オ　エの役割実現のため、検察官に193条によって与えられる手段を説明せよ。

③

ア

司法警察職員

イ

a　汚職

b　脱税

ウ　対等・協力の関係

エ

a　捜査

b　捜査

オ　各種指示権・指揮権

3.　捜査の条件

Question	Answer
□①ア　捜査独自の一般的要件はあるか。	①ア　ない。個々の捜査の処分の要件があるのみ
イ　手続の段階はあるか。	イ　ない。処分の集積を捜査と呼ぶ

4.　捜査の構造

Question	Answer
□①ア　捜査とは、捜査機関が被疑者を取り調べるための手続であり被疑者は取調べの対象に過ぎないとする捜査観を何というか。	①ア　糾問的捜査観
イ　捜査とは捜査機関が単独で行う準備活動であり、被疑者も同様の準備ができるとする捜査観を何というか。	イ　弾劾的捜査観

第2章　捜査のはじまり

1.　捜査の端緒

Question	Answer
□①　捜査のきっかけとなる事象を何というか。	①　捜査の端緒
□②ア　捜査の開始時期を、条文はどのように規定しているか。	②ア　犯罪があると思料するとき（189条2項）
イ　捜査の端緒が重要視される理由を説明せよ。 捜査の開始時期についての条文の規定が（ａ）なので、（ｂ）に注目すべきであるから。	イ ａ　不明確 ｂ　外部的事象

2.　各説

Question	Answer
□①ア　変死者または変死の疑いのある死体があるときに、犯罪の嫌疑の有無を確認するため、死体の状況を調べる処分を何というか。	①ア　検視（229条）
イ　犯罪の被害者その他一定の者が、捜査機関に対して、犯罪事実を申告しその訴追を求める意思表示を何というか。	イ　告訴（230条～238条）
ウ　単なる犯罪事実の申告を何というか。	ウ　被害届
□②ア　親告罪の告訴に関し１個の犯罪事実ないし共犯関係について、告訴の効力が全体に及ぶという原則を何というか。	②ア　告訴不可分の原則
イ　アには明文はあるか。	イ　ない
ウ　アの根拠を述べよ。	ウ　被害者に事件の分割を許すべきではない
エ　共犯の１人に対してした告訴は他の共犯者との関係で、原則としてどのように扱うべきか。	エ　他の共犯者に対してもその効力がある（238条）
オ　エの例外を答えよ。 親告罪と非親告罪のうち（　　）に限定した告訴。	オ 非親告罪
□③　第三者による犯罪事実の申告・訴追の意思表示を何というか。	③　告発（239条）

刑事訴訟法

□④　他の捜査機関以外によって捜査の端緒が与えられる場合を挙げよ。	④　請求・自首
□⑤ア　犯罪を犯し、もしくは犯そうとしていると疑うに足りる相当の理由がある者や既に行われた犯罪などについて知っていると認められる者を停止させて質問することを何というか。	⑤ア　職務質問
イ　アの根拠条文を答えよ。	イ　警察官職務執行法2条
ウa　アの際に、その場で質問することが本人に不利である場合、交通の妨害になる場合、付近の警察署、派出所、または駐在所に同行を求めることを何というか。	ウa　（職務質問に伴う）任意同行
b　aは捜査としての任意同行と区別する必要はあるか。	b　概念は異なるが取扱いは区別しなくてよい
エ　以上の権限は任意処分である。任意の意味を答えよ。	エ
（a）という意味で、必ずしも明示の受忍が要求されるわけではない。したがって、必要かつ相当な（b）の行使は可能である。	a　強制ではない b　有形力
オ　エ（b）のうち、必要かつ相当なものの例を挙げよ。	オ　質問中の者が逃げ出したので追跡するなど
□⑥ア　携帯品や身体への装着物に対して行う任意の検査を何というか。	⑥ア　所持品検査
イ　アに根拠条文はあるか。	イ　ない
ウ　アの要件を答えよ。 必要性・許容性に加えて、(　　)も必要（判例）	ウ 緊急性
□⑦ア　重要な犯罪の予防・検挙のため、自動車を停止させて、必要な質問をすることを何というか。	⑦ア　自動車検問
イ　アに根拠条文はあるか。	イ　ない
ウ　アの適法性について、判例はどのように判示しているか。 (　　)2条1項などを援用しつつ適法とする。	ウ 警察法
□⑧　職務質問、所持品検査、自動車検問などを捜査と区別して何というか。	⑧　行政警察活動としての処分

第3章　任意捜査と強制捜査

1.　任意捜査の原則

Question	Answer
□①　任意捜査と強制捜査はいずれが捜査の主役を占めるといえるか。	①　任意捜査
□②ア　任意捜査の例を挙げよ。	②ア　参考人の取調べ、鑑定の嘱託、実況見分、尾行、聞き込み
イ　任意捜査の条文上の根拠を挙げよ。	イ　197条1項
ウ　任意捜査が認められる実質的根拠である、捜査上の処分は、必要性に見合った相当なものでなければならないという原則を何というか。	ウ　捜査比例の原則
エ　任意捜査の「任意」の意味を説明せよ。 （a）ではないことに過ぎないから、明示的な（b）は必要ない。	エ a　強制捜査 b　受忍
オ　では、強制捜査といえるものは、対象者からみるとどのような契機が含まれるものか。	オ　人権の強度の制約を伴うこと

2.　任意捜査の規制

Question	Answer
□①　任意捜査の許容限度について ア　一般原則を説明せよ。 関係人の（a）を害しないように注意すべきである（196条）が、若干の（b）は認められる。また、（c）の要請が働く（憲法31条）。	① ア a　名誉 b　拘束 c　適正手続

刑事訴訟法

Question	Answer
イ　任意捜査として、一般的には許容されるものについて	イ
a　検証と同じ内容を任意捜査として行うことを何というか。	a　実況見分
b　後をつけて、行動を監視することを何というか。	b　尾行
c　気づかれないよう、ひそかに探ることを何というか。	c　内偵
d　犯罪捜査の手がかりをつかむため、方々聞いてまわることを何というか。	d　聞き込み
□②ア　被疑者の出頭確保のため、捜査官がその居宅などから警察署などへ同行させることを何というか。	②ア　任意同行
イ　アの問題点を説明せよ。 逮捕の（a）を免れる機能を果たすおそれがあるので、（b）との区別が問題となる。	イ a　持ち時間の制限 b　実質的な逮捕
ウ　実質的な逮捕と認定されなければすべて適法か。	ウ　必要性、相当性を欠けば違法となる
□③　任意の取調べの問題点を説明せよ。 （ア）なものとなる傾向があるから、社会的通念上（イ）と認められる限度であるか否かの判断が問題となる。	③ ア　長時間・執拗 イ　相当
□④ア　捜査官などがおとりとなって人に犯罪をそそのかし、犯行に出たところを逮捕する捜査方法を何というか。	④ア　おとり捜査
イ　アの問題点を述べよ。	イ　捜査のやり方として、フェアといえないのではないか
ウ　裁判所はおとり捜査について、どのような判示をしているか。	ウ　犯人の訴追・処罰に影響しない

3.　任意捜査と強制捜査の区別

Question	Answer
□①ア　捜査のうち、直接強制が行われるか、少なくとも間接強制を伴う場合など人権侵害のおそれのある捜査を何というか。	①ア　強制捜査（処分）

イ　強制捜査と任意捜査の区別における問題点を説明せよ。

強制捜査でも（a）を不要とできる例外的場合があり、（b）にも拘束を伴う場合があるので、（c）は流動的である。

イ

a　令状
b　任意捜査
c　区別

刑事訴訟法

第4章　逮捕と勾留

1.　逮捕

Question	Answer
□①ア　逮捕の意義を述べよ。 被疑者に対する（a）な（b）処分で、比較的（c）なもの。	①ア a　強制的 b　身柄拘束 c　短期
イ　アの目的を述べよ。 ・被疑者から（a）を求める。 ・（b）を防止する。	イ a　弁解 b　罪証隠滅・逃亡
□②ア　通常逮捕は、逮捕の原則型である。逮捕の原則として憲法33条が要求する手続は何か。	②ア　令状によること
イ　令状の請求権者を説明せよ。	イ　検察官・司法警察員
ウ　令状は誰が発するのか。	ウ　裁判官が発する(199条2項)
エ　逮捕するにあたり、原則として逮捕者がなすべき行為は何か。	エ　逮捕状を示す（201条1項）
オ　逮捕は強制処分だから、いかなる手段を用いうるか。その限界とともに述べよ。 （a）の行使が当然に許されるが、合理的に（b）な限度にとどまるべきである。	オ a　実力 b　必要
□③ア　現に罪を行い、または現に罪を行い終わった者（212条1項）を何というか。	③ア　現行犯人
イ　アの者の逮捕について、いかなる特則があるか。	イ　誰でも、令状なしで逮捕できる
ウ　イの理由を述べよ。 犯罪の実行が明白で、（　　）のおそれがないから。	ウ 誤認逮捕
エ　現行犯逮捕についての制限について説明せよ。 （a）が、現場の状況などから明らかである必要がある。また、逮捕は時間的な概念であるので、（b）で行われなければならない。	エ a　犯人であること b　犯行現場およびその延長

オ　犯人として追呼されている者、誰何（すいか）されて逃走しようとするときなど（212条2項）、現行犯人とみなされる場合を何というか。

オ　準現行犯

□④ア　緊急逮捕（210条）の特徴を説明せよ。

イ　緊急逮捕の条件を答えよ。

・一定の重罪事件で、高度の（a）があり、（b）が認められること。

・事後、直ちに（c）請求の手続をすることが必要である。

ウ　令状請求権者に通常逮捕の場合のような限定はあるか。

④ア　無令状逮捕ができる

イ

a　嫌疑

b　緊急性

c　逮捕状

ウ　ない

□⑤　逮捕後の手続について

ア　司法警察職員が逮捕した場合についての手続を答えよ。

（a）の要旨、（b）権を告げ、（c）の機会を与える（203条、211条、216条）。

イ　留置の必要があると思料するとき、どのような手続が採られるか。

（a）時間以内に（b）へ（c）する。検察官は、被疑者を受け取ったときから（d）時間以内、当初の拘束から（e）時間以内に（f）を請求するか公訴を提起しなければならない（205条）。

⑤

ア

a　犯罪事実

b　弁護人選任

c　弁解

イ

a　48

b　検察官

c　送致

d　24

e　72

f　勾留

□⑥　検察官、または検察事務官が逮捕した場合、まず、犯人に犯罪事実の要旨、弁護人選任権を告げ、弁解の機会を与えることになる。さらに、その後の手続について説明せよ。

検察官に引致されたとき、検察官自身が逮捕したときから（ア）時間以内に、（イ）を請求するか公訴を提起しなければならない（204条）。

⑥

ア　48

イ　勾留

□⑦　逮捕に際して、被疑者が防御活動を行うにはいかなる手段があるかについて答えよ。

ア　弁解の機会の付与＝（　　）の権利の保障の手続がある。

イ　弁護人との（　　）（39条）。

⑦

ア　告知と聴聞

イ　接見交通

刑事訴訟法

ウ　釈放の申入れ、勾留請求回避のための活動、事実上の接見要求など、弁護人・親族による（　　）の活動。	ウ 事実上

2. 勾留

Question	Answer
□① 被疑者勾留の意義を答えよ。	①
ア （a）を拘束する（b）及びその執行。（c）に引き続く次段の身柄拘束処分で比較的（d）なもの。	ア a　被疑者 b　裁判 c　逮捕 d　長期
イ　勾留と逮捕に実質的な質の違いはあるか。	イ　ない。等質の処分である
ウ　被疑者の勾留の規定は、刑事訴訟法上いかにして規定されているか。	ウ　被告人の勾留についての規定が、被疑者に準用される（207条）
□②ア　勾留の要件（60条1項）について、被疑者が罪を犯したことを疑うに足りる相当の理由があることのほか、どのような事由が必要とされるか。	②ア　住所不定、罪証隠滅のおそれ、逃亡のおそれのいずれか
イ 「おそれ」の意味を答えよ。	イ　相当の理由が必要（具体的事実に裏付けられた蓋然性）
ウ　さらに、87条1項からいかなる勾留の要件が導かれるか。	ウ　勾留の必要性
エ　ウの内容を具体的に説明せよ。 正確には、勾留が（　　）＝勾留が著しく苛酷ないし不当でないことの問題。	エ 相当
□③ 勾留の手続について	③
ア　勾留の請求権者を答えよ。	ア　検察官（204条1項、205条1項）
イ　勾留と逮捕の関係として、必ず逮捕が先行しなければならないとの建前を何というか。根拠条文とともに答えよ。	イ　逮捕前置主義。明文なし（ただし、逮捕前置を前提とした規定がある。204条、207条など）

ウ　勾留のための令状を何というか。

ウ　勾留状（207条２項本文）

エ　不適法な勾留請求や、理由がない場合、裁判所はいかなる態度をとるべきか。

請求を（ａ）し、直ちに（ｂ）を命じなければならない。

エ

ａ　却下

ｂ　被疑者の釈放

□④　勾留期間について、説明せよ。

ア　請求をした日から（　　）日（208条１項）。

イ　やむを得ない事由があるときは、（　　）の請求によって、裁判官はこの期間を延長できる。

ウ　延長は、複数回にわたりうるか。わたりうるなら、何か制限はあるか。

エ　勾留の理由・必要が消失した場合、裁判所はどのような処置をとりうるか。

オ　勾留が不当に長くなったと判断される場合、裁判所はどのような処置をとるべきか。

④

ア　10

イ　検察官

ウ　わたりうるが、通じて10日は超えられない（208条２項）

エ　勾留を取り消しうる（87条）

オ　勾留を取り消さなければならない（91）

□⑤　勾留の場所について

ア　刑事訴訟法上どのように規定しているか。

イ　実際は、代用監獄で実施される。代用監獄とは何か。

ウ　イの有益性と問題点について説明せよ。

関係各者の居住地に近いなど（ａ）であるし、警察署内なので、（ｂ）の効率を挙げうる。しかし、施設の管理状態が（ｃ）であることがあるし、自白強要など（ｄ）のおそれがあることは否めない。

⑤

ア　「刑事施設」（64条１項）

イ　警察署に付属する「留置施設」（刑事収容施設及び被収容者等の処遇に関する法律２条）

ウ

ａ　便利

ｂ　捜査

ｃ　劣悪

ｄ　人権侵害

□⑥　勾留の不服申立てについて

ア　どのような制度があるか。

イ　アの請求権者を挙げよ。

ウ　さらに勾留を取り消すことができる者はないか。

⑥

ア　準抗告（429条）による取消し・変更請求ができる

イ　検察官・被疑者

ウ　裁判所は職権で勾留を取り消すことができる（87条１項）

□⑦　勾留と被疑者の防御活動について	⑦
ア　裁判官が、公開の法廷で理由を開示することで、準抗告、取消のきっかけとなりうる制度を何というか。	ア　勾留理由開示（憲法34条後段）
イ　勾留にあたって、十分の防御をさせ、その後の事情の変化に対応させるため、どのような制度が設けられているか。	イ　勾留状の呈示、事件の告知
ウ　仮に勾留の執行を解く方法としていかなる方法があるか。	ウ　執行停止（95条）
エ　弁護人その他の者との接見や書類・物の授受を何というか。	エ　接見交通（注：交通とは物の授受をすること）
オ　弁護人との接見交通についての原則を述べよ。 立会人なく接見できるなど、原則として（　　）が認められる（39条）。	オ 自由
カ　その他の者との接見はどうか。 接見の禁止、物の検閲・授受の禁止・差押えが許されるなど（　　）で許される（80条・81条）。	カ 法令の範囲内

3.　逮捕・勾留をめぐる問題

Question	Answer
□①ア　逮捕・勾留が事件ごとに行われることを何というか。	①ア　事件単位の原則
イ　アの内容について説明した次の文章の空欄にあてはまる語を入れよ。	イ
・同一被疑者について、（a）の数だけ勾留できる。	a　事件
・（a）の数は、実体法の（b）を基準として判断される。	b　罪数
・事件ごとに、（c）の手続を踏む必要がある。	c　逮捕・勾留
・逮捕前置の判断は、（a）を基準とする。したがって、逮捕と勾留の根拠となる事件が（d）になることは許されない。そこで、A事件について逮捕した後で、B事件についても勾留するには、B事件について追加して（e）すればよい。	d　別々 e　逮捕

□② 事件単位の原則の例外として。
ア A事実による身柄拘束を利用して、B事実について捜査することを何というか。
イ アでは、事件単位の原則はどのように修正されるか。
被疑者にとって（　　）な方向でこれを斟酌できる。
ウ アイの理由を述べよ。
（a）しているので、二重勾留の必要はない。また、被疑者にとっても、（b）をされた方が好都合である。

②
ア 余罪捜査
イ
利益
ウ
a 身柄を確保
b 同時捜査

□③ア 一罪を分割して複数の勾留を行うことはできないことを何というか。
イ アの例外を答えよ。
釈放後に（　　）と見られる行為を行ったとき。

③ア 一罪一勾留の原則
イ
同一犯罪（常習犯など）の一部

□④ 再逮捕・再勾留について
ア 許されるか。
イ その理由を答えよ。
訴訟行為の（a）の原則に反するし、厳格に法定されている（b）の潜脱になるから。
ウ アの逮捕についての例外は何条に規定されているか。
エ 被疑者逃亡の場合の再逮捕について
a 引致後の逃亡における再逮捕では、いかなる令状が必要か。
b 勾留後の逃亡ではどうか。

④
ア 原則として禁止される
イ
a 一回性
b 逮捕・勾留の期間
ウ 199条3項
エ
a 新逮捕状によるべき
b 勾留状によって原状回復できる。逃走罪（刑法97条）による逮捕もできる

□⑤ 別件逮捕・勾留について
ア 別件逮捕の意義を述べよ。
本件について（a）の要件がまだ備わらないのに、本件の（b）のため別件で逮捕すること。
イ 別件勾留は、講学上どのように考えるべきか。

⑤
ア
a 逮捕
b 取調べ
イ 別件逮捕と平行的に考えれば足りる

ウ　別件逮捕はいかなる目的のために行われるか。
　有利な（a）の型に持ち込み、（b）の取調べをする点に眼目がある。

エ　学説からは余罪捜査はいかなる場合に別件逮捕として違法と扱われるか。
　名を別件に借りるだけの（　　）の潜脱となる脱法的逮捕。

オ　違法と判断された場合、別件逮捕はどのように取り扱われるか。
　逮捕状請求は（a）される。また、別件逮捕の効用を奪う必要があるから、改めて（b）、（c）をすることも違法であり、許されない。

ウ
　a　余罪捜査
　b　本件

エ
　令状主義

オ
　a　却下
　b　再逮捕
　c　本件の取調べ

第5章　証拠の収集

1.　憲法と各種の強制処分

Question	Answer
□①ア　侵入、捜索、押収に対して、憲法はどのような立場をとっているか。	①ア　令状主義（35条1項）
イ　アの根拠を説明せよ。	イ　私生活領域の保護
□②　令状主義の内容を説明せよ。 （ア）な理由により、対象物を（イ）して令状が発せられる。発せられないのは（ウ）というべき。	② ア　正当 イ　特定 ウ　例外

2.　捜索・押収

Question	Answer
□①ア　捜索の意義を述べよ。 一定の場所、物、または人の身体について、物または人の（a）を目的として行われる｛b 任意・強制｝処分。	①ア a　発見 b　強制
イ　押収の意義を答えよ。 物の（a）を｛b 任意的・強制的｝に取得する処分。	イ a　占有 b　強制的
ウ　捜査段階で認められる押収には何があるか。	ウ　差押え、領置
□②　捜索・差押えについて ア　差押えの意義を述べよ。 他人の（a）を（b）してものを取得する処分。	② ア a　占有 b　排除
イ　差押えの対象を挙げよ。	イ　証拠物・没収すべき物（99条1項）
ウ　次のものは差押えの対象となるか。 a　会話・情報。 b　尿。	ウ a　ならない b　なる（判例）
エ　差押えに対する対抗手段を答えよ。	エ　押収拒絶権（103～105条）

刑事訴訟法

オ　搜索（102条）と差押えの関係を述べよ。

オ　物を差し押さえる前提

□③　令状による捜索・差押えについて

③

ア　捜索・差押えの手続の原則を述べよ。

ア　令状が必要なのが原則（218条1項）

イ　令状の記載事項を述べよ。

被疑者の氏名、有効期間、捜索する（a）、押収する（b）、罪名。（a）は（c）を基準として特定すべきであるが、（b）は概括的な記載で足りる。

イ
a　場所
b　物
c　住居権

ウ　捜索・差押えの要件として、いかなるものがあるか。

（a）と思料されること、証拠の存在の（b）など。

ウ
a　罪を犯した
b　蓋然性

エ　差押えの対象となる物によって証明される事実の範囲を答えよ。

（　　）に関するものも差押えの対象となる。

エ
間接事実や情状

□④　捜索・差押えの手続について

④

ア　令状の請求権者を答えよ。

ア　処分を行う者。具体的には検察官、検察事務官、司法警察員（218条1項）

イ　捜索・差押えの実行にあたってなすべき手続を述べよ。

イ　処分を受ける者に令状を示す（110条）

ウ　捜索・差押えの際に立会ができる者は誰か。

ウ　対象となる場所の責任者

□⑤　逮捕に伴う捜索・差押えと検証にて、通常の捜索・差押えと異なる点はあるか。

⑤　無令状で行える（令状主義の例外）（憲法33条、35条、刑訴220条）

□⑥　押収の一種で、占有取得の際は任意の形態をとるが、押収されると差押えの効果が生じる強制処分を何というか。

⑥　領置（221条）

3. 検証

Question	Answer
□①ア　検証の意義を答えよ。 　場所、物または人について、（a）にその形状を（b）の作用で関知する処分。	①ア a　強制的 b　五官（注：漢字注意）
イ　検証はどのような場合に行われるか。 　物の（a）を取得できない場合､形状などを（b）し（c）しておくため用いられる。	イ a　占有 b　感知 c　記録
ウ　検証の際に要求される主要な手続を説明せよ。	ウ　令状による（218条1項）
エ　検証は強制処分であるから、その際にどのような処分が可能であるか。	エ　直接強制、間接強制（129条）
オ　検証と同じ内容を任意処分として行う場合を何というか。	オ　実況見分
カ　検証の対象が人の身体である場合、身体検査としてどのような手続が要求されるか。	カ　身体検査令状が必要となる（218条１項後段）

4. 鑑定

Question	Answer
□①ア　専門家への鑑定の嘱託の際（223条１項)、いかなる処分ができるか。 　（a）（168条１項）および（b）ができる。ただし、（c）では直接強制の方法がない。	①ア a　直接強制 b　間接強制 c　身体検査
イ　アの理由を述べよ。 　225条４項が準用する168条６項が（a）条を準用していない。225条は（b）条を準用していない。	イ a　139 b　172

刑事訴訟法

5.　証拠の収集と被疑者の防御活動

Question	Answer
□①　証拠収集手続の際、弁護人・被疑者に立会権はあるか。	①　ない（222条は113条を準用していない）
□②　弁護人・被疑者はいかなる手段をもって防御活動をなしうるか。 押収目録、捜索証明書の交付を受けた上で、それをもとに押収物の還付請求＝（　　）をなす。	② 準抗告

第6章　被疑者などの取調べ

1.　自白と取調べ

Question	Answer
□①ア　自白の意義を答えよ。	①ア　自己の犯罪事実を肯定する供述
イ　自白と同様に扱うべきとされる概念を挙げよ。	イ　承認（322条）、自認（319条3項）、有罪である旨の陳述（291条の2）
□②ア　自白の必要性を説明せよ。 （a）要件の立証に必要であるし、（b）のない犯罪の立件に不可欠である。	②ア a　主観的 b　被害者
イ　自白の問題点を論ぜよ。 自白追求が（a）への脅威となるし、（b）惹起のおそれがある。	イ a　人権 b　誤判

2.　取調べの規制

Question	Answer
□①　取調べの実施について	①
ア　任意の出頭要求・取調べに対して、相手はどのような態度をとれるか。	ア　出頭拒否・退出は自由（198条1項本文）
イ　供述を得るときの注意点を説明せよ。 （a）の口から詳細にわたって聴取する。（b）な方法で（c）のある自白を得るためである。	イ a　犯人自身 b　適正 c　信用性
ウ　供述録取書作成の際の手続について説明せよ。 供述調書に録取後、読ませる、読み聞かせるなどして、（a）がないかどうかを尋ねる。誤りがないことを認めたら、（b）に（c）を求めることができる（198条）。	ウ a　間違い b　任意 c　署名・押印
□②　取調べの法的制約について	②
ア　取調べの前に告知すべき権利は何か。	ア　黙秘権（198条2項）

刑事訴訟法

イ　自白の強制防止などの趣旨で妥当する自白の証拠能力に関する原則を答えよ。

イ　自白の任意性の原則（319条1項）

ウ　証拠としての自白への偏重を防止するため、いかなる条件を法は要求するか。

ウ　補強証拠

3.　身柄拘束中の取調べ

Question	Answer
□①　実務では身柄拘束中の被疑者に取調受任義務はあるとされるか。	①　実務は肯定する

第7章　捜査における被疑者の防御

1.　捜査に対する被疑者側の防御活動

Question	Answer
□①　捜査段階における被疑者はどのように扱われる傾向にあるか。 処罰される（ア）であり、せいぜい（イ）に過ぎない。	① ア　客体 イ　証拠方法
□②　糾問的捜査観の下における検察官の態度を説明せよ。 ア　（a）義務を負うので、捜査機関は被疑者に（b）な証拠も集めることになる。 イ　捜査を当事者主義化すべき理由を説明せよ。 （a）が当事者主義化されている趣旨を徹底すべきであるし、訴追者は被疑者・被告人に（b）な証拠を見逃すおそれがある。 ウ　イのような捜査はいかなる捜査観によるものといえるか。	② アa　客観 b　有利 イ a　公判 b　有利 ウ　弾劾的捜査観

2.　証拠保全

Question	Answer
□①　被疑者が自己に有利な証拠の収集、保全活動を行うための手段として ア　弁護士によるものを挙げよ。 イ　検察官に対して行う手段を述べよ。	① ア　弁護士の関係者への事情徴収、弁護士照会 イ　裁判官への証拠保全請求（179条）、閲覧・謄写請求（180条）

刑事訴訟法

3.　被疑者と弁護人との接見交通

Question	Answer
□① 被疑者の弁護権について ア いかなるものがあるか。	① ア 被疑者の弁護人依頼権（30条）、接見交通権（39条１項）
イ 弁護人依頼権の趣旨を答えよ。	イ 捜査による人権侵害を防ぐため強力な専門家による保護の途を開く
ウ 弁護士との接見交通権の趣旨を答えよ。 弁護士が（ａ）への窓口となりうる。（ｂ）の準備をさせる必要がある。（ｃ）の担保ともなる。	ウ ａ 外界 ｂ 訴訟 ｃ 適正手続
□②ア 自由交通権の保障の内容を説明せよ。 （ａ）なしに接見でき、（ｂ）の授受は自由である（39条）。	②ア ａ 立会人 ｂ 書類・物
イ 自由交通権の憲法上の根拠を強いて挙げるなら、何条か。	イ 憲法34条（弁護人依頼権）

4.　接見交通の指定

Question	Answer
□①ア 接見交通に制限を加える制度を答えよ。	①ア 接見指定制度（39条３項）
イ アの内容を答えよ。 （　　）は接見の日時､場所・時間を指定できる。	イ 捜査機関
ウ 指定の要件について説明せよ。 ・（ａ）の前に限る。 ・捜査のため（ｂ）があるとき（39条３項）。 → 捜査の（ｂ）性と指定の（ｃ）性を指す（判例）。	ウ ａ 起訴 ｂ 必要 ｃ 不可欠
□② 指定の方式について、指定する旨の予告をし、弁護人から申し出があったときに具体的に指定するという運用がなされている。先の指定の予告を何というか。	② 一般的指定の制度

5.　違法捜査に対する救済

Question	Answer
□①　違法な捜査に対する刑事手続内の救済制度について	①
ア　どのような制度が用意されているか。	ア　準抗告の制度（429条以下）、取消しの制度（87条など）
イ　審判においてどのようなルールが定められているか。	イ　自白の排除法則、違法収集証拠の排除法則など
□②　違法な捜査に対する刑事手続外の救済制度について何があるか。	②　懲戒処分、刑事罰、国家賠償など

第8章　捜査のおわり

1.　捜査から公訴へ

Question	Answer
□①　捜査のおわりに、事件はどこに集まる仕組みになっているか。	①　検察官
□②ア　司法警察員が犯罪の捜査をしたとき、速やかに書類および証拠物とともに事件を検察官に送致することを何というか。	②ア　送検（246条）
イ　アは捜査のおわりの原則形態であるが、現実にはどのような事件で妥当するか。	イ　身柄拘束がなかった事件
ウ　被疑者を逮捕した場合（203条、211条など）は、246条の例外として取り扱われる。どのように取り扱われるか。 書類および証拠物とともに、（a）と事件を（b）に送致する。被疑者が身体を拘束されてから一定時間内になされる。	ウ a　被疑者 b　検察官
エ　告訴、告発、自首を受けた事件では、どのように事件が処理されるか。	エ　検察官の下に事件が送付される
オ　送致、送付、引致の使い分けについて	オ
a　②ア、ウの場合にどの語を使うか。	a　送致（203条、246条）
b　②エの場合にどの語を使うか。	b　送付（242条、245条）
c　検察事務官または司法巡査が逮捕状により被疑者を逮捕したとき、権限がある捜査官に身柄を引き渡す際には、どの用語を用いるか。	c　引致（202条、215条）

2.　起訴後の捜査

Question	Answer
□①ア　起訴後の捜査（例えば被告人の取調べ）は可能か。	①ア　可能

イ　アの理由を述べよ。

（a）はないし、（b）のために捜査が必要なことがある。

□② 起訴後の捜査においては、公判におけるいかなる建前との抵触が問題となるか。

イ
a　禁止規定
b　公訴維持

② 公判中心主義、当事者主義

第3部　公　訴

第1章　公訴提起の基本原則

1.　検察官による事件処理

Question	Answer
□①ア　検察官のみが訴追官として事件の取扱いを決められることを何というか。	①ア　国家訴追主義・起訴独占主義（247条）
イ　検察官の事件処理における大きな裁量を認める制度として、どのようなものがあるか。	イ　起訴便宜主義、訴因制度
ウ　検察官が訴追を行う場合に利用できる制度としてどのようなものがあるか。	ウ　公判請求、略式命令、即決裁判

2.　国家訴追主義・起訴独占主義

Question	Answer
□①ア　公訴は検察官が行うことを定める条文を挙げよ。	①ア　247条
イ　このような建前を何というか。	イ　国家訴追主義・起訴独占主義
ウ　イの建前がとられる理由を述べよ。 犯罪は（　　）であるから、国家機関による理性的処理をすべきである。	ウ 社会公共の関心事
□②　被害者その他の私人の意思を訴追に反映することを予定した制度として何があるか。	②　告訴、告発、請求、検察審査会
□③ア　①アの建前をとる利点を答えよ。 中央集権的な組織体によるから、（　　）な訴追が期待できる。	③ア 公正公平
イ　同様に、欠点を答えよ。	イ　独善の危険
ウ　公務員の職権濫用罪について、検察官が不起訴処分をしたとき、告訴人らが直接裁判所に審判を請求し、弁護士が検事役となって審判が執り行われる制度を何というか。	ウ　準起訴手続

3. 起訴選別主義

Question

□①ア　検察官処分主義の内容を答えよ。

・どの（a）について（犯罪を構成するものとして）訴追できるかの選択権。

・被疑者について訴追の（b）があるかの判断権が検察官に与えられる。

イ　「訴えなければ裁判なし」との建前を何というか。

ウ　検察官処分主義を支えるものとして、検察官に起訴するか否かの判断権を与えるものを何というか。

エ　ウの現れとしていかなる制度を挙げることができるか。

□②ア　起訴猶予制度の利点・欠点を挙げよ。

利点：（a）の重視。

欠点：刑事司法が（b）に流れる。

イ　起訴便宜主義に対して、法定の事由がある場合必ず起訴をしなければならないとする建前を何というか。

ウ　起訴便宜主義はいかなる事情から生まれたものか。

（a）な捜査のあり方や（b）に捜査権が与えられ、事件選別の適格性があることから、実践的に生まれたものである。

エ　検察官に起訴便宜主義が与えられると、いかなる結果を招くか。

（a）の重点が捜査・訴追に傾くので、（b）の役割が減弱化する。

Answer

①ア

a　事実

b　必要

イ　不告不理の原則（378条3号など）

ウ　起訴便宜主義

エ　起訴猶予の制度・公訴取消権

②ア

a　具体的妥当性・正義

b　恣意

イ　起訴法定主義

ウ

a　糾問的

b　検察官

エ

a　刑事手続

b　公判

第2章　公訴提起の手続

1.　起訴状の提出

Question	Answer
□①　公訴の提起にあたり、256条１項において、まず検察官が裁判所に提出するとされているものは何か。	①　起訴状
□②　記載事項（256条２項）としていかなるものが挙げられるか。	②
ア　（　　）の氏名その他（　　）を特定するに足りる事項（同じ語が入る）。	ア　被告人
イ　（ａ）→（ｂ）を明示してなす（罪となるべき事実の特定・256条３項）。	イａ　公訴事実 ｂ　訴因
ウ　（ａ）。（ｂ）＝（ｃ）の法律構成。	ウａ　罪名および罰条 ｂ　公訴事実 ｃ　訴因
エ　罰条の記載の誤りは原則公訴提起の効力に影響がないとされることから、審判の対象は（　　）であることがわかる。	エ 事実

2.　起訴状一本主義

Question	Answer
□①ア　起訴に際して裁判所には起訴状だけを提出するとの建前を何というか。	①ア　起訴状一本主義
イ　起訴状には、裁判官に事件につき予断を生ぜしめるおそれのある書類その他の物を添付し、またはその内容を引用してはならないとするアの根拠となる条文を挙げよ。	イ　256条６項
□②ア　①アの趣旨を答えよ。 （ａ）の状態で審理を始めることで、中立な裁判所＝（ｂ）な裁判所による審判が保障され、もって（ｃ）が実現される。	②ア ａ　白紙 ｂ　公平 ｃ　当事者主義
イ　予断排除の原則から、勾留に関する処分を担当する裁判官につき、どのような措置がとられるか。	イ　処分は、公判担当裁判官以外の者が行う

第3章　訴因と公訴事実

1.　訴訟の対象

Question	Answer
□①　起訴状に1個の犯罪ごとに事実を明示して記載したものを何というか。	①　訴因
□②　訴因制度の内容を答えよ。 （　　）は訴因に対して下される。	② 判決
□③　訴因制度の趣旨を説明せよ。 ア　検察官の（　　）の尊重のため。 イ　被告人の（　　）の便宜に資する。 ウ　裁判所の審判活動の（　　）となる。	③ ア　訴追意思 イ　防御活動 ウ　指針
□④　訴因外の事実を認定した判決はどのように取り扱われるか。	④　不告不理の原則に反し、上訴（378条3号）によって取り消される

2.　訴因の変更

Question	Answer
□①　訴因・罰条の追加・撤回・変更を何というか。	①　訴因の変更
□②ア　訴因変更の請求権者を答えよ。 イ　許諾権者は誰か。 ウ　訴因変更のイニシアティブはどこにあるか。	②ア　検察官 イ　裁判所 ウ　検察官
□③　訴因変更が認められる根拠を答えよ。 ア　別訴で（a）を繰り返すことは、検察官、被告人に負担であるし、（b）に反する。 イ　起訴の段階で、訴因の（　　）記載が許される。	③ アa　再訴 b　訴訟経済 イ　予備的、択一的
□④　訴因変更以外の、ある事実の変更によって訴訟手続上の瑕疵などを訂正する制度としてどのようなものがあるか。	④　訂正、補正、変更
□⑤ア　訴因変更はいかなる範囲で認められるか。 （　　）を害しない限度で認められる。 イ　アのように訴因変更が限定される理由を述べよ。 まったく自由とするならば、（　　）が不安定な立場に追い込まれるから。	⑤ア 公訴事実の同一性 イ 被告人

刑事訴訟法

□⑥　訴因変更の手続について説明せよ。
・（ア）に似た厳格な方式が要求される。
・原則として、被告人・弁護人に（イ）による（ウ）が与えられる。

⑥
ア　公訴提起
イ　書面
ウ　陳述の機会

3.　訴因変更の要否

Question	Answer
□①ア　事実のずれがあれば、必ず訴因変更をする必要があるか。	①ア　わずかな変動については、変更を必要としない
イ　訴因変更の要否を判断する基準としていかなる概念が用いられるか。	イ　訴因の同一性
□②　訴因の同一性が認められる基準を説明せよ。	②
ア　（　　）について実質的な差異があるかどうか。	ア　事実
イ　被告の（　　）の利益を害さないか。	イ　防御
□③　訴因の同一性判断における事実の変化の有無について	③
ア　訴因変更が必要な場合について説明せよ。	ア
・（a）が変わる場合は必要となるのが通常。	a　構成要件
・（b）の特徴を形成する行為または結果に違いが生じる場合。	b　罪となるべき事実
・被害物件の数量・額、傷害の程度が（c）した場合など。	c　増大
イ　訴因変更が不要な場合についても説明せよ。	イ
・（a）の評価が食い違った場合、（b）だけが変わる場合。	a　罪数 b　適用法条
・犯罪の（c）などに関する事実の変更で、犯罪の成否に影響がないもの。	c　日時・場所・方法
ウ　イの場合にあたるとき必ず訴因変更が不要となるか。	ウ　そうとは限らない
□④　被告人の防御の利益を害する場合とは、具体的にどのような場合か。	④
被告人にとって（　　）になること。	不意打ち

4. 訴因変更の限界

Question	Answer
□①ア　訴因変更が許される範囲を画する概念を何というか。	①ア　公訴事実の同一性
イ　根拠条文を答えよ。	イ　312条1項
ウ　訴状に記載する公訴事実と、ここでいう公訴事実は同一概念か否か。異なるなら、ここでいう公訴事実はいかなる概念か。	ウ　異なる。同一性判断のための機能概念
□②　例えば、窃盗の手段としての住居侵入のみの起訴を1個の起訴と見てよいかという、ある時点で公訴事実が1個であるかという、いわば公訴事実の「幅」の問題を何というか。	②　公訴事実の単一性の問題
□③ア　例えば、窃盗で起訴された後、盗品等譲受が判明した場合、両罪を基礎づける事実を同じものと扱ってよいかという、公訴事実を異なる時点で比べてみて同じ事実と扱ってよいかに関する、いわば「ずれ」の問題を何というか。	③ア　公訴事実の同一性の問題
イ　このような同一性の有無の判断において、判例はいかなる基準を用いると判示しているか。	イ　基本的事実の同一性の有無
ウ　イの具体的判断は、どのようにして行うのか。 日時・場所・犯罪の客体が（ａ）するか、処罰が（ｂ）になるか、などの諸事情の総合判断。	ウ ａ　共通 ｂ　択一関係

5. 訴因変更命令

Question	Answer
□①　審理の過程に鑑み適当と認められたとき、裁判所によって訴因変更が検察官に命令される制度を何というか。	①　訴因変更命令（312条2項）
□②　①の意義を答えよ。 訴因変更の必要性の判断が裁判所と検察官で（ア）場合、原訴因のままでは裁判所は（イ）の判決を言い渡すことになる。しかし、特に科刑上一罪の場合、（ウ）によって、再起訴ができなくなると（エ）の発見の要請にも、検察官の意思にも反する結果となる。このような事態を防ぐためにある。	② ア　食い違う イ　無罪 ウ　一事不再理効 エ　真実

刑事訴訟法

□③　訴因変更命令の効果として、命令に検察官は従う義務があるか。

□④　罰条の変更について、裁判所に義務はあるか。

③　ある

④　ある

第4章　訴訟条件

1.　公訴権論から訴訟条件論へ

Question	Answer
□①　公訴を提起・追行する検察官の権能で、裁判所に実体判決をしてもらう権利を何というか。	①　公訴権
□②ア　実体的審判が可能となるにはいかなる条件がそろう必要があるか。	②ア　訴訟条件
イ　以上から、公訴権論と訴訟条件論を別々に論ずる実益はあるか。	イ　ない

2.　訴訟条件の意義・機能

Question	Answer
□①　訴訟条件はいかなる訴訟行為をなすための条件か。	①　実体判決のみならず実体審理条件とされている
□②　当事者主義のもとにおいて、訴訟条件はいかなる役割を果たすか。 公訴権の要件、起訴の要件であり、被告人にとっては、訴訟条件がないことが（　　）として働く。	② 妨訴抗弁権

3.　訴訟条件の種類

Question	Answer
□①ア　手続上の事項を要件にしたものは何というか。	①ア　形式的訴訟条件
イ　形式的訴訟条件が欠ける場合、いかなる裁判をなすことになるか。	イ　純形式裁判（管轄違い・公訴棄却）
□②ア　事件の内容に関する事項を前提とするので、事件に関係させて判断せざるを得ない訴訟条件を何というか。	②ア　実体的訴訟条件
イ　アが欠ける、国家に刑罰権がないと認められるとき、いかなる裁判をなすことになるか。	イ　免訴

ウa　免訴の事由の1つとして、既成事実を尊重し、被告人の地位の安定を根拠に認められるものを答えよ。	ウa　公訴時効
b　一定の停止事由が消滅した後に時効の残存期間が進行するという制度を何というか。	b　時効の停止
c　公訴時効の停止する範囲を答えよ。	c　訴因変更可能な範囲（公訴事実の同一性が認められる範囲）
□③ア　訴訟条件のうち、事物管轄または土地管轄がない場合を何というか。	③ア　管轄違いの事由（329条）
イ　例えば、起訴状に記載された事実が何らの罪となるべき事実を包含していない場合をいかなる事由があるというか。	イ　公訴棄却の事由（338条・339条）
ウ　実体裁判の確定判決を経ており、一事不再理効が働く場合をいかなる事由があるというか。	ウ　免訴の事由（337条）
□④　非類型的訴訟条件としてどのようなものがあるか。	④　迅速な裁判の保障に反するとき、公訴提起がないのに訴訟係属が生じた場合など

4.　訴訟条件の審査

Question	Answer
□①ア　訴訟条件は、時間的にいつ存在する必要があるか。 原則として、起訴から判決まで（　　）を通じて存在する必要がある。	①ア 訴訟の全過程
イ　アの例外を挙げよ。	イ　被告人が住所を移した場合など
□②　犯罪の種類や軽重によって訴訟条件の存否が影響を受ける場合である事物的基準についての審査方法を説明せよ。	②
ア　裁判所の（　　）事項である。その例外が土地管轄である。	ア　職権調査
イ　訴訟条件は、実体判断に（　　）すべきなのが原則である。	イ　先行

第4部 公判手続

第1章　公判の諸原則

1.　公判中心主義

Question	Answer
□①　事件の確認は、公判期日における手続において行われるという原則を何というか。	①　公判中心主義
□②ア　公訴の提起から判決が確定して事件が裁判所の手を離れるまでの全過程を何というか。	②ア　公判手続
イ　狭義の公判とは何を指すか。	イ　公判期日における手続
□③　公判中心主義を支える諸原則について	③
ア　審判を公開の法廷で行うという原則を何というか。	ア　公開主義（憲法37条1項・82条）
イ　アの趣旨を説明せよ。	イ　公平・公正の保障を国民の監視に委ねる
ウ　違反はいかなる事由を構成するか。	ウ　絶対的控訴事由とされる（377条3号）
□④　手続の進行に関し、処理を口頭で行う原則を何というか。	④　口頭主義
□⑤　裁判所が直接取り調べた証拠だけを裁判の基礎としうる原則を何というか。	⑤　直接主義
□⑥ア　訴訟の追行を当事者に委ねる方式を何というか。	⑥ア　当事者主義
イ　アの趣旨を答えよ。 ・（a）の実をあげる、（b）にも十分に主張・立証の機会を与える。 ・（c）の解明に資する。	イ a　告知と聴聞 b　被告人 c　真相
ウ　アの建前をとった場合、審理方式の構造はどうなるか。 判断者と訴追者が分離され、（　　）をとる。	ウ 三面構造

刑事訴訟法

2.　迅速な裁判

Question	Answer
□①　迅速な裁判の意義として、	①
ア　公益確保の観点から、どのような意義があるといえるか。	ア　社会不安を除く、刑法の抑止力の十分な発揮、処罰の確保
イ　訴訟制度上、どのような意義があるといえるか。	イ　訴訟における人的・物的資源の経済
ウ　被告人にとってはどのような意義があるといえるか。	ウ　被告人の訴訟からの解放、誤判の防止など
□②　迅速な裁判の実現に資する制度として。	②
ア　裁判所に請求する手続としてどのようなものがあるか。	ア　簡易公判手続、略式手続、即決裁判手続
イ　検察官の権限としてどのようなものがあるか。	イ　起訴便宜主義、公訴取消し
ウ　訴訟上の建前では何があるかを答えよ。	ウ　継続審理の原則
□③　高田事件判例は、迅速な裁判が実現されない結果、憲法違反（憲法37条１項）の異常な事態が生じている場合、裁判所はいかなる裁判をなすべきと判示しているか。	③　免訴により訴訟を打ち切るべき

3.　訴訟指揮と法廷警察

Question	Answer
□①ア　円滑・迅速な訴訟運営のため手続の進行を適切にコントロールする裁判所の活動を何というか。	①ア　訴訟指揮（294条）
イ　アは当事者主義に対して、どのような作用を及ぼすか。	イ　補助、促進
□②ア　手続に対する妨害などを排除し法廷の秩序を維持する裁判所の作用を何というか。	②ア　法廷警察
イ　アの例を挙げよ。	イ　裁判長の退廷命令、発言禁止命令など

4.　訴訟行為

Question	Answer
□①　訴訟手続を構成する行為で訴訟法上の意味が認められるものを何というか。	①　訴訟行為
□②　訴訟行為の内容・効果について	②
ア　法的安定性の要請から、訴訟行為はどのようなものでなければならないか。	ア　明確であることが必要
イ　錯誤・虚偽表示に基づく訴訟行為の効力はどうなるか。	イ　原則として有効となる
ウ　条件・期限はつけられるか。	ウ　原則としてつけられない
□③ア　訴訟行為が無効となる場合を述べよ。	③ア　訴訟条件を欠く公訴の提起、主体に行為能力がない場合、方式違背
イ　無効な訴訟行為を有効にするには、いかなる方法があるか。	イ　補正・責問権（309条）の放棄

刑事訴訟法

第2章　公判の準備

1.　被告人の出頭確保

Question	Answer
□①　被告人の出頭を確保する必要がある理由を答えよ。	①　被告人の在廷が公判を開始する要件であるから
□②ア　裁判所など一定の場所に出頭を命ずる強制処分を何というか。	②ア　召喚
イ　アの処分は公判以外にいかなる目的のためにも利用されるか。	イ　身体検査
ウ　アの手続は、被告人以外に誰に対して行われるか。	ウ　証人、鑑定人
□③ア　被告人・証人・身体検査の被験者などを一定の場所に引致する強制処分を何というか。	③ア　勾引
イ　アの制度趣旨を答えよ。	イ　召喚の担保方法
ウ　アはどのような事由がある場合にすることができるか。	ウ　召喚不応のおそれ、住所不定の場合など（58条）
□④ア　逃亡および罪証隠滅を防止するために認められた身柄拘束処分を何というか。	④ア　勾留
イ　アは、被疑者の勾留と同じか、異なるか。	イ　基本的に同一
ウ　被告人の勾留からの暫定的釈放の制度を何というか。	ウ　保釈
エ　ウの手続を説明せよ。 勾留を観念的には（a）しつつ、（b）を納付させ、不出頭の場合は（c）を没取（ぼっしゅ）する。	エ a　維持 b　保証金（保釈金） c　保証金（保釈金）
オ　被疑者への勾留において、保釈は認められるか。	オ　認められない
カ　被告人勾留の期間制限について説明せよ。 公訴提起があった日から（a）ヶ月。継続の必要がある場合には、（b）ヶ月ごとに更新ができるが、原則として更新は（c）回に限る。	カ a　2 b　1 c　1

2.　証拠の収集保全

Question

□①　公判段階における証拠の収集保全について

ア　検察官、被告人、弁護人の立会は保障されるか。

イ　証拠の収集・保全の強制処分が公判廷で行われるとき、令状は必要か。

Answer

①

ア　される（113条）

イ　不要

3.　公判準備の手続

Question

□①　公判の準備の手続について述べた次の文章の空欄に当てはまる語を入れよ。

ア　事件の配付、被告人へ（ａ）の謄本を送達、（ｂ）の選任。

イ　（　　）の指定・変更。

ウ　公判の（　　）（事前準備、準備手続、公判前整理手続）。

□②　公判準備のため、裁判所は証拠開示命令を出すことが可能か。

（ア）による（イ）開示の命令を発することができる（判例）。

なお、公判前整理手続においては、規定が整備され、検察官請求証拠の開示（316条の14）、検察官請求証拠以外の証拠の開示（316条の15）、争点に関する証拠の開示（316条の20）が定められている。

Answer

①

アａ　起訴状

　ｂ　弁護人

イ　公判期日

ウ　準備

②

ア　訴訟指揮権

イ　個別

刑事訴訟法

第3章　公判手続の進行

1.　公判廷の構成

Question	Answer
□①　公判期日の手続はどこで行われるか。	①　公判廷（282条1項）
□②　公判期日には、裁判官、裁判所書記官が列席した上、誰が出席するか。	②　検察官、被告人
□③　被告人は公判において、自由に退廷できるか。	③　裁判長の許可がなければ退廷できない（288条1項）

2.　公判期日の手続

Question	Answer
□①　冒頭手続の内容を説明せよ。 （ア）質問→（イ）の朗読→（ウ）などを告知→（エ）。被告事件について陳述する機会を与えること。	① ア　人定 イ　起訴状 ウ　黙秘権 エ　認否
□②　証拠調べ後、その結果に基づき、当事者の意見陳述が行われる。これを何というか。	②　最終弁論
□③ア　検察官が事実および法律の適用について意見を述べることを何というか。	③ア　論告（293条1項）
イ　実務では、アと同時に量刑についても意見が述べられる。これを何というか。	イ　求刑
ウ　被告人・弁護人の意見陳述を何というか。	ウ　弁論（293条2項）
エ　被告人の弁論を特に何というか。	エ　最終陳述
□④　手続の変型として。	④
ア　1つの手続を別々の手続に分解したり、別々に係属している手続を1つにまとめたりする手続を何というか。	ア　弁論の分離・併合（313条1項）
イ　被告人が心神喪失の状態にあるときなどに、裁判所が決定で手続を中断することを何というか。	イ　公判手続の停止（314条）

ウ　開廷後裁判官が変わったとき、開廷後長期間にわたり開廷されなかったときなどに行われる手続を何というか（315条）	ウ　公判手続の更新（315条）
□⑤　手続の最後になされる裁判所の判断を何というか。	⑤　判決の宣告（342条）

3.　公判調書

Question	Answer
□①　公判期日の経過や内容を明らかにするものを何というか。	①　公判調書（48条1項）

刑事訴訟法

第4章　証拠法総説

1.　証拠の意義と種類

Question	Answer
□①　訴訟上確認すべき事実を推認する根拠となる資料を何というか。	①　証拠
□②　証拠の媒体を何というか。	②　証拠方法
□③ア　要証事実を直接に証明する証拠と、そうではない証拠を何というか。	③ア　直接証拠と間接証拠（情況証拠）
イ　人間の供述による証拠を何というか。	イ　供述証拠
ウ　証拠の証明力に向けられた証拠を何というか。対して、要証事実の存否の証明に向けられたものは何というか。	ウ　順に、補助証拠、実質証拠
エ　検察官側の証拠、被告人側の証拠をそれぞれ何というか。	エ　順に、本証・反証
□④ア　証拠となりうる能力を何というか。	④ア　証拠能力
イ　証拠能力が排除される場合としてどのような場合があるか。	イ　自白法則、伝聞法則、違法収集証拠の排除法則、関連性の法則
ウ　証拠価値のことを何というか。	ウ　証明力

2.　証拠裁判主義

Question	Answer
□①　刑事訴訟法では「事実の認定は証拠による」とされている（317条）。この意義を説明せよ。	①　法定証拠主義の排斥、厳格な証明要求
□②　証拠能力があり、定式な証拠調べを経た証拠による証明方式を何というか。	②　厳格な証明

3.　証明の対象

Question	Answer
□①　証明の対象は何か。	①　起訴状に記載された公訴事実

□②ア　厳格な証明が必要な事実の範囲を説明せよ。

②ア　刑罰権の存否および範囲を定めるすべての事実

イ　どの事実も厳格な証明によって認定する必要はあるのか。

イ　必要がない場合がある。例えば、自白の任意性を除き、訴訟上の事実は自由な証明で足りる

4.　証明の必要

Question	Answer
□①　不要証事実として、どのようなものがあるか。	①　弁論に現れない事実、公知の事実、法律上推定された事実

5.　自由心証主義

Question	Answer
□①ア　証明力の評価を裁判官の自由な判断に委ねるとの原則を述べよ（318条）。	①ア　自由心証主義
イ　法定の事実なければ特定の事実認定できないなど、証明力の評価が法律で規制される建前を何というか。	イ　法定証拠主義
□②ア　自由心証といっても、全く裁判官の自由に任されるのか。	②ア　経験則や論理法則にそった合理的心証である必要がある
イ　刑事訴訟では訴訟能力の有無は自由心証に委ねられるか。	イ　委ねられない
□③　証明力の意義を述べよ。 証拠の一般的な（ア）、要証事実の具体的な（イ）のこと。	③ ア　信用性 イ　推認力
□④ア　心証の程度としては、どのようなものが要求されるか。	④ア　合理的な疑いを超える程度の確信（最高度の心証）

刑事訴訟法

イ　証明は論理的証明が必要か。	イ　歴史的証明で足りる
□⑤　自由心証主義の制約としてどのようなものがあるか。 ・（ア）能力による制約。 ・自白には（イ）が必要である。 ・公判期日における訴訟手続の証明→公判調書のみによる（52条）。 ・（ウ）を無視できない。	⑤ ア　証拠 イ　補強証拠 ウ　科学的法則

6.　挙証責任と推定

Question	Answer
□①ア　ある要証事実の存否が不明であるときに、これによって不利益な判断を受ける当事者の負担を何というか。	①ア　実質的挙証責任
イ　挙証責任を、訴訟のルールとして表現するとどうなるか。 （a）の場合、要件が（b）ものと扱う結果、一方当事者が（c）を得る。	イ a　真偽不明 b　ない c　不利益
□②　検察官負担の原則の内容を述べよ。	②「疑わしきは被告人の利益に」
□③ア　不利益な判断を受けるおそれのある当事者が、これを免れるために行うべき立証行為の負担を何というか。	③ア　形式的挙証責任
イ　実質的挙証責任と形式的挙証責任の関係を述べよ。	イ　後者は前者の訴訟手続上の反映である
□④　事実上の立証の必要を何というか。	④　事実的挙証責任
□⑤　挙証責任の被告人側への転換について	⑤
ア　犯罪阻却事由では、どのように扱われるか。	ア　被告は一応の証拠提出の責任を負う
イ　法律上被告人側へ挙証責任が転換される場合を述べよ。	イ　同時傷害、名誉毀損の事実証明
□⑥ア　ある事実から他の事実を推認することを何というか。	⑥ア　推定

イ　法律の規定によって証明主題を前提事実に切り替えるもので、前提事実の証明があれば、挙証責任を転換するというものを何というか。	イ　法律上の推定

7.　証拠調べの手続

Question	Answer
□①ア　証拠により証明しようとする事実を明らかにすることを何というか。	①ア　冒頭陳述
イ　アの趣旨を説明せよ。	イ　訴訟指揮を容易にし、防御の用意をさせる
ウ　冒頭陳述を必要的になす者は誰か。	ウ　検察官(296条本文)
□②ア　証拠調べは、原則誰の請求によるか。	②ア　当事者の請求(298条1項)
イ　必要があるときの例外を答えよ。	イ　裁判所の職権(同条2項)
□③　公判廷外の被告人の自白についての原則を述べよ。 犯罪事実に関する(　　)でなければ取調請求ができない(301条)。	③ 他の証拠が取り調べられた後
□④　請求の採否を決定するにはどのような判決によるか。	④　決定による
□⑤　証拠調べの範囲・順序・方法は誰が決定するか。	⑤　裁判所(297条)
□⑥　証人尋問手続について	⑥
ア　証人となりうる資格を何というか。	ア　証人適格
イ　証人適格はどのようなものに認められるか。	イ　何人でも証人としてこれを尋問できるのが原則(143条)
ウ　イの例外を述べよ。	ウ　当該事件の訴訟関係人(144条本文、145条1項)
エ　証人の権利義務としてどのようなものがあるか。	エ　出頭義務、制裁(150条など)、勾引されることがある(152条)、宣誓義務(154条)
□⑦　証言拒否が認められる場合としてどのような場合があるか。	⑦
ア　(　　)の特権が認められる場合(146条)。	ア　自己負罪拒否

刑事訴訟法

イ　一定の（　　）が刑事訴追・有罪判決を受けるおそれがある場合（147条）。

ウ　一定の職にある者の（　　）に関して（149条本文）。

□⑧　不当な誘導尋問などが行われたとき、裁判所はどのような権利を行使できるか。

□⑨　鑑定人と証人との一番の違いは何か。

□⑩　被告人質問と証人尋問の違いを述べよ。

被告人は、（ア）があるので、（イ）の供述を求めうるに過ぎない。

□⑪　証拠調べにおいては他にいかなる手続が行われるか。

イ　近親者

ウ　職務上知りえた他人の秘密

⑧　尋問の制限ができる（295条）

⑨　代替性の有無

⑩

ア　包括的黙秘権

イ　任意

⑪　鑑定人などの尋問、証拠書類、証拠物の取り調べ

第5章　関連性

1.　論理的関連性と法律的関連性

Question	Answer
□①ア　要証事実の存否の証明に役立ちうる性質を何というか。	①ア　関連性
イ　アの証明における位置づけを述べよ。	イ　証明・認定をなす最低限の基盤
ウ　関連性のない証拠はどのように扱われるか。	ウ　証拠能力がない
エ　ウの根拠を説明せよ。	エ　明文はないが、295条（事件に関係のない事項にわたる尋問・陳述の制限）から推測される
オ　特に、関連性が問題となる証拠は何か。	オ　情況証拠
□②ア　事実の推認力を高めたり、低めたりする属性自体を何というか。	②ア　論理的関連性
イ　事実認定を誤らせるなど、訴訟上の不都合があるとの問題を何というか。	イ　法律的関連性

2.　写実的証拠

Question	Answer
□①　写実的証拠としてどのようなものがあるか。	①　写真、ビデオテープ、映画フィルム、コピー

3.　科学的証拠

Question	Answer
□①　科学的証拠としてどのようなものがあるか。	①　筆跡、声紋鑑定、ポリグラフ検査、犬の臭気選別

第6章　自己負罪拒否の特権

1.　意義と根拠

Question	Answer
□① 供述の強要から保護される人の法的地位を何というか。	① 自己負罪拒否の特権（憲法38条1項）
□②ア ①の存在意義を述べよ。	②ア プライバシーの保護、自己弾劾の峻拒（苛烈な糾問によって人間の尊厳が抑圧されることを防ぐ）
イ 自己負罪拒否の「特権」が保障される者は誰か。	イ 被告人以外の者（証人など）（146条）
ウ 被告人の権利については、特にどのようなものがあるか。	ウ 黙秘権（198条2項、291条5項、311条）
エ 自己負罪拒否の特権の放棄は可能か。できるなら効果はどうなるか。	エ 放棄は可能であり、放棄した者は供述義務を負う
□③ 被告人に証人適格がないことは何を意味するか。 （　　）の放棄を禁じ、保護を一歩進める。	③ 黙秘権
□④ 黙秘権と自白法則の違いを述べよ。 沿革的には、自白法則は、捜査など（ア）で問題となり、黙秘権は（イ）における被告人の発言で問題となるとされる。しかし、実際には自白法則の適用される被告人の供述は法廷の内外を（ウ）し、(エ）にも黙秘権は認められる。法律上の強制のみならず、(オ）による自白は排除される。	④ ア 裁判外の手続 イ 法廷 ウ 問わない エ 被疑者 オ 事実上の強制・欺罔

2.　拒否権の及ぶ事項・範囲

Question	Answer
□① 拒否権の及ぶ事項・範囲が問題となるのは誰か。	① 被告人以外の者（被告人には包括的黙秘権がある）

□②ア　自己負罪の事実とはいかなるものを指すか。 　本特権の（ａ）から、法的に（ｂ）を負わせ、またはこれを加重するような事実に限る（146条）。	②ア ａ　趣旨 ｂ　刑事責任
イ　民事責任、名誉低下、公訴時効が完成している罪それぞれに関する事実は自己負罪の事実に含むか。	イ　含まない
ウ　自己負罪の特権は、民事手続などでも妥当するか。	ウ　する

3.　特権により保護される内容

Question	Answer
□①　特権によって、証人は何が許されることになるか。	①　供述の拒絶

4.　特権の効果

Question	Answer
□①　自己負罪の特権の効果として、どのようなものがあるか。	①
・（ア）の義務を課すことの禁止。	ア　供述
・違反して得られた供述を（イ）とすることが禁止される＝（ウ）の利用を許さないため。	イ　証拠 ウ　違法な証拠
・黙秘するとは後ろめたいことがあるのだろうというような（エ）は禁止される。	エ　不利益推認

刑事訴訟法

第7章　自　白

1.　自白の意義と証拠上の規制

Question	Answer
□①ア　自白の意義を答えよ。 自分の（　　）を認める被告人の供述。	①ア 犯罪事実の全部又は一部
イ　他に自白の一種と認められるものを挙げよ。	イ　自認（319条3項）、有罪である旨の陳述（291条の2）
□②　犯罪事実について 被告人による犯罪事実に限らず不利益な供述を何というか。	②　承認（322条）
□③ア　自白にあたるとされるには、なされた時期、形式、公判廷の内外を問うか。	③ア　問わない（319条2項）
イ　判例は、公判廷内の自白をどのように扱うと判示しているか。	イ　補強証拠が必要な自白にあたらない
□④　自白の証拠上の規制として、どのようなものがあるか。	④　証拠能力の制限（任意性の要求）と、補強法則

2.　証拠能力

Question	Answer
□①ア　強制、拷問、脅迫による自白、不当に長く抑留・拘禁された後の自白はいかに扱われるか。	①ア　証拠能力の否定（319条1項、憲法38条2項）
イ　自白の証拠能力に関する条文について、文言上、刑事訴訟法と憲法とでは、どのような違いがあるか。	イ　刑事訴訟法では、任意性が要求される（319条1項）
□②　任意でない自白が排除される根拠を説明せよ。 自白の（ア）から、自白を得るために（イ）がなされることを防止する必要性があるから。	② ア　重要性 イ　人権侵害

□③　排除される自白として、どのようなものがあるか。

③　強制自白、長期拘束自白、不任意自白（例：手錠をしたままの取調べ）、違法な手続によって得られた自白

3.　証明力

Question	Answer
□①　自白の証明力はどのようにして判断されるか。 自白者の属性、（ア）がなされた情況・内容、他の証拠・事実との符号性などの事情を総合し、（イ）によって判断する。	① ア　供述 イ　自由心証

4.　補強法則

Question	Answer
□①ア　自白の補強法則を説明せよ。 不利益な（a）の証拠が自白である場合、（b）とされ、または（c）を科せられない（319条2項、憲法38条3項）。	①ア a　唯一 b　有罪 c　刑罰
イ　アの趣旨を述べよ。 万に一つの間違いを避けるため、（　　）を防止する必要がある。	イ 自白偏重
ウ　補強証拠の内容として、どのようなものが要求されるか。 自白から（a）したものである必要がある。したがって、例えば（b）の供述は補強証拠にならない。真実性の程度が同じ証拠を重ねて採用しても自白の真実性は担保できないからである。	ウ a　独立 b　被告人

刑事訴訟法

第8章　伝聞証拠

1.　伝聞法則の意義

Question	Answer
□① 伝聞証拠の意義を述べよ。 （ア）を内容とする証拠で、供述内容の（イ）を立証するためのもの。	① ア　公判廷外の供述 イ　真実性
□② 間接的に保存された証拠は原則排斥するとの法理を何というか。	②　伝聞証拠排斥の法理（320条1項）

2.　伝聞証拠とは何か

Question	Answer
□① 伝聞排斥の根拠を説明せよ。 伝聞証拠は公判廷における（ア）の手段が十分に保障されない。したがって、供述内容の真偽を確認できないから、（イ）のために採用しない。	① ア　証拠の吟味・確認 イ　正しい事実認定
□② 伝聞の例を挙げよ。	②　供述を内容とする書面、伝聞証人
□③ 伝聞と非伝聞の区別について	③
ア　ことばの内容の真偽を判定する必要がない場合は伝聞か、非伝聞か。	ア　非伝聞
イ　ことばが要証事実（例：恐喝的言辞）の場合はどうか	イ　非伝聞
ウ　行為の一部をなすことば（例：どうぞといいながら物を差し出すこと）はどうか。	ウ　非伝聞
エ　情況証拠であることばはどうか。	エ　非伝聞

3.　伝聞法則の例外

Question	Answer
□①　伝聞の証拠能力が否定されない場合の根拠を述べよ。 　供述のなされた情況から(ア)を肯定してよい場合。かつ、高い（イ）がある場合。	① ア　特信性 イ　必要性

4.　伝聞書面

Question	Answer
□①ア　被告人以外の者の供述についての伝聞書面として、どのようなものがあるか。	①ア　供述書、供述録取書（321条1項3号）
イ　証拠能力が認められる要件を挙げよ。 ・（a）。証言拒否、記憶喪失の場合を含める。 ・証拠の（b）。 ・（c）性。{d　絶対的・相対的} な（c）情況が要求される。	イ a　供述不能 b　不可欠性 c　特信 d　絶対的
□②ア　捜査段階で、被疑者以外の者を取り調べた際に検察官が作成した調書を何というか。	②ア　検察官面前調書
イ　検察官面前調書は、伝聞の例外とされる要件が緩やかである。理由を説明せよ。 ・検察官は（a）を負うし、法律の（b）でもある。	イ a　客観義務 b　専門家
ウ　検面調書に証拠能力が認められるための要件を答えよ（321条1項2号）。 ・（a）または（b）。 ・特信性→（c）特別の情況の存すること。	ウ a　供述不能 b　相反・実質的不一致 c　前の供述を信用すべき
□③ア　裁判官面前調書については、伝聞の例外とされる要件が緩やかである。理由を説明せよ。 （　　）な立場にある、宣誓の存在、反対尋問が可能である。	③ア 公平
イ　要件を説明せよ。	イ　供述不能か、相反・実質的不一致で足りる

刑事訴訟法

□④　ほかに、伝聞の例外として、どのようなものがあるか。例を挙げよ。 ・公判準備・(ア) の供述録取書 (321条2項前段)。 ・裁判所・裁判官の (イ) 調書 (321条2項後段)。 ・捜査機関の (イ) 調書 (321条3項)、(ウ) (321条3項4項)。 ・一定の要件のもとに、証拠能力を認められる (エ) (323条)。	④ ア　公判期日 イ　検証 ウ　鑑定書 エ　特信文書
□⑤ア　被告人の供述が記録された書面としてどのようなものがあるか。 イ　アについてどのような理由で、伝聞の例外と扱われるか。 ・(a) な事実の承認、または (b) のもとにされた場合。 ・(c) における供述を録取した書面。	⑤ア　供述書、供述録取書 (322条) イ a　不利益 (信用性が高いとみうる) b　特に信用すべき情況 c　公判準備または公判期日 (任意性があるから)

5.　伝聞証人

Question	Answer
□①　伝聞証人の証拠能力が肯定される場合について、法はどのように規定しているか。	①　書面による伝聞例外の規定が準用される (324条)

6.　関連問題

Question	Answer
□①ア　伝聞の証拠能力を認めるため、どのような手続が必要か。 イ　アは「あらかじめ」なす必要があるが、これは証拠能力の評価の前という意味か。	①ア　任意性の調査 (325条) イ　証明力の評価の際に調査すれば要件を満たす

□② 伝聞の例外として、当事者の同意書面がある（326条）。同趣旨から、伝聞の例外として証拠能力が認められるものを挙げよ。

・被告人が出頭しない場合、（ア）が成立する。

・（イ）が放棄された場合。

□③ 証明力を争う証拠（328条）は伝聞が成立しない。では、このような証拠を事実認定のための実質証拠とすることは許されるか。

②

ア 擬制同意

イ 反対尋問権

③ 許されない

第９章　違法収集証拠の排除法則

1.　排除法則の意義と論拠

Question	Answer
□① 違法収集証拠の排除法則の意義を答えよ。 証拠の収集手続が（ア）であった場合に、その（イ）を否定し、（ウ）の資料から排除する原則。	① ア　違法 イ　証拠能力 ウ　事実認定
□②ア　違法収集証拠の論拠について、法的根拠は何か。 イ　アの根拠への反論を述べよ。 犯人の無罪放免ではなく、（　　）を行った者を処罰すべきではないか。	②ア　憲法31条、35条 イ 違法捜査
□③ア　さらに、本原則が採用される実質的理由を述べよ。 イ　アの根拠への反論を述べよ。	③ア　違法捜査を将来にわたって防圧するため イ　そのような効力があることについて、確証はない
□④ア　同じく、裁判所に関する根拠を答えよ。 イ　アの根拠への反論を述べよ。 証拠上（　　）な犯人を逃がすことになるから、国民の信頼からすればマイナスである。	④ア　司法の廉潔性 イ 明白
□⑤ 違法収集証拠が排除される要件を答えよ。	⑤　違法の重大性、排除の相当性

第10章　簡易な手続

1.　簡易公判手続

Question	Answer
□①　簡易公判手続によって審判する旨の決定をすることができる場合とはどのような場合か。 冒頭手続における陳述で、被告人が（　　）である旨の陳述をなした場合。	① 有罪

2.　略式手続

Question	Answer
□①　簡易裁判所がその管轄に属する軽微な事件について、公判を開かずに、検察官の提出した資料に基づいて、比較的少額の財産刑を科する制度を何というか。	①　略式手続
□②　微罪で定型的処理になじむ違反行為を警察の反則金徴収で済ませる制度を何というか。	②　交通反則制度

3.　即決裁判手続

Question	Answer
□①　簡易公判手続があまり利用されないことを踏まえて、手続の合理化・効率化を図るため、争いのない軽微な事件を簡易な手続で迅速に裁判できる制度として、平成16年の改正で導入された制度を何というか。	①　即決裁判手続

第11章　公判の裁判

1.　裁判の意義と種類

Question	Answer
□①　裁判所または裁判官の意思表示を内容とする訴訟行為を何というか。	①　裁判
□②ア　判決・決定・命令（43条）のうち、口頭弁論手続が必要な裁判はどれか。	②ア　判決
イ　理由の有無を判断する裁判と、手続上の適法性の有無を判断する裁判をそれぞれ何というか。	イ　実体裁判、形式裁判
□③ア　実体裁判として、どのような判決があるか。	③ア　有罪・無罪の判決
イ　形式裁判として、どのようなものがあるか。	イ　管轄違いの判決、公訴棄却の決定・判決、免訴の判決

2.　裁判の成立

Question	Answer
□①　裁判が内部的に成立する場合と、外部的に成立する場合について説明せよ。	①　裁判機関の内部で判断内容が形成された場合と、対外的な認識可能性が生まれた場合
□②　外部的成立に至るのはどの時点か。	②　告知（342条）

3.　有罪判決

Question	Answer
□①　有罪判決が下されるのはどのような場合か。 事実認定と法規へのあてはめによって、（　　）がなされたとき。	① 犯罪の証明
□②　有罪判決として、どのようなものがあるか。	②　刑の言渡し、刑の免除の言渡し
□③　一部認定は許されるか。	③　許される

□④　有罪判決では、いかなる事実を示す必要があるか。	④　刑の量定、有罪判決の理由（335条所定の事実）

4.　裁判の確定力

Question	Answer
□①　裁判が不動のものとなった状態を何というか。	①　裁判の確定
□②　裁判はどのような場合に確定するか。	②　上訴期間の徒過、上訴の放棄・取下げ、上訴棄却の裁判の確定
□③ア　通常の上訴によって争うことができなくなる確定判決の効力を何というか。	③ア　形式的確定力
イ　内容的確定力として、どのようなものがあるか。	イ　執行力、実体的確定力（既判力）、一事不再理効
ウ　既判力の内容を説明せよ。 裁判された事項を別の訴訟でもう1度（a）、あるいは（b）を求めることができなくなった状態。	ウ a　むし返し b　取消し・変更

刑事訴訟法

第12章　二重の危険

1.　確定力と二重の危険

Question	Answer
□①　審判が済んだ以上、同じ事件は２度と取り上げないという原則を何というか。	①　一時不再理の原則（憲法39条）
□②　二重の危険にいう「危険」とは何か。	②　有罪の危険

2.　二重の危険の発生事由

Question	Answer
□①ア　一事不再理効が発生するのは実体裁判か、形式裁判か。	①ア　実体裁判
イ　アの例外を述べよ。	イ　免訴

3.　二重の危険の範囲

Question	Answer
□①　事物的範囲について、通説の見解を述べよ。	①　公訴事実を同一にする範囲すべてに及ぶ
□②　時間的範囲を述べよ。	②　事実審理の法律上可能な最後の時
□③　人的範囲を述べよ。	③　被告人にのみ及ぶ

第5部 救済手続

第1章 上訴制度

1. 上訴による救済

Question	Answer
□① 未確定の裁判に対して上級裁判所に是正を求める不服申立てを何というか。	① 上訴
□② 判決に対する上訴として何があるか。	② 控訴・上告
□③ 決定に対する上訴として何があるか。	③ 抗告
□④ 上訴の機能を述べよ。 原裁判の（ア）の是正によって、（イ）を救済し、法令の（ウ）を統一する。	④ ア 誤り イ 被告人 ウ 解釈・適用
□⑤ア 控訴審で事実認定はできるか。 イ 上告審で事実認定はできるか。	⑤ア できる イ できない

2. 上訴の要件と効果

Question	Answer
□① 上訴権者は裁判を受けた者である。上訴権者が上訴するには、上訴の利益が必要であるが、 ア 検察官は、被告人に有利な事由を主張する場合にも、上訴の利益が認められるか。 イ それ以外の者について、次の場合、上訴の利益はあるか。 a 無罪判決。 b 有罪判決に対して、無罪またはより軽い罪ないし刑を求める場合。 c 刑の免除に対して、無罪を求める場合。	① ア 認められる イ a 利益なし b 利益あり c 利益あり

Question	Answer
□②ア　上訴権はどの時点で発生するか。 イ　どのような時点で消滅するか。	②ア　裁判の告知 イ　上訴提起期間の徒過、上訴の放棄・取下げ
□③ア　上訴の申立てによって、裁判と刑の執行にどのような影響が与えられるか。 イ　訴訟係属が上訴審に移審する場合、前審のどの部分が移審するか。	③ア　裁判の確定・執行の双方が停止される イ　全部
□④　裁判の一部に対する上訴は認められるか。	④　認められる（357条）

3.　不利益変更の禁止

Question	Answer
□①　被告人自身の上訴、被告人のため上訴代理権者が上訴した場合、原判決の刑より重い刑を言い渡すことはできないことを何というか。	①　不利益変更の禁止（402条）
□②　①の趣旨を答えよ。	②　被告人が安心して上訴できるようにとの政策的配慮
□③ア　検察官が被告人の利益のために上訴した場合、不利益変更禁止は妥当するか。	③ア　しない（判例）
イ　検察官も上訴したとき、裁判所は被告人に不利益な判断をなしうるか。	イ　できる
□④　上訴で不利益な事実を認定することは、不利益変更の禁止に抵触するか。	④　しない

4.　破棄判決の拘束力

Question	Answer
□①　差戻し・移送判決の効力は下級審にどのような影響を与えるか。	①　下級審を拘束する
□②　法律点、事実点のいずれにも拘束力は生じるが、新たな証拠の取調べ、法令変更があった場合、拘束力はどうなるか。	②　消失する

第2章　控　訴

1.　控訴の意義

Question	Answer
□①ア　第１審の判決に対する高等裁判所への上訴を何というか。	①ア　控訴
イ　控訴審の管轄裁判所を答えよ。	イ　高等裁判所（裁判所法16条）
□②　控訴の趣旨を答えよ。 原判決の（　　）を点検するもの。	② 誤りの有無

2.　控訴理由

Question	Answer
□①　控訴の際には、当事者は必ず理由を指摘しなければならない（384条）。これは審判のいかなる原則の現れか。	①　当事者主義
□②　控訴においては、誤りが判決に影響を与えることが明らかでなければならない。	②
ア　誤りの判決への影響が擬制される場合を何というか。	ア　絶対的控訴理由（377条、378条）
イ　誤りが判決に影響を与えることが明らかであるときに控訴が限られる場合を何というか。	イ　相対的控訴理由（379条）

3.　控訴審の手続

Question	Answer
□①ア　控訴の申立てにおいて第１審裁判所に差し出す書面を何というか。	①ア　控訴申立書（374条）
イ　控訴裁判所に差し出す、審判の基礎をなす書面を何というか。	イ　控訴趣意書
□②　審理手続においては、何が行われるか。	②　控訴理由の調査、事実の取調べ

□③　控訴審の裁判にはいかなる内容があるか。	③　控訴棄却、原判決破棄（差戻し、移送、自判）

4.　控訴審の構造

Question	Answer
□①ア　控訴の審査方式として、いかなる方法が考えられるか。	①ア　覆審、続審（やり直し型・くり返し型）、事後審
イ　刑事訴訟における控訴審における審査方式はどの方法が採用されているか。	イ　事後審
ウ　イの審理の方法を説明せよ。	ウ　原判決の当否を審査する方式
エ　イの方式をとる理由を答えよ。	エ　単純に審理を繰り返すのは不可能・不適当だから
□②　事後審の内容について	②
ア　時間的にはいつを基準とするか。	ア　原判決時
イ　判決の資料としては、何が利用されるか。	イ　原審に現れた証拠によるのが原則、例外的に事実の取調べが認められる
ウ　現実には、例外が緩やかに認められる。その理由を答えよ。 （a）発見、被告人の具体的（b）の要請。	ウ a　真実 b　救済
エ　記録で事実認定を批判することは審判のいかなる原則に反するおそれがあるか。	エ　直接主義
オ　エの問題を回避するため、控訴審で自判をなす際に必ず採られる手続は何か。	オ　事実の取調べ

第3章　上　告

1.　上告の意義と機能

Question	Answer
□① 判決に対する最高裁判所への上訴を何というか。	① 上告
□② 第2審としての上告として、どのようなものがあるか。	② 高等裁判所が第１審として下した判決に対する上告、跳躍上告

2.　上告理由

Question	Answer
□① 上告理由としてどのようなものがあるか。	① 憲法違反、判例違反（405条）
□② ①が上告理由とされているのはなぜか。 最高裁判所は違憲審査権の（ア）であるし、（イ）の必要性がある。	② ア 終審裁判所 イ 法令解釈の統一

3.　上告審の手続

Question	Answer
□① 上告審の手続はどのように規定されているか。	① 控訴審の規定が準用される（414条）

刑事訴訟法

第4章　抗　告

1.　抗告の意義

Question	Answer
□①　決定・命令に対する上訴を何というか。	①　抗告

2.　一般抗告

Question	Answer
□①　一般抗告の管轄権はどの裁判所に属するか。	①　高等裁判所
□②　一般抗告の種類を答えよ。	②　通常抗告・即時抗告
□③　即時抗告は通常抗告とどう違うか。 特に（ア）がある場合であり、申立て提起期間は（イ）である。	③ ア　法律の規定 イ　3日

3.　抗告に代わる異議

Question	Answer
□①　高等裁判所の決定に対しては、いかなる手続がとられるか。	①　高等裁判所への異議申立て
□②　この場合、抗告できない理由を述べよ。	②　最高裁判所の負担軽減

4.　準抗告

Question	Answer
□①　命令、検察官・司法警察職員の処分に対する不服申立てを何というか。	①　準抗告

5.　特別抗告

Question	Answer
□①　刑事訴訟法により申立てができない決定・命令を対象とする、最高裁判所に申し立てる特別の抗告を何というか。	①　特別抗告

第5章　非常救済手続

1.　再審

Question	Answer
□①ア　再審制度の趣旨を答えよ。 （a）的真実は不完全であるから、（b）を是正する方法を認め、無辜（むこ）の救済を図る必要性がある。 イ　再審制度の特徴と、その理由を述べよ。 （a）の否定を避けるため、（b）救済とされている。	①ア a　訴訟法 b　裁判 イ a　訴訟制度 b　最終的・限定的
□②ア　再審理由として、435条に列挙された事由としてどのようなものがあるか。 イ　新証拠の具体的内容を説明せよ。	②ア　証拠の偽造、新証拠発見など イ　証拠の新規性、証拠の明白性
□③　再審請求の際、どのような手続を採られるか。 理由の有無の判断後、（ア）決定がなされ、再審公判が始まる。そこでは、（イ）に従いさらに審判する（451条）。	③ ア　再審開始 イ　審級

2.　非常上告

Question	Answer
□①　法令の解釈適用の統一の必要のため、法令違反を理由とする非常救済手続を何というか。	①　非常上告
□②　①の申立権者、申立ての相手を答えよ。	②　検事総長、最高裁判所

〈著者〉

柴田 孝之（しばた たかゆき）

東京大学法学部卒業。弁護士。前三重県菰野町長。元菰野町議会議員。東大を一発合格、さらに司法試験を現役で一発合格。司法修習生考試（通称：二回試験）は全優。LEC東京リーガルマインドにて司法試験入門講座を担当し、自身の受験経験から生み出した『S式』と称される学習法を展開。短期合格者を多く輩出している。予備校講師として実務に触れたことで、より緻密な問題分析で講義を行う。

著書に、『司法試験 予備試験 完全攻略本』『司法修習＆二回試験 完全攻略ガイド』『S式短答過去問ナビゲート』（東京リーガルマインド）、『S式生講義』（自由国民社）、『司法試験機械的合格法』『司法試験 合格答案作成講座』（日本実業出版社）、『試験勉強の技術』（ダイヤモンド社）、他多数。

法律用語一問一答～資格試験も法学部もまずはここから～

2024年４月25日　第１版　第１刷発行
2024年５月20日　　　　　第２刷発行

著　者●柴田 孝之

発行所●株式会社　東京リーガルマインド
〒164-0001　東京都中野区中野4-11-10
アーバンネット中野ビル
LECコールセンター　0570-064-464
受付時間　平日9：30～20：00/土・祝10：00～19：00/日10：00～18：00
※このナビダイヤルは通話料お客様ご負担となります。
書店様専用受注センター　TEL 048-999-7581 / FAX 048-999-7591
受付時間　平日9：00～17：00/土・日・祝休み
www.lec-jp.com/

印刷・製本●株式会社 シナノパブリッシングプレス

ISBN978-4-8449-7128-3

実績と選ばれるLEC

1979年。今から45年前、LECは、合理的かつ効果的な司法試験の受験指導を始め、今日に至るまで、実に5312名!（詳細は左の頁参照）もの司法試験合格者を輩出しています。数ある受験予備校の中で類を見ない傑出した実績を、維持し続けている理由があります。

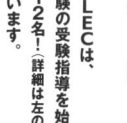

5つの短期合格アイテム

1 カリキュラム・コース

- 目標に応じた４コース
- インプット×アウトプット学習
- 3STEP学習

1993年から2022年までの間にLEC入門講座受講生から5,312名もの司法試験合格者が誕生しています。なぜ、このように多くの合格者を輩出しているのでしょうか。その答えが、1.LEC体系、2.INPUT × OUTPUT学習、3.3STEP学習、です。

2 テキスト

- セブンサミットテキスト
- 講師オリジナルテキスト
- 論文合格講座・短答合格講座オリジナルテキスト

45年の受験指導歴の中で、合格に必要な情報を蓄積し、沢山の書籍を刊行してきました。「セブンサミットテキスト」「講師オリジナルテキスト」「論文合格講座・短答合格講座オリジナルテキスト」には、これらの刊行物をベースに、最新判例などの情報も加えられています。記載されている情報の質と量は、自信を持ってお薦めできます。

3 専任講師陣

- 田中正人 LEC専任講師
- 柴田孝之 LEC専任講師
- 森剛士 LEC専任講師
- 赤木真也 LEC専任講師

受験に精通し短期合格の秘訣を知り尽くした講師陣をラインナップしております。LECでは、短期合格を果たしている講師とともにカリキュラムなどについても綿密な打ち合わせを行っています。LEC講師陣による講義は、どの講師でも合格に必要な知識を合理的に学ぶことができます。

4 受講スタイル

- 通学受講（教室／ Webシート／提携校通学）
- 通信（Web＋音声DL＋スマホ／ DVD）
- Zoom受講（リアルタイム配信）

多彩な受講スタイルで学べます。通学受講形態には、Web教材又はDVD教材が標準装備されています。一部は通学、一部はご自宅でのご受講という選択も可能です。通信受講形態では、Web教材とDVD教材のどちらかを選択できます。Web教材には音声ダウンロード機能が標準装備され、スマートフォンでのご受講も可能です。
また、主要講座は通学・通信ともにZoomでもご受講いただけます。

5 フォローアップ制度

- 司法試験マイスター
- 入門講座無料体験会・ガイダンス
- スケジューリングサービス、教えてチューター
- 自習室 etc.

短期合格ができる時代になったとはいえ、司法試験は多くの忍耐と努力を要する試験です。当然大きな壁にもぶつかることがあるでしょう。そんなときに利用していただきたいのがLECのフォローアップ制度です。

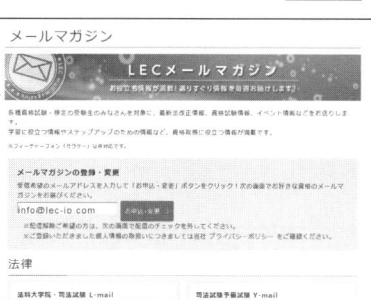

LEC全国学校案内

＊講座のお問合せ，受講相談は最寄りのLEC各校へ

LEC本校

北海道・東北

札　幌本校　☎011(210)5002
〒060-0004 北海道札幌市中央区北4条西5-1　アスティ45ビル

仙　台本校　☎022(380)7001
〒980-0022 宮城県仙台市青葉区五橋1-1-10　第二河北ビル

関東

渋谷駅前本校　☎03(3464)5001
〒150-0043 東京都渋谷区道玄坂2-6-17　渋東シネタワー

池　袋本校　☎03(3984)5001
〒171-0022 東京都豊島区南池袋1-25-11　第15野萩ビル

水道橋本校　☎03(3265)5001
〒101-0061 東京都千代田区神田三崎町2-2-15　Daiwa三崎町ビル

新宿エルタワー本校　☎03(5325)6001
〒163-1518 東京都新宿区西新宿1-6-1　新宿エルタワー

早稲田本校　☎03(5155)5501
〒162-0045 東京都新宿区馬場下町62　三朝庵ビル

中　野本校　☎03(5913)6005
〒164-0001 東京都中野区中野4-11-10　アーバンネット中野ビル

立　川本校　☎042(524)5001
〒190-0012 東京都立川市曙町1-14-13　立川MKビル

町　田本校　☎042(709)0581
〒194-0013 東京都町田市原町田4-5-8　MIキューブ町田イースト

横　浜本校　☎045(311)5001
〒220-0004 神奈川県横浜市西区北幸2-4-3　北幸GM21ビル

千　葉本校　☎043(222)5009
〒260-0015 千葉県千葉市中央区富士見2-3-1　塚本大千葉ビル

大　宮本校　☎048(740)5501
〒330-0802 埼玉県さいたま市大宮区宮町1-24　大宮GSビル

東海

名古屋駅前本校　☎052(586)5001
〒450-0002 愛知県名古屋市中村区名駅4-6-23　第三堀内ビル

静　岡本校　☎054(255)5001
〒420-0857 静岡県静岡市葵区御幸町3-21　ペガサート

北陸

富　山本校　☎076(443)5810
〒930-0002 富山県富山市新富町2-4-25　カーニープレイス富山

関西

梅田駅前本校　☎06(6374)5001
〒530-0013 大阪府大阪市北区茶屋町1-27　ABC-MART梅田ビル

難波駅前本校　☎06(6646)6911
〒556－0017 大阪府大阪市浪速区湊町1-4-1
大阪シティエアターミナルビル

京都駅前本校　☎075(353)9531
〒600-8216 京都府京都市下京区東洞院通七条下ル2丁目
東塩小路町680-2　木村食品ビル

四条烏丸本校　☎075(353)2531
〒600-8413　京都府京都市下京区烏丸通仏光寺下ル
大政所町680-1　第八長谷ビル

神　戸本校　☎078(325)0511
〒650-0021 兵庫県神戸市中央区三宮町1-1-2　三宮セントラルビル

中国・四国

岡　山本校　☎086(227)5001
〒700-0901 岡山県岡山市北区本町10-22　本町ビル

広　島本校　☎082(511)7001
〒730-0011 広島県広島市中区基町11-13　合人社広島紙屋町アネクス

山　口本校　☎083(921)8911
〒753-0814 山口県山口市吉敷下東 3-4-7　リアライズⅢ

高　松本校　☎087(851)3411
〒760-0023 香川県高松市寿町2-4-20　高松センタービル

松　山本校　☎089(961)1333
〒790-0003 愛媛県松山市三番町7-13-13　ミツネビルディング

九州・沖縄

福　岡本校　☎092(715)5001
〒810-0001 福岡県福岡市中央区天神4-4-11　天神ショッパーズ福岡

那　覇本校　☎098(867)5001
〒902-0067 沖縄県那覇市安里2-9-10　丸姫産業第2ビル

EYE関西

EYE 大阪本校　☎06(7222)3655
〒530-0013　大阪府大阪市北区茶屋町1-27　ABC-MART梅田ビル

EYE 京都本校　☎075(353)2531
〒600-8413　京都府京都市下京区烏丸通仏光寺下ル
大政所町680-1　第八長谷ビル

LEC提携校

＊提携校はLECとは別の経営母体が運営をしております。
＊提携校は実施講座およびサービスにおいてLECと異なる部分がございます。

北海道・東北

八戸中央校【提携校】 ☎0178(47)5011
〒031-0035　青森県八戸市寺横町13　第1朋友ビル　新教育センター内

弘前校【提携校】 ☎0172(55)8831
〒036-8093　青森県弘前市城東中央1-5-2
まなびの森　弘前城東予備校内

秋田校【提携校】 ☎018(863)9341
〒010-0964　秋田県秋田市八橋鯲沼町1-60
株式会社アキタシステムマネジメント内

関東

水戸校【提携校】 ☎029(297)6611
〒310-0912　茨城県水戸市見川2-3092-3

所沢校【提携校】 ☎050(6865)6996
〒359-0037　埼玉県所沢市くすのき台3-18-4　所沢K・Sビル
合同会社LPエデュケーション内

東京駅八重洲口校【提携校】 ☎03(3527)9304
〒103-0027　東京都中央区日本橋3-7-7　日本橋アーバンビル
グランデスク内

日本橋校【提携校】 ☎03(6661)1188
〒103-0025　東京都中央区日本橋茅場町2-5-6　日本橋大江戸ビル
株式会社大江戸コンサルタント内

東海

沼津校【提携校】 ☎055(928)4621
〒410-0048　静岡県沼津市新宿町3-15　萩原ビル
M-netパソコンスクール沼津校内

北陸

新潟校【提携校】 ☎025(240)7781
〒950-0901　新潟県新潟市中央区弁天3-2-20　弁天501ビル
株式会社大江戸コンサルタント内

金沢校【提携校】 ☎076(237)3925
〒920-8217　石川県金沢市近岡町845-1　株式会社アイ・アイ・ピー金沢内

福井南校【提携校】 ☎0776(35)8230
〒918-8114　福井県福井市羽水2-701　株式会社ヒューマン・デザイン内

関西

和歌山駅前校【提携校】 ☎073(402)2888
〒640-8342　和歌山県和歌山市友田町2-145
KEG教育センタービル　株式会社KEGキャリア・アカデミー内

中国・四国

松江殿町校【提携校】 ☎0852(31)1661
〒690-0887　島根県松江市殿町517　アルファステイツ殿町
山路イングリッシュスクール内

岩国駅前校【提携校】 ☎0827(23)7424
〒740-0018　山口県岩国市麻里布町1-3-3　岡村ビル　英光学院内

新居浜駅前校【提携校】 ☎0897(32)5356
〒792-0812　愛媛県新居浜市坂井町2-3-8　パルティフジ新居浜駅前店内

九州・沖縄

佐世保駅前校【提携校】 ☎0956(22)8623
〒857-0862　長崎県佐世保市白南風町5-15　智翔館内

日野校【提携校】 ☎0956(48)2239
〒858-0925　長崎県佐世保市椎木町336-1　智翔館日野校内

長崎駅前校【提携校】 ☎095(895)5917
〒850-0057 長崎県長崎市大黒町10-10　KoKoRoビル
minatoコワーキングスペース内

高原校【提携校】 ☎098(989)8009
〒904-2163　沖縄県沖縄市大里2-24-1
有限会社スキップヒューマンワーク内

※上記は2024年4月1日現在のものです。

書籍の訂正情報について

このたびは，弊社発行書籍をご購入いただき，誠にありがとうございます。
万が一誤りの箇所がございましたら，以下の方法にてご確認ください。

1 訂正情報の確認方法

書籍発行後に判明した訂正情報を順次掲載しております。
下記Webサイトよりご確認ください。

www.lec-jp.com/system/correct/

2 ご連絡方法

上記Webサイトに訂正情報の掲載がない場合は，下記Webサイトの入力フォームよりご連絡ください。

lec.jp/system/soudan/web.html

フォームのご入力にあたりましては，「Web教材・サービスのご利用について」の最下部の「ご質問内容」に下記事項をご記載ください。

・対象書籍名（○○年版，第○版の記載がある書籍は併せてご記載ください）
・ご指摘箇所（具体的にページ数と内容の記載をお願いいたします）

ご連絡期限は，次の改訂版の発行日までとさせていただきます。
また，改訂版を発行しない書籍は，販売終了日までとさせていただきます。

※上記「2ご連絡方法」のフォームをご利用になれない場合は，①書籍名，②発行年月日，③ご指摘箇所，を記載の上，郵送にて下記送付先にご送付ください。確認した上で，内容理解の妨げとなる誤りについては，訂正情報として掲載させていただきます。なお，郵送でご連絡いただいた場合は個別に返信しておりません。

送付先：〒164-0001 東京都中野区中野4-11-10 アーバンネット中野ビル
株式会社東京リーガルマインド 出版部 訂正情報係

・誤りの箇所のご連絡以外の書籍の内容に関する質問は受け付けておりません。
また，書籍の内容に関する解説，受験指導等は一切行っておりませんので，あらかじめご了承ください。
・お電話でのお問合せは受け付けておりません。

講座・資料のお問合せ・お申込み

LECコールセンター 0570-064-464

受付時間：平日9:30～20:00/土・祝10:00～19:00/日10:00～18:00

※このナビダイヤルの通話料はお客様のご負担となります。
※このナビダイヤルは講座のお申込みや資料のご請求に関するお問合せ専用ですので，書籍の正誤に関するご質問をいただいた場合，上記「2ご連絡方法」のフォームをご案内させていただきます。